Kohlhammer

Die Herausgeber*innen

Dr. Michaela Gläser-Zikuda ist Professorin für Schulpädagogik mit dem Schwerpunkt empirische Unterrichtsforschung an der Friedrich-Alexander-Universität Erlangen-Nürnberg. Zu ihren Forschungsschwerpunkten gehören Emotionen, Wohlbefinden und Selbstregulation in Schule, Hochschule und Lehrer*innenbildung, empirische Unterrichtsforschung und Schulentwicklung.

Dr. Florian Hofmann ist Akademischer Rat mit Schwerpunkt empirische Unterrichtsforschung am Lehrstuhl für Schulpädagogik der Friedrich-Alexander-Universität Erlangen-Nürnberg. Er lehrt und forscht zu den Themen förderorientierte, kompetenzorientierte und alternative Leistungsmessungen sowie Emotionen und Wohlbefinden in Schule und Hochschule.

Dr. Volker Frederking ist Professor für Didaktik der deutschen Sprache und Literatur an der Friedrich-Alexander-Universität Erlangen-Nürnberg. Seine Forschungsschwerpunkte sind u. a. Ästhetische Bildung, empirische Erforschung subjektiver, emotionaler und kognitiver Aktivierung im Deutschunterricht, Digitalisierung und digitale Medien im Deutschunterricht, Allgemeine Fachdidaktik und fachliche Bildung.

Michaela Gläser-Zikuda,
Florian Hofmann,
Volker Frederking (Hrsg.)

Emotionen im Unterricht

Psychologische, pädagogische
und fachdidaktische Perspektiven

Verlag W. Kohlhammer

Dieses Werk einschließlich aller seiner Teile ist urheberrechtlich geschützt. Jede Verwendung außerhalb der engen Grenzen des Urheberrechts ist ohne Zustimmung des Verlags unzulässig und strafbar. Das gilt insbesondere für Vervielfältigungen, Übersetzungen, Mikroverfilmungen und für die Einspeicherung und Verarbeitung in elektronischen Systemen.

Die Wiedergabe von Warenbezeichnungen, Handelsnamen und sonstigen Kennzeichen in diesem Buch berechtigt nicht zu der Annahme, dass diese von jedermann frei benutzt werden dürfen. Vielmehr kann es sich auch dann um eingetragene Warenzeichen oder sonstige geschützte Kennzeichen handeln, wenn sie nicht eigens als solche gekennzeichnet sind.

Es konnten nicht alle Rechtsinhaber von Abbildungen ermittelt werden. Sollte dem Verlag gegenüber der Nachweis der Rechtsinhaberschaft geführt werden, wird das branchenübliche Honorar nachträglich gezahlt.

Dieses Werk enthält Hinweise/Links zu externen Websites Dritter, auf deren Inhalt der Verlag keinen Einfluss hat und die der Haftung der jeweiligen Seitenanbieter oder -betreiber unterliegen. Zum Zeitpunkt der Verlinkung wurden die externen Websites auf mögliche Rechtsverstöße überprüft und dabei keine Rechtsverletzung festgestellt. Ohne konkrete Hinweise auf eine solche Rechtsverletzung ist eine permanente inhaltliche Kontrolle der verlinkten Seiten nicht zumutbar. Sollten jedoch Rechtsverletzungen bekannt werden, werden die betroffenen externen Links soweit möglich unverzüglich entfernt.

1. Auflage 2022

Alle Rechte vorbehalten
© W. Kohlhammer GmbH, Stuttgart
Gesamtherstellung: W. Kohlhammer GmbH, Stuttgart

Print:
ISBN 978-3-17-036306-9

E-Book-Formate:
pdf: ISBN 978-3-17-036307-6
epub: ISBN 978-3-17-036308-3

Vorwort

Schulischer Unterricht kann interessant oder langweilig sein, Angst machen oder Freude wecken. Das weiß jeder Mensch, der eine Schule besucht hat, aus eigener Erfahrung. Systematisch theoretisch und empirisch erforscht werden solche unterrichtlich evozierten Emotionen allerdings erst seit wenigen Jahrzehnten. Pädagogischer Psychologie und Empirischer Pädagogik kommt das Verdienst zu, hier Pionierarbeit geleistet zu haben. Die Fachdidaktiken haben sich des Themas ›Emotionen‹ hingegen erst seit Mitte der 1990er Jahre in theoretischer und empirischer Perspektive intensiver zugewandt. Umso wichtiger, dass im vorliegenden Sammelband alle drei für das Verständnis von schulischen Bildungsprozessen zentralen Forschungsrichtungen erstmals in umfassender Weise versammelt sind.

Der Band gibt in diesem Sinne einen Überblick über den aktuellen Stand der Forschung in der Pädagogischen Psychologie, in der Pädagogik und in den Fachdidaktiken.

Aus der Perspektive der Pädagogischen Psychologie wird der disziplinäre *state of the art* skizziert und an einzelnen Beiträgen vertiefend illustriert. In der Pädagogik werden geisteswissenschaftlich wie empirisch ausgerichtete Perspektiven eingenommen, der Forschungsstand überblicksartig präsentiert und exemplarisch an Beiträgen aus der Grundschul-, Schul- und Medienpädagogik sowie der Lehrer*innenbildung vertieft. In den Fachdidaktiken wird ein Modell fachbezogener Emotionsforschung vorgestellt, um auf dieser Basis den fachdidaktischen Forschungsstand unter besonderer Berücksichtigung der Biologiedidaktik, der Deutschdidaktik, der Fremdsprachendidaktik, der Geographiedidaktik, der Geschichtsdidaktik, der Mathematikdidaktik, der Religionspädagogik und der Sportpädagogik zu vertiefen.

Der vorliegende Band offeriert mithin einen umfassenden (inter)disziplinären Überblick zu verschiedenen Beispielen theoretisch-konzeptioneller und empirischer Arbeiten zu ›Emotionen im Unterricht‹, wobei anhand von Fall- und Praxisbeispielen auch Anregungen für die emotionssensible Gestaltung schulischen Unterrichts und die Professionalisierung von Lehrkräften in fachübergreifender wie fachspezifischer Perspektive integriert werden. Wir wünschen den Leserinnen und Lesern des Bandes interessante Erkundungen in einem ebenso wichtigen wie lange vernachlässigten Forschungsfeld.

Nürnberg, im Oktober 2021
Michaela Gläser-Zikuda, Florian Hofmann und Volker Frederking

Inhaltsverzeichnis

Vorwort		**5**
I	**Emotionen und Unterricht Gegenstand und Grundlagen**	
1	**Emotionen in Schule und Unterricht aus pädagogischer Sicht**	**15**
	Michaela Gläser-Zikuda & Florian Hofmann	
1.1	Emotionen bzw. Gefühl – Merkmale, Entstehung und grundlegende Funktionen	15
1.2	Emotionen – (k)ein Thema in der Pädagogik?	17
1.3	Emotionen und ihre Bedeutung für Bildung	19
1.4	Berücksichtigung von Emotionen in der pädagogisch-didaktischen Unterrichtsgestaltung	21
1.5	Zusammenfassung	24
1.6	Gliederung des Bandes bezogen auf den pädagogischen und psychologischen Teil	26
	Literatur	27
2	**Emotionen in Schule und Unterricht aus der Sicht empirischer Lehr-Lernforschung**	**31**
	Tina Hascher & Gerda Hagenauer	
	Einleitung	31
2.1	Konzepte und Modelle	32
2.2	Bedeutung der Emotionsforschung innerhalb der Lehr-Lernforschung	35
2.3	Weiterführende Themen für Forschung und Praxis	40
	Literatur	41
3	**Emotionen als Gegenstand fachdidaktischer Forschung**	**45**
	Volker Frederking	
3.1	Bausteine zu einer fachdidaktischen Theorie der Emotionen. Eine Analyse aus der Perspektive Allgemeiner Fachdidaktik	45
3.2	Die Subjektseite: Emotionen und Emotionsforschung auf der Ebene fachlich Lehrender und Lernender	50
3.3	Die Objektseite: Emotionen und Emotionsforschung auf der Ebene fachlicher Gegenstände	54
3.4	Fachdidaktische Emotionsforschung. Desiderata und Herausforderungen	60

Literatur 61

II Emotionen von Lernenden im Unterricht: Pädagogisch-psychologische Perspektiven

4 Emotionen im Unterricht der Primarstufe 67
Katrin Lohrmann
4.1 Förderung der Leistungs- und der Persönlichkeitsentwicklung 67
4.2 Emotionen im Kontext der Primarstufe 68
4.3 Empirische Befunde: Freude, Langeweile und Angst 70
4.4 Erhalt und Förderung positiver Emotionen 74
Literatur 76

5 Lern- und Leistungsemotionen im Kontext schulischer Transition 80
Simon Meyer, Ramona Obermeier & Michaela Gläser-Zikuda
Einleitung 80
5.1 Der Übertritt von der Grund- in die weiterführende Schule 81
5.2 Faktoren, welche die Bewältigung des schulischen Übertritts beeinflussen 82
5.3 Lern- und Leistungsemotionen im Kontext des schulischen Übertritts 84
5.4 Implikationen für die Praxis 86
Literatur 89

6 Emotionen im inklusiven Unterricht 93
Carmen Zurbriggen & Philipp Schmidt
Einleitung 93
6.1 Forschungsstand 95
6.2 Relevanz für den inklusiven Unterricht 97
6.3 Fazit und Ausblick 100
Literatur 101

7 Emotionen und digitale Medien 103
Thomas Knaus & Nastasja Bohnet
Einleitung: Medien – eine emotionale Geschichte 103
7.1 Forschungsstand zu Emotionen in der Medienpädagogik ... 104
7.2 Medien als Lernobjekte und Lehrmedien 107
7.3 Medien als Lernwerkzeuge – Vom Objekt zum partizipativen Medium 110
7.4 Medien zur interaktionistischen Vernetzung 113
7.5 Ausblick: Bildung und Sozialisation in Zeiten des digitalen Wandels 114
Literatur 115

III Emotionen von Lernenden im Unterricht: Fachdidaktische Perspektiven

8 Emotionen im Biologieunterricht 121
Christoph Randler
8.1 Emotionen im Biologieunterricht. Forschungsstand 122
8.2 Relevanz von Emotionen für den Biologieunterricht 126
Literatur 127

9 Emotionen im Deutschunterricht 130
Christian Albrecht & Volker Frederking
9.1 Sprachdidaktische Zugänge und Forschungen zu Emotionen im Deutschunterricht 131
9.2 Literaturdidaktische Zugänge und Forschungen zu Emotionen im Deutschunterricht 134
9.3 Fachspezifische mediendidaktische Zugänge und Forschungen zu Emotionen im Deutschunterricht 138
9.4 Fazit 138
Literatur 139

10 Emotionen im Fremdsprachenunterricht am Beispiel unterschiedlicher Formen von Angst 143
Clarissa Blum & Thorsten Piske
Einleitung 143
10.1 Formen der Angst im Fremdsprachenunterricht 145
10.2 Das Sprechen in der L2 als besondere Herausforderung 147
10.3 Möglichkeiten zum Abbau von Fremdsprachenangst im Unterricht 149
10.4 Fazit 152
Literatur 152

11 Emotionen im Geographieunterricht 155
Jan Schubert & Romy Hofmann
11.1 Die Bedeutung von Emotionen in Geographie und Geographiedidaktik 155
11.2 State of the art. Fachbezogene Emotionsforschung in Theorie und Empirie 159
11.3 Konsequenzen für die Geographiedidaktik und den Geographieunterricht 162
Literatur 164

12 Emotionen, Geschichte und historisches Lernen 168
Juliane Brauer & Martin Lücke
12.1 Gefühlte Geschichte? 168
12.2 Geschichte und Emotionen. Ein Definitionsvorschlag 169

	12.3	Emotionen im Geschichtsunterricht. Forschungsstand und Problemaufriss	172
	12.4	Emotionen im Geschichtsunterricht: Das Beispiel der Shoah	174
	12.5	Fazit	177
	Literatur		177

13 Emotionen im Mathematikunterricht ... 179
Claudia C. Sutter & Tina Hascher

Einleitung		179
13.1	Forschungsstand	180
13.2	Interventionen zur Förderung positiver Emotionen für den Mathematikunterricht	184
13.3	Praxisrelevante Implikationen	186
Literatur		188

14 Emotionen im Religionsunterricht ... 190
Manfred L. Pirner

14.1	Religion und Emotion	190
14.2	Gefühle in Konzepten und Ansätzen der Religionspädagogik	193
14.3	Fazit: Empirische Forschung als Desiderat	198
Literatur		199

15 Emotionen im Sportunterricht – eine sportdidaktische Perspektive ... 202
Mareike Ahns & Günter Amesberger

15.1	Zum Verständnis von Emotionen im Kontext ›Bewegung und Sport‹	202
15.2	Forschungsstand zu Emotionen im Sportunterricht	203
15.3	Relevanz für das sportunterrichtliche Lernen und Lehren	206
15.4	Überlegungen zum Gegenstandsverständnis von Emotionen im Sportunterricht	207
15.5	Ein kompetenzorientiertes Unterrichtsbeispiel zu ›Emotionaler Intelligenz‹	208
15.6	Emotionen anlassbezogen aufgreifen und didaktisch nutzen	209
15.7	Fazit	210
Literatur		211

IV Emotionen mit Blick auf (angehende) Lehrende

16 Emotionen und Emotionsregulation von Lehrpersonen im Unterricht ... 217
Gerda Hagenauer & Tina Hascher

16.1	Ein appraisal-theoretisches Modell der Entstehung von Lehrer*innenemotionen und ihren Funktionen	218
16.2	Empirischer Forschungsstand	221
16.3	Pädagogische Implikationen	225

Literatur 227

17 Emotionen von Lehrkräften in unterrichtsvideobasierten Fortbildungen 231
Marc Kleinknecht
Einleitung 231
17.1 Allgemeines und Definitionen: Lernen mit Unterrichtsvideos 232
17.2 Forschungsstand: Emotionen beim Lernen mit Unterrichtsvideos in der Lehrkräftefortbildung 234
17.3 Relevanz von Emotionen für die Gestaltung von videobasierten Fortbildungen 238
Literatur 241

18 Lern- und Leistungsemotionen von Lehramtsstudierenden in autonomieunterstützenden Lehr-Lernumgebungen 244
Stefan Markus, Katharina Fuchs, Florian Hofmann, Barbara Jacob, Melanie Stephan & Michaela Gläser-Zikuda
18.1 Lern- und Leistungsemotionen 244
18.2 Autonomieunterstützung als Bedingungsfaktoren der Sozialumwelt 247
18.3 Exemplarische Studie zu den Effekten von Autonomieunterstützung auf Lern- und Leistungsemotionen von Studierenden 248
18.4 Diskussion 251
Literatur 253

19 Emotionen und Literatur. Wie Lehramtsstudierende Hör- und Printtexte emotional erleben und verstehen 256
Silvia Hasenstab
19.1 Der Forschungskontext 256
19.2 Effekte auditiver Wahrnehmung auf emotionale Facetten von Literatur. Ein Forschungsbericht 259
19.3 Ausgewählte Forschungsfragen und Ergebnisse 261
19.4 Diskussion der Ergebnisse 266
Literatur 266

20 Emotionale und kognitive Aktivierung durch literarische und faktuale Texte als Ansatzpunkt für demokratische Grundwertebildung im Deutschunterricht 268
Tabea Kretschmann & Dietmar Gölitz
20.1 Theoretische Grundlagen und Fragestellung 269
20.2 Erhebungsdesign 270
20.3 Ergebnisse 273
20.4 Ausblick 275
Literatur 277

Anhang **279**

Autor*innenverzeichnis **283**

I Emotionen und Unterricht. Gegenstand und Grundlagen

1 Emotionen in Schule und Unterricht aus pädagogischer Sicht

Michaela Gläser-Zikuda & Florian Hofmann

Kurzzusammenfassung

Während Emotionen in der empirischen Lehr-Lernforschung (einschließlich der empirisch ausgerichteten Erziehungswissenschaft) seit geraumer Zeit intensiv erforscht und diskutiert werden, stellt sich die Perspektive im Bereich der eher geisteswissenschaftlich orientierten Pädagogik nicht ganz so eindeutig dar. Der Stellenwert von Emotionen wurde und wird hier weiterhin aus pädagogischer Sicht sehr unterschiedlich bewertet und häufig anhand der Gegenpole ›Rationalität‹ und ›Gefühl‹ diskutiert. In diesem Beitrag wird daher überblicksartig auf wesentliche Diskurse und Ansätze eingegangen, die sich mit dem Stellenwert von Gefühlen bzw. Emotionen aus einer pädagogischen Perspektive beschäftigen.

Schlagwörter: *Emotionen, Bildung, Erziehung, Schule, Unterricht*

1.1 Emotionen bzw. Gefühl – Merkmale, Entstehung und grundlegende Funktionen

Emotionen erfüllen nicht nur im Bildungskontext, sondern in allen Bereichen des menschlichen Lebens grundlegende biologische und soziale Funktionen, wie bspw. die Antizipation zukünftiger Ereignisse, das Bereitstellen von Handlungsempfehlungen oder die Zuschreibung von Absichten und Zuständen in sozialen Interaktionen. Dabei werden Emotionen durch den biologisch gesteuerten Impuls bestimmt, Lust, Befriedigung und Wohlbefinden zu suchen sowie Schmerz, Gefahr und Ungleichgewicht zu meiden (Damasio, 2010). In interkulturellen Studien wurden schon früh mehrere Basisemotionen ermittelt: Überraschung, Ärger, Abscheu/Ekel, Furcht/Angst, Trauer und Freude/Glück (Ekman & Davidson, 1994). Auch aktuelle Emotionstheorien gehen davon aus, dass es basale, somatische Reaktionen, sogenannte core affects (Barrett, 2015) bzw. primäre Emotionen gibt. Als primäre (und damit angeborene) Emotionen wurden Furcht,

Wut, Glück/Freude, Trauer, Ekel, Überraschung und Interesse identifiziert (z. T. auch Verachtung; vgl. für einen Überblick Tracy & Randles, 2011). Erziehung und Sozialisation sowie kulturelle Einflüsse (Ulich & Mayring, 1992) bedingen die Entwicklung von Emotionen und ihre individuelle Ausprägung. Diese sogenannten sozialen oder sekundären Emotionen treten allerdings erst auf, sobald systematische Verknüpfungen zwischen Kategorien von Objekten oder Situationen und den primären Emotionen gebildet wurden (Huber, 2013). Hierzu zählen bspw. Mitgefühl, Verlegenheit, Scham, Stolz, Eifersucht, Liebe, Neid, Dankbarkeit oder Bewunderung.

Eine weitere strukturelle Eigenschaft von Emotionen ist darin zu sehen, dass sie zum einen als momentane Zustände (Zustands- bzw. state-Komponente) und zum anderen als dispositionelle Reaktionstendenzen (Bereitschafts- bzw. trait-Komponente) verstanden werden können (Otto, Euler & Mandl, 2000). Folglich rufen nicht die Ereignisse selbst, sondern die subjektive Interpretation von Ereignissen bei Menschen Emotionen hervor (z. B. Scherer, Schorr & Johnstone, 2001). Damit tritt die Bedeutung von Verarbeitungs- und Reflexionsprozessen ins Blickfeld. Zum Teil sind Emotionen evolutionsbiologisch überlebensnotwendig; man denke nur an die Fluchtreaktion in gefährlichen Situationen. Überwiegend reagieren Menschen aber sehr unterschiedlich in ähnlichen Situationen. Übertragen auf Lehr-Lern-Kontexte heißt das z. B., dass in einer Lerngruppe einmal Freude über den Wissenszuwachs, ein anderes Mal Langeweile oder Ärger entstehen kann. Als eine Erklärung hierfür kann der sogenannte Appraisal-Ansatz (Scherer, Schorr & Johnstone, 2001) herangezogen werden (▶ Kap. 1.2). Pekrun (2000) hat in der Folge den in der Bildungsforschung häufig herangezogenen ›Kontroll-Wert-Ansatz für Lern- und Leistungsemotionen‹ entwickelt. Kontrollappraisals (im Sinne einer Einschätzung, wieviel Kontrolle man darüber hat, ob Erfolg in einer Situation herbeigeführt werden kann) und Valenzappraisals (im Sinne einer Einschätzung der positiven bzw. negativen Bedeutsamkeit oder des Werts von Erfolg bzw. Misserfolg in der jeweiligen Situation) sind für die Entstehung von Leistungsemotionen relevant. Sowohl Kontroll- als auch Valenzappraisals bestimmen die Qualität und Intensität der erlebten Emotionen (Frenzel, Götz & Pekrun, 2009; ▶ Kap. 3.3).

Besonders Emotionen in der Schüler-Lehrer-Interaktion bzw. mit Blick auf die soziale Beziehung werden systematisch untersucht (z. B. Wild, Hofer & Pekrun, 2006). Vermehrt werden auch Emotionen von Lehrkräften fokussiert (Becker, Götz, Morger & Ranellucci, 2014). So kann sich eine Lehrkraft bspw. über störende Verhaltensweisen von Schüler*innen im Unterricht ärgern. Auch auf Seiten der Lehrkräfte spielen Kontroll- und Valenzappraisals eine Rolle (Frenzel, Götz & Pekrun, 2008). Darüber hinaus kommt der Emotionsregulierung von Lehrkräften eine wesentliche Bedeutung zu (Krause, Philipp, Bader & Schüpbach, 2008). Neben der Beeinflussung der Emotionen einer Gesprächspartnerin bzw. eines Gesprächspartners (in der überwiegender Zahl der Fälle einer Schülerin bzw. eines Schülers) durch das eigene Verhalten und gezeigten Emotionen zählen auch die Kontrolle und der Umgang mit den eigenen Gefühlen zum professionellen Handeln einer Lehrkraft (Krause et al., 2008; ▶ Kap. 3.1).

1.2 Emotionen – (k)ein Thema in der Pädagogik?

Emotionen bzw. Gefühle und ihre Bedeutung im Bildungskontext sind kein neues Thema. Mit Blick auf Erziehung und Bildung wurden Emotionen immer schon berücksichtigt. Bereits in der Antike finden sich beispielsweise bei Platon, Seneca oder Aristoteles entsprechende Hinweise. So unterscheidet Aristoteles drei Teile der menschlichen Seele (vgl. Jakobi, 1981), die für jeweils unterschiedliche Verhaltensweisen des Menschen zuständig sind; und zwar den rationalen, den sensitiven und den vegetativen Seelenteil. Der sensitive Seelenteil wird als Ursache für Triebe, Affekte und Emotionen gesehen. Im Gegensatz zu den Aktivitäten des vegetativen Seelenteils wird die Kontrolle des sensitiven Seelenteils durch den Verstand als möglich und notwendig erachtet. Hieran wird die Bedeutung von Emotionen bzw. Gefühlen mit Blick auf Bildung deutlich (▶ Kap. 1.3).

In der klassischen Bildungsliteratur des 18. und frühen 19. Jahrhunderts wurde beispielsweise häufig über Gefühle und ihre Allgegenwärtigkeit im menschlichen Leben geschrieben. So bedurfte es mit Blick auf Bildung und Aufklärung nicht bloß der »richtigen Begriffe«. Ebenso wichtig war es, »reinere Gefühle [...] durch alle Adern des Volks« fließen zu lassen, »Menschlichkeit und Sanftmut in unser Herz« zu senken (Schiller 1784, S. 237, S. 244 f.). Wilhelm von Humboldt spricht von der »Bildung des Gemüths« (von Humboldt, 1809, S. 189) als wichtigem Element »allgemeine[r] Menschenbildung« (ebd., S. 188). Als zentrale pädagogisch-anthropologische Neuorientierungen des 18. Jahrhunderts gelten der Blick auf die Vernunftbegabung des Menschen im Sinne Kants sowie der Gedanke der Entwicklungsplastizität und Perfektionierbarkeit des Menschen (z. B. von Rousseau).

Die beiden bekannten geisteswissenschaftlich orientierten Pädagogen Johann Friedrich Herbart (1776–1841) und Friedrich Schleiermacher (1768–1834) argumentierten, dass erzieherische Aufforderungen immer in der Gegenwart des Kindes liegen, aber immer auch auf seine Zukunft gerichtet sein sollen. Insofern können pädagogische Initiativen des Erziehenden mit den unmittelbaren Interessen und Befindlichkeiten des Kindes kollidieren. Dementsprechend stellt Herbart in seinen Vorlesungen der ›pädagogischen Liebe‹ die Autorität des Erziehers qua Aufgabe und Amt zur Seite (Herbart, 1806). Das Erziehungsmittel ›Liebe‹ gehört diesem Verständnis nach zu den vertrauensbildenden Maßnahmen, über die ein*e professionelle*r Erzieher*in zu verfügen habe. So verstanden ist Liebe nicht mehr nur, wie in der Aufklärungspädagogik, Mittel des Erziehungsprozesses, sondern zugleich auch implizit ein Erziehungsziel. Erst die Kombination aus pädagogischer Autorität und Liebe kann nach dieser Argumentation dem pädagogischen Handeln eine dauerhaft feste Basis geben (vgl. Herbart, 1806, S. 49). Die Diskussion um »Liebe als Ziel von Erziehung« gewann in der Folge, insbesondere in der Jugendbewegung und der beginnenden Reformpädagogik nach 1900, eine weitere Bedeutung. Erziehung wurde als Begegnung und Bildungsgemeinschaft zu einem Hauptthema. Beziehungsmerkmale wie Liebe, Vertrauen, Zuwendung, aber auch Eifersucht, Misstrauen und Enttäuschung zwischen Erziehendem und Zögling sowie pädagogische Autorität werden mit dem Gedanken der Bildung als Persönlichkeitsentwicklung verbunden (vgl. Oelkers, 2001).

Für einen der bedeutendsten Pädagogen, nämlich Johann Heinrich Pestalozzi, sind Gefühle des Kindes ernst zu nehmen und gelten als eine notwendige Voraussetzung für das Lernen mit »Kopf, Herz und Hand« (Kraft, 1996; Seichter, 2007, S. 77). Erziehung unterstützt die Entfaltung sittlicher Grundgefühle der Liebe, des Vertrauens und der Dankbarkeit auf Seiten des Kindes. Neben diesen »Herzenskräften« gilt es, auch die intellektuellen (geistigen) und die handwerklichen Kräfte zu entfalten (Pestalozzi, 1801). Der Reformpädagoge Peter Petersen war ebenfalls bestrebt, in seiner Lehr- und Lernanstalt eine emotionale Geborgenheit zu schaffen, indem er sie in eine Lebensgemeinschaftsschule umwandelte. Dementsprechend ist die Jena-Plan-Schule (Petersen, 1927–1949) an der »ganzen Person« des Kindes interessiert, d. h. auch emotionale Faktoren des Lebens und Lernens finden ihre Berücksichtigung. Auch Hermann Nohl (1924, 1925) hat eine der wichtigsten lernförderlichen Emotionen, nämlich die Freude, zum Kriterium jeder gelungenen pädagogischen Leistung erhoben. In der reformpädagogischen Bewegung wurde versucht, durch die emotionale Auflading der pädagogischen Beziehung Elemente der sich auflösenden gesellschaftlichen Sozialformen zu bewahren und in Form des »pädagogischen Bezugs« zu institutionalisieren. Generell wurden die Dynamiken der Beziehung als wesentliche Bedingungen pädagogischer Prozesse hervorgehoben. So betont Litt beispielsweise die unauflösbare Dialektik von Führen und Wachsenlassen, Behüten und Freigeben, Unterstützen und Schützen, in der Erziehungsverhältnisse und -handlungen stehen (Litt, 1927).

Eine besonders zentrale Definition von Erziehung in diesem Zusammenhang ist die von Hermann Nohl, der sie in seinen Vorlesungen zu Beginn des 20. Jahrhunderts als »das leidenschaftliche Verhältnis eines reifen Menschen zu einem werdenden Menschen, und zwar um seiner selbst willen, dass er zu seinem Leben und zu seiner Form komme« (ebd., S. 134) definierte. Diese Verortung von Erziehung hat Nohl insbesondere in seinem Verständnis des »pädagogischen Bezugs« (ebd., S. 134 ff.) weiterentwickelt. Das Verhältnis des bzw. der Erziehenden zum Kind ist demnach doppelt bestimmt, nämlich von der Liebe zu ihm in seiner Wirklichkeit und von der Liebe zum Ideal des Kindes, welche das Ziel hat, das Kind zu erziehen, zu fördern, anzuleiten und »das höhere Leben in ihm zu entfachen« (ebd., S. 136). Alle Anstrengungen, sowohl des bzw. der Erziehenden als auch des Kindes, dienen dazu, die zukünftige Entwicklung des jungen Menschen durch Erziehung und Bildung zu unterstützen und ihn zu Selbstständigkeit und Selbstverantwortung zu führen.

Erzieherische Ziele sind demzufolge erfolgreicher, wenn sie durch Bemühungen um eine bewusst gestiftete Bindung begleitet werden. Dieses Bemühen ist nicht technologisch und lässt sich niemals vollständig professionell operationalisieren und ist daher immer dem »Gesetz der ungewollten Nebenwirkungen« unterworfen (Spranger, 1969, S. 354). Eine dieser »Nebenwirkungen« besteht prinzipiell in der Gefahr unterschiedlichster Dimensionen von Missbrauch. Das Ausmaß des Missbrauchspotenzials der sogenannten »pädagogischen Liebe« wurde erst in jüngster Vergangenheit vor allem in Internaten und Landerziehungsheimen der reformpädagogischen Tradition sichtbar (Drieschner & Gaus,

2011). Vor diesem Hintergrund wird mit Blick auf die heutige professionstheoretische Ausrichtung der Lehrer*innenbildung vermieden, über den Begriff der pädagogischen Liebe zu diskutieren. Vielmehr werden eher psychologische und soziologische Begriffe und Konzepte wie Selbstregulation, Bindung, pädagogische Beziehung oder Macht verwendet (Baumert & Kunter, 2006; Fischer & Richey, 2018; Helsper & Reh, 2012; Raufelder, 2007). Einerseits wird positive Affektivität in der pädagogischen Beziehung als zentrales Erziehungsmittel gewertet, andererseits als Grundlage bzw. Ziel von Bildung verstanden. Darüber hinaus ist es wichtig, dass die der Lehrer-Schüler-Beziehung zugrunde liegende Emotionalität bewusst professionell reguliert und reflektiert wird, damit »Nähe« bzw. »Liebe« nicht übergriffig und missbräuchlich werden (Drieschner & Gaus, 2011). »Ein pädagogischer Ethos ist für den Lehrerberuf (notwendig) [...] und kein pädagogischer Eros« (so Peter Fauser in der Süddeutschen Zeitung, 21.04.2010, S. 6).

1.3 Emotionen und ihre Bedeutung für Bildung

Die pädagogische Auseinandersetzung mit dem Thema Gefühl bzw. Emotion weist neben der auch kritisch geführten Diskussion um den pädagogischen Bezug eine nicht zu übersehende Zweiteilung auf: Zum einen wird der emotionale Gehalt pädagogischer »Klassiker« betont; zum anderen aber fällt hinsichtlich der Thematisierung von Emotion bzw. Gefühl eine einseitige, eher kognitiv-rationale Auffassung von Erziehungs- und Bildungsprozessen auf. Erziehung und Bildung dienten diesem Verständnis nach der Entwicklung und Förderung menschlicher Vernunft und dementsprechend der »Bändigung von Trieben«, »der Kalmierung und Sublimierung von Gefühlen« und garantierten somit die Nichtanwesenheit von »Emotionalität, die mit Irrationalität gleichgesetzt würde« (Gieseke, 2007, S. 18). Dieses einseitige Verständnis von Erziehung und Bildung geht vermutlich auf den sogenannten »Leib-Seele-Dualismus« von Descartes zurück, also die radikale Trennung von denkendem Geist und nichtdenkendem Körper (Beckermann, 2001, S. 29 ff.). Emotionen und Gefühl wurden demzufolge als wenig relevant und zuweilen gar als hinderlich für Bildungsprozesse betrachtet – zumal unter »Bildung« in erster Linie die Entwicklung von Vernunft, Verstand, Urteilskraft und Rationalität verstanden wurde. Bildung galt im Sinne eines reflektierenden Umgangs mit sich und der Welt als ein der Vernunft geschuldetes Geschehen, in dem Emotionalität keine nennenswerte Bedeutung beigemessen und sie zuweilen sogar als ihr Gegenspieler konzeptualisiert wurde (Huber, 2018; ▶ Kap. 2.1.4).

Erschwerend kommt eine ungünstige Positionierung der Erziehungswissenschaft hinzu: Diese war lange Zeit bestrebt, ihre disziplinäre Eigenständigkeit und damit eine Abgrenzung von anderen Disziplinen (insbesondere von der Psychologie) und vermeintlich disziplinfremden Konzeptionen – zu denen auch

Emotionen gezählt wurden – zu betonen (Tröhler, 2014). Die erwähnte Trennung von Körper und Geist sowie das damit einhergehende Verständnis von Emotion beherrschten den Diskurs in der Emotionsforschung disziplinübergreifend (Ulich & Mayring, 1992) und waren nicht zuletzt eine Argumentationsgrundlage für die Abgrenzung der Erziehungswissenschaft von der Psychologie. Diese Aufspaltung wurde vor allem von den Neurowissenschaften zurecht kritisiert (Barrett, 2017; LeDoux, 1996).

Im Zuge der politischen und gesellschaftlichen Veränderungen der späten 1960er und der 1970er Jahre erfolgte eine Neuorientierung in der Pädagogik, die durch die Hoffnung motiviert war, durch eine veränderte Erziehung künftiger Generationen gesellschaftliche Veränderungen bewirken zu können. Weite Teile der 68er-Generation standen der geisteswissenschaftlichen Pädagogik kritisch gegenüber. Unter Rekurs auf die Frankfurter Schule wurde u. a. mit Bezug auf Jean Jaques Rousseau und Reformpädagog*innen, wie insbesondere Berthold Otto sowie Maria Montessori, in der sogenannten ›antiautoritären Erziehung‹ davon ausgegangen, dass man das Kind sich selbst entsprechend seiner Natur entfalten lassen müsse, ohne es negativ zu beeinflussen (vgl. Bernhard, Kremer & Rieß, 2003). In den folgenden Jahren entwickelten sich einige pädagogische Ansätze, welche die Relevanz von Emotionen für Erziehung und Bildung explizit hervorhoben (z. B. Macha, 1988; Oerter & Weber, 1975; Roth, 1971). Weber (1975) beispielsweise hebt die Relevanz des Emotionalen im Zusammenhang mit Erziehung und Bildung hervor. Die Erziehung zur Mündigkeit als das zentrale Bildungsziel bedarf einer Synthese von kritischer Rationalität und reifer Emotionalität. Zunächst geht er auf die Bedeutung der positiven emotionalen Zuwendung in der frühen Lebenszeit und auf die Herausbildung des Urvertrauens ein. Pädagogische Situationen im Verständnis humaner Erziehung sollen seiner Ansicht nach von Wohlwollen, Solidarität, Wertschätzung, Verständnis und Rücksicht geprägt sein. Moralische und sittliche Erziehung sind aus dieser Perspektive mit emotionaler Erziehung verbunden.

Im Zusammenhang mit der Funktion von Erziehung für den zwischenmenschlichen Umgang hebt Hildegard Macha (1988) in ihrem Aufsatz die Bedeutung von Gefühl als »In-etwas-Involviertsein« (Heller, 1980) und als Motor des Handelns hervor. Die Aufgabe von Erziehung ist demzufolge, den Qualitätenreichtum, die Tiefe und Spannung des Gefühls beim Denken und Handeln zu erhalten. Allerdings sollte mit Emotionen auch verantwortlich umgegangen werden. Dabei führt sie fünf Schritte auf, die zum verantwortlichen Umgang mit Gefühlen führen:

1. Wahrnehmen der Gefühle meint, dass das Erleben eigener Gefühle positiv gewertet wird. Gefühle sind subjektiv »richtig«, sind aber durch Gefühle anderer einzugrenzen. Empathie als Verstehen der Gefühle anderer und die Akzeptanz durch die Erzieher bzw. Lehrer gehören ebenfalls dazu.
2. Interpretation der Antriebe (soziale Gefühle): Die Auswirkungen auf andere sollen kennengelernt, Echtheit in Ausdruck und Erlebnis sollen geschult werden. Wichtig ist, bei der Interpretation immer die Grenze der betreffenden Person zu wahren.

3. Das Äußern von Gefühlen soll situativ angemessen und interaktiv möglich sein, um zu lernen, ob der andere dadurch verletzt oder eingeschränkt wird. Wichtig ist hierbei die Stärkung des sozialen Mitgefühls, der Empathie und der Ambiguitätstoleranz.
4. Vermitteln im sozialen Feld: In Interaktionen können nun eigene Emotionen mit denen anderer in Einklang gebracht werden. Emotionale Erziehung vermittelt auf dieser Stufe den praktischen Umgang mit Handlungsstrategien, wie z. B. Regeln der Kommunikation.
5. Aufbau eines überdauernden Wertbewusstseins: Emotionale Erziehung soll ihr Ziel im Aufbau eines selbstverantwortlichen Umgangs mit den eigenen Gefühlen, der Fähigkeit zur Empathie und dem Erlangen eines überdauernden Wertbewusstseins als Grundlage für verantwortliches Handeln erreichen (Macha, 1988, S. 430 ff.).

Aus der Perspektive der Humanistischen Pädagogik beschäftigt sich Buddrus (1992) mit den »verborgenen« Gefühlen in der Pädagogik. Emotionalität wird explizit in Bezug auf Lehr-Lern-Settings thematisiert. Aus seiner Sicht ist diagnostisches Wissen über die Unterscheidung von Gefühls-Regung (akute Gefühle), Gefühls-Haltung (Bereitschaft zu bestimmten Empfindungen) und Gefühls-Stimmung (habituell) hilfreich für die didaktische Gestaltung (vgl. Buddrus, 1992, S. 87 f.). Ähnlich argumentiert Montada (1989) in seinem Aufsatz zur »Bildung der Gefühle«.

Darüber hinaus findet sich im Bildungsverständnis der UNESCO-Empfehlung »Learning – The Treasure within« (Frevert & Wulf, 2012, S. 5) der Hinweis, dass nicht nur der Erwerb von Wissen, sondern eine allgemeine Bildung des Menschen (im Sinn des »human development«) anzustreben ist. In der globalisierten Welt soll diese vier Dimensionen umfassen: learning to know, learning to do, learning to live together/learning to live with others, learning to be (Deutsche UNESCO-Kommission, 1997). Somit sind diesem umfassenden Verständnis von allgemeiner Bildung nach nicht nur kognitive, sondern auch handlungsbezogene, soziale sowie identitätsbildende und affektive Dimensionen (und demnach emotionale Aspekte) des menschlichen Seins adressiert (Frevert & Wulf, 2012).

1.4 Berücksichtigung von Emotionen in der pädagogisch-didaktischen Unterrichtsgestaltung

Zweifelsohne nehmen schulische und unterrichtliche Bedingungen Einfluss auf Emotionen von Lernenden (Hänze, 2000). Der Auftrag von Schule liegt nicht nur in der Vermittlung von Wissen bzw. der Unterstützung beim Erwerb fachlicher Kompetenzen, sondern auch in der Förderung einer positiven emotional-motivationalen Haltung von Schüler*innen gegenüber schulischem Lernen und Leisten (Bieg & Mittag, 2011; Hagenauer, 2011). Vor allem soziale Vergleichsprozesse im Kontext von Leistungsbeurteilung führen allerdings häufig dazu, dass die Entwicklung der Lernfreude vom Kindergarten bis zur 5. Klassenstufe ungünstig verläuft (Helmke, 1993). Für Bildungs- und Lernprozesse ist es daher von besonders großer Bedeutung, dass Emotionen bei der Gestaltung von Bildungs- bzw. Lernangeboten berücksichtigt werden. Einige Ansätze wurden diesbezüglich entwickelt.

Der *FEASP-Ansatz* von Astleitner (2000) ist ein Beispiel dafür, wie Emotionen in Bezug auf Lehr-Lernsituationen zu berücksichtigen sind. Auf der Grundlage eines emotional orientierten Instruktionsansatzes, des F(ear)E(nvy)A(nger)S(ympathy)P(leasure)-Ansatzes, wird vorgeschlagen, die fünf genannten Emotionen von Lernenden systematisch in Lehr-Lernsituationen zu berücksichtigen: (1) Zur Reduktion bzw. Vermeidung angstauslösender Situationen sind Erfolge im Unterricht sicherzustellen, Fehler als Chance zum Lernen zu begreifen und eine entspannte Lernatmosphäre zu erzeugen. Des Weiteren wird die Transparenz der Leistungsanforderungen als bedeutsam erachtet. (2) Zur Reduktion bzw. Vermeidung ärgerauslösender Situationen werden Strategien der Ärgerkontrolle und das Zulassen konstruktiven Ärgerausdrucks sowie das Aufzeigen flexibler Sichtweisen vorgeschlagen. (3) Zur Reduktion bzw. Vermeidung neidauslösender Situationen werden eine konsistente und transparente Leistungsbewertung (mit individuellen und sachbezogenen Vergleichsmöglichkeiten) sowie die Vermeidung ungleich verteilter Privilegien betont. (4) Als Sympathieauslöser gelten die Intensivierung von Beziehungen, eine kooperative Lernkultur und die Förderung gegenseitiger Hilfe im Unterricht. (5) Als Auslöser von Vergnügen/Freude gilt das Meistern von Aufgaben im Sinne des Kompetenzerlebens, das Aufrechterhalten allgemeinen Wohlbefindens, die Einrichtung offener, spielorientierter Lernumgebungen und der Einsatz von Humor (vgl. Astleitner & Hascher, 2008).

Götz, Frenzel und Pekrun (2007) beschreiben Rahmenbedingungen, Verhaltensweisen und Lernsituationen, die positive Emotionen fördern. Wie in nahezu allen einschlägigen Darstellungen sieht auch dieses Konzept beim institutionalisierten und individuellen Lernen als ersten Schritt die Vermeidung negativer Emotionen vor. Das von den Autor*innen konzipierte theoretische Modell, welches die Wirkungen von Emotionen beim Lernen abbildet, verdeutlicht vor allem, dass Emotionen Lernstrategien, Motivation und kognitive Ressourcen maßgeblich beeinflussen und so auch das am Ende eines Lehr-Lernprozess stehende Produkt, die Schulleistung (mit)steuern (Götz, Frenzel & Pekrun, 2007). Folglich müssen in einem zweiten Schritt konstruktive Umsetzungsüberlegungen folgen. Konkret formulieren die Autor*innen acht Empfehlungen (Götz, Frenzel & Pekrun, 2007, S. 17 ff.):

1. Strukturiert unterrichten
2. Schüler*innen Kontrollerfahrungen machen lassen
3. Eine Kultur des Fragens entwickeln
4. Einen offenen Umgang mit Fehlern etablieren
5. Den spielerischen Charakter des Lernens hervorheben

6. Mehr die Arbeitsprozesse und weniger die Resultate loben
7. Individuelle Leistungsfortschritte unabhängig vom Leistungsniveau der anderen loben
8. So unterrichten, dass es einem selber Spaß macht

Da Unterricht und Lehr-Lernprozesse aber auf einer Interaktion zwischen Lernenden und Lehrenden basieren, spielen Emotionen auch in der Lehrer-Schüler-Kommunikation eine entscheidende Rolle (vgl. Götz, Frenzel & Pekrun, 2007; Pekrun, 2000).

Gläser-Zikuda, Fuß, Laukenmann, Metz und Randler (2005) entwickelten ein emotional orientiertes Unterrichtskonzept (*ECOLE* – Emotional-Cognitive Learning), um positive und negative Lern- und Leistungsemotionen sowie schulische Leistungen von Schüler*innen der Sekundarstufe I im Rahmen einer Interventionsstudie positiv zu beeinflussen. Das Unterrichtskonzept wurde in drei Schulfächern (Biologie, Deutsch, Physik) an Haupt- und Realschulen sowie Gymnasien der 8. Klassenstufe über einen Zeitraum von mehreren Wochen implementiert und auf der Grundlage eines quasi-experimentellen Designs in 24 Schulklassen empirisch auf seine Wirkung überprüft. Das Konzept orientiert sich an den Empfehlungen von Götz, Frenzel und Pekrun (2007) und beinhaltet basierend auf dem Forschungsstand zu Unterrichtsqualität (im Überblick Helmke, 2007), zu selbstreguliertem (Boekaerts, 1999) und selbstbestimmten Lernen (Deci & Ryan, 1993), zur Interesseorientierung (Krapp, 1999) und zu Prüfungsangst (Strittmatter, 1993) fünf Module (Struktur, Wertbezug, Transparenz, Selbstregulation und soziale Kontakte). Das Modul »Struktur« ist durch Formen direkten Unterrichts (z. B. strukturierte Zusammenfassungen und Erklärungen durch die Lehrperson) und Unterrichtsmaterial, das Selbstbestimmung mit Selbstkontrollmöglichkeiten im Sinne formativen assessments (Wiliam & Leahy, 2007) einschließt, gekennzeichnet. Das Modul »Wertbezug« fokussiert auf die Interessen der Schüler*innen und den Lebensweltbezug der Unterrichtsthemen. Ein drittes Modul zielt darauf ab, die »Transparenz« des Unterrichts sowie der Anforderungen zu gewährleisten. Die Schüler*innen wurden z. B. zu Beginn der Unterrichtseinheit über Inhalte und Ablauf informiert, differenzierte Lehr-Lernmaterialien (mit unterschiedlichem Leistungsniveau) wurden eingesetzt und ein angekündigter und unbenoteter Übungstest durchgeführt. Jede*r Schüler*in erhielt eine individuelle Rückmeldung zum aktuellen Leistungsstand in Form eines schriftlichen Feedbacks sowie Hinweise für eine individuell optimierte Vorbereitung der Klassenarbeit. Das vierte Modul (»Selbstregulation«) war für die Realisierung schülerorientierter Unterrichtsformen und für die Förderung der Lernmotivation zentral. Handlungsorientierung und Individualisierung fanden hier Eingang in das Unterrichtskonzept. Das fünfte Modul schließlich griff die Bedeutsamkeit harmonischer »sozialer Kontakte« in Lernprozessen auf. Kooperative und spielorientierte Lernformen wurden in den Unterricht integriert. Insgesamt konnten in dieser Interventionsstudie Effekte hinsichtlich der Förderung positiver und der Reduzierung negativer Lernemotionen ermittelt werden, die sich allerdings nicht in allen Unterrichtsfächern gleichermaßen zeigten. Demgegenüber konnte die Leistung der Schüler*innen durchgängig gesteigert werden. Die Relevanz selbstbestimmten Lernens und insbesondere der Autonomieunterstützung für das positive emotionale Erleben im Unterricht wurde ebenfalls deutlich (Markus & Gläser-Zikuda, 2021).

Eine umfassendere quasi-experimentelle Interventionsstudie (Sutter-Brandenberger, Hagenauer & Hascher, 2018) mit dem Titel »Maintaining and fostering students' positive learning emotions and learning motivation in maths instruction during early adolescence« (kurz »EMo-Math«), die ebenfalls die Förderung positiver sowie die Reduzierung negativer Emotionen zum Ziel hatte, basierte auf Schülerworkshops im regulären Klassenkontext im Mathematikunterricht über einen Zeitraum von zwei Schuljahren in der 7. und 8. Klassenstufe (▶ Kap. 1.2). Die Schülerworkshops als Intervention beinhalteten z. B. den Umgang mit eigenen Emotionen, Motivierungs-, Lern- und Selbstregulationsstrategien (vgl. Perels et al., 2003), das Formulieren von Lernzielen und die Auseinandersetzung mit der Nützlichkeit von Mathematik. Außerdem wurden in einer der Interventionsgruppen Workshops für Lehrpersonen angeboten, und zwar zu Themen wie Motivationsunterstützung im Rahmen der Selbstbestimmungstheorie (Deci & Ryan, 1993), positive Fehlerkultur und Feedback sowie Umgang mit Schüleremotionen. Die Lehrpersonen wurden gezielt über die Materialien der Schülerworkshops informiert und dazu aufgefordert, diese in den Unterricht zu integrieren. Insgesamt zeigten die Befunde dieser Studie die Wirksamkeit eines kombinierten Interventionsprogramms (Schüler- und Lehrerworkshops) für das 7. Schuljahr. Diese basierte einerseits auf der direkten Unterstützung der Schüler*innen bei der Emotionsregulation, andererseits auf indirekten Einflüssen durch die Gestaltung des Unterrichts (vgl. Brandenberger & Moser, 2018).

1.5 Zusammenfassung

Zweifellos ist menschliches Leben ganz grundlegend von Gefühlsregungen geprägt, und demzufolge begleiten entsprechende Gefühle bzw. Emotionen auch Menschen in pädagogischen Einrichtungen und Bildungsinstitutionen wie Kindertagesstätten, Schulen oder Hochschulen – also Kinder, Jugendliche, Erwachsene und professionelle Akteure. Erziehung und Bildung im schulischen Kontext werden begünstigt, wenn sie auf einer vertrauensvollen Beziehung zwischen allen Beteiligten, die auch durch deren Emotionen beeinflusst wird, basieren (Sann & Preiser, 2017). Allerdings zeichnet sich der zwischenmenschliche Umgang sowie die gesamte Lehr-Lernkultur im Bildungssystem, und damit auch in Schulen, nach wie vor durch eine Überbetonung kognitiver und eine mangelnde Berücksichtigung affektiver Aspekte aus.

Es gilt zu bedenken, dass positive Emotionen bei Kindern und Jugendlichen nicht immer von vornherein vorhanden sind und auch nicht automatisch durch interessante Unterrichtsinhalte hervorgerufen werden (Götz, Frenzel & Pekrun, 2007). Wesentlich zu deren Förderung tragen professionelle Lehrpersonen bei, die sich offen, respektvoll und unterstützend den Kindern zuwenden, ihr Fach enthusiastisch vertreten und dies auch vermitteln können. Gelingende Emotionsregulation ist auch ein wichtiger Aspekt professionellen pädagogischen Handelns. Pädagogische Professionalität umfasst pädagogische, fachspezifische und fachdidaktische Handlungskompetenzen sowie personale und selbstregulative Kompetenzen, einschließlich emotionaler Zuwendung, und Berufsethos (Baumert & Kunter, 2006; Oser, 1996). Durch eine solche besondere personale Qualität der Zuwendung ist Erziehung gekennzeichnet. Dies bedeutet, dass Lehrer*innen sich nicht nur als Fachvertreter*innen verstehen, die Fachunterricht halten, sondern auch als Pädagog*innen, die Kinder und Jugendliche als Individuen mit persönlichen Bedürfnissen und Emotionen wahrnehmen und respektieren, sie zum Lernen einladen und anleiten, während des Lernprozesses kontinuierlich unterstützen und ihnen in ihrer bildungsbezogenen Entwicklung zur Seite stehen.

Emotionen bzw. Gefühle werden häufig eher nicht thematisiert und oftmals erst dann wahrgenommen, wenn sie als störend erachtet werden und bereits Probleme entstanden sind, wie z. B. bei aggressivem Verhalten oder bei Schul- und Prüfungsangst. Eines der herausragenden Ziele zeitgemäßer pädagogischer Bemühungen muss es daher sein, die Emotionen von Schüler*innen in der pädagogischen Beziehung zu Lehrpersonen sowie bei der Unterrichtsgestaltung zu berücksichtigen und in positiver Weise zu unterstützen. Dies setzt voraus, dass Lehrpersonen die Kompetenz besitzen, eigene Emotionen und die der Schüler*innen zu diagnostizieren und zu regulieren. Ein adäquater Umgang mit eigenen Emotionen und denen der Lernenden setzt ein umfassendes Verständnis von Emotionen voraus (Hülshoff, 2012).

Es kann somit resümiert werden, dass Gefühle bzw. Emotionen in der Pädagogik und Erziehungswissenschaft auf allen Ebenen pädagogischen Denkens und Handels thematisiert wurden, und zwar nicht nur als Teil des jeweils vorherrschenden Menschenbildes, sondern auch als grundlegende pädagogische Prämissen und Ziele von Erziehung und Bildung. Somit sind Emotionen als Voraussetzung für einen pädagogischen Grundgedanken – auch mit Blick auf die pädagogische Beziehung zwischen Erziehendem und zu Erziehendem – und damit als wesentlich für die Bildung des Menschen sowie für die pädagogische Praxis zu betrachten (Caruso & Frevert, 2013). Einige neuere Publikationen greifen die Bedeutung von Emotionen bzw. Gefühlen aus einer pädagogischen Perspektive verstärkt auf. Exemplarisch sei hier auf die Arbeiten von Göppel und Dörr (2003), Klika und Schubert (2004), Seichter (2007), Wulf und Prenzel (2011), Huber und Krause (2018) sowie ganz aktuell Rubach und Lazarides (2021) verwiesen. Insofern versteht sich auch der vorliegende Band als Beitrag zu dieser insgesamt doch optimistisch stimmenden Entwicklung hin zu einer stärkeren Berücksichtigung des Emotionalen in Schule und Unterricht.

1.6 Gliederung des Bandes bezogen auf den pädagogischen und psychologischen Teil

Mit dem vorliegenden Band wollen wir gleichermaßen pädagogische, psychologische sowie fachdidaktische Perspektiven, die bislang kaum thematisiert wurden, auf die Bedeutung des Emotionalen im schulischen Unterricht hin akzentuieren. Die Beiträge nehmen sowohl schulstrukturelle als auch lehr-lernbezogene und akteursbezogene Perspektiven ein. Dabei sind die pädagogischen, psychologischen bzw. erziehungswissenschaftlich-empirischen Perspektiven im vorliegenden Sammelband folgendermaßen strukturiert:

Tina Hascher und Gerda Hagenauer (▶ Kap. 2) geben aus Sicht der empirischen Lehr-Lernforschung einen grundlegenden Überblick zur Bedeutung von Emotionen in Schule und Unterricht. Sie beschreiben zentrale Erkenntnisse aus der empirischen Lehr-Lernforschung, die als wichtiges Grundlagen-, Handlungs- bzw. Orientierungswissen zu Emotionen im Kontext guten Unterrichts zu verstehen sind.

Wie die ersten Schuljahre das emotionale Erleben in Bezug auf Lernen, Unterricht und Schule generell beeinflussen, thematisiert Katrin Lohrmann (▶ Kap. 4). Sie gibt einen Überblick zu empirischen Befunden und diskutiert, wie die Grundschule insbesondere mit ihren spezifischen institutionellen Rahmenbedingungen zum Erhalt und zur Förderung positiver Emotionen beitragen kann.

Die Bedeutung von Lern- und Leistungsemotionen im Kontext schulischer Transition heben Simon Meyer, Ramona Obermeier und Michaela Gläser-Zikuda hervor (▶ Kap. 5). Empirische Befunde zu Bedingungen emotionalen Erlebens, deren Bedeutung für schulisches Lernen sowie Implikationen für die Gestaltung des Übergangs von Primar- in Sekundarstufe werden vorgestellt und diskutiert.

Mit Emotionen im inklusiven Unterricht beschäftigen sich Carmen Zurbriggen und Philipp Schmidt (▶ Kap. 6). Sie zeigen, dass Binnendifferenzierung, Individualisierung und kooperatives Lernen – als zentrale Merkmale eines inklusiven Unterrichts – sich positiv auf das emotionale Erleben von Schüler*innen auswirken und somit Bildungsprozesse wesentlich unterstützen.

Der Beitrag von Thomas Knaus und Nastasja Bohnet (▶ Kap. 7) beleuchtet das Verhältnis von Emotion und (digitalen) Medien aus einer allgemein pädagogischen sowie einer spezifisch medienpädagogischen Perspektive. Im Fokus stehen Medien im Unterricht sowie konkrete Unterrichtsbeispiele zu lebensweltbezogenen Lehrmedien, Handlungsorientierung sowie interaktionistisch-konstruktivistische Unterrichtsmethoden.

Gerda Hagenauer und Tina Hascher machen in ihrem Beitrag (▶ Kap. 16) auf das Erleben von vielfältigen Emotionen bei Lehrkräften aufmerksam und verdeutlichen, wie sie das Unterrichtsverhalten (z. B. die Schülerzentrierung) beeinflussen und welche Bedeutung der Emotionsregulation auf Seiten der Lehrperson für Emotionen von Schüler*innen, aber auch mit Blick auf das berufliche Wohlbefinden von Lehrkräften zukommt.

Marc Kleinknecht beschäftigt sich mit der Rolle von Emotionen beim Einsatz von Unterrichtsvideos in der Lehrer*innenbildung (▶ Kap. 17). Der Beitrag hebt die Bedeutung von Emotionen als Mediator für Lernprozesse von Lehrkräften in Fortbildungen hervor. Zudem wird die Qualität von Feedback und dessen Einfluss auf Emotionen dargestellt, um Konsequenzen für die Lehrerfortbildung zu skizzieren.

Der Beitrag von Stefan Markus, Katharina Fuchs, Florian Hofmann, Barbara Jacob, Melanie Stephan und Michaela Gläser-Zikuda (▶ Kap. 18) zeigt basierend auf einer empirischen Studie mit Lehramtsstudierenden die Bedeutung von autonomieunterstützenden Lehr-Lernumgebungen für das Erleben von Lern- und Leistungsemotionen auf.

Weiterführende Literatur

Hascher, T. & Hagenauer, G. (Hrsg.) (2018). Emotionen und Emotionsregulation in Schule und Hochschule. Münster: Waxmann.
Huber, M. & Krause, S. (Hrsg.) (2018). Bildung und Emotion. Wiesbaden: Springer VS.
Rubach, C. & Lazarides, R. (Hrsg.) (2021). Emotionen in Schule und Unterricht. Opladen: Barbara Budrich.

Literatur

Astleitner, H. (2000). Designing emotionally sound instruction: The FEASP-approach. Instructional Science 28, 169–198.
Astleitner, H. & Hascher, T. (2008). Emotionales Instruktionsdesign und e-Learning. In J. Zumbach & H. Mandl (Hrsg.), Fallbuch Pädagogische Psychologie: Lehr- und Lernpsychologie (S. 265–274). Göttingen: Hogrefe.
Barrett, L. F. (2015). Ten common misconceptions about psychological construction theories of emotion. In L. F. Barrett & J. A. Russell (Eds.), The psychological construction of emotion (pp. 45–79). New York: The Guilford Press.
Barrett, L. F. (2017). The theory of constructed emotion: an active inference account of interoception and categorization. Social Cognitive and Affective Neuroscience, 12(1), 1–23.
Baumert, J. & Kunter, M. (2006). Stichwort: Professionelle Kompetenz von Lehrkräften. Zeitschrift für Erziehungswissenschaft, (9)4, 469–520.
Becker, E. S., Götz, T., Morger, V. & Ranellucci, J. (2014). The importance of teachers' emotions and instructional behaviour for their student's emotions: An experience sampling analysis. Teaching and Teacher Education, 43, 15–26.
Beckermann, A. (2001). Analytische Einführung in die Philosophie des Geistes (2. Aufl.). Berlin: de Gruyter.
Bernhard, A., Kremer, A. & Rieß, F. (Hrsg.) (2003). Kritische Erziehungswissenschaft und Bildungsreform. Programmatik – Brüche – Neuansätze. Band 1: Theoretische Grundlagen und Widersprüche. Baltmannsweiler: Schneider.
Bieg, S. & Mittag, W. (2011). Leistungsverbesserungen durch Förderung der selbstbestimmten Lernmotivation. In M. Dresel & L. Lämme (Hrsg.), Motivation, Selbstregulation und Leistungsexzellenz (S. 219–236). Münster: LIT.
Boekaerts, M. (1999). Self-regulated learning: where we are today. International Journal of Educational Research, 31, 445–457.

Brandenberger, C. & Moser, N. (2018). Förderung der Lernfreude und Reduzierung der Angst im Mathematikunterricht in der Sekundarstufe 1. In G. Hagenauer & T. Hascher (Hrsg.), Emotionen und Emotionsregulation in der Schule und Hochschule (S. 323–337). Münster: Waxmann.

Buddrus, V. (1992). Der pädagogische Umgang mit Gefühlen – Systematische Überlegungen. In V. Buddrus (Hrsg.), Die »verborgenen« Gefühle in der Pädagogik. Impulse und Beispiele aus der Humanistischen Pädagogik zur Wiederbelebung der Gefühle (S. 78–96). Hohengehren: Schneider.

Caruso, M. & Frevert, U. (Hrsg.) (2013). Emotionen in der Bildungsgeschichte. Strategien, Kontexte, Wirkungen. Jahrbuch für historische Bildungsforschung. Bad Heilbrunn: Klinkhardt.

Damasio, A. R. (2010). Self comes to mind. Constructing the conscious brain. New York: Pantheon Books.

Deci, E. L. & Ryan, R. M. (1993). Die Selbstbestimmungstheorie der Motivation und ihre Bedeutung für die Pädagogik. Zeitschrift für Pädagogik, 39(2), 223–238.

Drieschner, E. & Gaus, D. (Hrsg.) (2011). Liebe in Zeiten pädagogischer Professionalisierung. Wiesbaden: VS Verlag für Sozialwissenschaften.

Ekman, P. (1973). Cross-cultural studies of facial expression. In P. Ekman (Hrsg.), Darwin and facial expression: A century in research in review (S. 169–222). New York: Academic Press.

Ekman, P. & Davidson, R. J. (Eds.) (1994). The nature of emotion. Fundamental questions. New York: Oxford University Press.

Fauser, P. »Der Missbrauch war ein Verrat an der Reformpädagogik«. Süddeutsche Zeitung, 21.04.2010; 6.

Fischer, N. & Richey, P. (2018). Förderung von Vertrauen und Wertschätzung in pädagogischen Beziehungen – Potenziale der Ganztagsschule. In S. Maschke, G. Schulz-Gade & L. Stecher (Hrsg.), Jahrbuch Ganztagsschule. Lehren und Lernen in der Ganztagsschule. Grundlagen – Ziele – Perspektiven (S. 59–66). Frankfurt a. M.: Debus Pädagogik.

Frenzel, A. C., Götz, T. & Pekrun, R. (2008). Ursachen und Wirkungen von Lehreremotionen: Ein Modell zur reziproken Beeinflussung von Lehrkräften und Klassenmerkmalen. In M. Gläser-Zikuda & J. Seifried (Hrsg.), Lehrerexpertise – Analyse und Bedeutung unterrichtlichen Handelns (S. 187–209). Münster: Waxmann.

Frenzel, A. C., Götz, T. & Pekrun, R. (2009). Emotionen. In E. Wild & J. Möller (Hrsg.), Pädagogische Psychologie (S. 205–234). Heidelberg: Springer.

Frevert, U. & Wulf, Ch. (2012). Die Bildung der Gefühle. Zeitschrift für Erziehungswissenschaft, 15, Sonderheft 16, 1–10.

Gieseke, W. (2007). Lebenslanges Lernen und Emotionen. Wirkungen von Emotionen auf Bildungsprozesse aus beziehungstheoretischer Perspektive. Bielefeld: Bertelsmann.

Gläser-Zikuda, M., Fuß, S., Laukenmann, M., Metz, K. & Randler, C. (2005). Promoting students' emotions and achievement – Instructional design and evaluation of the ECOLE-approach. Learning and Instruction, 15(5), 481–495.

Göppel, R. & Dörr, M. (Hrsg.) (2003). Bildung der Gefühle. Innovation? Illusion? Intrusion? Gießen: Psychosozial-Verlag.

Götz, T., Frenzel, A. C. & Pekrun, R. (2007). Emotionen im Lern- und Leistungskontext. Katechetische Blätter 132(1), 13–19.

Hagenauer, G. (2011). Lernfreude in der Schule. Münster: Waxmann.

Hänze, M. (2000). Schulisches Lernen und Emotion. In J. H. Otto, H. A. Euler & H. Mandl (Hrsg.), Emotionspsychologie. Ein Handbuch (S. 586–594). Weinheim: Beltz.

Hascher, T. & Brandenberger, C. (2018). Emotionen und Lernen im Unterricht. In M. Huber & S. Krause (Hrsg.), Bildung und Emotion (S. 289–310). Wiesbaden: Springer.

Heller, A. (1981). Theorie der Gefühle. Hamburg: VSA.

Helmke, A. (1993). Die Entwicklung der Lernfreude vom Kindergarten bis zur 5. Klassenstufe. Zeitschrift für Pädagogische Psychologie, 7, 77–86.

Helmke, A. (2007). Unterrichtsqualität. Erfassen – Bewerten – Verbessern (2. Aufl.). Seelze: Kallmeyer.

Helsper, W. & Reh, S. (2012). Nähe, Diffusität und Asymmetrie in pädagogischen Interaktionen. In W. Thole, M. Baader, W. Helsper, M. Kappeler, M. Leuzinger-Bohleber, S. Reh, U. Sielert & C. Thompson (Hrsg.), Sexualisierte Gewalt, Macht und Pädagogik (S. 265–290). Opladen: Budrich.
Herbart, J. F. (1806/1965). Allgemeine Pädagogik aus dem Zweck der Erziehung abgeleitet. (hrsg. von Hermann Holstein). Bochum: Kamp.
Huber, M. (2013). Die Bedeutung von Emotion für Entscheidung und Bewusstsein. Die neurowissenschaftliche Herausforderung der Pädagogik am Beispiel von Damasios Theorie der Emotion. Würzburg: Königshausen & Neumann.
Huber, M. (2018). Emotionale Markierungen. Zum grundlegenden Verständnis von Emotionen für bildungswissenschaftliche Überlegungen. In M. Huber & S. Krause (Hrsg.), Bildung und Emotion (S. 91–111), Wiesbaden: Springer VS.
Hülshoff, T. (2012). Emotionen. Eine Einführung für beratende, therapeutische, pädagogische und soziale Berufe (4. Aufl.). Stuttgart: UTB.
von Humboldt, W. (1801/2010). Der Königsberger und der Litauische Schulplan. In Schriften zur Politik und zum Bildungswesen. Werke IV (S. 168–195). Darmstadt: Wiss. Buchgesellschaft.
Jacobi, K. (1981). Aristoteles über den rechten Umgang mit Gefühlen. In I. Craemer-Ruegenberg (Hrsg.), Pathos, Affekt, Gefühl. Freiburg/München: Karl Alber.
Klika, D. (2004). Das Gefühl und die Pädagogik. Historische und systematische Aspekte einer problematischen Liaison. In D. Klika & V. Schubert (Hrsg.), Bildung und Gefühl (S. 19–34). Baltmannsweiler: Schneider.
Klika, D. & Schubert, V. (Hrsg.). (2004). Bildung und Gefühl. Baltmannsweiler: Schneider.
Kraft, V. (1996). Pestalozzi oder das pädagogische Selbst. Bad Heilbrunn: Klinkhardt.
Krapp, A. (1999). Intrinsische Lernmotivation und Interesse. Forschungsansätze und konzeptuelle Überlegungen. Zeitschrift für Pädagogik 45(3), 387–406.
Krause, A., Philipp, A., Bader, F. & Schüpbach, H. (2008). Emotionsregulation von Lehrkräften: Umgang mit Gefühlen als Teil der Arbeit. In A. Krause, H. Schüpbach, E. Ulich & M. Wülser (Hrsg.), Arbeitsort Schule (S. 309–334). Wiesbaden: Gabler.
LeDoux, J. E. (1996). The emotional brain. The mysterious underpinnings of emotional life. New York: Simon & Schuster.
Macha, H. (1984). Emotionale Erziehung. Frankfurt a. M.: Peter Lang.
Macha, H. (1988). Der Sinn des Emotionalen in der Erziehung – vom angemessenen Umgang mit Gefühlen. Pädagogische Rundschau 42, 421–442.
Markus, S. (im Druck). Autonomieunterstützung und emotionales Erleben in der Schule. Förderung positiver Lern- und Leistungsemotionen im Mathematikunterricht der Sekundarstufe. Münster: Waxmann.
Markus, S. & Gläser-Zikuda, M. (2021). Förderung positiver Lern- und Leistungsemotionen durch Autonomieunterstützung: Praktische Implikationen für die Interaktions- und Unterrichtsgestaltung. In C. Rubach & R. Lazarides (Hrsg.), Emotionen in Schule und Unterricht – Bedingungen und Auswirkungen von Emotionen bei Lehrkräften und Lernenden (S. 192 – 214). Leverkusen: Budrich. doi.org/10.2307/j.ctv1f70kr0.12.
Montada, L. (1989). Bildung der Gefühle? Zeitschrift für Pädagogik, 35(3), 293–312.
Nohl, H. (1924/25) 1978. Die pädagogische Bewegung in Deutschland und ihre Theorie. Frankfurt a. M.: Schulte-Bulmke.
Oelkers, J. (2001). Einführung in die Theorie der Erziehung. Weinheim: Beltz.
Oser, F. (1996). Wann lernen Lehrer ihr Berufsethos? Zeitschrift für Pädagogik, 34, 235–243.
Otto, J. H., Euler, H. A. & Mandl, H. (2000). Emotionspsychologie. Weinheim: Beltz/PVU.
Pekrun, R. (2000). A social-cognitive, control-value theory of achievement emotions. In J. Heckhausen (Ed.), Motivational psychology of human development. Developing motivation and motivating development (pp. 143–163). New York, NY: Elsevier.
Perels, F., Schmitz, B. & Bruder, R. (2003). Trainingsprogramm zur Förderung der Selbstregulationskompetenz. Unterrichtswissenschaft, 31, 23–37.
Pestalozzi, J. H. (1801). Wie Gertrud ihre Kinder lehrt. Bern u. Zürich: Heinrich Gessner, PSW 13, S. 181–359.

Petersen, P. (1927–1949) 1974. Der kleine Jena-Plan. Weinheim: Beltz.
Raufelder, D. (2007). Von Machtspielen zu Sympathiegesten. Das Verhältnis von Lehrern und Schülern im Bildungsprozess. Marburg: Tectum.
Roth, H. (1971). Pädagogische Anthropologie. Band I: Bildsamkeit und Bestimmung. Band II: Entwicklung und Erziehung. Grundlagen einer Entwicklungspädagogik. Hannover: Schroedel.
Rubach, C. & Lazarides, R. (Hrsg.) (2021). Emotionen in Schule und Unterricht. Opladen: Barbara Budrich.
Sann, U. & Preiser, S. (2017). Emotionen und Motivation in der Lehrer-Schüler-Interaktion. In M. Schwer (Hrsg.), Lehrer-Schüler-Interaktion Inhaltsfelder, Forschungsperspektiven und methodische Zugänge (3. Aufl.) (S. 213–232). Wiesbaden: Springer VS.
Scherer, K. R. (2009), The dynamic architecture of emotion: Evidence from the component process model. Cognition and Emotion, 23(7), 1307–1351.
Scherer, K. R., Schorr, A. & Johnstone, T. (Eds.) (2001). Series in affective science. Appraisal processes in emotion: Theory, methods, research. Oxford University Press.
Schiller, F. (1784/1967). Die Schaubühne als eine moralische Anstalt betrachtet. In Schillers Werke (Bd. 1, S. 237–247). Berlin: Aufbau.
Seichter, S. (2007). Pädagogische Liebe. Erfindung, Blütezeit, Verschwinden eines pädagogischen Deutungsmusters. Paderborn: Schöningh.
Spranger, E. (1969). Das Gesetz der ungewollten Nebenwirkungen in der Erziehung. In E. Spranger: Gesammelte Schriften. Band I. Geist der Erziehung (S. 348–405), hrsg. von G. Bräuer & A. Flitner. Tübingen/Heidelberg.
Strittmatter, P. (1993). Schulangstreduktion. Neuwied: Luchterhand.
Sutter-Brandenberger, C. C., Hagenauer, G. & Hascher, T. (2018). Students' Self-Determined Motivation and Negative Emotions in Mathematics in Lower Secondary Education – Investigating Reciprocal Relations. Contemporary Educational Psychology. doi: https://doi.org/10.1016/j.cedpsych.2018.10.002.
Thagard, P. (2010). The brain and the meaning of life. Princeton: Princeton University Press.
Tracy, J. L. & Randles, D. (2011). Four models of basic emotions: A review of Ekman and Cardoro, Izard, Levinson and Panksepp and Watt. Emotional Review, 3(4), 397–405.
Tröhler, D. (2014). Tradition oder Zukunft? 50 Jahre Deutsche Gesellschaft für Erziehungswissenschaft aus bildungshistorischer Sicht. Zeitschrift für Pädagogik, 60(1), 9–31.
Ulich, D. & Mayring, Ph. (1992). Psychologie der Emotionen. Stuttgart: Kohlhammer.
UNESCO (1996). Learning – The Treasure within. Paris 1996; deutsche Fassung: Lernfähigkeit: Unser verborgener Reichtum. UNESCO-Bericht zur Bildung für das 21. Jahrhundert (hrsg. von der Deutschen UNESCO-Kommission. Neuwied 1997).
Weber, E. (1975). Emotionalität und Erziehung. In R. Oerter & E. Weber (Hrsg.), Der Aspekt des Emotionalen in Unterricht und Erziehung (S. 69–125). Donauwörth: Auer.
Wild, E., Hofer, M. & Pekrun, R. (2006). Psychologie des Lernens. In A. Krapp & B. Weidenmann (Hrsg.), Pädagogische Psychologie (5. Aufl.) (S. 207–270). München: Beltz PVU.
Wiliam, D. & Leahy, S (2007). A theoretical foundation for formative assessment. In McMillan, J. H. (Hrsg.), Formative classroom assessment: Theory into Practice. New York: Teachers College Press, 29–42.
von Wulf, Ch. & Prenzel, M. (Hrsg.) (2011). Themenschwerpunkt Emotion. Zeitschrift für Erziehungswissenschaft, 14(2).

2 Emotionen in Schule und Unterricht aus der Sicht empirischer Lehr-Lernforschung

Tina Hascher & Gerda Hagenauer

Kurzzusammenfassung

Die Erforschung von Emotionen in Schule und Unterricht ist wichtig, um die Prozesse des Lernens und die Wirkung von Lernumgebungen besser zu verstehen. In der empirischen Lehr-Lernforschung liegen dazu bereits zentrale Erkenntnisse vor, obschon der Forschungsbereich noch keine sehr lange Tradition aufweist. Der vorliegende Text gibt einen Überblick über den Forschungsbereich, der wichtiges Grundlagen-, Handlungs- bzw. Orientierungswissen zum Thema guter Unterricht bereitstellt.

Schlagwörter: *Emotionen; Lehr-Lernforschung; Lernprozesse; Wirkung von Lernumgebungen*

Einleitung

Mit der Aussage, die Schüler*innen-Emotionen seien »ein blinder Fleck der Unterrichtsforschung«, beschrieb Pekrun (1999, S. 230) den Stand der deutschsprachigen empirischen Lehr-Lernforschung vor gut zwanzig Jahren. Inzwischen lässt sich konstatieren, dass sich die Forschungslage – davon zeugt auch dieses Buch – im deutschsprachigen Raum rasant weiterentwickelt hat (im Überblick Götz, 2017; Hagenauer & Hascher, 2018). International besehen hatte sich die Forschung zu Emotionen in Schule und Unterricht zwar schon länger etabliert, vor allem was die Erforschung von Prüfungsangst anbelangt (z. B. Doyal & Forsyth, 1972). Andere Emotionen wurden jedoch vor allem erst ab dem Jahr 2000 untersucht (im Überblick siehe Pekrun & Schutz, 2006; Pekrun & Linnenbrink-Garcia, 2014). Es lässt sich damit konstatieren: Emotionen haben sich als ein Forschungsthema etabliert, auch wenn dieses noch nicht zum Mainstream der Lehr-Lernforschung gehören mag.

Im vorliegenden Beitrag möchten wir der folgenden Frage nachgehen: Was zeichnet den Forschungsbereich »Emotionen in Schule und Unterricht« im Kontext der Lehr-Lernforschung aus? Während sich die meisten Beiträge im vorliegenden Sammelband mit spezifischen Teilbereichen befassen und beispielsweise die Rolle von Emotionen in bestimmten Schulphasen oder für einzelne Schulfächer diskutieren, soll hier ein Überblick über den Forschungsbereich gegeben werden. Als Grundlage für unsere Ausführungen dient die Definition der empirischen Lehr-Lernforschung, wie sie von Gräsel und Gniewosz (2015, S. 18) formuliert wurde: »Die Lehr-Lernforschung ist jener Teil der Bildungsforschung, der sich mit der empirischen Untersuchung von Lernprozessen und der Wirkung von Lernumgebungen befasst.« Empirisch fundierte Kenntnisse über Entstehungsbedingungen und Wirkungen von Emotionen sind insofern wichtig, als sie einen wichtigen Beitrag zum Grundlagen-, Handlungs- bzw. Orientierungswissen über erfolgreiches Lernen und guten Unterricht leisten.

2.1 Konzepte und Modelle

Der Begriff *Emotion* ist schwierig zu fassen, und es gibt eine Vielzahl von Konzepten, die unterschiedlich in der Lehr-Lernforschung aufgenommen wurden. Im Folgenden werden zentrale Ansätze und Modelle vorgestellt.

2.1.1 Was versteht man unter Emotionen?

Wissenschaftliche Texte zum Thema Emotionen weisen häufig darauf hin, dass über 100 verschiedene Definitionen des Begriffs *Emotion* existieren (z. B. Kleinginna & Kleinginna, 1981). Diese unübersichtliche Vielfalt hat vor allem damit zu tun, dass zahlreiche Disziplinen sich mit der Erforschung von Emotionen beschäftigen. Im Kontext der Lehr-Lernforschung spricht man von *akademischen Emotionen* oder *Lern- und Leistungsemotionen* und meint damit vor allem Emotionen, die »in Bezug auf leistungsbezogene Aktivitäten und die Ergebnisse dieser Aktivitäten erlebt werden« (Frenzel & Stephens, 2017, S. 29), z. B. Angst in einer Prüfungssituation, Stolz bei einem richtig gelösten Arbeitsblatt oder Scham, wenn man eine Frage der Lehrperson falsch beantwortet. Emotionen sind zudem äußerst komplexe Phänomene. Ist eine Schülerin oder Lehrerin beispielsweise wütend, so denkt sie negativ über die wutauslösende Person oder Situation, ihre Herzfrequenz steigt, ebenso die Handlungsbereitschaft; sie zeigt einen bestimmten Gesichtsausdruck, den Mitmenschen schnell als Wut oder Zorn oder Ärger interpretieren; Redebeiträge im Klassengespräch werden ungehalten oder haben einen etwas aggressiven Tonfall. Emotionen »are seen as multi-component, coordinated processes of psychological subsystems including affective, motivational, expressive and peripheral physiological processes« (Pekrun, 2006, S. 317) und werden entsprechend in sog. Mehrkomponentenmodellen abgebildet (▶ Abb. 2.1).

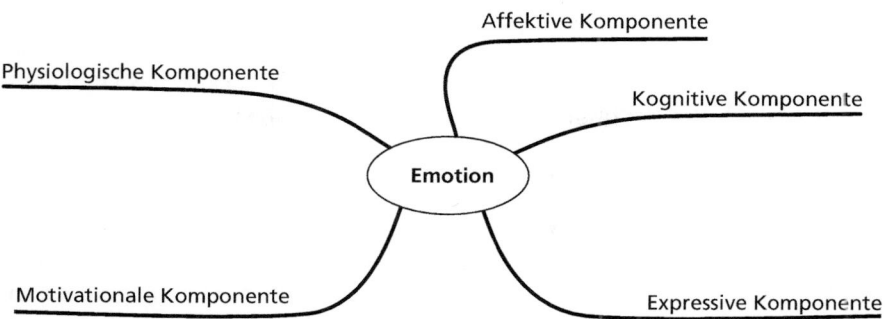

Abb. 2.1: Mehrkomponentenmodell der Emotionen (Götz, Zirngibl & Pekrun, 2004, S. 51)

Durch den Mehrkomponentenansatz ergeben sich allerdings auch Herausforderungen. So ist z. B. noch nicht abschließend geklärt, in welchem Verhältnis Emotion und Motivation zueinander stehen: Wenn Emotionen eine motivationale Komponente aufweisen, dann stellt sich die Frage, wie sich diese vom Konstrukt Motivation unterscheidet. Zugleich finden sich Motivationsformen, wie beispielsweise die intrinsische Motivation, die sich durch das Freudeerleben auszeichnen. Hier sind also Überschneidungen festzustellen. Der Mehrkomponentenansatz stellt zudem hohe Ansprüche an die Erforschung von Emotionen durch die Untersuchung der einzelnen Komponenten. Dabei zeigt sich, dass in der Lehr-Lernforschung nicht alle Emotionskomponenten gleichermaßen gut untersucht werden können (▶ Kap. 1.2.3).

Wichtig ist für die Lehr-Lernforschung, dass sich Emotionen weiter systematisieren und gruppieren lassen. Zum einem gibt es unterschiedliche Valenzen von Emotionen: positive (angenehm erlebte Emotionen wie Freude) und negative (unangenehm erlebte Emotionen wie Scham). Emotionen unterscheiden sich zum anderen hinsichtlich ihrer Erlebnisdauer und -häufigkeit. Schutz, Aultmann und Williams-Johnson (2009) identifizierten drei Formen: core affect (die aktuelle emotionale Gesamtbefindlichkeit), emotional episodes (situationsspezifische Emotionen wie Langeweile bei einem wenig interessanten Unterrichtsthema) und affective tendencies (immer wiederkehrende emotionale Reaktionen, z. B. Ängstlichkeit bei Vorträgen vor Gruppen). Des Weiteren lassen sich generelle Emotionen (z. B. Freude in der Schule oder beim Lernen) und fachspezifische Emotionen (z. B. Freude im Mathematikunterricht) differenzieren. Die aktuelle Lehr-Lernforschung konzeptualisiert Lern- und Leistungsemotionen zumeist fachspezifisch, da wiederholt gezeigt werden konnte, dass die Emotionen der Schüler*innen zwischen den Fächern stark variieren können (Goetz, Frenzel, Pekrun & Hall, 2006).

2.1.2 Welche Theorien sind leitend?

Analog zur Vielfalt an Emotionsdefinitionen findet sich auch ein breites Angebot an Emotionstheorien bzw. -konzepten. Sie reichen von Stimmungstheorien –

z. B. zur Frage, ob Menschen in positiver Stimmung anders lernen als in negativer (vgl. im Überblick Edlinger & Hascher, 2008) – bis hin zu Konzepten emotionaler Kompetenz – z. B. welche Emotionsregulationsstrategien das Lernen unterstützen (vgl. u. a. Jennings & Greenberg, 2009; Buckley & Saarni, 2009). In Bezug auf die Lehr-Lernforschung lässt sich eine klare Präferenz für kognitive Emotionstheorien, sog. »appraisaltheoretische Zugänge«, feststellen, allen voran die Kontroll-Wert-Theorie der Emotionen von Pekrun (2006). Appraisal-Theorien gehen davon aus, dass die kognitive *Bewertung* von Ereignissen oder Situationen das emotionale Erleben bestimmt und differenziert. Die Kontroll-Wert-Theorie der Emotionen nimmt an, dass zwei Bewertungen in Lern-Leistungskontexten besonders wichtig sind: Kontroll- und Wertappraisals. Das heißt, die Lernenden schätzen Rahmenbedingungen und Situationsmerkmale (also z. B. die von der Lehrperson gestaltete Unterrichtsstunde) im Hinblick auf deren Kontrollierbarkeit und Wert ein. Man unterscheidet *kategoriale* Wertappraisals (wird eine Situation positiv oder negativ beurteilt, z. B. ist die Unterrichtsstunde interessant und klar strukturiert?) und *dimensionale* Wertappraisals (wie wichtig ist der Person die Situation, z. B. sind die Inhalte relevant?). Je nachdem, wie die Appraisals zusammenwirken, entstehen unterschiedliche Emotionen. Die kategoriale Werteinschätzung legt fest, ob man positive oder negative Emotionen erlebt. Die Kontrolleinschätzung bestimmt die jeweilige Emotionsqualität, und das dimensionale Appraisal beeinflusst die Intensität der Emotion (Pekrun, 2006). So entsteht Lernfreude beispielsweise dann, wenn die Lernumgebung als positiv eingeschätzt (kategoriales Wertappraisal), die Kontrolle über die Lernanforderungen als hoch (hohes Kontrollappraisal) und die subjektive Wichtigkeit der Lerninhalte ebenso als hoch bewertet wird (dimensionales Wertappraisal).

2.1.3 Wie werden Emotionen in Modellen der Lehr-Lernforschung aufgegriffen?

Als ein Vorreiter- und wegweisendes Modell zu Emotionen in der Lehr-Lernforschung kann das Modell von Bloom (1974/1976) bezeichnet werden. Bloom ging es darum, sowohl die Eingangsbedingungen als auch die Effekte des schulischen Lernens zu systematisieren. Dabei berücksichtigte er Emotionen zweifach: als affektive *Eingangs*charakteristika der Lernenden (z. B. Angst vor Mathematik) und affektive Lern*ergebnisse* (z. B. Erleichterung bei einem weitgehend korrekt gelösten Aufgabenblatt). Die Entstehung dieser Emotionen begründet er einerseits in Vorerfahrungen zum Lernen, andererseits mit der Vielzahl spezifischer Lernerlebnisse, in denen Schüler*innen Erfolge und Misserfolge erfahren.

Blooms explizite Berücksichtigung der Rolle der Emotionen für das Lernen setzte sich in der Lehr-Lernforschung bisher allerdings nicht durch, was sich am derzeit sehr populären Angebot-Nutzungs-Modell von Helmke (2012) illustrieren lässt: Emotionen werden in diesem Modell lediglich indirekt unter den Kategorien Voraussetzungen auf der Lehrpersonen- bzw. der Schüler*innenseite thematisiert, wohingegen z. B. Intelligenz und Lernmotivation unter »Lernpotenzial« subsummiert werden. In leicht modifizierten Modellen (▶ Abb. 2.2) wird immerhin direkt auf »emotionale Voraussetzungen des Lernens« sowie »Lernfreude« als Lernergebnis verwiesen (Hascher & Kittinger, 2014; Lipowsky, 2006). Der Fokus liegt dabei aber klar auf den Emotionen der Lernenden und weniger auf den Emotionen der Lehrenden.

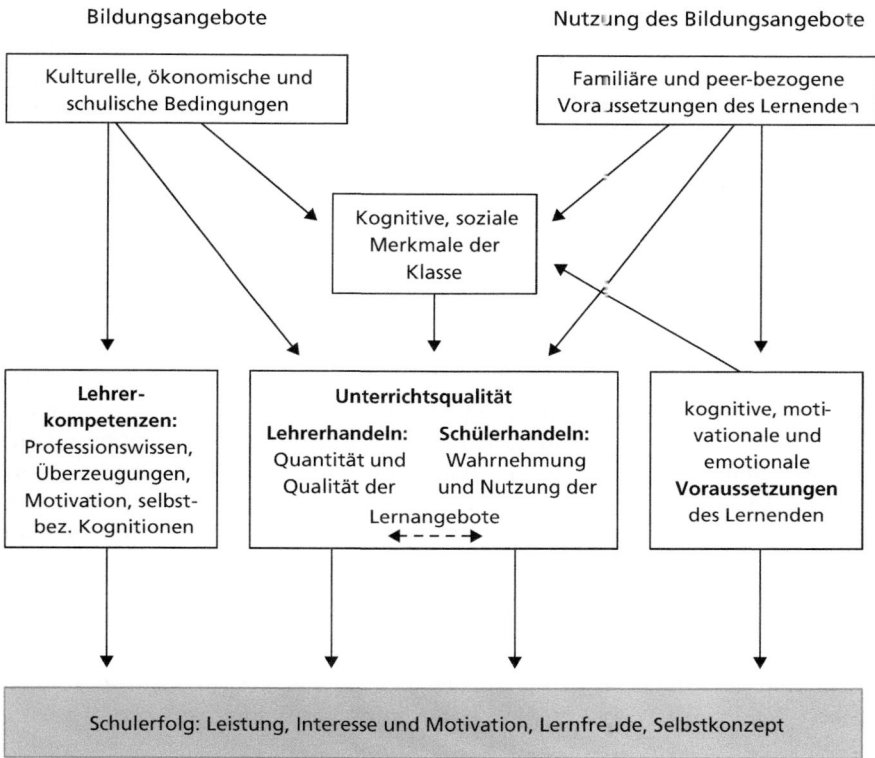

Abb. 2.2: Vereinfachtes Angebot-Nutzungsmodell (Lipowsky 2006, S. 48)

2.2 Bedeutung der Emotionsforschung innerhalb der Lehr-Lernforschung

Wenn sich die Lehr-Lernforschung mit Emotionen beschäftigt, dann primär deshalb, weil sie anhand von Untersuchungen der Emotionen beim Lernen und Lehren mehr darüber erfahren kann, welche Faktoren auf welche Art und Weise den Lernprozess und die Wirksamkeit von Lernumgebungen beeinflussen. Es geht darum, sowohl Grundlagen- als auch Handlungs- bzw. Orientierungswissen aufzubauen, was guten Unterricht auszeichnet. Mit dem Blick auf Emotionen erweitert die Lehr-Lernforschung ihr Analysespektrum und kann Zusammenhänge zwischen Kognition, Emotion und Motivation untersuchen. Wie im Folgenden gezeigt wird, war das nicht immer so, sondern hat sich über viele Jahre hinweg entwickelt.

2.2.1 Welche Grundlagen und welche Entwicklungen gibt es?

In der Literatur zum Thema Emotionen in Schule und Unterricht wird häufig auf das derzeit noch bestehende Forschungsdefizit hingewiesen, mit einer Ausnahme: Insbesondere Prüfungsangst sei bereits früh und besonders eingehend untersucht worden. Was sich als Kritik lesen lässt – die damaligen Forscher*innen hätten sich nur auf eine Emotion konzentriert und andere Emotionen ignoriert –, kann ebenso als eine Stärke interpretiert werden. Diese theoretischen und empirischen Studien zur Prüfungsangst stellen nämlich insofern einen zentralen Ausgangspunkt für die Lehr-Lernforschung dar, als sie wesentliches Grundlagenwissen für weitere Forschungen erarbeitet haben. So erklärte das transaktionale Prüfungsangstmodell von Lazarus und Folkman (1987), dass Emotionen auf zwei kognitiven Evaluationsprozessen beruhen: dem Primary Appraisal (primärer Bewertungsschritt: bei Angst die Bewertung der Situation als bedrohlich) und dem Secondary Appraisal (sekundärer Bewertungsschritt: bei Angst die Bewertung der eigenen Möglichkeiten als unzureichend). Zu den heutigen Grundlagen gehört auch die Differenzierung von Spielberger (1966) in Emotionen als Dispositionen, sog. Traits (bei Prüfungsangst: Ängstlichkeit), und States (situative Prüfungsangst). Innovativ war zudem die Erkenntnis, dass Emotionen aus mehreren, voneinander teilweise unabhängigen Dimensionen bestehen können: Bei Prüfungsangst sind dies die Aufgeregtheit und die Sorgen, die jeweils unterschiedliche Wirkung auf das Lehren und Lernen ausüben können (Liebert & Morris, 1967). Ein wichtiger empirischer Befund war überdies, dass sich Emotionen im Unterricht zwar beeinflussen lassen, dass aber Prävention und Intervention intensiv und unterrichtsbezogen sein müssen, um beispielsweise manifeste Prüfungsangst zu reduzieren (z. B. Strittmatter, 1997).

Auf diesen Grundlagen entwickelte Pekrun (1992) zunächst die Erwartungs-Wert-Theorie der Angst, dann die allgemeine Kontroll-Wert-Theorie der Emotionen (Pekrun, 2000). Parallel zu seinen wegweisenden theoretischen und empirischen Arbeiten lieferten weitere Forschungsgruppen profunde Beiträge. Beispielsweise wurden im FEASP-Ansatz von Astleitner (1999) sowie im Projekt »Emotional and Cognitive Aspects of Learning« (ECOLE) von Gläser-Zikuda, Fuß, Laukenmann, Metz und Randler (2005) gezielt Möglichkeiten der Förderung positiver Lernemotionen und der Reduktion negativer Lernemotionen erarbeitet und empirisch überprüft (siehe dazu auch Brandenberger & Moser, 2018). Beide Projekte gaben wichtige Impulse für die Lehr-Lernforschung, weil sie didaktische Rahmenbedingungen und Merkmale der Unterrichtspraxis explizit berücksichtigten und die Gestaltung spezifischer Lernumgebungen mit Bezug auf ihre Wirkung auf die Emotionsentstehung beim Lernen empirisch untersuchten.

2.2.2 In welchen Forschungsfeldern werden Emotionen untersucht, welche Forschungsfragen bearbeitet?

Die aktuelle Lehr-Lernforschung untersucht Emotionen in allen Bildungskontexten, von der vorschulischen Bildung über die obligatorische und nachobligatorische Schule sowie die Hochschule bis hin zur Erwachsenenbildung und der beruflichen Entwicklung von Lehrpersonen. Dabei lassen sich bildungsgangspezifische Akzentsetzungen feststellen, etwa das Interesse an der Entwicklung und Förderung sozio-emotionaler Kompetenzen im Kindergarten und Primarschule (z. B. Koglin & Petermann, 2006), der Schwerpunkt auf schulischen Lern- und Leistungsemotionen (z. B. Goetz, Bieg & Hall, 2016) oder auf den Enthusiasmus von Lehrpersonen (z. B. Bleck, 2019), was auch die Erwartungen an die jeweiligen Bildungseinrichtungen bzw. Akteursgruppen widerspiegelt. Neue Themen wie die Erforschung von Emotionen von Studierenden und Dozierenden (z. B. Hagenauer & Volet, 2014) oder die Rolle von Emotionen im Kontext von Schulleitung und -entwicklung (Ittner, Hagenauer & Hascher, 2019) kommen hinzu. Auch in internationalen Studien zum Bildungsmonitoring wie PISA zur Analyse von Schülerleistungen werden neuerdings Emotionen von Schüler*innen untersucht (OECD, 2017).

Betrachtet man die Lehr-Lernforschung im Überblick, so geht es um die Prävalenz von Emotionen, um ihre Auslöser und Ursachen, um die Wirkungen spezifischer Emotionen und die Frage, wie positive Emotionen erhalten und gefördert bzw. negative Emotionen reduziert oder vermieden werden können. Ein weiterer Fokus stellt die Regulation von Emotionen dar, die beispielsweise dafür wichtig ist, dass negative Emotionen nicht den Lernprozess stören oder dass Schüler*innen reibungsfrei zusammenarbeiten können (Buckley & Saarni, 2009). Emotionen können unter verschiedenen Perspektiven untersucht werden (siehe auch Hascher & Krapp, 2014):

- *Emotionen als abhängige Variable*
  Beispiele: Was trägt zum Erleben von Stolz und Zufriedenheit bei? Wie können Lehrpersonen die Entwicklung von Prüfungsangst vermeiden?
- *Emotionen als unabhängige Variable*
  Beispiele: Inwiefern ist Lernfreude eine Ressource im Umgang mit Misserfolgen? Führt Langeweile aus Unterforderung zu anderem Unterrichtsverhalten als Langeweile aus Überforderung?
- *Emotionen als Mediator/Moderator*
  Beispiele: Inwiefern beeinflusst das Erleben positiver oder negativer Emotionen die Motivation der Schüler*innen und wie wirkt sich diese auf den Lernerfolg aus? Welche Rolle spielt die Emotionsregulation beim Lernen nach wiederholten Misserfolgen?
- *Emotionen als Zielvariable für Interventionen*
  Beispiele: Wie lassen sich positive Emotionen erhalten bzw. fördern? Wie lassen sich negative Emotionen vermeiden bzw. reduzieren?

2.2.3 Welche Emotionen werden untersucht?

Wie bereits erwähnt, wurde auf Schüler*innenseite bisher die Prüfungsangst am intensivsten untersucht, insbesondere der Zusammenhang zwischen Prüfungsangst und Leistung. Neuere Forschungsarbeiten befassen sich mit der Freude am Lernen (»Lernfreude«; z. B. Hagenauer & Hascher, 2011) bzw. betrachten das Freudeerleben als eine Facette des schulischen Wohlbefindens (Hascher, 2004). Wiederholt haben Studien belegt, dass die Lernfreude im Laufe der Schulzeit abnimmt (z. B. Helmke, 1993). Ebenso wird Langeweile von Schüler*innen intensiv beforscht (Tze, Daniels & Klassen, 2016). Dabei wurden unterschiedliche Formen von Langeweile differenziert, z. B. die Unterforderungs- und Überforderungslangeweile (Krannich et al., 2019). Weitere Lern- und Leistungsemotionen stehen in der deutschsprachigen schulischen Lehr-Lernforschung bisher eher selten im Zentrum von umfassenden Analysen (z. B. Stolz, siehe Fränken & Wosnitza, 2018). Es gibt zwar Studien, die simultan mehrere Emotionen (z. B. Freude, Stolz, Angst, etc.) untersuchen; allerdings wird dabei selten eine Emotion spezifisch herausgegriffen und vertieft theoretisch aufgearbeitet und empirisch erforscht.

Im Hinblick auf das Emotionserleben der Lehrkräfte (▶ Kap. 3.1) dominierten lange Zeit qualitative Studien (z. B. Schutz & Zembylas, 2011). Seit der Entwicklung standardisierter Messinstrumente nehmen die quantitativen Studien in diesem Bereich zu. Die quantitativ orientierten Untersuchungen auf Basis der Teachers Emotion Scales von Frenzel et al. (2016) fokussieren Freude, Angst und Ärger von Lehrkräften beim Unterrichten, ebenso werden emotionsnahe Merkmale wie z. B. der Lehrerenthusiasmus (Keller et al., 2016) oder der Lehrerhumor (Bieg et al., 2018) untersucht. Erste Ergebnisse liegen auch zur Langeweile bei Lehrkräften vor (Tam et al., 2019). Des Weiteren interessieren Übertragungseffekte – z. B. die Übertragung von Freude von Lehrpersonen auf das emotionale Erleben der Schüler*innen (Frenzel et al., 2009).

2.2.4 Wie werden Emotionen in der Lehr-Lernforschung untersucht?

Ein umfassender Überblick über Methoden, die in der schulischen Emotionsforschung eingesetzt werden, findet sich bei Zembylas und Schutz (2016). Am häufigsten werden Emotionen über Selbstberichte – insbesondere durch den Einsatz von Fragebögen und Interviews – erhoben. Lehrende und Lernende berichten entweder schriftlich oder mündlich über ihr Emotionserleben, denn die affektive und die kognitive Komponente der Emotion sind ausschließlich über Selbstberichte (Introspektion) zugänglich. Dieser Zugang birgt den Vorteil, dass mehrere Komponenten der Emotion simultan erfasst werden können, z. B. indem man die Schüler*innen neben affektiven und kognitiven Merkmalen zu ihren körperlichen Erfahrungen beim Angsterleben befragt. Allerdings weisen Selbstberichte auch Schwächen auf, z. B. die Wahrscheinlichkeit, dass sozial erwünschte Antworten gegeben werden. Des Weiteren können nicht bewusste Prozesse (z. B. automatisierte Bewertungsprozesse) nicht verbalisiert werden (siehe z. B. Pekrun, 2016).

Day und Harris (2016) empfehlen qualitative Forschungsansätze (z. B. Interviews), um Emotionen vertieft und unter Berücksichtigung der Komplexität des Kontexts zu erfassen. Qualitative Forschungszugänge bergen jedoch den Nachteil der mangelnden Generalisierbarkeit der Befunde. Daher werden in der Lehr-Lernforschung häufig Fragebögen im Zuge von quantitativen querschnittlichen und längsschnittlichen Designs verwendet. Schüler*innen und auch Lehrpersonen werden darum gebeten, ihre Emotionen im Allgemeinen – also auf Trait-Ebene (z. B. in einem gewissen Schulfach) – einzuschätzen. Im deutschsprachigen Raum wird zur Erfassung von Schüler*innenemotionen vielfach der *Achievement Emotions Questionnaire* (AEQ) eingesetzt (Pekrun et al., 2011; für den Grundschulbereich: AEQ-ES; Lichtenfeld et al., 2012). Zunehmend erhoben werden auch die sog. epistemischen Emotionen von Schüler*innen wie Überraschung, Freude und Neugier beim Lernen. Hierzu liegen mit den *Epistemic Emotions Scales* (EES) ein standardisiertes Messinstrument vor (Pekrun & Vogel, 2018). Für die Untersuchung von Lehrer*innenemotionen im Unterricht (Angst, Ärger, Freude) kommen vor allem die *Teacher Emotions Scales* (TES) (Frenzel et al., 2016) zur Anwendung. Des Weiteren kann auf eine breite Basis unterschiedlicher Fragebögen zurückgegriffen werden, wenn es um die mehrdimensionale Messung der Prüfungsangst geht (z. B. AFS Angstfragebogen für Schüler; Wieczerkowski et al., 2016). Will man allgemein die Stimmung von Personen erforschen, so wird in vielen Untersuchungen die *Positive and Negative Affect Schedule* (PANAS; Watson, Clark & Telegen, 1988) verwendet, die auch in einer deutschsprachigen Version vorliegt (Breyer & Blumeke, 2016).

Der Nachteil der Erfassung von Emotionen als »Traits« besteht in möglichen Verzerrungen, die durch Erinnerungsfehler auftreten. Um diesem Mangel zu begegnen, werden in der schulischen Emotionsforschung zunehmend Experience-Sampling Methoden eingesetzt (im Überblick siehe Götz, Bieg & Hall, 2016). Dabei notieren die Proband*innen ihr emotionales Erleben direkt in der jeweiligen Situation, also als »States«, was dann mit weiteren State-Merkmalen (z. B. dem Kontrollappraisal bzw. der aktuellen Unterrichtsgestaltung, siehe Bieg et al., 2017) oder auch mit Trait-Faktoren in Verbindung gebracht wird (z. B. die Überprüfung des Zusammenhangs zwischen emotionaler Erschöpfung und aktuellem Emotionserleben von Lehrkräften im Unterricht; Keller et al., 2014). Ebenso kann die intraindividuelle Variation im Emotionserleben geprüft werden (z. B. Ahmed et al., 2010). Als Nachteil bei Experience-Sampling-Methoden wird häufig der höhere Aufwand genannt; sowohl für die Proband*innen als auch hinsichtlich der technischen Umsetzung, da in diesen Studien meist mit mobilen Geräten und entsprechenden Apps gearbeitet wird. Ebenso wird die mögliche Einschränkung der Messgüte durch den Einsatz von Kurzskalen oder 1-Item-Skalen kontrovers diskutiert. Allerdings gibt es Hinweise, dass es auch mit verkürzten Messinstrumenten durchaus möglich ist, reliable und valide Daten von emotionalen Merkmalen zu generieren (Gogol et al., 2014).

Emotionen können ebenfalls durch physiologische Messungen erfasst werden oder durch die Analyse der Emotionsexpression/Mimik. Mit Hilfe entsprechender Software, z. B. Facereader, werden Veränderungen an der Mimik von Personen analysiert und spezifische Emotionen identifiziert. Vereinzelt werden auch Eye-Tracking-Methoden eingesetzt, um anhand von Blickbewegungen affektive Reaktionen beim Lernen zu erforschen (Azevedo et al., 2016).

2.3 Weiterführende Themen für Forschung und Praxis

Anhand der Breite und der Vielzahl an Forschungsfragen, mit denen die Lehr-Lernforschung das Thema »Emotionen in Schule und Unterricht« aufgreift, erschließt sich dessen große Bedeutung. Emotionen erweisen sich sowohl für nachhaltiges Lehren und Lernen im Unterricht (Mikroebene) als auch für die Qualität der Schule (Mesoebene) und den Erfolg des Bildungssystems (Makroebene) als relevant. Trotz der sich rasch entwickelnden Forschungslage sind jedoch noch viele Fragen offen. Einige Möglichkeiten für eine Weiterentwicklung möchten wir im Folgenden aufgreifen.

Künftige Arbeiten sollten bereits erschlossene Forschungsfelder weiter vertiefen, indem beispielsweise verschiedene Lernumgebungen systematisch differenziert werden. Welche Emotionen entstehen z. B. beim kollaborativen Lernen, beim Lehren und Lernen mit digitalen Medien oder beim selbstregulierten Lernen? Mit solchen Fragen würde sich die Forschung noch näher an der Unterrichtspraxis orientieren und praxisrelevante Ergebnisse generieren. Da individuelle Bewertungen sehr unterschiedlich sein können, wäre es sinnvoll, weitere distinkte Emotionen, wie z. B. Scham, Stolz, Hoffnungslosigkeit oder Erleichterung, zu untersuchen und im Hinblick auf ihre Bedeutung für Lehren und Lernen zu analysieren. Zudem sollten Emotionen, die im sozialen Miteinander entstehen, z. B. Dankbarkeit, Bewunderung, Empathie, Neid, Eifersucht usw., zusätzlich zu Lern- und Leistungsemotionen erforscht werden, da sozialen Beziehungen auch in der Schule eine zentrale Rolle für das Lernen und Lehren zukommt (z. B. Hagenauer, Hascher & Volet, 2015). Eine Weiterentwicklung könnte auch die Kombination verschiedener Methoden darstellen (Gläser-Zikuda & Järvelä, 2008). Indem verschiedene Methoden jeweils unterschiedliche Komponenten erhellen, können Emotionen ganzheitlicher erfasst werden. Man spricht in diesem Zusammenhang auch von »methodenpluralen oder methodenintegrativen« Forschungsansätzen bzw. von Mixed-Methods, wenn es spezifisch um die Kombination von qualitativen *und* quantitativen Ansätzen geht.

Emotionen in Schule und Unterricht stellen eine wichtige Thematik für die Lehr-Lernforschung dar. Entsprechende Forschungsarbeiten können dazu beitragen, individuell vielfältige Lernprozesse und die Wirkung zunehmend komplexer gestalteter Lernumgebungen noch besser zu verstehen.

Weiterführende Literatur

Götz, T. (Hrsg.) (2017). Emotion, Motivation und selbstreguliertes Lernen. Paderborn: Schöningh.
Pekrun, R. & Linnenbrink-Garcia, L. (Eds.) (2014). International Handbook of Emotions in Education. New York: Routledge.

Literatur

Ahmed, W., van der Werf, G., Minnaert, A. & Kuyper, H. (2010). Students' daily emotions in the classroom: Intra-individual variability and appraisal correlates. British Journal of Educational Psychology, 80, 583–597.
Astleitner, H. (2000). Designing emotionally sound instruction: The FEASP-approach. Instructional Science, 28, 169–198.
Azevedo, R., Taub, M., Mudrick, N., Farnsworth, J. & Matin, S. A. (2016). Interdisciplinary research methods used to investigate emotions with advanced learning technologies In M. Zembylas & P. A. Schutz (Eds.), Methodological advances in research on emotion and education (pp. 231–243). Cham, Switzerland: Springer.
Bieg, M., Goetz, T., Sticca, F., Brunner, E., Becker, E., Morger, V. & Hubbard, K. (2017). Teaching methods and their impact on students' emotions in mathematics: an experience sampling approach. ZDM Mathematics Education, 49(3), 411–422.
Bieg, S. & Dresel, M. (2018). Relevance of perceived teacher humor types for instruction and student learning. Social Psychology of Education, 21(4), 805–825.
Bleck, V. (2019). Lehrerenthusiasmus. New York: Springer.
Bloom, B. S. (1976). On human characteristics and school learning. New York: Mcgraw-Hill.
Brandenberger, C. C. & Moser, N. (2018). Förderung der Lernfreude und Reduzierung der Angst im Mathematikunterricht auf der Sekundarstufe 1. In G. Hagenauer & T. Hascher (Hrsg.), Emotionen und Emotionsregulation in der Schule und Hochschule (S. 323–337). Münster: Waxmann.
Breyer, B. & Blümke, M. (2016). PANAS-GESIS – Deutsche Version der Positive and Negative Affect Schedule PANAS (GESIS Panel). Online: https://zis.gesis.org/skala/Breyer-Bluemke-Deutsche-Version-der-Positive-and-Negative-Affect-Schedule-PANAS-(GESIS-Panel).
Buckley, M. & Saarni, C. (2009). Emotion regulation. In R. Gilman, E. S. Huebner & M. J. Furlong (Eds.), Handbook of Positive Psychology (pp. 107–118). New York: Routledge.
Day, C. & Harris, B. (2016). Understanding and planning emotions research. In M. Zembylas & P. A. Schutz (Eds.), Methodological advances in research on emotion and education (pp. 55–67). Cham, Switzerland: Springer.
Doyal, G. T. & Forsyth, R. A. (1968). The effect of test anxiety, intelligence and sex on children's problem-solving ability. Journal of Experimental Psychology, 76, 286–290.
Edlinger, H. & Hascher, T. (2008). Von der Stimmungs- zur Unterrichtsforschung: Überlegungen zur Wirkung von Emotionen auf schulisches Lernen und Leisten. Unterrichtswissenschaft, 36(1), 55–70.
Fränken, J. & Wosnitza, M. (2018). Stolz im Schulalltag. Worauf sind Schülerinnen und Schüler stolz? In G. Hagenauer & T. Hascher (Hrsg.), Emotionen und Emotionsregulation in Schule und Hochschule (S. 15–28). Münster: Waxmann.

Frenzel, A. & Stephens, E. J. (2017). Emotionen. In T. Götz (Hrsg.), Emotion, Motivation und selbstreguliertes Lernen (S. 16–78). Paderborn: Schöningh.

Frenzel, A. C., Goetz, T., Lüdtke, O., Pekrun, R. & Sutton, R. (2009). Emotional transmission in the classroom: exploring the relationship between teacher and student enjoyment. Journal of Educational Psychology, 101(3), 705–716.

Frenzel, A. C., Pekrun, R., Goetz, T., Daniels, L. M., Durkson, T. L., Becker-Kurz, B. et al. (2016). Measuring teachers' enjoyment, anger, and anxiety: the teacher emotions scales (TES). Contemporary Educational Psychology, 46, 148–163.

Gläser-Zikuda, M., Fuß, S., Laukenmann, M., Metz, K. & Randler, C. (2005). Promoting students' emotions and achievement – instructional design and evaluation of the ECOLE-approach. Learning and Instruction, 15(5), 481–495.

Gläser-Zikuda, M. & Järvelä, S. (2008). Application of qualitative and quantitative methods to enrich understanding of emotional and motivational aspects of learning. International Journal of Educational Research, 47(2), 79–83.

Goetz, T., Bieg, M. & Hall, N. C. (2016). Assessing academic emotions via the experience sampling method. In M. Zembylas & P. A. Schutz (Eds.), Methodological advances in research on emotion and education (p. 245–258). Cham, Switzerland: Springer.

Goetz, T., Frenzel, A. C., Pekrun, R. & Hall, N. C. (2006). The domain specificity of academic emotional experiences. The Journal of Experimental Education, 75(1), 5–29.

Gogol, K. Brunner, M., Goetz, T., Martin, R., Ugen, S., Keller, U., Fischbach, A. & Preckel, F. (2014). »My questionnaire is too long!« The assessments of motivational-affective constructs with three-item and single-item measures. Contemporary Educational Psychology, 39, 188–205.

Götz, T. (Hrsg.) (2017). Emotion, Motivation und selbstreguliertes Lernen. Paderborn: Schöningh.

Götz, T., Zirngibl, A. & Pekrun, R. (2004). Lern- und Leistungsemotionen von Schülerinnen und Schülern. In T. Hascher (Hrsg.), Schule positiv erleben (S. 49–66). Bern: Haupt.

Gräsel, C. & Gniewosz, B. (2011) Überblick Lehr-Lernforschung. In H. Reinders, H. Ditton, C. Gräsel & B. Gniewosz (Hrsg.), Empirische Bildungsforschung (S. 15–20). Wiesbaden: VS.

Hagenauer, G. & Hascher, T. (2011). Schulische Lernfreude in der Sekundarstufe 1 und deren Beziehung zu Kontroll- und Valenzkognitionen. Zeitschrift für Pädagogische Psychologie, 25(1), 63–80.

Hagenauer, G., Hascher, T. & Volet, S. E. (2015). Teacher emotions in the classroom: associations with students' engagement, discipline in the classroom and the interpersonal teacher-student relationship. European Journal of Psychology of Education, 30(4), 385–403.

Hagenauer, G. & Volet, S. E. (2014). »I don't think I could, you know, just teach without any emotion«: Exploring the nature and origin of university teachers' emotions. Research Papers in Education, 29(2), 240–262.

Hascher, T. (2004). Wohlbefinden in der Schule. Münster: Waxmann.

Hascher, T. & Kittinger, C. (2014). Learning processes in student teaching: Analyses from a study using learning diaries. In K.-H. Arnold, A. Gröschner & T. Hascher (Hrsg.), Schulpraktika in der Lehrerbildung/Pedagogical field experiences in teacher education (S. 221–235). Münster: Waxmann.

Hascher, T. & Krapp, A. (2014). Forschung zu Emotionen von Lehrerinnen und Lehrern. In E. Terhart, H. Bennewitz & M. Rothland (Hrsg.), Handbuch der Forschung zum Lehrerberuf (2. Aufl.) (S. 679–697). Münster: Waxmann.

Helmke, A. (1993). Die Entwicklung der Lernfreude vom Kindergarten bis zur 5. Klassenstufe. Zeitschrift für Pädagogische Psychologie, 7(2–3), 77–86.

Helmke, A. (2012). Unterrichtsqualität und Lehrerprofessionalität. Diagnose, Evaluation und Verbesserung des Unterrichts (4., überarb. Aufl.). Seelze: Klett-Kallmeyer.

Ittner, D., Hagenauer, G. & Hascher, T. (2019). Swiss principals' emotions, basic needs satisfaction and readiness for change during curriculum reform. Journal of Educational Change, 20(2), 165–192.

Jennings, P. A. & Greenberg, M. T. (2009). The prosocial classroom: teacher social and emotional competence in relation to student and classroom outcomes. Review of Educational Research, 79, 491–525.

Keller, M. M., Chang, M.-L., Becker, E. S., Goetz, T. & Frenzel, A. C. (2014). Teachers emotional experiences and exhaustion as predictors of emotional labor in the classroom: an experience sampling study. Frontiers in Psychology. doi: 10.3389/fpsyg.2014.01442.

Keller, M. M., Woolfolk Hoy, A. E., Goetz, T. & Frenzel, A. C. (2016). Teacher enthusiasm: Reviewing and redefining a complex construct. Educational Psychology Review, 28, 743–768.

Kleinginna, P. R. & Kleinginna, A. M. (1981). A categorized list of emotion definitions, with suggestions for a consensual definition. Motivation and Emotion, 5, 345–379.

Koglin, U. & Petermann, F. (2006). Verhaltenstraining im Kindergarten: ein Programm zur Förderung sozial-emotionaler Kompetenz. Göttingen: Hogrefe.

Krannich, M., Goetz, T., Lipnevich, A. A., Bieg, M., Roos, A.-L., Becker, E. S. & Morger, V. (2019). Being over-or underchallenged in class: Effect on students' career aspirations via academic self-concept and boredom. Learning and Individual Differences, 69, 206–218.

Lazarus, R. S. & Folkman, S. (1987). Transactional theory and research on emotions and coping. European Journal of Personality, 1(3), 141–169.

Lichtenfeld, S., Pekrun, R., Stupnisky, R. H., Reiss, K. & Murayama, K. (2012). Measuring students' emotions in the early years: the achievement emotions questionnaire – elementary school (AEQ-ES). Learning and Individual Differences, 22, 190–201.

Liebert, R. M. & Morris, L. W. (1967). Cognitive and emotional components of test anxiety. A distinction and some initial data. Psychological Reports, 20, 975–978.

Lipowsky, F. (2006). Auf den Lehrer kommt es an. Empirische Evidenzen für Zusammenhänge zwischen Lehrerkompetenzen, Lehrerhandeln und dem Lernen der Schüler. Zeitschrift für Pädagogik, 51. Beiheft, 47–70.

Organisation for Economic Cooperation and Development (2017). PISA 2015 Results (Volume III): Students' well-being, PISA. Paris: OECD Publishing.

Pekrun, R. (1992). Expectancy-value theory of anxiety: Overview and implications. In D G. Forgays, T. Sosnowski & K. Wrzesniewski (Eds.), Anxiety: Recent developments in self-appraisal, psychophysiological and health research (pp. 23–41). Washington, DC: Hemisphere.

Pekrun, R. (1998). Schüleremotionen und ihre Förderung: Ein blinder Fleck der Unterrichtsforschung. Psychologie in Erziehung und Unterricht, 44(3), 230–248.

Pekrun, R. (2000). A social cognitive, control-value theory of achievement emotions. In J. Heckhausen (Ed.), Motivational psychology of human development (pp. 143–163). Oxford, UK: Elsevier.

Pekrun, R. (2006). The control-value theory of achievement emotions: assumptions, corollaries, and implications for educational research and practice. Educational Psychology Review, 18, 315–341.

Pekrun, R. (2016). Using self-reports to assess emotions in education. In M. Zembylas & P. A. Schutz (Eds.), Methodological advances in research on emotion and education (p. 43–54). Cham, Switzerland: Springer.

Pekrun, R., Goetz, T., Frenzel, A. C., Barchfeld, P. & Perry, R. P. (2011). Measuring emotions in students' learning and performance: The achievement emotions questionnaire (AEQ). Contemporary Educational Psychology, 36, 36–48.

Pekrun, R. & Linnenbrink-Garcia, L. (Eds.) (2014). International handbook of emotions in education. New York: Routledge.

Schutz, P. A., Aultman, L. P. & Williams-Johnson, M. R. (2009). Educational psychology perspectives on teachers' emotions. In P. A. Schutz & M. Zembylas (Eds.), Advances in teacher emotion research: The impact on teachers' lives (pp. 195–212). New York: Springer.

Schutz, P. A. & Pekrun, R. (Eds.) (2007). Emotion in education. San Diego, CA: Elsevier.

Schutz, P. A. & Zembylas, M. (Eds.) (2011). Advances in teacher emotion research. New York: Springer.

Spielberger, C. D. (1966). Theory and research on anxiety. In C. D. Spielberger (Ed.), Anxiety and Behavior (pp. 3–20). New York: Academic Press.

Strittmatter, P. (1993). Schulangstreduktion. Neuwied: Luchterhand.

Tam, K. Y. Y., Poon, C. Y. S., Hui, V. K. Y., Wong, C. Y. F., Kwong, V. W. Y., Yuen, G. W. C. & Chan, C. S. (2019, online first). Boredom begets boredom: An experience sampling study on the impact of teacher boredom on student boredom and motivation. British Journal of Educational Psychology. doi: 10.1111/bjep.12309.

Tze, V. M. C., Daniels, L. M. & Klassen, R. M. (2016). Evaluating the relationship between boredom and academic outcomes: a meta-analysis. Educational Psychology Review, 28 (1), 119–145.

Vogl, E., Pekrun, R. & Muis, K. R. (2018). Validierung eines deutschsprachigen Instruments zur Messung epistemischer Emotionen: Die Epistemic Emotions Scales – Deutsch (EES-D). In G. Hagenauer & T. Hascher (Hrsg.), Emotionen und Emotionsregulation in Schule und Hochschule (S. 259–272). Münster: Waxmann.

Watson, D., Clark, L. A. & Tellegen, A. (1988). Development and validation of brief measures of positive and negative affect: The PANAS scales. Journal of Personality and Social Psychology, 54(6), 1063–1070.

Wieczerkowski, W., Nickel, H., Janowski, A., Fittkau, B., Rauer, W. & Petermann, F. (2016). AFS Angstfragebogen für Schüler (7., überarb. und neu normierte Aufl.). Göttingen: Hogrefe.

Zeidner, J. (1998). Test anxiety. State of the art. NY: Springer.

Zembylas, M. & Schutz, P. A. (Eds.) (2016). Methodological advances in research on emotion and education. Cham, Switzerland: Springer.

3 Emotionen als Gegenstand fachdidaktischer Forschung

Volker Frederking

Kurzzusammenfassung

Im vorliegenden Beitrag sollen Grundsatzfragen zum Forschungsfeld ›Emotionen‹ aus einer allgemeinen, alle Fachdidaktiken umfassenden Perspektive herausgearbeitet und Vorschläge zu ihrer Beantwortung gemacht werden. Dabei wird der Versuch einer theoretischen Systematisierung unternommen. Den Ausgangspunkt bildet die Frage, inwieweit es einen genuin fachdidaktischen Zugang zum Forschungsfeld ›Emotionen‹ gibt. Im Horizont von Überlegungen zu einer Theorie der Allgemeinen Fachdidaktik wird ein Modell fachdidaktischer Emotionsforschung entwickelt (▶ Kap. 3.1). Dieses besteht aus zwei heuristisch vorgeschlagenen Grundtypen, die in den beiden folgenden Kapiteln exemplifiziert werden sollen: fachbezogene Emotionen auf der Subjektseite (▶ Kap. 3.2) und fachbezogene Emotionen auf der Objektebene (▶ Kap. 3.3). Auf dieser Basis lassen sich Potenziale wie Desiderate fachdidaktischer Grundlagen- und Anwendungsforschung auf dem Gebiet der Emotionen kenntlich machen (▶ Kap. 3.4).

Schlagwörter: *Fachspezifische Emotionen, fachdidaktische Emotionsforschung, fachbezogene Emotionen auf der Subjekt- und auf der Objektseite des Fachlichen, Emotionen fachlich Lehrender und Lernender, Emotionen als Teil des fachlichen Gegenstandes, Allgemeine Fachdidaktik, fachliche Bildung*

3.1 Bausteine zu einer fachdidaktischen Theorie der Emotionen. Eine Analyse aus der Perspektive Allgemeiner Fachdidaktik

Fachdidaktiken sind die Wissenschaften fachlichen Lehrens und Lernens (KVFF, 1998, S. 1). Im akademischen Diskurs treten sie zumeist im Plural auf, d. h. als bunte Vielfalt einzelner Fachdidaktiken mit einem je eigenen fachspezifischen Nukleus. Die Theorie der Allgemeinen Fachdidaktik stellt den Versuch dar, eine Reflexions- und Diskursebene zu etablieren, auf der die Fachdidaktiken vergleichend betrachtet werden, um Allgemeines wie Spezifisches theoretisch zu erfassen. Auf dieser Basis kann der Dialog innerhalb der Fachdidaktiken erleichtert werden, aber auch der mit den Fachwissenschaften, der Erziehungswissenschaft oder der Pädagogischen Psychologie (vgl. Frederking, 2017; Rothgangel, 2017).[1]

Wissenschaftstheoretisch gesprochen zielt die Theorie der Allgemeinen Fachdidaktik damit auf die transdisziplinäre Selbstvergewisserung der Fachdidaktiken aus metawissenschaftlicher Perspektive. Als Metawissenschaft fungiert die Allgemeine Fachdidaktik insofern, als mit ihr eine fachdidaktische Gesamtperspektive etabliert ist (vgl. Frederking, 2017). Allgemeine Fachdidaktik ist in diesem Sinne auch als Wissenschaftstheorie der Fachdidaktiken, als Forschung über fachdidaktische Forschung, als fachdidaktische »Wissenschaftsforschung« oder fachdidaktische »Meta-Forschung« zu bezeichnen. Im Unterschied zu den aus dem Blickfeld des je eigenen Fachbezuges heraus operierenden Fachdidaktiken als Einzeldisziplinen werden im Horizont der Allgemeinen Fachdidaktik in einem selbstreflexiven Prozess Gemeinsamkeiten und Unterschiede der Fachdidaktiken in ihrer Gesamtheit herausgearbeitet sowie Inhalte und Prämissen, Forschungsmethoden, Forschungsziele und Forschungsergebnisse der Fachdidaktiken verglichen und mit anderen Wissenschaften in Beziehung gesetzt (vgl. Frederking, 2017, S. 183; Rothgangel, 2020).

Die Frage nach der Bedeutung von Emotionen im Rahmen fachlichen Lehrens und Lernens und fachdidaktischer Forschung ist auf einer solchen metawissenschaftlichen Forschungs- bzw. Reflexionsebene angesiedelt. In zwei Untersuchungskreisen soll diese Frage nachfolgend angegangen werden. Zunächst werden Emotionen aus fachdidaktischer Sicht reflektiert (▶ Kap. 3.1.1), sodann soll ein heuristisches Modell fachlich kodierter Emotionen vorgestellt und erläutert werden (▶ Kap. 3.1.2).

3.1.1 Emotionen aus fachdidaktischer Sicht

Um die Bedeutung von Emotionen aus fachdidaktischer Sicht zu diskutieren, ist zunächst zu klären, was Emotionen sind. Der psychologische Emotionsdiskurs liegt dafür als Ausgangs- und Bezugspunkt nahe, zumal er pädagogisch wie fachdidaktisch intensiv rezipiert wurde.

Erste wichtige Impulse hat die psychologische Forschung durch Wilhelm Wundts Klassifikation von Affekten erhalten. Wundt differenzierte zwischen Gefühlen als kurzzeitigen und Affekten als einer Abfolge von zusammenhängenden Gefühlen, die ein länger fortbestehendes Ganzes bilden, »das im allgemeinen zugleich intensivere Wirkungen auf das Subjekt ausübt als ein einzelnes Gefühl« (Wundt, 1896, S. 120). In Anknüpfung an die Aristotelische Ethik unterschied

---

1 Ich danke den Kollegen aus der Forschergruppe zur Allgemeinen Fachdidaktik – Ulf Abraham, Horst Bayrhuber, Werner Jank, Martin Rothgangel und Johannes Vollmer – für die vielen fruchtbaren Diskussionen und Anregungen.

Wundt »Lust- und Unlustaffekte« und ordnete diese nach Stärke und Dauer, Körperreaktionen usw. Eine fachdidaktische Emotionsforschung könnte hier frühe Anknüpfungspunkte für eine Analyse von Lust- und Unlustgefühlen im Zusammenhang mit schulischem Unterricht bzw. fachlichem Lehren und Lernen finden – in Übereinstimmung zu philosophischen Ansätzen in der Tradition des Aristoteles, an die Wundt explizit anschloss.

Allerdings orientieren sich Erziehungswissenschaft und Fachdidaktiken wie die moderne Psychologie im Unterschied zu Wundt heute zumeist nicht mehr am Affekt-, sondern am Emotionsbegriff. Der Emotionsbegriff, der sich in der amerikanischen Psychologie bereits im letzten Drittel des 19. Jahrhunderts etablierte, hatte entscheidende Impulse durch Charles Darwins Studie ›The expression of the emotions in man and animals‹ (1872) erhalten. Emotionen wie Liebe, Freude, Vergnügen, Ärger oder Hass, die Darwin bei Menschen wie bei vielen Tierarten beobachtete, wurden hier erstmals systematisch in ihrer evolutionären Verwurzelung und physiologischen Basis aufgearbeitet. Dieser Sachverhalt ist aus fachdidaktischer Sicht interessant, weil hier erkennbar wird: Die moderne Emotionsforschung hat ihren Ausgang nicht in der Psychologie, sondern in der Biologie genommen. Mehr noch – die psychologische Forschung hat durch die biologische ihren entscheidenden Anstoß erhalten. William James hat Darwins evolutionstheoretische Sicht in seinem grundlegenden Artikel ›What is an emotion?‹ (James, 1884, S. 188–204) aufgegriffen und psychologisch appliziert. In seinem Fokus stand die physiologische Basis von Emotionen: »emotions [...] have a distinct bodily expression« (ebd., S. 188), so James' Kernthese, die über »perception« und Verankerung im »cortex« bis zur physischen Manifestation verläuft: »An object falls on a sense-organ and is apperceived by the appropriate cortical centre«, komplexe physiologische Prozesse überführen dann »an object-simply-apprehended into an object-emotionally-felt« (ebd., S. 203). Mit dieser These antizipierte James das moderne Verständnis von Emotionen, das sich in der Psychologie nach einer zwischen 1920 und 1980 durch den Behaviorismus bedingten Randstellung des Themas mittlerweile fest etabliert hat. Dies gilt auch für den deutschsprachigen Raum. Die Fülle an aktuellen psychologischen Forschungsarbeiten verdeutlicht dies eindrucksvoll (▶ Kap. 2).

Wie aber lässt sich das psychologische Emotionsverständnis fachdidaktisch anwenden und theoretisch verorten? Exemplarisch soll dies an den empirischen Forschungen von Ulrich Mees (1991; 2006) veranschaulicht werden. Nach Mees sind Emotionen aktuelle Gefühlszustände, die im Unterschied zu Stimmungen auf etwas als »Objekt« gerichtet sind bzw. von diesem Objekt ausgelöst werden. Dieser Objektbezug von Emotionen eröffnet Ansatzpunkte für eine genuin fachdidaktische Emotionstheorie. In dieser avanciert das *Fachliche bzw. Fachliches zu dem Objekt, auf das die Emotionen* gerichtet sind. Ein heuristisches Raster solcher fachbezogenen Emotionen könnte in Anwendung einer von Mees entwickelten Typologie (vgl. 1991, S. 86–168; 2006, S. 4–7) folgende Elemente aufweisen:

- ›Ereignisbezogene‹ Emotionen in Bezug auf *fachliche Inhalte, fachliche Fragen und fachliche Methoden* (Freude, Glück, Entzücken, Leid, Trauer, Hoffnung, Befriedigung, Erleichterung, Furcht bzw. Angst, Enttäuschung);

- ›Handlungsbezogene‹ Emotionen in Bezug auf *fachliches Lehren und Lernen, fachlichen Wissens- und Kompetenzerwerb* und *fachbezogene Interaktionsprozesse* (Stolz, Billigung, Scham, Zorn, Selbstzufriedenheit, Dankbarkeit, Unzufriedenheit, Ärger);
- ›Beziehungsbezogene‹ Emotionen in Bezug auf *fachlich Lehrende und (Mit)Lernende, Fachkolleg*innen* bzw. *Mitschüler*innen* (Bewunderung, Verachtung; Liebe, Hass, Mitfreude, Mitleid, Schadenfreude, Neid; Eifersucht, Schuld, Genugtuung).

Darüber hinaus lassen sich »selbstbezügliche« Emotionen mit Blick auf *das eigene fachliche Selbstkonzept* (z. B. Selbstwertschätzung, Selbstmitleid) und Lust-Unlust-Emotionen (z. B. Langeweile, Interesse, Faszination) unterscheiden.

Hierbei handelt es sich allerdings nur um eine heuristische Modellskizze, die der empirischen Überprüfung bedarf. Überdies wird das nachfolgende Kapitel zeigen, dass das Modell aus fachdidaktischer Perspektive unvollständig ist und erweitert werden muss.

3.1.2 Ein Erweiterungsvorschlag für ein heuristisches Modell fachlich kodierter Emotionen

Das Problem der in Kapitel 3.1.1 in Anknüpfung an Mees entwickelten Modellskizze ergibt sich aus dem Sachverhalt, dass nur ein Teil fachbezogener Emotionen erfasst wird: die Subjektseite, d. h. diejenigen Emotionen, die bei fachlich Lehrenden und Lernenden ausgelöst werden. Aus der Perspektive der Allgemeinen Fachdidaktik ist hingegen festzustellen, dass fachdidaktische Forschung stets die Oszillation zwischen zwei Polen im Blick hat: »die fachlichen Objekte auf der einen und die fachlich lernenden und lehrenden Subjekte sowie deren Interaktionen auf der anderen Seite« (Frederking, 2017, S. 186). Im Hinblick auf die emotionalen Facetten fachlichen Lehrens und Lernens sind folglich zwei Grundoptionen zu unterscheiden: die *Subjekt- und die Objektseite* fachlich kodierter Emotionen, d. h. von Emotionen, die im Fachunterricht oder bei außerschulischen Formen fachbezogener Lehr-Lernprozesse formell oder informell in Erscheinung treten.

Vor diesem Hintergrund wird ein allgemeines fachdidaktisches Modell fachlich kodierter Emotionalität vorgeschlagen, in dem zwei Grundtypen unterschieden werden (▶ Abb. 3.1).

Typus A bezeichnet in Übereinstimmung zu der in Anknüpfung an Mees entwickelten Skizze *Emotionen auf der Subjektseite* fachdidaktischer Emotionsforschung, d. h. Emotionen, die bei Lehrenden wie Lernenden in jedem schulischen Unterrichtsfach in fachspezifisch *präsentierter* oder *evozierter Form* in Erscheinung treten. ›Fachlich präsentierte‹ Emotionen sind Teil des fachspezifischen Selbstkonzepts und der fachbezogenen Einstellungsmuster von Lehrenden und Lernenden, als ›fachlich evoziert‹ werden Emotionen bezeichnet, die durch das Fach bzw. die fachbezogenen Lehr-Lernprozesse ausgelöst werden. Leitend für eine theoretische wie empirische Erfassung sind z. B. die Fragen: Welche Emotionen lassen sich im Fachunterricht bei Lehrenden und Lernenden feststellen? Wie, un-

3 Emotionen als Gegenstand fachdidaktischer Forschung

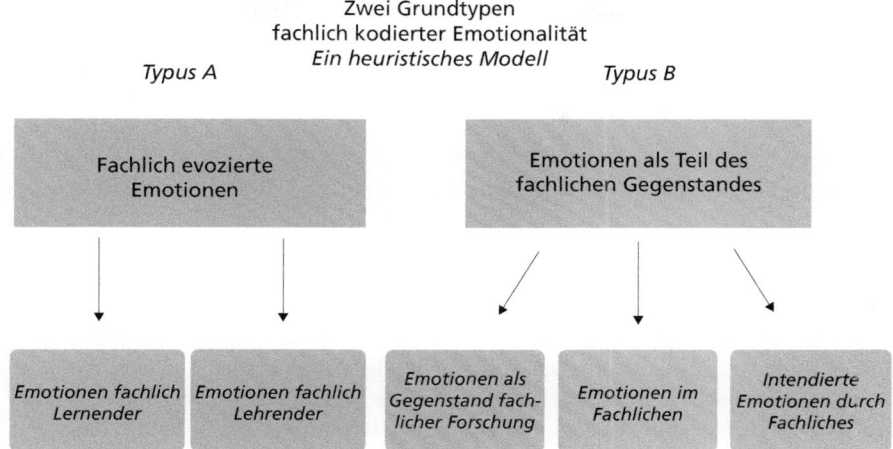

Abb. 3.1: Heuristisches Modell fachlich kodierter Emotionalität (© Volker Frederking)

ter welchen Bedingungen, in welcher Intensität und mit welchen Folgen zeigen sich die Emotionen bei den fachlich Lehrenden und Lernenden? Die an Mees angelehnte Typologie von Emotionen fachlich lehrender oder lernender Subjekte könnte Grundlage für deren empirische Untersuchung sein (▶ Kap. 3.2).

Typus B bezeichnet *Emotionen auf der Objektseite* fachdidaktischer Emotionsforschung, d. h. Emotionen, die Teil des fachlichen bzw. disziplinären Gegenstandes sind. Fachdidaktische Forschung rekurriert hier stark auf fachwissenschaftliche Erkenntnisse und Methoden oder integriert diese in die eigenen Forschungen. Leitend sind z. B. die Fragen: Was sind Emotionen? Welche Emotionen sind Teil des fachlichen Gegenstandes? Wie, unter welchen Bedingungen, in welcher Intensität und mit welchen Folgen sind Emotionen Teil des Fachlich-Disziplinären? Mit welchen Methoden lassen sie sich als unterrichtliche Phänomene erfassen? Dabei treten Emotionen des Typus B im Unterschied zu denen des Typus A nicht in jedem Schulfach auf. So gibt es Fächer wie Mathematik oder Physik, bei denen Emotionen in den zugrunde liegenden Fachwissenschaften in Bezug auf den disziplinären Forschungsgegenstand keine Bedeutung haben (▶ Kap. 13). Demgegenüber sind Emotionen in anderen Fachdidaktiken Teil des fachlich-disziplinären Forschungsgegenstandes, wie die Auswertung der in diesem Band enthaltenen Beiträge zu den Fächern Biologie, Deutsch, Fremdsprachen, Geographie, Geschichte, Religion und Sport (▶ Kap. 8, 9, 10, 11, 12, 14 und 15) zeigen wird (▶ Kap. 3.3).

Beide Grundtypen fachlich kodierter Emotionen sollen nachfolgend in exemplarischen Ausprägungen in den Blick genommen werden. Dabei wird jeweils auch die Frage Berücksichtigung finden, ob diese fachlich in Erscheinung tretenden Emotionen nur im Zusammenhang mit Leistungsaspekten eine Rolle spielen oder auch im Hinblick auf die Persönlichkeit der Lehrenden und Lernenden.

Damit sind divergente Ausrichtungen benannt, zu deren theoretischer Verortung sich die Unterscheidung zwischen funktional und personal ausgerichteter fachlicher Bildung anbietet (vgl. dazu Frederking & Bayrhuber, 2017; 2020). *Funktionale fachliche Bildung* bezeichnet in diesem Sinne fachliches Lehren und Lernen mit dem Ziel des fachspezifischen Kompetenz- und Wissensaufbaus in sach- und anwendungsbezogener Perspektive, wie sie aktuell durch PISA, das Literacy-Konzept, die Bildungsstandards (vgl. z. B. Klieme et al., 2003) und Jürgen Baumerts (2002) domänenspezifische Modi der Weltbegegnung in fachlichen Curricula und in fachdidaktischer Forschung eine zentrale Rolle spielt. Als *personale fachliche Bildung* wird demgegenüber in Anlehnung an Wilhelm von Humboldt (1793) und in fachdidaktischer Applikation und Weiterentwicklung des von ihm geprägten personalen Bildungsbegriffs das Ziel eines fachlich reflektierten Selbst- und Weltverhältnisses der Schüler*innen und einer vernunftgeleiteten und aufgeklärten Haltung auf wissenschaftlich-fachlicher Grundlage bezeichnet. Diese beiden Grundausrichtungen fachlicher Bildung werden im Horizont der Allgemeinen Fachdidaktik als komplementäre Bestandteile fachspezifischer Bildungsprozesse verstanden (vgl. Frederking & Bayrhuber 2017; 2020). Baumerts Modell der Allgemeinbildung und den darin zentralen *domänenspezifischen Modi der Weltbegegnung* wird damit ein fachdidaktisches Modell fachlicher Bildung an die Seite gestellt, bei dem *fachspezifische Modi der Welt- und Selbstbegegnung* mit funktionalem und personalem Fokus die beiden Grundpole darstellen.

Auf dieser Basis wird in den beiden nachfolgenden Kapiteln die Unterscheidung zwischen funktionalen und personalen Formen fachlicher Bildung als heuristisches Orientierungsraster genutzt, um Zielhorizonte zu erfassen, mit denen Emotionen auf der Subjekt- und auf der Objektseite im Unterrichtsprozess fachlich verortet und in fachdidaktischen Forschungen fokussiert werden. Was dies konkret bedeutet, soll nachfolgend erläutert werden.

3.2 Die Subjektseite: Emotionen und Emotionsforschung auf der Ebene fachlich Lehrender und Lernender

Emotionen auf der Subjektseite fachlichen Lehrens und Lernens stellen den in empirischer Hinsicht bislang am besten erforschten Bereich fachlich kodierter Emotionen dar. Sowohl Leistungs- als auch Persönlichkeitsaspekte werden dabei untersucht. Hatte anfangs die Bedeutung von Emotionen für fachliche Lernleistungen in einem funktional-kompetenzorientierten Verständnis im Zentrum der Aufmerksamkeit gestanden, sind seit der Jahrtausendwende zunehmend auch emotionale Implikationen fachlichen Lernens für das Selbst- und Weltverhältnis der Schüler*innen im Sinne personal-(selbst-)reflexiver fachlicher Bildung in den Fokus gerückt.

3.2.1 Emotionen auf der Ebene der fachlich Lehrenden und Lernenden. Frühe Studien

Emotionen auf der Subjektseite der Lehrenden und Lernenden sind seit den 1980er und 90er Jahren verstärkt empirisch untersucht worden, insbesondere in der Pädagogischen Psychologie. Ein funktionaler überfachlicher Fokus herrschte vor, sichtbar z. B. in standardisierten Testinstrumenten zur schulischen Angst (vgl. Wieczerkowski, 1974; Spielberger, 1983; Zeidner, 1998) oder in Studien zu Langeweile (Larson & Richards, 1991), zum Zusammenhang von Neugier, Angst und kognitiver Entwicklung (Trudewind, Mackowiak & Schneider, 1999) oder zum Verhältnis von Kognition, Emotion und Lernleistung (Möller & Köller, 1996; Pekrun, 1991; 1998). Auch in fachbezogenen Emotionsforschungen war der Leistungsaspekt leitend, so in Studien zu Emotionen im Sportunterricht (z. B. Hackfort, 1999), zu emotionalen Wirkungen des Faches Mathematik (Nicholls, 1984), zu Angst als Phänomen beim Fremdsprachenlernen (MacIntyre & Gardner, 1989) oder zu evozierten Emotionen im muttersprachlichen Literaturunterricht (Kneepkens & Zwaan, 1995). Auch in vergleichenden Forschungen ist ein funktionaler Fokus zu beobachten. So wurde der Einfluss emotionaler Faktoren auf Lernleistungen in den Fächern Physik und Deutsch (vgl. Bleicher, Fix, Fuß, Gläser-Zikuda, Laukenmann, Mayring, Melenk & Rhöneck, 1999) und der Zusammenhang von Leistung und Lernfreude in den Fächern Deutsch, Englisch und Mathematik empirisch erforscht (Jerusalem & Mittag, 1999, S. 229 ff.).

3.2.2 Fachlich evozierte Emotionen. Vergleichende Beobachtungen zum aktuellen Forschungsstand auf Basis der Fachbeiträge

Fachlich evozierte Emotionen auf der Subjektseite des Fachunterrichts sind in vielen Fachdidaktiken seit der Jahrtausendwende in den Fokus theoretischer wie empirischer Forschung gerückt. Dabei haben auch personal-selbstreflexive Emotionen Berücksichtigung gefunden. Die Beiträge des vorliegenden Bandes vermitteln ein differenziertes Bild des aktuellen Forschungsstandes in acht Fachdidaktiken. Auf dieser Basis sind vergleichende objekttheoretische Beobachtungen (vgl. dazu Rothgangel, 2020) aus allgemeiner fachdidaktischer Perspektive möglich.

Für die *Biologiedidaktik* gibt Christian Randler einen detaillierteren Überblick über Forschungen zu den fachlich evozierten Emotionen Angst, Ekel, Interesse, Wohlbefinden und Langeweile (▶ Kap. 8). Ein funktionaler Fokus herrscht hier vor. Dieser zeigt sich in der biologiedidaktischen Interessenforschung wie auch in Untersuchungen zu fachspezifischen Formen von Interesse, Wohlbefinden und Langeweile. Forschungen zu negativen Emotionen wie Ekel und Angst im Zusammenhang mit biologischen Methoden wie dem Sezieren verweisen auf weitergehenden Forschungsbedarf. Gerade Untersuchungen zur verstärkten Einbeziehung lebender Tiere, die in ihrem Verhalten beobachtet werden, könnten, wie der Artikel zeigt, Ansatzpunkte liefern, um das fachspezifische emotionale Selbstkonzept von Lernenden im Biologieunterricht auch personal zu verbessern.

Vor dem Hintergrund emotionaler Manipulationen von Schüler*innen in Zeiten des deutschnational geprägten Deutschunterrichts des späten 19. Jahrhunderts, im Wilhelminismus und zur Zeit des Dritten Reiches stand in der *Deutschdidaktik* vor allem nach 1968 zunächst der Aufbau kritisch-rationaler Analysefähigkeiten im Zentrum, ehe Mitte der 1980er Jahre emotionale Aspekte stärker in den Fokus deutschdidaktischer Forschung rückten, wie Christian Albrecht und Volker Frederking in ihrem Beitrag zeigen (▶ Kap. 9). Sprachdidaktisch sind emotionale Faktoren wie Schreiblust im Grundschulbereich und evozierte Gefühle beim Hörverstehen empirisch mit funktionalen und personalen Akzenten untersucht worden. Lesedidaktisch wurden Leselust und Lesefreude in Verbindung mit Genuss-, Kompetenz- bzw. Leistungsaspekten in den Blick genommen. In der Literaturdidaktik rückten emotionale Involviertheit und ihr Einfluss auf kognitive Verstehensprozesse in den Fokus empirischer Erforschung. Aber auch literarisch evozierte Emotionen und das emotionale Aktivierungspotenzial ästhetischer Kommunikation im Sinne personal ausgerichteter literarischer Bildung haben Berücksichtigung gefunden. Dabei zeigt der Beitrag, dass literarisch evozierte Emotionen auf der Subjektseite oft in spezifischer Weise mit der Objektseite der literarisch verarbeiteten Emotionen verbunden sind und sowohl für funktionale als auch für personale fachliche Bildungsprozesse Bedeutung haben können.

In der *Fremdsprachendidaktik* (▶ Kap. 10) rücken Clarissa Blum und Thorsten Piske eine andere Facette fachbezogener Emotionsforschung auf der Subjektseite ins Blickfeld. Mit der auch in der Biologiedidaktik fokussierten Angst wird hier als Schwerpunkt eine spezifische Emotion gewählt, die für den Fremdsprachenunterricht aus funktionaler, kompetenzorientierter Perspektive von Bedeutung ist. Fremdsprachenangst wird als komplexe Einheit definiert, die aus fachbezogenen Gefühlen, Annahmen, Verhaltensweisen und Selbsteinschätzungen besteht. Anders als in der Biologiedidaktik sind es aber nicht fachspezifische Untersuchungsmethoden, die Angst auslösen, sondern die Anwendung fremdsprachlichen Wissens in der Gesprächspraxis. Dabei setzt sich die Fremdsprachenangst aus Beunruhigung bzw. Anspannung, Kommunikationsangst, Prüfungsangst und der Angst vor negativer Beurteilung zusammen. Ihre selbstreflexive Verarbeitung eröffnet Ansatzpunkte für bessere Leistungen, aber auch für ein neues fremdsprachliches Selbstkonzept der Lernenden in personaler Perspektive.

Jan Schubert und Romy Hofmann arbeiten in ihrem Beitrag heraus, dass in der *Geographiedidaktik* evozierte Emotionen in Lehr- und Lernprozessen bislang vor allem mit Blick auf Lernvoraussetzungen, motivationale Aspekte und subjektive Bewertungen theoretisch und empirisch in den Fokus gerückt sind (▶ Kap. 11). Hinzu kommen Forschungen zu emotionalisierenden Settings und positiven affektiven Wirkungen von Exkursionen. Sinnlich-ästhetische Zugänge zu Emotionen auf der Subjektseite sind bislang hingegen fast ausschließlich theoretisch-konzeptionell reflektiert worden. Empirische Forschungen zum Themenfeld fehlen noch. Im Urteil von Schubert & Hofmann könnten interdisziplinäre Kooperationen z. B. mit der Deutschdidaktik hier helfen, die skizzierten Desiderate zu beseitigen und personale wie funktionale Aspekte von fachlich evozierten Emotionen empirisch in den Blick zu bekommen.

In der *Geschichtsdidaktik* ist die Subjektseite fachbezogener Emotionen bislang vor allem auf theoretischer Ebene erforscht worden, wie Juliane Brauer und Martin Lücke in ihrem Beitrag verdeutlichen (▶ Kap. 12). Dabei stehen Fragen der Kompetenzorientierung im Mittelpunkt. Ähnlich wie im Fach Deutsch hat die emotionale Manipulation der Lernenden im Geschichtsunterricht im Wilhelminischen Kaiserreich und im Nationalsozialismus dazu geführt, dass der Aufbau kritisch-rationaler Analysefähigkeit lange Zeit im Fokus geschichtsdidaktischer Konzeptionen gestanden hat. Erst Mitte der 1990er Jahre fanden Emotionen im Lernprozess stärker Berücksichtigung. In der Geschichtsdidaktik lässt sich mithin wie in der Deutschdidaktik ein ›emotional turn‹ konstatieren, der die Modellierungen historischen Lernens zunehmend beeinflusst. Dabei werden Emotionen auf der Subjekt- und auf der Objektseite deutlich unterschieden. Formen emotionaler Aktivierung der Schüler*innen sind z. B. über Berichte von Zeitzeug*innen der Shoah in Video-Interviews möglich. Hier treten Emotionen historischer Aktanten auf der Objektseite ins Blickfeld, die emotionales Erleben auf der Subjektseite der Schüler*innen auslösen. Dieses soll reflexiv verarbeitet werden. Dabei stehen sachbezogen-funktionale Ziele im Zentrum, die allerdings mit selbstreflexiv-personalen Aspekten verbunden werden könnten.

Die empirische Forschung zu evozierten Emotionen im Fach *Mathematik* bewegt sich im Hinblick auf Differenzierungsgrad und generierte Wissensbestände auf hohem Niveau (▶ Kap. 13). Leistungsaspekte stehen dabei im Zentrum, wie Claudia Sutter und Tina Hascher in ihrem Beitrag aufzeigen. Weil Mathematik im Ruf steht, besonders schwierig zu sein, besitzt das Fach ein hohes Potenzial für negative Emotionen. Wie in Biologie und in den Fremdsprachen ist Angst deshalb eine oft in Bezug auf den Mathematikunterricht genannte negative Emotion. Allerdings sind auch hier die Auslöser fachspezifisch, insofern Angst vor allem im Zusammenhang mit Prüfungssituationen auftaucht. Aber auch Ärger und Langeweile wurden empirisch oft beobachtet – zu Lasten fachlich evozierter Freude. Allerdings wird mit Blick auf den Forschungsstand zugleich betont, dass die gezielte Förderung positiver Emotionen im Mathematikunterricht auf der Basis entsprechender Lehr-Lern-Arrangements möglich ist.

Wie die Geschichtsdidaktik hat auch die *Religionspädagogik* fachspezifisch evozierte Emotionen auf der Subjektseite bislang vor allem als theoretisches Phänomen untersucht. Dabei finden personale und funktionale Aspekte emotionaler Bildung Berücksichtigung, wie Manfred Pirner herausarbeitet (▶ Kap. 14). Drei Leitfragen einer Theologie bzw. Religionsdidaktik der Gefühle werden von ihm zentral gewichtet. Diese richten sich auf die Besonderheit religiöser Gefühle, auf das Verhältnis von Gefühl und Vernunft und ethische Rahmungen religiöser Gefühle. Religionspädagogische Konsequenzen werden im Anschluss an Ansätze zu einer erfahrungsorientierten und performativen Religionsdidaktik und einer Ethik des Mitgefühls als Ziel religiös-ethischer Bildung erläutert. Damit zeichnen sich Ansatzpunkte für eine ethisch-normative Reflexion des Umgangs mit Emotionen ab, die für andere Fachdidaktiken und eine fachdidaktische Emotionstheorie fruchtbare Anregungen bieten können, weil der personal-selbstreflexive Horizont ethischer fachlicher Bildung mit Blick auf Emotionen hier deutlich konturiert wird.

Günter Amesberger und Mareike Susanne Ahns zeigen auf, dass sich in der *Sportpädagogik* wie in der Biologie- und Mathematikdidaktik früh ein empirischer Zugang zu fachlich evozierten Emotionen herausgebildet hat (▶ Kap. 15). Dabei werden Emotionen auf der Subjektseite der Lernenden und Lehrenden sowohl unter Leistungs- als auch unter Persönlichkeitsaspekten untersucht. Empirische Befunde liegen vor allem zu Einflussfaktoren emotionalen Erlebens wie Freude oder Angst vor. Aber auch Emotionen wie Glück, Spaß, Leidenschaft, Zufriedenheit, Erleichterung, Stolz, Vertrauen, Überlegenheit, Spannung, Trauer, Schwäche, Hilflosigkeit, Körperangst, Enttäuschung, Unzufriedenheit, Scham, Demütigung, Wut, Aggression, Zorn, Feindseligkeit oder Langeweile sind mittlerweile als fachspezifische Phänomene des Lernens identifiziert und teilweise mit Blick auf ihren Einfluss auf sportliche Leistungen und das fachliche Selbstkonzept empirisch erforscht worden. Desiderate werden vor allem im Hinblick auf empirisch geprüfte didaktische Ansätze zum emotionalen Erleben und zum lern- und leistungsfördernden Umgang mit fachspezifischen Emotionen gesehen.

3.3 Die Objektseite: Emotionen und Emotionsforschung auf der Ebene fachlicher Gegenstände

Das letzte Kapitel hat gezeigt, dass es tatsächlich einen genuin fachdidaktisch geprägten Forschungsfokus im Bereich fachbezogener Emotionen im Hinblick auf die Subjektseite der fachlich Lehrenden und Lernenden gibt. Noch ausgeprägter tritt dieser im Zusammenhang mit der Objektseite in Erscheinung. Denn hier rückt der fachliche Nukleus des Lehrens und Lernens in den Blick und damit jener Bereich, bei dem die Fachdidaktiken vor allem mit den ihnen zugehörigen Fachwissenschaften in einem engen Bezug stehen. Emotionen als *Objekte* fachlichen Lehrens und Lernens treten folgerichtig vor allem dann in das Zentrum fachdidaktischer Emotionsforschung, wenn es in den zugrunde liegenden Fachwissenschaften Forschungen zu Emotionen als Teil der fachlichen Gegenstände gibt. Dies trifft in vielen, aber keinesfalls in allen Fächern des schulischen Fächerkanons zu. Zu nennen sind hier in einem heuristischen Sinne Biologie, Deutsch, Geschichte, Geographie, Kunst, Musik, Pädagogik, Philosophie, Psychologie, Religion, Politik, Wirtschaft und Sport. Mit Bezug auf einige dieser Fächer bzw. darauf bezogene Fachdidaktiken soll nachfolgend überprüft werden, inwiefern hier Emotionen tatsächlich als Teil des fachlich-disziplinären Forschungs- bzw. Gegenstandsfeldes angesehen werden und es Befunde fachwissenschaftlicher Emotionsforschung gibt, die zu Objekten fachlichen Lehrens und Lernens und Bezugspunkten fachdidaktischer Emotionsforschung avancieren können. Zwei Grundtypen können unterschieden werden:

1. Emotionen, die *fachlich als Gegenstand reflektiert bzw. erforscht* werden. Zugrunde liegt die Frage: »Was sind Emotionen?«
2. Emotionen, die *fachlich kodiert bzw. intendiert* sind. Im Fokus steht hier vor allem die Frage: »In welchen Kontexten treten Emotionen als Teil des fachspezifischen Gegenstandes bzw. Forschungsfeldes in Erscheinung?«

Beide Grundtypen sollen nachfolgend an ausgewählten Beispielen veranschaulicht werden – unter Einbeziehung der Frage, inwieweit auch hier Emotionen als Bestandteile funktional-kompetenzorientierter bzw. personal-(selbst-)reflexiver fachspezifischer Bildungsprozesse in Erscheinung treten und erforscht werden.

3.3.1 Emotionen als Gegenstand fachspezifischer Forschung

Forschungen zu der Frage »Was sind Emotionen?« gibt es aktuell vor allem in drei Disziplinen: Psychologie, Biologie und Philosophie.

In der Psychologie sind Emotionen seit einigen Jahrzehnten in besonders systematischer und intensiver Weise theoretisch und empirisch erforscht worden (▶ Kap. 2). Die fachdidaktischen Implikationen psychologischer Emotionsforschung in Bezug auf die Subjektseite fachlichen Lehrens und Lernens sind im vorangegangenen Kapitel reflektiert worden. Aber auch als Objekt fachlichen Lehrens und Lernens können psychologische Forschungserkenntnisse zu Emotionen schulisch relevant werden. Zu denken ist an das Unterrichtsfach Psychologie sowie an viele andere Fächer und Fachdidaktiken, in denen auf psychologische Emotionstheorien bzw. -forschungen rekurriert werden kann. Aus fachdidaktischer Perspektive ist es aber noch sinnvoller, auch andere fachliche Modellierungen und Forschungen zu Emotionen als Bestandteile einer genuin fachdidaktischen Theorie der Emotionen einzubeziehen.

Die Biologie bietet sich hier insofern an, als z. B. in der Neurobiologie in den letzten Jahrzehnten sehr wertvolle empirische Forschungsergebnisse zu Emotionen gewonnen wurden und die Bedeutung des limbischen Systems für die Auslösung und Verarbeitung von Emotionen z. B. mit Blick auf die Amygdala deutlich geworden ist (vgl. z. B. Roth, 2001; 2011).

Obschon bislang wenig berücksichtigt, erweist sich aber auch die Philosophie als sehr interessanter Bezugspunkt fachdidaktischer Emotionsforschung, weil sie einen ganz eigenen Beitrag zum Verständnis von Emotionen leistet – und dies seit Jahrtausenden. Tatsächlich ist die erste systematische Aufarbeitung von Emotionen nämlich weder im Bereich der Psychologie noch der Biologie erfolgt, sondern vor zwei Jahrtausenden in der Philosophie. Aus diesem Grund soll ihr Beitrag nachfolgend exemplarisch detaillierter betrachtet werden.

Als Besonderheit ist zunächst zu vermerken, dass die Philosophie (von griech. *philos* (= Liebe) und *sophia* (= Weisheit)) mit der »Liebe« zur Weisheit sogar eine Emotion und ihren fachspezifischen Zielpunkt im Namen trägt – und dies als Wissenschaft, die wie kaum eine andere Vernunft und Rationalität als ihren disziplinären Kern versteht. Dabei werden personal-(selbst-)reflexive und funktional-erkenntnisorientierte Aspekte gleichermaßen adressiert. Es geht um Selbsterkenntnis des die Weisheit Liebenden ebenso wie um Erkenntnis auf Gebieten wie Anthropologie, Ethik, Natur-, Religions- oder Erkenntnistheorie. Allerdings war in der Philosophie bis zum 19. Jahrhundert nicht der Emotionsbegriff leitend. In der griechischen Antike waren vielmehr *hedoné* und *ponos* (= Lust und Unlust) und das Wort *páthos* (= Leiden, Leidenschaft) verbreitet; dieses wurde später mit dem lateinischen Begriff *affectus* (Affekt, Leidenschaft) übersetzt. An den Positionen von Aristoteles und Spinoza lassen sich Besonderheiten des damit verbundenen klassischen philosophischen Verständnisses verdeutlichen.

Nach Aristoteles ist der Mensch durch Leidenschaften in seiner Freiheit bedroht und zwischen den beiden Polen ›Lust‹ und ›Unlust‹ (*hedoné* und *ponos*) hin- und hergerissen – eine Polarität, die auch in modernen psychologischen Ansätzen fortwirkt. Sittliches Leben hat nach Aristoteles die Überwindung dieses Zwiespalts zur Voraussetzung. Nur in der »Erhabenheit über die Begierden und die zügellose Genußsucht« (Aristoteles, 335–323 v. Chr., S. 152) kann das oberste Ziel menschlichen Lebens erreicht werden, »das glückselige Leben [...] [als] Zustand der Freude« (ebd., S. 164). Voraussetzung von Glückseligkeit ist eine Ausbalancierung der Affekte durch die Orientierung an Tugenden. Glückseligkeit definiert Aristoteles entsprechend als »eine der vollendeten Tugend gemäße Tätigkeit der Seele« (ebd., S. 22). Tugend basiert auf der Überwindung der Herrschaft der Affekte durch eine ausbalancierte Mitte zwischen affektiven Extremen:

> »Die Tugend ist ein Habitus des Wählens, der die [...] Mitte hält und durch die Vernunft bestimmt wird [...] [und] in den Affekten und Handlungen das Mittlere findet und wählt. Deshalb ist die Tugend nach ihrer Substanz und ihrem Wesensbegriff Mitte.« (ebd., S. 36)

Diese ethische Verortung der Affekte und die damit verbundenen Empfehlungen für eine affektive Balance als Grundlage eines glücklichen Lebens enthält für eine Theorie fachlich-emotionaler Bildung gerade in personal-selbstreflexiver Hinsicht wichtige Anknüpfungspunkte.

Gleiches gilt für die Ethik Baruch de Spinozas, in der die Aristotelische Sicht ausdifferenziert worden ist. Wertete Thomas Hobbes (1642–58, S. 32) Affekte noch als »Störungen des Geistes«, hat Spinoza (1677) einen dem Rationalismus verpflichteten, aber gleichwohl die Affekte als »Leidenschaften« ernst nehmenden Versuch unternommen, zu einem differenzierteren Verständnis zu gelangen. Dabei unterschied er in der Aristotelischen Tradition drei Grundtypen: Begierde, Lust oder Unlust. Diese haben unmittelbare ethische Implikationen: »Die Erkenntnis des Guten und Schlechten« entspricht dem Wissen über die Affekte ›Lust‹ oder ›Unlust‹ (ebd., S. 266). Diesen ordnete er 50 weitere Affekte, affektive Reaktionen bzw. affektive Haltungen zu und erläuterte ihre jeweiligen Besonderheiten: u. a. Bewunderung, Verachtung, Liebe, Hass, Zuneigung, Abneigung, Ergebenheit, Verhöhnung (Spott), Hoffnung, Furcht, Zuversicht, Verzweiflung, Freude, Gewissensbiss, Mitleid, Gunst, Entrüstung, Überschätzung, Unterschätzung, Missgunst, Mitgefühl (Barmherzigkeit), Selbstzufriedenheit, Niedergeschlagenheit, Reue, Hochmut (Stolz), Kleinmut, Ehre (Ehrfreude), Scham, Sehnsucht,

Wetteifer, Dankbarkeit, Wohlwollen, Zorn, Rachsucht, Wut, Scheu, Kühnheit, Ängstlichkeit, Bestürzung, Leutseligkeit, Ehrgeiz, Schwelgerei, Trunksucht, Habsucht (Geiz), Lüsternheit (ebd., S. 155 ff.).

Mit der Affektlehre Spinozas ist ein Differenzierungsgrad innerhalb der abendländischen Philosophie zu Affekten bzw. Emotionen erreicht worden, der seinesgleichen sucht und vorwegnimmt, was moderne psychologische Forschungen anstreben – eine Systematik von Affekten bzw. Emotionen. Noch bedeutsamer ist aus fachdidaktischer Sicht aber die ethische Rahmung. Nicht die Expression der Affekte ist nach Spinoza nämlich oberstes Ziel, sondern der richtige Umgang mit ihnen. Wie bei Aristoteles führen negative Affekte nach Spinoza zur Unfreiheit (ebd., S. 254 ff.), sie können den Menschen versklaven, nur die Vernunft führt den Menschen zu Freiheit (ebd., S. 352 ff.). Zusammen mit der Liebe, in der alle Affekte als höchste ›Lust‹ ihren Ziel- und Bezugspunkt finden (ebd., S. 234), ist ein ausbalancierter Umgang mit den Affekten möglich. In Spinozas Systematik finden sich mithin Ansätze zu einer Ethik der Emotionen (vgl. Renz, 2008, S. 311 f.), in der eine fachdidaktische Theorie emotionalen Gleichgewichts als ein Kernelement fachlicher Bildung mit personalem wie funktionalem Fokus wichtige Anregungen und Orientierungspunkte finden kann.

Gleiches gilt für neuzeitliche Positionen wie Blaise Pascals Idee einer Vernunft des Herzens (1669), Schellings Bestimmung der Liebe als höchster Kraft (1809), Arthur Schopenhauers Ethik des Mitleids (1839), Erich Fromms (1956) Kunst des Liebens oder Max Schelers (1955) Verbindung von Liebe und Erkenntnis. Während diese Ansätze allerdings eher Ausnahmen im rational geprägten Gesamtspektrum der Philosophiegeschichte der Neuzeit darstellen, finden sich in der Ende des 20. Jahrhunderts einsetzenden intensivierten philosophischen Auseinandersetzung mit Affekten, Gefühlen bzw. Emotionen weitere interessante und aktuelle Anknüpfungspunkte für eine fachdidaktische Emotionstheorie. Wenn Peter Bieri (1994) Emotionen als Bewusstseinsphänomene ausweist, Jon Elster den Zusammenhang von ›rationality and the emotions‹ (1996) untersucht, Peter Goldie Emotionen philosophisch analysiert (2002), Martha Nussbaum »the intelligence of emotions« (2003) reflektiert, Rainer Schilling (2004) Liebe als Erkenntnisweise ausweist, Christoph Demmerling und Hilge Landweer (2007) sowie Sabine Döring (2009) Besonderheiten einer Philosophie der Gefühle konturieren, Ernst Tugendhat (2006) Grundlagen einer Ethik des Wohlwollens und der Herzensgüte erarbeitet oder Julian Nida-Rümelin (2012) die Bedeutung von Emotionen im Rahmen einer Philosophie der Bildung betont, zeigen sich darin jeweils beachtenswerte Ansätze, die Ausblendung der Emotionen in der Philosophie der Neuzeit zu überwinden und emotionale Grundlagen allgemeiner wie fachbezogener Bildungsprozesse philosophisch neu zu reflektieren. Eine philosophisch fundierte Ethik der Emotionen und des emotionalen Gleichgewichts kann ein zentraler Baustein für eine Theorie fachlicher Bildung und fachdidaktischer Bildungsforschung sein.

3.3.2 Fachlich kodierte bzw. intendierte Emotionen im fachdidaktischen Blick

Fachdidaktische Forschungen zu Emotionen, die *fachlich kodiert bzw. teilweise intendiert* sind, nehmen die Frage in den Blick, in welchen Kontexten Emotionen als Teil des fachspezifischen Gegenstandes bzw. Forschungsfeldes in Erscheinung treten. Wie dies geschieht bzw. geschehen kann und welche fachlichen Bildungsziele damit verknüpft sind, soll am Beispiel der im vorliegenden Band enthaltenen Forschungsübersichten veranschaulicht werden, in denen fachlich kodierte bzw. intendierte Emotionen behandelt wurden. Zunächst rücken mit Geographie, Geschichte und Religion jene Fachdidaktiken in den Fokus, in denen dies mit theoretischem Schwerpunkt geschehen ist. Mit Sportpädagogik und Deutschdidaktik folgen anschließend jene beiden Fachdidaktiken, in denen auch empirische Zugänge verstärkt genutzt werden, wie die Fachdarstellungen zeigen.

Für die Objektseite von Emotionen ist aus *geographiedidaktischer Perspektive* die mit Alexander von Humboldt verbundene Vorstellung zentral, »dass Geographie nicht nur objektiv feststellende Naturwissenschaft ist, sondern auch sinnlich-ästhetischer Zugänge bedarf, um den Raum als Ganzes zu erkennen«, wie Jan Schubert und Romy Hofmann in ihrem Beitrag aufzeigen (▶ Kap. 11). Es ist mithin die Wahrnehmung des Raumes als ästhetisches Phänomen, mit der Emotionen zu einem zentralen Element geographischer Bildung in einem reflexiv-personalen Sinne werden und erklären, warum geographiedidaktische Forschung eine besondere Offenheit für personale Aspekte fachlicher Bildung besitzt. Die für den Geographieunterricht zentrale Unterscheidung von vier Raumbegriffen – Raum 1. als »Wirkungsgefüge natürlicher und anthropogener Faktoren«, 2. »als System von Lagebeziehungen«, 3. »in der Wahrnehmung unterschiedlicher Akteure und 4. als gesellschaftliche Konstrukte« (ebd.) – macht nämlich deutlich: Während die ersten beiden Aspekte eher dem Aufbau von geographischem Weltwissen in einem funktionalen Sinne dienen, stellen die beiden letztgenannten Aspekte einen Konnex zwischen Raum und subjektiver Wahrnehmung her. Dies schließt Emotionen ein. Durch den Wahrnehmungsaspekt besitzt geographische Emotionsforschung deshalb auch auf der Objektseite einen personal-(selbst-)reflexiven und Emotionen als Phänomen adressierenden Fokus.

In der *Geschichtsdidaktik* wird explizit zwischen einer Subjekt- und einer Objektseite fachlich in Erscheinung tretender Emotionen unterschieden. Zum Forschungsgegenstand auf der Objektebene werden Emotionen vor allem im Zusammenhang mit dem »Fühlen historischer Akteur*innen als Antriebskräfte der Geschichte«, wie Juliane Brauer und Martin Lücke in ihrem Beitrag herausarbeiten (▶ Kap. 12). Die Kontexte, in denen Emotionen auf der Objektebene historisch beobachtbar werden, sind vielfältig und bieten unterschiedliche Anknüpfungspunkte für den Geschichtsunterricht. Zu fragen ist beispielsweise, »welche Emotionen auf welche Weise Menschen in der Vergangenheit motivierten, antrieben, ansteckten, welche emotionalen Regeln das soziale Miteinander strukturierten, welche emotionalen Stile in bestimmten Zeiten und Gesellschaften bestimmend wurden oder wie sich Gemeinschaften über das Teilen bestimmter Emotionen ausbildeten.« (ebd.) Dabei werden Kompetenzaufbau und Persönlichkeitsbildung im Feld des Historischen so miteinander verbunden, dass historische Bildung die (selbst)reflexive Durchdringung evozierter Emotionen bei den Lernenden fördert, sie auf diese Weise zu Facetten der Objektseite macht und so in den Dienst historischen Erkennens und Denkens stellt.

Der Beitrag von Manfred Pirner macht deutlich, dass es in der *Religionspädagogik* ebenfalls eine sehr differenzierte Auseinandersetzung mit Emotionen als Teil des fachlichen Gegenstandes in personaler und funktionaler, (selbst-)reflexiver und kompetenzorientierter Perspektive gibt (▶ Kap. 14). Die Leitfragen einer »Theologie der Gefühle« umreißen das Spektrum fachlicher Emotionen auf der Objektseite. Zu fragen ist in diesem Horizont, ob es so etwas wie spezifisch religiöse Gefühle gibt, inwiefern Gefühle von elementarer Bedeutung für Religion sind und ob es einer Ethik des religiösen Gefühls bedarf. Zumindest die ersten beiden Fragen sind positiv zu beantworten, wie der Überblicksartikel zeigt. Auch für manche Ansätze in der Religionspädagogik bzw. -didaktik ist das religiöse Gefühl Teil religiöser Praxis und damit fester Bestandteil der Religion als unterrichtlichem Gegenstand und Forschungsfeld, wie mit Blick auf die performative Religionsdidaktik und das Konzept aktiv-engagierten Mitgefühls im Sinne von Compassion verdeutlicht wird. Auch mit Bezug auf die Objektseite religiös kodierter Emotionen ergeben sich mithin spezifische personal-selbstreflexive Zugänge.

In der *Sportpädagogik* gibt es theoretische wie empirische Forschungszugänge zum Verhältnis von Fachlichkeit und Emotionalität (▶ Kap. 15). Günter Amesberger und Mareike Susanne Ahns zeigen auf, dass und wie sportliches Handeln auf die »Überwindung künstlicher, meist selbstgewählter Hindernisse« ausgerichtet ist und neben »Motivation und Anstrengungsbereitschaft« (ebd.) auch den Umgang mit Emotionen voraussetzt. Diese werden auf komplexe Weise Gegenstand des Sportunterrichts und sportpädagogischer Forschung: als subjektives Erleben, als (neuro)physiologische Aktivierung, als kognitive Verarbeitung und Steuerung sowie als motorischer Ausdruck. Beim Erlernen von Sportarten und motorischen Fertigkeiten werden Emotionen als Teil des fachlichen Gegenstandes wichtig, wenn sie zur Handlungs- und Leistungsoptimierung genutzt werden. Schüler*innen sollten herausfinden, »welche Emotionen dysfunktional und welche funktional für die Leistungserbringung sind« (ebd.). Aber auch identitätstheoretische Implikationen emotionalen Erlebens und damit personale Aspekte des sportlichen Selbstkonzepts sind beim sportlichen Handeln bedeutsam, wie der Artikel verdeutlicht.

In der *Deutschdidaktik* gibt es in einzelnen Teildisziplinen wie der Literaturdidaktik ebenfalls theoretische und empirische Forschungen zu Emotionen als Teil der fachlichen Gegenstände mit funktional-sachbezogenem und personal-selbstreflexivem Fokus, wie die Ausführungen von Christian Albrecht und Volker Frederking verdeutlichen (▶ Kap. 9). Deutschdidaktische Emotionsforschung mit dem Fokus auf die Objektseite konnte und kann dabei auf literaturwissenschaftliche Aufarbeitungen zur literarischen Kodierung von Emotionen und linguistische Forschungen zum Konnex von Sprache und Emotion rekurrieren. Auf dieser Basis war die theoretische Modellierung und systematische empirische Erfassung von literarisch präsentierten, thematisierten und textseitig intendierten

Emotionen im Rahmen eines Kompetenzmodells zum literarischen Textverstehen möglich, wie der Beitrag verdeutlicht. Damit liegen empirische Befunde zu textseitig bedingten Kompetenzanforderungen vor, Emotionen auf der Objektebene literarischen Lernens in einem funktional-kognitiven Sinne zu erfassen. Gleichzeitig sind auch emotionale Valenzen literarischer Texte und ihre didaktischen Implikationen empirisch untersucht worden, d. h. die Frage, in welchem Ausmaß positive wie negative Emotionen durch unterschiedliche Texte ausgelöst werden und inwieweit dabei die vom Text intendierten Emotionen und die bei Leser*innen evozierten Emotionen miteinander korrelieren und einen Beitrag zum Aufbau evozierter Emotionen und ihrer personal-reflexiven Verarbeitungen im Sinne einer Haltung leisten. Auch der Zusammenhang von evozierten Emotionen und politisch-demokratischer Wertebildung ist auf dieser Basis empirisch untersucht worden (▶ Kap. 20).

3.4 Fachdidaktische Emotionsforschung. Desiderata und Herausforderungen

Sowohl im Hinblick auf die Subjekt- als auch auf die Objektseite fachlich in Erscheinung tretender Emotionen existieren theoretische wie empirische Forschungen, wie die vorangegangenen Ausführungen gezeigt haben. Die in diesem Band enthaltenen Beiträge (▶ Kap. 8–15 und 19–20) geben in Bezug auf acht Schulfächer Einblick in den state of the art der fachdidaktischen Emotionsforschung. Es wird erkennbar, dass es tatsächlich einen fachspezifischen Konnex zwischen Fachlichkeit und Emotionalität gibt, der in fachdidaktischer Grundlagen- und Anwendungsforschung theoretisch wie empirisch bereits untersucht wird, künftig aber noch intensiver erforscht werden sollte, um »fachdidaktisches Wissen« (Frederking & Bayrhuber, 2020) in diesem spezifischen Forschungsfeld zu generieren.

Weiterführende Literatur

Barth, R. & Zarnow, C. (Hrsg.) (2015). Theologie der Gefühle. Berlin: de Gruyter.
Brauer, J. & Lücke, M. (2013). Emotionen, Geschichte und historisches Lernen. Geschichtsdidaktische und geschichtskulturelle Perspektiven. Göttingen: V&R unipress.
Darwin, C. (1872). The expression of the emotions in man and animals. London: John Murray.
Döring, S. A. (Hrsg.) (2009). Philosophie der Gefühle. Frankfurt a. M.: Suhrkamp.
Frederking, V., Brüggemann, J., Albrecht, C., Henschel, S. & Gölitz, D. (2015). Emotionale Facetten literarischen Verstehens und ästhetischer Erfahrung. Empirische Befunde literaturdidaktischer Grundlagen- und Anwendungsforschung. In J. Brüggemann, M.-G. Dehrmann & J. Standke (Hrsg.), Literarizität. Herausforderungen für Theoriebildung, empirische Forschung und Vermittlung (S. 87–132). Baltmannsweiler: Schneider.

Jerusalem, M. & Pekrun, R. (Hrsg.) (1999). Emotion, Motivation und Leistung. Göttingen: Hogrefe.
MacIntyre, P. D. & Gardner, R. C. (1989). Anxiety and second language learning: Towards a theoretical clarification. Language Learning, 41(1), 85–117.
Scheersoi, A., Bögeholz, S. & Hammann, M. (2019). Biologiedidaktische Interessenforschung: Empirische Befunde und Ansatzpunkte für die Praxis. Biologiedidaktische Forschung: Erträge für die Praxis (pp. 37–55). Berlin, Heidelberg: Springer Spektrum.
Schwarz-Friesel, M. (2007). Sprache und Emotion. Tübingen, Basel: Francke.
Sutter-Brandenberger, C. C., Hagenauer, G. & Hascher, T. (2018). Students' self-determined motivation and negative emotions in mathematics in lower secondary education – investigating reciprocal relations. Contemporary Educational Psychology, 55, 166–175.

Literatur

Aristoteles (335–323 v. Chr.) 1909. Nikomachische Ethik. Ins Deutsche übertragen von Adolf Lasson. Jena: Eugen Diederichs.
Baumert, J. (2002). Deutschland im internationalen Bildungsvergleich. In N. Killius, J. Kluge & L. Reisch (Hrsg.), Die Zukunft der Bildung (S. 100–150). Frankfurt a. M.: Suhrkamp.
Bieri, P. (1994). Was macht Bewußtsein zu einem Rätsel? In W. Singer (Hrsg.), Gehirn und Bewusstsein. (S. 172–180). Heidelberg: Spektrum.
Bleicher, M., Fix, M., Fuß, S., Gläser-Zikuda, M., Laukenmann, M., Mayring, Ph., Melenk, H. & v. Röhneck, Ch. (1999). Einfluss emotionaler Faktoren auf das Lernen in den Fächern Physik und Deutsch. Erste Ergebnisse des Forschungsprojekts. Ludwigsburg: o. V.
Demmerling, C. & Landweer, H. (2007). Philosophie der Gefühle. Von Achtung bis Zorn. Stuttgart: Metzler.
Elster, J. (1996). Rationality and the Emotions. The Economic Journal, 106(438), 1386–1397.
Frederking, V. (2017). Allgemeine Fachdidaktik – Metatheorie und Metawissenschaft der Fachdidaktiken. Begründungen und Konsequenzen. In H. Bayrhuber, U. Abraham, V. Frederking, W. Jank, M. Rothgangel & H. J. Vollmer, Auf dem Weg zu einer Allgemeinen Fachdidaktik. Allgemeine Fachdidaktik, Band 1 (S. 179–203). Münster: Waxmann.
Frederking, V. & Bayrhuber, H. (2017). Fachliche Bildung. Auf dem Weg zu einer fachdidaktischen Bildungstheorie. In H. Bayrhuber, U. Abraham, V. Frederking, W. Jank, M. Rothgangel & H. J. Vollmer, Auf dem Weg zu einer Allgemeinen Fachdidaktik. Allgemeine Fachdidaktik, Band 1 (S. 205–247). Münster: Waxmann.
Frederking, V. & Bayrhuber, H. (2020). Fachdidaktisches Wissen und fachliche Bildung. Ein Klärungsversuch im Horizont der Allgemeinen Fachdidaktik. In D. Scholl, S. Wernke & D. Behrens (Hrsg.), Allgemeine Didaktik und Fachdidaktik. Jahrbuch für Allgemeine Didaktik 2019 (S. 10–29). Baltmannsweiler: Schneider.
Fromm, E. (1956) 1987. Die Kunst des Liebens. Übers. v. Liselotte u. Ernst Mickel. Frankfurt a. M.: Ullstein.
Goldie, P. (2002). The Emotions: A Philosophical Exploration. Oxford: Clarendon Press.
Hackfort, D. (1999). Emotion und sportliches Bewegungshandeln. In M. Jerusalem & R. Pekrun (Hrsg.), Emotion, Motivation und Leistung (S. 269–290). Göttingen: Hogrefe.
Hobbes, T. (1642–58) 1918. Grundzüge der Philosophie. Zweiter und dritter Teil: Lehre vom Menschen und Bürger. Deutsch herausgegeben von Max Frischeisen-Köhler. Leipzig: Felix Meiner (Philosophische Bibliothek, Bd. 158).

Humboldt, W. (1793) 2010: »Theorie der Bildung des Menschen«. In: Wilhelm Humboldt. Werke. Hrsg. von Andreas Flitner und Klaus Giel (Bd. 1) Darmstadt: Wissenschaftliche Buchgesellschaft, S. 234–240.
James, W. (1884). What is an emotion? Mind, 9, 188–205.
Jerusalem, M. & Mittag, W. (1999). Selbstwirksamkeit, Bezugsnormen, Leistung und Wohlbefinden. In M. Jerusalem & R. Pekrun (Hrsg.), Emotion, Motivation und Leistung (S. 223–246). Göttingen: Hogrefe.
Klieme, E., Avenarius, H., Blum, W., Döbrich, P., Gruber, H., Prenzel, M., Reiss, K., Riquarts, K., Rost, J., Tenorth, H.-E. & Vollmer, H. J. (2003): Expertise. Zur Entwicklung nationaler Bildungsstandards. Hrsg. vom Bundesministerium für Bildung und Forschung (BMBF). Bonn & Berlin.
Kneepkens, E. W. E. M. & Zwaan, R. A. (1995). Emotions and Literary Text Comprehension. Poetics, 23(1–2), 125–138.
Konferenz der Vorsitzenden Fachdidaktischer Fachgesellschaften (KVFF) (1998). Fachdidaktik in Forschung und Lehre. Kiel: IPN. Online: http://www.fachdidaktik.org (Zugriff am 17.7.2020).
Larson, R. W. & Richards, M. H. (1991). Boredom in the middle school years: Blaming schools versus blaming students. American Journal of Education, 99, 418–443.
Mees, U. (1991). Die Struktur der Emotionen. Göttingen: Hogrefe.
Mees, U. (2006). Zum Forschungsstand der Emotionspsychologie – eine Skizze. In R. Schützeichel (Hrsg.), Emotionen und Sozialtheorie. Disziplinäre Ansätze (S. 104–123). Frankfurt a. M.: Campus.
Midgley, C., Feldlaufer, H. & Eccles, J. S. (1989). Change in teacher efficacy and student self-and task-related beliefs in mathematics during the transition to junior high school. Journal of Educational Psychology, 81(2), 247–258.
Möller, J. & Köller, O. (Hrsg.) (1996). Emotionen, Kognitionen und Schulleistung. Weinheim: Beltz.
Nicholls, J. G. (1984). Achievement Motivation: Conceptions of Ability, Subjective Experience, Task Choice, and Performance. Psychological Review, 91, 328–346.
Nida-Rümelin, J. (2013). Philosophie einer humanen Bildung. Hamburg: Edition Körber.
Nussbaum, M. (2003). Upheavals of thought. The Intelligence of Emotions. Cambridge University Press.
Pascal, B. [1669] (2012) Gedanken. Übersetzt von Ulrich Kunzmann. Kommentar von Eduard Zwierlein. Berlin: Suhrkamp.
Pekrun, R. (1991). Prüfungsangst und Schulleistung: Eine Längsschnittstudie. Zeitschrift für Pädagogische Psychologie, 5, 99–109.
Pekrun, R. (1998). Schüleremotionen und ihre Förderung: Ein blinder Fleck der Unterrichtsforschung. Psychologie in Erziehung und Unterricht, 45, 230–248.
Pekrun, R. & Jerusalem, M. (1996). Leistungsbezogenes Denken und Fühlen: Eine Übersicht zur psychologischen Forschung. In J. Möller & O. Köller (Hrsg.), Emotionen, Kognitionen und Schulleistung. (S. 3–22). Weinheim: Beltz.
Renz, U. (2008). Spinoza: Philosophische Therapeutik der Emotionen. In U. Renz, H. Landweer & A. Brungs (Hrsg.), Klassische Emotionstheorien. Von Platon bis Wittgenstein (S. 309–330). Berlin, New York: De Gruyter.
Roth, G. (2001). Fühlen, Denken, Handeln. Wie das Gehirn unser Verhalten steuert. Frankfurt a. M.: Suhrkamp.
Roth, G. (2011) 2015. Bildung braucht Persönlichkeit. Wie Lernen gelingt. Stuttgart: Klett-Cotta.
Rothgangel, M. (2017). Allgemeine Fachdidaktik im Spannungsfeld von Fachdidaktiken und Allgemeiner Didaktik. In H. Bayrhuber U. Abraham, V. Frederking, W. Jank, M. Rothgangel & H. J. Vollmer. Auf dem Weg zu einer Allgemeinen Fachdidaktik. Allgemeine Fachdidaktik, Band 1. (S. 147–160). Münster: Waxmann.
Rothgangel, M. (2020). 17 Fachdidaktiken im Vergleich. In M. Rothgangel, H. Bayrhuber, U. Abraham, V. Frederking, W. Jank & H. J. Vollmer (Hrsg.), Lernen im Fach und über das Fach hinaus. Bestandsaufnahmen und Forschungsperspektiven aus 17 Fachdidaktiken im Vergleich. Allgemeine Fachdidaktik, Band 2. (S. 467–576). Münster: Waxmann.

Scheler, M. (1955) 1970. Liebe und Erkenntnis. (2. Aufl.). Bern, München: Francke Verlag.
Schelling, F. W. J. (1809) 2001. Über das Wesen der menschlichen Freiheit. Hamburg: Meiner.
Schilling, R. (2004) 2005. Liebe als Erkenntnisweise. Aspekte der Liebe im Verhältnis zur objektivierenden Naturerkenntnis. Darmstadt: WBG.
Schleiermacher, F. (1799) 2017. Über die Religion. Reden an die Gebildeten unter ihren Verächtern. Hamburg: Meiner.
Schopenhauer, A. (1839) 2007. Über die Grundlage der Moral. Hrsg. von Peter Weisen. Hamburg: Meiner.
Spielberger, C. D. (1983). Manual for the State-Trait Anxiety Inventory (STAI). Palo Alto, CA: Consulting Psychologists Press.
Spinoza (1677) 1986. Ethik. Aus dem Lateinischen von Jakob Stern. Hrsg. von Helmut Seidel (S. 294). Leipzig: Philipp Reclam jun.
Trudewind, C., Mackowiak, K. & Schneider, K. (1999). Neugier, Angst und kognitive Entwicklung. In M. Jerusalem & R. Pekrun (Hrsg.), Emotion, Motivation und Leistung. (S. 105–126). Göttingen: Hogrefe.
Tugendhat, E. (2006). Moral und Mitleid. In N. Scarano & M. Suirez (Hrsg.), Ernst Tugendhats Ethik: Einwände und Erwiderungen (S. 27–30.). München: C. H. Beck.
Wieczerkowski, W. (1974). Angstfragebogen für Schüler (AFS). Braunschweig: Westermann.
Wundt, W. M. (1896) 1918. Grundriss der Psychologie. Mit 23 Figuren im Text. Leipzig: Kröner.
Zeidner, M. (1998). Test anxiety: The state of the art. New York: Plenum.

II Emotionen von Lernenden im Unterricht: Pädagogisch-psychologische Perspektiven

4 Emotionen im Unterricht der Primarstufe

Katrin Lohrmann

Kurzzusammenfassung

Die ersten Schuljahre prägen das emotionale Erleben in Bezug auf Lernen, Unterricht und Schule entscheidend. Empirische Befunde zeigen, dass bei Grundschulkindern die Freude an der Schule und am Lernen insgesamt stark ausgeprägt ist, aber im Laufe der ersten Schuljahre auch negative Emotionen wie Langeweile und Angst erlebt werden. Für den Erhalt und die Förderung positiver Emotionen eröffnet die Grundschule günstige institutionelle Rahmenbedingungen.

4.1 Förderung der Leistungs- und der Persönlichkeitsentwicklung

Der Grundschule kommt im deutschen Schulwesen eine herausragende Bedeutung zu (Schwippert et al., 2015, S. 29). In diesen ersten vier bzw. sechs Schuljahren sollen alle Kinder den Beginn schulischen Lernens als »guten Start« erleben (Einsiedler, 2014, S. 231) und den Schulanfang als kritisches Lebensereignis positiv bewältigen. Im Sinne einer multikriterialen Zielerreichung richtet sich dieser gute Start gleichermaßen auf die Leistungs- und auf die Persönlichkeitsentwicklung der Schülerinnen und Schüler. Dies schließt den Fokus auf die im schulischen Kontext erlebten Emotionen ein. Seit nunmehr einem Jahrhundert – gegründet wurde die Grundschule in Deutschland im Jahr 1919 durch Artikel 146 der Weimarer Verfassung – wird das Selbstverständnis der Grundschule von vier Merkmalen geprägt (Einsiedler, 2014; Fölling-Albers, 2019; Schorch, 2007):

Die Grundschule ist die *erste* Schule; sie prägt das Bild von Schule und schulischem Lernen und somit auch das emotionale Erleben im Kontext Schule. Die Grundschule muss Anschlussfähigkeit gewährleisten, indem sie sowohl an vorschulische Erfahrungen anknüpft als auch auf weiterführendes Lernen vorbereitet.

Die Grundschule ist eine *gemeinsame* Schule, die von (nahezu) allen schulpflichtigen Kindern besucht wird. Bedingt durch die vorschulische Erziehung und Sozialisation bringen die Kinder zu Schulbeginn unterschiedliche Voraussetzungen (Haltungen, Einstellungen, Fertigkeiten, Fähigkeiten) mit, die in Schule und Unterricht allgegenwärtig sind und auch das emotionale Erleben der Kinder beeinflussen.

Die Grundschule ist eine *kindgemäße* Schule, sie ist die einzige Schule, die ausschließlich von Kindern besucht wird. Aus einem aktuellen Verständnis von Kindheit heraus ergibt sich, dass die Grundschule ein Raum für altersgerechtes Lernen und zugleich Raum für das Leben der Kinder sein sollte. Dies beinhaltet die Zielsetzung, wonach alle Kinder Schule positiv erleben sollen.

Die Grundschule hat den Auftrag einer *grundlegenden Bildung*, die Schülerinnen und Schülern bei der Bewältigung ihres Lebens dienlich sein soll. Die Grundschule bereitet zugleich auf Angebote und Anforderungen weiterführender Schulen vor. Defizite aus der Grundschulzeit – wie sie durch das Nicht-Erreichen von Mindeststandards offenbar werden (Kohrt et al., 2017, S. 142; Weirich et al., 2017, S. 131 ff.) – können später kaum noch nachgeholt werden. Forschungsbefunde zeigen, dass das auf der Ebene der Grundschule erreichte Niveau wesentlichen Einfluss auf den weiteren Schulerfolg hat (Schwippert et al., 2015, S. 29). Dies gilt nicht nur für Lerninhalte, sondern auch in Bezug auf die in der Schule erlebten Emotionen.

4.2 Emotionen im Kontext der Primarstufe

Dieser konzeptionelle Rahmen der Grundschule als erste, gemeinsame, kindgemäße und grundlegende Schule steht in engem Zusammenhang mit dem Erleben und der Entwicklung von themenbezogenen Emotionen, epistemischen Emotionen, Leistungsemotionen und sozialen Emotionen im Kontext Schule (zu dieser Systematik von Emotionen vgl. Kuhbandner & Frenzel, 2018). Diese Emotionen werden durch schulische Situationen ausgelöst, wobei die individuelle Wahrnehmung und Interpretation der Situation durch die Schülerinnen und Schüler maßgeblich für das jeweilige emotionale Erleben ist. Ein und dieselbe Situation kann daher von Schülerinnen und Schülern unterschiedlich wahrgenommen werden (sog. Appraisal-Theorie; vgl. zsf. Frenzel & Götz, 2018).

Themenbezogene Emotionen beziehen sich auf Emotionen, die aufgrund der Beschäftigung mit einem Lerngegenstand entstehen. Während sich Lernen bis zum Schuleintritt situativ ergibt – zumeist wenden sich Kinder aufgrund ihres Interesses einer Situation zu und richten Fragen an diese –, werden die Kinder in der Schule nun von außen mit spezifischen kognitiven, motivationalen und emotionalen Anforderungen konfrontiert. Für manche Kinder bietet der Schulanfang Entwicklungschancen, während er für andere Risiken in der Leistungs- und Persönlichkeitsentwicklung darstellt (Martschinke & Kammermeyer, 2006, S. 125). Spezifische konzeptionelle Rahmenbedingungen in der Grundschule wie der Anfangsunterricht in den ersten beiden Schuljahren, das Klassenlehrerprinzip sowie der anfängliche Verzicht auf Noten eröffnen den Rahmen für pädagogisches Handeln, bei dem das individuelle Lernen und nicht die Beurteilung von Leistungen im Mittelpunkt stehen. Positive Emotionen wie Freude, Stolz, Zufriedenheit und Hoffnung können so gefördert werden. Das Erleben positiver themenbezogener Emotionen ist auch im Zusammenhang mit grundlegender Bildung zu sehen: Positive Emotionen wirken sich günstig auf die Entwicklung von Interessen und auf den Lernprozess aus (vgl. Frenzel & Götz, 2018; Hartinger & Fölling-Albers, 2002).

Epistemische Emotionen werden durch wahrgenommene Veränderungen im Wissen verursacht, wie zum Beispiel die Freude bei einem plötzlichen Erkenntnisgewinn oder die Überraschung, wenn man erfährt, dass etwas in Wirklichkeit anders ist als vermutet. Im Sachunterricht der Grundschule beispielsweise können Lernprozesse durch kognitive Konflikte angestoßen werden: Ein Kind beobachtet, dass eine Stecknadel im Wasser sinkt, obwohl es annahm, dass sie aufgrund des geringen Gewichts schwimmt. Lernsituationen, die kognitive Konflikte auslösen, werden in der Unterrichtsforschung als kognitiv aktivierend und als wichtige Motoren für Lernen beschrieben (Kunter & Trautwein, 2013; Lipowsky, 2015). Das Erleben epistemischer Emotionen kann in der Grundschule durch didaktisches Handeln initiiert und für das Lernen genutzt werden.

Leistungsemotionen treten in Situationen auf, in denen »das eigene Handeln mittels bestimmter Gütemaßstäbe bewertet wird« (Kuhbandner & Frenzel, 2018, S. 196). Die besonderen institutionellen Rahmenbedingungen in der Primarstufe ermöglichen es, die jeweilige Leistung (auch) an einer individuellen Bezugsnorm zu messen (Rheinberg & Fries, 2018): Der Vergleich mit früheren Leistungen schafft individuelle Erfolge, diese wiederum eröffnen lernförderliche Rückmeldungen und letztlich das Erleben positiver Leistungsemotionen wie Freude und Stolz. Ein solcher Unterricht lässt keinen oder nur wenig Raum für Prüfungsangst (Rost et al., 2018); als typische Leistungsemotion entsteht diese insbesondere durch die Verwendung kriterialer oder sozialer Bezugsnormen. Das Erleben von Prüfungsangst geht im Grundschulalter deshalb oft mit der Einführung von Ziffernnoten einher (Helmke, 1993).

Schulisches Lernen findet in sozialen Kontexten statt, was zum Erleben *sozialer Emotionen* führt. Als gemeinsame Schule bildet die Grundschule gesellschaftliche Heterogenität ab und trägt zur Sozialisation der Kinder bei. In täglichen Interaktionen suchen die Kinder ihren Platz innerhalb des sozialen Systems der Klasse. Das schulische Wohlbefinden der Kinder wird dabei maßgeblich durch die im sozialen Miteinander erlebten Emotionen bestimmt (vgl. Valtin et al., 2005; Valtin et al., 2010).

Die in der Grundschule gemachten (Lern-)Erfahrungen, die dabei erlebten Emotionen sowie die von den Schülerinnen und Schülern eingesetzten Regulationsstrategien (▶ Kap. 4.4) tragen wesentlich zur schulischen Sozialisation von Kindern bei und sollten deshalb besonderes Augenmerk erfahren: Aus einer normativen Perspektive heraus hat das Erleben positiver Emotionen einen Wert an sich. Jeder Lehrerin und jedem Lehrer sollte es ein Anliegen sein, dass sich Schülerinnen und Schüler im schulischen Kontext wohlfühlen und sich dem Unterrichtsgegenstand interessiert und freudig zuwenden. Darüber hinaus zeigen zahlreiche Befunde aus der empirischen Lehr-Lernforschung, welche Ursachen und welch bedeutsame Wirkung Lern- und Leistungsemotionen auf die Qualität von Lernprozessen und Leistungsergebnisse haben (vgl. zsf. Frenzel & Götz, 2018; Kuhbandner & Frenzel, 2018).

4.3 Empirische Befunde: Freude, Langeweile und Angst

Gemessen daran, welche Bedeutung die ersten Schuljahre für die Persönlichkeits- und die Leistungsentwicklung von Kindern haben, sind die empirischen Befunde zum emotionalen Erleben von Grundschulkindern dürftig. Götz und Kollegen formulieren speziell für diese Schulstufe einen »dringende(n) Forschungsbedarf« (2004b, S. 54), der bis heute besteht. Sichtet man den Forschungsstand, so fällt auf: In nur wenigen Studien sind Emotionen der zentrale Forschungsgegenstand, oft werden diese im Zuge einer Untersuchung mit erhoben. Meist handelt es sich um einmalige (Fragebogen-)Erhebungen (vgl. hierzu z. B. FEESS: Rauer & Schuck, 2004; Rauer & Schuck, 2003; in FEESS werden emotionale Aspekte zudem nur mit einzelnen Skalen erfasst), nur selten wird die Entwicklung einer Emotion über ein Schuljahr oder gar die Grundschulzeit hinweg im Längsschnitt erfasst.

Vielfach werden Aussagen über die *Existenz* bestimmter Emotionen gemacht oder die *Kovariation* mit anderen Konstrukten untersucht (z. B. der Zusammenhang von Freude/Langeweile/Angst mit Schulleistung); mehr als überschaubar sind Studien, in denen mögliche *Ursachen* (z. B. familiäre, unterrichtliche Bedingungen) und *Wirkungen* von Emotionen auf die Persönlichkeits- und die Leistungsentwicklung untersucht werden. Auch die *Wechselwirkung* verschiedener Emotionen sowie das *Training* und die *Optimierung* von Emotionen finden in der gegenwärtigen grundschulbezogenen Forschung noch kaum Aufmerksamkeit (zu dieser Systematik vgl. Rost, 2013).

Die Sichtung des Forschungsstands zu Emotionen in der Grundschule zeigt eine Fokussierung auf Freude (und das Selbstkonzept, das aufgrund der Fokussierung auf Emotionen in diesem Beitrag ausgeklammert bleibt), was angesichts des Bildungs- und Erziehungsauftrags der Grundschule hochplausibel erscheint. Den Startschuss für die Untersuchung von Emotionen im Grundschulalter bildeten die Ergebnisse zur Entwicklung von Lernfreude im Grundschulalter aus der SCHOLASTIK- und LOGIK-Studie (Helmke, 1993). Inzwischen liegen auch zu den Emotionen Langeweile und Angst Forschungsbefunde aus dem Primarbereich vor.

4.3.1 Schulisches Wohlbefinden, Freude am Schulbesuch, Lernfreude

In den vergangenen Jahren wurden positive Emotionen im Kontext Schule verstärkt unter dem Konstrukt des schulischen Wohlbefindens erforscht. Das schulische Wohlbefinden kann sich auf verschiedene Ebenen beziehen: erstens auf bestimmte Schulsituationen und den Unterricht in bestimmten Fächern, zweitens auf den Unterricht allgemein und drittens auf die Schule insgesamt (Hascher, 2004, S. 18).

Als erste Schule hat die Grundschule ausgesprochen positive Ausgangsbedingungen, denn der Großteil der Kinder fiebert der Einschulung entgegen. Betrachtet man die emotionalen Voraussetzungen, so sind die Bedingungen für einen gelingenden Schulstart sehr gut: »Die meisten Kinder freuen sich auf die Grundschule, sie sind neugierig und wissensdurstig, warten ungeduldig darauf, endlich lesen, schreiben und rechnen zu lernen bzw. schon erworbene Fähigkeiten anwenden und vorzeigen zu dürfen« (Schorch, 2007, S. 64). Die Institution Schule verbinden die Kinder mit positiven Emotionen. Daten aus verschiedenen Studien zeigen, dass die Schullust im Verlauf der Grundschulzeit zwar sinkt, aber auf hohem Niveau bleibt. Im DJI-Kinderpanel (Schneider, 2005, S. 203) bejahen knapp 70 % der 8- bis 9-jährigen Kinder die Frage, ob sie gerne zur Schule gehen, weitere 20 % gehen immerhin »eher gern«. Empirische Befunde aus IGLU 2001 bzw. IGLU 2006 zeigen, dass auch Kinder am Ende ihrer Grundschulzeit eine insgesamt positive Einstellung zur Schule haben: 75 bis 80 % geben an, (mehr oder weniger) gerne in die Schule zu gehen (Valtin et al., 2005, S. 194; Valtin et al., 2010, S. 57).

Die grundschulbezogenen Ergebnisse zum schulischen Wohlbefinden decken sich mit jenen zu Schullust: Insgesamt fühlen sich die Kinder in der Schule wohl, Mädchen noch mehr als Jungen (Hofmann et al., 2018; Pupeter & Wolfert, 2018; Valtin et al., 2005); von der ersten bis zur vierten Jahrgangsstufe sinken die Werte nur leicht ab (Gisdakis, 2007, S. 114). In der Studie von Hofmann et al. (2018) waren »schulische Leistung« und die »Zufriedenheit der Schüler*innen mit der Lernsituation an der Schule« die beiden zentralen Prädiktoren für schulisches (physisches) Wohlbefinden.

Lernfreude lässt sich nach Helmke (1993, S. 78) als »die relativ überdauernde emotionale Besetzung bzw. affektive Tönung des schulischen Lernens und fachlicher Inhalte« konzeptualisieren. Lernfreude richtet »die Aufmerksamkeit auf das Lernmaterial, induziert intrinsische Lernmotivation, begünstigt assoziative Speicherungen im Langzeitgedächtnis und unterstützt den Einsatz von flexiblen Lernstrategien und selbstreguliertem Lernen« (Pekrun, 2018, S. 223). Im Hinblick auf das Vorkommen von Lernfreude zeigen verschiedene Studien, dass die Lernfreude von Kindern während der gesamten Grundschulzeit überdurchschnittlich positiv ausgeprägt ist: Dies zeigen Daten aus dem DJI-Kinderpanel zu fachübergreifender Lernfreude (Schneider, 2005, S. 203) ebenso wie fachspezifische Befunde aus TIMSS 2011 zu Mathematik und Sachunterricht sowie aus IGLU 2016 zum Lesen (Goy et al., 2017, S. 150 f.; Kleickmann et al., 2012,

S. 163; Selter et al., 2012, S. 113). Längsschnittliche Erhebungen über die Grundschulzeit hinweg zeigen, dass die Lernfreude zum Zeitpunkt der Einschulung einem »Gipfel« gleicht (Helmke, 1993, S. 84) und im Laufe der Grundschulzeit leicht absinkt (Ehrhardt-Madapathi et al., 2018; Hadeler & Lipowsky, 2015; Hagenauer et al., 2011; Helmke, 1993; Lohbeck et al., 2016; Martschinke & Kammermeyer, 2006; Reindl & Hascher, 2013; Tobisch et al., 2016); andere Untersuchungen berichten von einem Erhalt hoher Lernfreude von der zweiten bis zur fünften Jahrgangsstufe (Vierhaus et al., 2016). Reindl und Hascher (2013) konnten zeigen, dass die Lernfreude im Verlauf der zweiten und dritten Jahrgangsstufe sank, sich jedoch während der Sommerferien erholte, so dass die Schülerinnen und Schüler das folgende Schuljahr wieder auf höherem Niveau begannen.

Eine hohe Ausprägung der Lernfreude geht nicht unbedingt mit guten Leistungen einher, wenngleich Forschungsbefunde zeigen, dass der Zusammenhang im Verlauf der Grundschulzeit enger wird (Helmke, 1993; Martschinke & Kammermeyer, 2006). Gleichwohl haben in TIMSS 2011 (Mathematik) 61,2 % der sehr leistungsschwachen Viertklässlerinnen und Viertklässler (Kompetenzstufe I) eine hoch ausgeprägte Lernfreude, wohingegen 10,6 % der sehr leistungsstarken Kinder (Kompetenzstufe V) in Mathematik wenig Lernfreude erleben. Mathematikbezogene Lernfreude und erfasste Kompetenz korrelieren zu $r = .14$ (Selter et al., 2012, S. 113 f.); es besteht also nur ein geringer Zusammenhang. Auch im Sachunterricht haben 73,5 % der sehr leistungsschwachen Kinder (Kompetenzstufe I) eine »positive Einstellung« (erfasst wurde das Ausmaß an Lernfreude und Langeweile) zum Fach (Kleickmann et al., 2012, S. 163). Zu beachten ist hier jedoch, dass Kompetenzen nur im naturwissenschaftlichen Bereich erhoben wurden, die Frage nach der Einstellung sich aber auf das Fach Sachunterricht mit seinen verschiedenen fachlichen Perspektiven bezieht (GDSU, 2013).

Was die Wirkrichtung angeht, so kann Lernfreude direkte und indirekte Effekte auf die Leistung haben (vgl. zsf. Hadeler & Lipowsky, 2015), umgekehrt wirkt die Leistung auf die Lernfreude (Helmke, 1993; Wagner & Valtin, 2003). Während eine solche reziproke Beziehung (vgl. Götz et al., 2004a) für leistungsstarke Schülerinnen und Schüler eine positive Verstärkung bedeutet, können leistungsschwache Kinder in eine Art Teufelskreis geraten: Schwache Leistungen können einen Rückgang an Lernfreude bewirken, geringere Lernfreude wiederum kann weniger gute Leistungen zur Folge haben.

Strukturelle Ausprägungen des schulischen Kontextes scheinen für die Ausprägung von Lernfreude wenig bedeutsam: Es zeigen sich keine Unterschiede zwischen Kindern aus Regelklassen und jahrgangsgemischten Klassen (Kuhl et al., 2013), gleiches gilt für die Gegenüberstellung von Kindern aus staatlichen und privaten Schulen (Hadeler & Lipowsky, 2015). Entscheidend für die Ausprägung der Lernfreude sind offenbar nicht die institutionellen Rahmenbedingungen, sondern vielmehr die von den Schülerinnen und Schülern wahrgenommene Zufriedenheit mit der Lehrkraft, die wahrgenommene Qualität des Unterrichts sowie die Zufriedenheit mit konkreten Lernsituationen (vgl. Hofmann et al., 2018, bezogen auf psychisches Wohlbefinden). Forschungsbefunde verweisen zudem auf die Bedeutung des häuslichen und vorschulischen Anregungsniveaus für schulisch erlebte Lernfreude: Richter et al. (2016) konnten zeigen, dass die Lernfreude in Bezug auf Schule und schulisches Lernen durch den Anregungsgehalt der häuslichen Umwelt (z. B. hohe sprachliche Kompetenzen der Kinder) sowie den Besuch einer qualitativ hochwertigen vorschulischen Einrichtung positiv beeinflusst werden.

4.3.2 Langeweile

Einen zweiten Forschungsschwerpunkt zu Emotionen in der Primarstufe bildet Langeweile. Das Erleben von Langeweile als gegenwarts- und aufgabenbezogene Emotion ist insofern bedenklich, als sich Langeweile negativ auf Lernprozesse auswirkt: Das mit Langeweile einhergehende Tagträumen oder Abschweifen der Gedanken verhindert eine Fokussierung der Aufmerksamkeit auf die aktuelle Lernsituation und deren Inhalte. Zudem löst Langeweile den Impuls aus, für zusätzliche Stimuli zu sorgen, indem man sich von der Lernsituation ab- und anderen Dingen zuwendet (Lohrmann, 2008). Bereits in der Grundschule langweilt sich jedes vierte Kind (Schneider, 2005, S. 212; Valtin et al., 2005, S. 193), leistungsschwächere Kinder berichten häufiger von Langeweile als leistungsstarke Kinder (Sparfeldt et al., 2009; Valtin et al. 2010, S. 62). Erste längsschnittliche Erhebungen zur Existenz von Langeweile zeigen einen kontinuierlichen Anstieg von der zweiten bis zur fünften Jahrgangsstufe (Vierhaus et al., 2016). Reindl und Hascher (2013) berichten, dass Langeweile zu Schuljahresbeginn höher ausgeprägt ist und im weiteren Verlauf des Schuljahres abnimmt – die Autorinnen interpretieren dies durch organisatorische Klärungen und inhaltliche Wiederholungen in den ersten Schulwochen. Häufige Ursache von Langeweile ist die mangelnde Passung zwischen den Anforderungen des Unterrichts und den Kompetenzen der Schülerinnen und Schüler, also erlebte Unterforderung bzw. Überforderung (Lohrmann, 2008; Sparfeldt et al., 2009); als weitere Ursachen nennen Grundschulkinder Merkmale der Unterrichtsgestaltung (methodische Monotonie, Klassenführung, Nutzung der Lernzeit; vgl. Lohrmann, 2008). Hinsichtlich des Umgangs mit Langeweile konnte Lohrmann (2008) zeigen, dass sich ein Großteil der Kinder trotz Langeweile dem Unterrichtsgeschehen zuwendet, aus Interesse am Lerngegenstand, aus Pflichtbewusstsein oder aus Angst vor negativen Konsequenzen für den Fall, dass die Lehrkraft die Langeweile bemerkt. Andere Schülerinnen und Schüler warten ab oder wenden sich anderen Aktivitäten zu. Nur wenige berichten der Lehrkraft von ihrer Langeweile. Diese zumeist dysfunktionalen Regulationsstrategien decken sich mit den Befunden von Vierhaus et al. (2016; ▶ Kap. 4.4).

4.3.3 Angst vor der Schule, vor Prüfungen

Nicht für alle Kinder geht der Besuch der Schule mit positiven Emotionen einher, manche erleben die Schule oder spezifische Situationen in der Schule als bedrohlich und belastend. Die Angst bezieht sich zum einen auf soziale Situationen (z. B. Gewalterfahrungen; vgl. Schneider, 2005, S. 215 ff; Valtin et al., 2005,

S. 195 f.; Valtin et al., 2010, S. 56 f.), zum anderen auf Leistungssituationen/Prüfungen. Letzteren wurde über viele Jahrzehnte hinweg besonderes Augenmerk geschenkt (vgl. zsf. Rost et al., 2018), insbesondere im Sekundarbereich. Forschungsbefunde belegen, dass Prüfungsangst zu aufgabenirrelevantem Denken führt und leistungsbeeinträchtigend wirkt. Prüfungsangst nimmt im Laufe der Schulzeit zu: Nach Helmke (1993) macht sich im 2. und 3. Schuljahr die Einführung der »ersten offiziellen, eindeutigen und folgenreichen Leistungsrückmeldungen in Form der Zeugnisnoten« (S. 85) in geringerer Lernfreude bemerkbar. Im DJI-Kinderpanel (Schneider, 2005, S. 209) wurden Mütter zu möglichen schulbezogenen Ängsten ihrer 8- bis 9-jährigen Kinder befragt; demnach nehmen bis zu 20 % von ihnen Belastungssymptome (z. B. Sorgen um das Abschneiden am nächsten Tag) bei ihren Kindern wahr. Auch in IGLU 2001 (Valtin et al., 2005, S. 203) wurden die Eltern befragt: Knapp 30 % geben an, dass ihre Kinder Angst vor Klassenarbeiten hätten, 43 % nehmen bei ihren Kindern Angst vor schlechten Noten wahr. Prüfungsangst trifft nicht alle Kinder gleichermaßen: Leistungsstarke Leser*innen der 4. Klassenstufe berichten in IGLU 2006 von signifikant weniger Leistungsangst als leistungsschwache Leser*innen (Valtin et al., 2010, S. 58), Kinder mit Migrationshintergrund berichten von mehr Leistungsangst als jene, die keinen Migrationshintergrund haben (Tobisch et al., 2016).

Der Forschungsstand zeigt: Grundschulkinder berichten insgesamt über positive Emotionen im Kontext Schule, das schulische Wohlbefinden wird im Verlauf der Grundschulzeit allerdings durch die Zunahme negativer Emotionen wie Langeweile oder Angst geschmälert. Das Erleben negativer Emotionen lässt sich im schulischen Kontext nicht vermeiden, unbedingt verhindert werden sollte jedoch ihr häufiges, intensives und andauerndes Auftreten: »Wenn sich negative Emotionen habituieren, besteht die Gefahr, dass sie zur Entfremdung vom Lernen und von der Institution Schule [...] führen.« (Hascher & Brandenberger, 2018, S. 307) Der Erhalt und die Förderung positiver Emotionen erfahren vor diesem Hintergrund besonderes Gewicht: »Wegen des Zusammenhangs von Lernentwicklung und Persönlichkeitsentwicklung brauchen Lehrkräfte der Grundschule nicht nur eine Ausbildung in den Didaktiken der Fächer, sondern sie müssen auch ein Expertentum für pädagogisch-psychologische Prozesse erwerben.« (Einsiedler, 2014, S. 232)

4.4 Erhalt und Förderung positiver Emotionen

Die Förderung positiver Emotionen in Schule und Unterricht richtet sich zum einen auf die Gestaltung entsprechender Lernumgebungen und zum anderen auf die Förderung der Fähigkeit zur selbstständigen Regulation des emotionalen Erlebens.

In Bezug auf die lernförderliche Gestaltung von Unterricht erscheint die Selbstbestimmungstheorie von Deci und Ryan (1993) zentral, wonach Menschen drei psychologische Grundbedürfnisse haben: Das Bedürfnis nach *Kompetenz* wird erfüllt, wenn Schülerinnen und Schüler gegebene »Anforderungen aus eigener Kraft bewältigen können bzw. das Gefühl haben, die noch fehlenden Kompetenzen erwerben zu können« (Krapp et al., 2014, S. 204). Gelingen kann dies durch die Gestaltung adaptiven Unterrichts, die Verwendung einer individuellen Bezugsnorm, wertschätzende Rückmeldungen sowie eine angstfreie Atmosphäre in Lern- und Leistungssituationen. Der in Kapitel 4.3.1 beschriebene Teufelskreis von Lernfreude und Leistung kann durchbrochen werden, wenn sich die Kinder (wieder) als kompetent erleben und auf dieser Grundlage ihre Lernfreude neu entfalten. Das Bedürfnis nach *Autonomie* beinhaltet das menschliche Bestreben, Ziele und Vorgehensweisen des eigenen Tuns selbst zu bestimmen. Dies kann gefördert werden, indem Schülerinnen und Schülern inhaltliche und/oder methodische Wahlmöglichkeiten zugestanden werden. Wenn ihnen die Auseinandersetzung mit den schulischen Inhalten relevant erscheint, wächst die Wahrscheinlichkeit, dass sie sich diesen freiwillig zuwenden. Das Bedürfnis nach *sozialer Eingebundenheit* wird durch befriedigende Sozialkontakte erfüllt, es beinhaltet den Wunsch nach Akzeptanz und Anerkennung. Dies kann durch eine positive Lehrer-Schüler-Beziehung, ein lernförderliches Klassenklima sowie das Lernen in Kleingruppen gefördert werden. Wenn Schülerinnen und Schüler Lernumgebungen vorfinden, in denen diese drei grundlegenden psychologischen Bedürfnisse erfüllt werden, sollten sie mehr positive Emotionen wie Lernfreude erleben und weniger negative Emotionen wie Langeweile oder Angst. Zudem kann auf diese Weise sowohl die Leistungs- als auch die Persönlichkeitsentwicklung der Kinder gefördert werden.

Die subjektive Interpretation ist entscheidend dafür, wie eine Situation erlebt wird – somit können Strategien zur Regulation von negativ erlebten Emotionen entweder an der Situation (»Ich verändere die Situation«; problemorientierte Strategie) oder am Individuum (»Ich nehme die Situation anders wahr«; emotionsorientierte Strategie) ansetzen. Es gibt zahlreiche Ansätze und Befunde zur Emotionsregulation in Schule und Unterricht (vgl. zsf. Hagenauer & Hascher, 2018; Hascher, 2005; Krapp et al., 2014), bezogen auf den Grundschulbereich sind empirische Studien und einschlägige Befunde allerdings noch rar. Verschiedene Instrumente zielen darauf, die von den Schülerinnen und Schülern beim Erleben bestimmter Emotionen eingesetzten (dys-)funktionalen Regulationsstrategien zu erfassen (z. B. Knollmann & Wild, 2007; Lohrmann, 2008). Gunzenhauser et al. (2018) untersuchten die Wirkung von Regulationsstrategien und konnten zeigen, dass die Neuinterpretation der Situation und deren Neubewertung bei Grundschulkindern eine adaptive und leistungsunterstützende Strategie sein kann. Vierhaus et al. (2018) berichten auf der Grundlage längsschnittlicher Daten von einem Zusammenhang zwischen der Entwicklung von Emotionen und eingesetzten Regulationsstrategien: Zunehmende Lernfreude ging mit funktionalen, problemorientierten Regulationsstrategien einher, wohingegen zunehmende Langeweile mit dysfunktionalen Vermeidungsstrategien zusammenhing. Der enge Zusammenhang zwischen dem Erleben von Emotionen und den eingesetzten Regulationsstrategien zeigt, wie wichtig es ist, Grundschulkinder darin zu unterstützen, ihre Emotionen gezielt zu regulieren. Die ersten Schuljahre prägen Kinder nicht nur im Hinblick auf das Erleben von Schule und Unterricht, sondern v. a. auch hinsichtlich der Fähigkeit, ihr emotionales Erleben selbstständig regulieren zu können. Beides sollte in der grundschulbezogenen Forschung stärkeres Gewicht erhalten, um die günstigen institutionellen Rahmenbedingungen der Grundschule für den Erhalt und die Förderung positiver Emotionen zu nutzen.

> **Weiterführende Literatur**
>
> Götz, T. (Hrsg.) (2017). Emotion, Motivation und selbstreguliertes Lernen. Paderborn: Schöningh.
> Hagenauer, G. & Hascher, T. (Hrsg.) (2018). Emotionen und Emotionsregulation in Schule und Hochschule. Münster: Waxmann.

Literatur

Deci, E. L. & Ryan, R. M. (1993). Die Selbstbestimmungstheorie der Motivation und ihre Bedeutung für die Pädagogik. Zeitschrift für Pädagogik, 39, 223–238.
Ehrhardt-Madapathi, N., Pretsch, J. & Schmitt, M. (2018). Effects on injustice in primary schools and students behavior and joy of learning. Social Psychology of Education, 21 (2), 337–369.
Einsiedler, W. (2014). Grundlegende Bildung. In W. Einsiedler, M. Götz, A. Hartinger, F. Heinzel, J. Kahlert & U. Sandfuchs (Hrsg.), Handbuch Grundschulpädagogik und Grundschuldidaktik (S. 225–233). Bad Heilbrunn: Klinkhardt.
Fölling-Albers, M. (2019). Grundschule 1919 – Grundschule 2019. Eine andere Grundschule? Zeitschrift für Grundschulforschung, 12(2), 475–491.
Frenzel, A. C. & Götz, T. (2018). Emotionen im lern- und Leistungskontext. In D. H. Rost, J. R. Sparfeldt & S. R. Buch (Hrsg.), Handwörterbuch Pädagogische Psychologie (S. 109–118). Weinheim: Beltz.
Gesellschaft für Didaktik des Sachunterrichts (GDSU) (2013). Perspektivrahmen Sachunterricht. Bad Heilbrunn: Klinkhardt.
Gisdakis, B. (2007). Oh, wie wohl ist mir die Schule... Schulisches Wohlbefinden – Veränderungen und Einflussfaktoren im Laufe der Grundschulzeit. In C. Alt (Hrsg.), Kinderleben – Start in die Grundschule. Band 3: Ergebnisse aus der zweiten Welle (S. 107–136). Wiesbaden: VS.
Götz, T., Pekrun, R., Zirngibl, A., Jullien, S., Kleine, M., Vom Hofe, R. & Blum, W. (2004a). Leistung und emotionales Erleben im Fach Mathematik – Längsschnittliche Mehrebenenanalysen. Zeitschrift für pädagogische Psychologie, 18(3–4), 201–212.
Götz, T., Zirngibl, A. & Pekrun, R. (2004b). Lern- und Leistungsemotionen von Schülerinnen und Schülern. In T. Hascher (Hrsg.), Schule positiv erleben. Ergebnisse und Erkenntnisse zum Wohlbefinden von Schülerinnen und Schülern (S. 49–66). Bern: Haupt.
Goy, M., Valtin, R. & Hußmann, A. (2017). Leseselbstkonzept, Lesemotivation, Leseverhalten und Lesekompetenz. In A. Hußmann, H. Wendt, W. Bos, A. Bremerich-Vos, D. Kasper, E.-M. Lankes, N. McElvany, T. C. Stubbe & R. Valtin (Hrsg.), IGLU 2016. Lesekompetenzen von Grundschulkindern in Deutschland im internationalen Vergleich (S. 143–176). Münster: Waxmann.

Gunzenhauser, C., Stiller, A.-K. & von Suchodoletz, A. (2018). Kognitive Neubewertung statt Unterdrückung von Emotionen: Emotionsregulation und Leistung bei Grundschulkindern. In G. Hagenauer & T. Hascher (Hrsg.), Emotionen und Emotionsregulation in Schule und Hochschule (S. 29–42). Münster: Waxmann.

Hadeler, S. & Lipowsky, F. (2015). Lernlust oder Lernfrust? Die Entwicklung von Lernfreude an staatlichen und privaten Grundschulen im Vergleich. Zeitschrift für Grundschulforschung, 8(2), 55–73.

Hagenauer, G., Hascher, T. & Reitbauer, E. (2011). Freudeerleben in der Grundschule. Sache, Wort, Zahl, 39(117), 4–10.

Hartinger, A. & Fölling-Albers, M. (2002). Schüler motivieren und interessieren. Ergebnisse aus der Forschung – Anregungen für die Praxis. Bad Heilbrunn: Klinkhardt.

Hascher, T. (2004). Wohlbefinden in der Schule – eine Einführung. In T. Hascher (Hrsg.), Schule positiv erleben. Ergebnisse und Erkenntnisse zum Wohlbefinden von Schülerinnen und Schülern (S. 7–23). Bern: Haupt Verlag.

Hascher, T. (2005). Emotionen im Schulalltag: Wirkungen und Regulationsformen. Zeitschrift für Pädagogik, 51(5), 610–625.

Hascher, T. & Brandenberger, C. C. (2018). Emotionen und Lernen im Unterricht. In M. Huber & S. Krause (Hrsg.), Bildung und Emotion (S. 289–310). Wiesbaden: Springer.

Helmke, A. (1993). Die Entwicklung der Lernfreude vom Kindergarten bis zur 5. Klassenstufe. Zeitschrift für pädagogische Psychologie, 7(2–3), 77–86.

Hofmann, F., Bonitz, M., Lippert, N. & Gläser-Zikuda, M. (2018). Wohlbefinden von Grundschülerinnen und Grundschülern. Zur Bedeutung individueller, sozialer und schulischer Faktoren. In G. Hagenauer & T. Hascher (Hrsg.), Emotionen und Emotionsregulation in Schule und Hochschule (S. 121–135). Münster: Waxmann.

Kleickmann, T., Brehl, T., Saß, S., Prenzel, M. & Köller, O. (2012). Naturwissenschaftliche Kompetenzen im internationalen Vergleich: Testkonzeption und Ergebnisse. In W. Bos, H. Wendt, O. Köller & C. Selter (Hrsg.), Mathematische und naturwissenschaftliche Kompetenzen von Grundschulkindern in Deutschland im internationalen Vergleich (S. 123–170). Münster: Waxmann.

Knollmann, M. & Wild, E. (2007). Alltägliche Lernemotionen im Fach Mathematik: Die Bedeutung von emotionalen Regulationsstrategien, Lernmotivation und Instruktionsqualität. Unterrichtswissenschaft, 35(4), 334–354.

Kohrt, P., Haag, N. & Stanat, P. (2017). Kompetenzstufenbesetzungen im Ländervergleich. Kompetenzstufenbesetzungen im Fach Deutsch. In P. Stanat, S. Schipolowski, C. Rjosk, S. Weirich & N. Haag (Hrsg.), IQB-Bildungstrend 2016. Kompetenzen in den Fächern Deutsch und Mathematik am Ende der 4. Jahrgangsstufe im zweiten Ländervergleich (S. 140–152). Münster: Waxmann.

Krapp, A., Geyer, C. & Lewalter, D. (2014). Motivation und Emotion. In T. Seidel & A. Krapp (Hrsg.), Pädagogische Psychologie (S. 193–222). Weinheim: Beltz.

Kuhbandner, C. & Frenzel, A. C. (2018). Emotionen. In D. Urhahne, M. Dresel & F. Fischer (Hrsg.), Psychologie für den Lehrberuf (S. 185–206). Berlin: Springer.

Kuhl, P., Felbrich, A. Richter, D., Stanat, P. & Pant, H. A. (2013). Die Jahrgangsmischung auf dem Prüfstand. Effekte jahrgangsübergreifenden Lernens auf Kompetenzen und sozio-emotionales Wohlbefinden von Grundschülerinnen und Grundschülern. In R. Becker & A. Schulze (Hrsg.), Bildungskontexte. Strukturelle Voraussetzungen und Ursachen ungleicher Bildungschancen (S. 299–324). Wiesbaden: Springer.

Kunter, M. & Trautwein, U. (2013). Psychologie des Unterrichts. Paderborn: Schöningh.

Lipowsky, F. (2015). Unterricht. In E. Wild & J. Möller (Hrsg.), Pädagogische Psychologie (S. 69–105). Heidelberg: Springer.

Lohbeck, A., Hagenauer, G. & Moschner, B. (2016). Zum Zusammenspiel zwischen schulischem Selbstkonzept, Lernfreude, Konzentration und Schulleistungen im Grundschulalter. Zeitschrift für Bildungsforschung, 6(1), 53–69.

Lohrmann, K. (2008). Langeweile im Unterricht. Münster: Waxmann.

Martschinke, S. & Kammermeyer, G. (2006). Selbstkonzept, Lernfreude und Leistungsangst und ihr Zusammenspiel im Anfangsunterricht. In A. Schründer-Lenzen (Hrsg.), Risiko-

faktoren kindlicher Entwicklung. Migration, Leistungsangst und Schulübergang (S. 125–139). Wiesbaden: VS.
Pekrun, R. (2018). Emotion, Lernen und Leistung. In M. Huber & S. Krause (Hrsg.), Bildung und Emotion (S. 215–231). Wiesbaden: Springer.
Pupeter, M. & Wolfert, S. (2018). Schule: Frühe Weichenstellungen. In World Vision Deutschland (e. V.) (Hrsg.), Kinder in Deutschland 2018. 4. World Vision Kinderstudie (S. 76–94). Weinheim: Beltz.
Rauer, W. & Schuck, K.-D. (2003). FEESS. Fragebogen zur Erfassung emotionaler und sozialer Schulerfahrungen von Grundschulkindern dritter und vierter Klassen. Göttingen: Beltz.
Rauer, W. & Schuck, K.-D. (2004). FEESS. Fragebogen zur Erfassung emotionaler und sozialer Schulerfahrungen von Grundschulkindern erster und zweiter Klassen. Göttingen: Beltz.
Reindl, S. & Hascher, T. (2013). Emotionen im Mathematikunterricht in der Grundschule. Unterrichtswissenschaft, 41(3), 268–288.
Rheinberg, F. & Fries, S. (2018). Bezugsnormorientierung. In D. H. Rost, J. R. Sparfeldt & S. R. Buch (Hrsg.), Handwörterbuch Pädagogische Psychologie (S. 439–444). Weinheim: Beltz.
Richter, D., Lehrl, S. & Weinert, S. (2016). Enjoyment of Learning and Learning Effort in Primary School: The Significance of Child Individual Characteristics and Stimulation at Home and at Preschool. Early Child Development and Care, 186(1), 96–116.
Rost, D. H. (2013). Interpretation und Bewertung pädagogisch-psychologischer Studien. Eine Einführung. Bad Heilbrunn: Klinkhardt.
Rost, D. H., Schermer, F. J. & Sparfeldt, J. R. (2018). Leistungsängstlichkeit. In D. H. Rost, J. R. Sparfeldt & S. R. Buch (Hrsg.), Handwörterbuch Pädagogische Psychologie (S. 424–439). Weinheim: Beltz.
Schneider, S. (2005). Lernfreude und Schulangst. Wie es 8- bis 9-jährigen Kindern in der Grundschule geht. In C. Alt (Hrsg.), Kinderleben – Aufwachsen zwischen Familie, Freunden und Institutionen. Band 2: Aufwachsen zwischen Freunden und Institutionen (S. 199–230). Wiesbaden: VS.
Schorch, G. (2007). Studienbuch Grundschulpädagogik. Die Grundschule als Bildungsinstitution und pädagogisches Handlungsfeld. Bad Heilbrunn: Klinkhardt.
Schwippert, K., Stubbe, T. C. & Wendt, H. (2015). IGLU/TIMSS: International vergleichende Schulleistungsuntersuchungen im Grundschulbereich von 2001 bis 2011. In: H. Wendt, T. C. Stubbe, K. Schwippert, W. Bos (Hrsg.), 10 Jahre international vergleichende Schulleistungsforschung in der Grundschule. Vertiefende Analysen zu IGLU und TIMSS 2001 bis 2011 (S. 19–34). Münster: Waxmann.
Selter, C., Walther, G., Wessel, J. & Wendt, H. (2012). Mathematische Kompetenzen im internationalen Vergleich: Testkonzeption und Ergebnisse. In W. Bos, H. Wendt, O. Köller, C. Selter (Hrsg.), Mathematische und naturwissenschaftliche Kompetenzen von Grundschulkindern in Deutschland im internationalen Vergleich (S. 69–122). Münster: Waxmann.
Sparfeldt, J. R., Buch, S. R., Schwarz, F., Jachmann, J. & Rost, D. H. (2009). »Rechnen ist langweilig« – Langeweile in Mathematik bei Grundschülern. Psychologie in Erziehung und Unterricht, 56(1), 16–26.
Tobisch, A., Kopp, B., Martschinke, S., Kröner, S. & Dresel, M. (2016). Motivation und emotionales Erleben bei Grundschülerinnen und -schülern unterschiedlicher Herkunft. Zeitschrift für Grundschulforschung, 9(1), 78–94.
Valtin, R., Hornberg, S., Buddeberg, M., Voss, A., Kowoll, M. E. & Potthoff, B. (2010). Schülerinnen und Schüler mit Leseproblemen – eine ökosystemische Betrachtungsweise. In W. Bos, S. Hornberg, K.-H. Arnold, G. Faust, L. Fried, E.-M. Lankes, K. Schwippert, I. Tarelli & R. Valtin (Hrsg.), IGLU 2006 – die Grundschule auf dem Prüfstand (S. 43–90). Münster: Waxmann.
Valtin, R., Wagner, C. & Schwippert, K. (2005). Schülerinnen und Schüler am Ende der vierten Klasse – schulische Leistungen, lernbezogene Einstellungen und außerschulische Lernbedingungen. In W. Bos, E.-M. Lankes, M. Prenzel, K. Schwippert, R. Valtin & G.

Walther (Hrsg.), IGLU. Vertiefende Analysen zu Leseverständnis, Rahmenbedingungen und Zusatzstudien (S. 187–238). Münster: Waxmann.

Vierhaus, M., Lohaus, A. & Wild, E. (2016). The development of achievement emotions and coping/emotion regulation from primary school to secondary school. Learning and Instruction, 42, 12–21.

Wagner, C. & Valtin, R. (2003). Noten oder Verbalbeurteilung? Die Wirkung unterschiedlicher Bewertungsformen auf die schulische Entwicklung von Grundschulkindern. Zeitschrift für Entwicklungspsychologie und Pädagogische Psychologie, 35, 27–36.

Weirich, S., Wittig, J. & Stanat, P. (2017). Kompetenzstufenbesetzungen im Ländervergleich. Kompetenzstufenbesetzungen im Fach Deutsch. In P. Stanat, S. Schipolowski, C. Rjosk, S. Weirich & N. Haag (Hrsg.), IQB-Bildungstrend 2016. Kompetenzen in den Fächern Deutsch und Mathematik am Ende der 4. Jahrgangsstufe im zweiten Ländervergleich (S. 129–139). Münster: Waxmann.

5 Lern- und Leistungsemotionen im Kontext schulischer Transition

Simon Meyer, Ramona Obermeier & Michaela Gläser-Zikuda

> **Kurzzusammenfassung**
>
> Der schulische Übergang von der Grundschule in weiterführende Schulen wird als emotional belastendes und kritisches Lebensereignis verstanden. Empirische Befunde deuten darauf hin, dass positive Lern- und Leistungsemotionen unmittelbar nach dem Übertritt zunächst hoch ausgeprägt sind, im Verlauf der weiterführenden Schule dann jedoch rückläufig sind. Für negative Lern- und Leistungsemotionen zeigt sich eine gegenläufige Entwicklung. Bedingungen für dieses emotionale Erleben, seine Bedeutung für schulisches Lernen sowie Implikationen für die schulische Praxis werden im vorliegenden Beitrag überblicksartig dargestellt und diskutiert.
>
> Schlagwörter: *Lern- und Leistungsemotionen, Übergang, Grundschule, weiterführende Schule*

Einleitung

> Julian (10 Jahre alt) besucht die vierte Klasse einer Grundschule. Am Ende des Schuljahres steht für ihn der Übertritt in das Gymnasium an. Die formalen Anforderungen dazu hat er problemlos gemeistert. Er gehört zu den eher leistungsstarken Schüler*innen der Klasse. Von seinem älteren Bruder, der den Übertritt bereits erfolgreich bewältigt hat, hat er aber bereits gehört, dass er sich auf viel Neues einzustellen hat. Julian hat große Angst davor, die Anforderungen des Gymnasiums nicht erfüllen zu können. Zudem fürchtet er sich davor, ohne seinen besten Freund und derzeitigen Sitznachbarn, der auf eine Realschule übertritt, in die neue Schule gehen zu müssen.

Der Übertritt von der Primar- in die Sekundarstufe gilt als bedeutsamer Einschnitt in der Bildungsbiografie von Schüler*innen und geht mit vielfältigen Veränderungen einher (Maaz, Baumert, Gresch & McElvany, 2010). Eine pädagogisch angemessene Gestaltung dieser Phase spielt eine wichtige Rolle, da Schüler-

*innen durch den Schulwechsel mit einem neuen sozialen Umfeld und Veränderungen auf fachlicher wie organisationaler Ebene konfrontiert sind (van Ophuysen, 2012). Dem emotionalen Erleben der Schüler*innen kommt dabei eine wesentliche Bedeutung zu (Dias & Sá, 2014).

Der vorliegende Beitrag nimmt daher Lern- und Leistungsemotionen von Schüler*innen im Zusammenhang mit dem schulischen Übertritt in den Fokus. Im Beitrag wird zunächst die bildungsbezogene Bedeutung des schulischen Übertritts näher erläutert. Lern- und Leistungsemotionen und ihr Einfluss auf schulisches Lernen werden anschließend dargelegt, bevor eine überblicksartige Darstellung des Forschungsstandes zum emotionalen Erleben im Kontext des Übertritts erfolgt und exemplarisch Ergebnisse einer empirischen Studie eingebettet werden. Abschließend wird auf mögliche Implikationen für die schulische Praxis eingegangen.

5.1 Der Übertritt von der Grund- in die weiterführende Schule

Heranwachsende haben im Verlauf ihrer Biografie immer wieder Anpassungsleistungen an unterschiedliche lebensweltliche Kontexte zu meistern. Diese werden als Entwicklungsaufgaben (Erikson, 1970) im Sinne von Chancen zur Weiterentwicklung verstanden (Zimmermann, 2003). Entwicklungsaufgaben sind aber auch als *kritische Lebensereignisse* (Filipp, 1990) zu sehen und erfordern die Adaption bisheriger Verhaltensweisen an veränderte Umweltbedingungen. Der Übertritt von der Grund- in weiterführende Schulen kann aufgrund des festgelegten Zeitpunkts als normatives kritisches Lebensereignis charakterisiert werden (van Ophuysen, 2012), das mit der Entwicklung spezifischer Erwartungen einhergeht, welche das Erleben und Verhalten in dieser Zeitspanne beeinflussen und entsprechende Anpassungsleistungen von Schüler*innen erfordern (Filipp, 1990). Gemäß der Stage-Environment-Fit-Theorie (Eccles & Midgley, 1989) können die gestiegenen Leistungsanforderungen, eine Veränderung der Lehrer*innen-Schüler*innen-Beziehung und ein neues soziales Umfeld zu einer Verringerung des Selbstkonzepts führen, was mit einer geringeren intrinsischen Lernmotivation und tendenziell negativen Emotionen einhergeht (Symonds & Hargreaves, 2016).

Übergänge und Übergangsrituale sind in unserer Gesellschaft bedeutsam (Equit & Ruberg, 2012). Sie bergen sowohl Entwicklungsmöglichkeiten als auch Risikopotenziale in sich und stellen alle am Übertritt beteiligten Akteur*innen entsprechend den Annahmen des Transitionsansatzes (Griebel, Niesel & Fthenakis, 2004) vor soziale, kognitive und physiologische Herausforderungen. Einschnitte bestehen für die Schüler*innen konkret darin, dass sie sich mit neuen, veränderten Anforderungen auseinandersetzen und zeitgleich ihren individuellen

Lebenslauf und zukünftigen Status gestalten müssen (Equit & Ruberg, 2012). Besonders der Übergang von der Primar- in die Sekundarstufe gilt als »hochkomplexe Statuspassage« (Equit & Ruberg, 2012, S. 7). Das Bewusstsein über die Bedeutung des Bildungsabschlusses sowie die Wahlmöglichkeiten und Handlungsspielräume während dieser Transition setzen Schüler*innen und deren Eltern oft unter Druck.

Der durch die Veränderungen im Kontext des Übergangs erlebte Stress kann sowohl im Leistungsbereich als auch im sozialen Bereich entweder als »Bedrohung« oder als »Herausforderung« erlebt werden, was wiederum mit spezifischen Emotionen einhergeht. Eine Studie von Vierhaus und Lohaus (2007) macht deutlich, dass sich ein geringes Stresserleben im Leistungs- und Sozialbereich in der Grundschule positiv auf das Bedrohungs- oder Herausforderungserleben in der Sekundarschule auswirkt. Die Art des Stresserlebens ist dabei an verschiedene Ressourcen auf unterschiedlichen Ebenen geknüpft (Vierhaus & Lohaus, 2007). In diesem Zusammenhang zeigt sich, welch sensible Periode der Übertritt in die weiterführende Schule darstellt, da es durch die genannten Veränderungen im schulischen Alltag zu massiven Aufwertungen oder Einbrüchen der schulbezogenen Emotionen (Beutel & von der Gathen, 2012; van Ophuysen, 2012), der Selbstwirksamkeitserwartungen (Wischer & Schulze, 2012) und damit der Leistung kommen kann. Bevor genauer auf das Erleben von Lern- und Leistungsemotionen vor dem Hintergrund des Übergangs eingegangen wird, sollen zunächst grundsätzliche Veränderungen bzw. Einflussfaktoren der Transition auf individueller, sozialer und organisationaler Ebene thematisiert werden.

5.2 Faktoren, welche die Bewältigung des schulischen Übertritts beeinflussen

Dem Übertritt von der Grundschule in die Sekundarstufe I geht zunächst eine leistungsbezogene Selektion der Schüler*innen voraus, wodurch sich tendenziell die Selbstsicht jedes einzelnen Kindes verändert, das bislang in einer heterogeneren Grundschulklasse war und nun in eine in der Regel homogenere Sekundarschulklasse wechselt. Die neue Vergleichsgruppe beeinflusst die Selbstkonzeptentwicklung der Kinder (Aust, Watermann & Grube, 2010). So finden sich bisher leistungsstärkere Grundschüler*innen nach dem Wechsel an die Realschule oder das Gymnasium in insgesamt leistungsstärkeren Lerngruppen wieder, was die Gefahr für Aufwärtsvergleiche, die sich bei schlechterem Abschneiden langfristig negativ auf das Selbstkonzept, das Interesse, die motivationale Orientierung sowie auf das Erleben positiver Lern- und Leistungsemotionen auswirken können, erhöht (Hagenauer, 2011; Valtin & Wagner, 2004; Vierhaus & Lohaus, 2007). Dieses Phänomen wird auch als »Big-Fish-Little-Pond Effekt« (Köller, 2004; Marsh, Trautwein, Lüdtke, Baumert & Köller, 2007) bezeichnet und ist neben dem Negativeffekt geringer Selbstwirksamkeitserwartungen (Vierhaus & Lohaus, 2007) als besonders bedeutsam zu betrachten.

Es wird in weiteren Studien aber auch hervorgehoben, dass besonders diejenigen Schüler*innen, die gute Leistungen erbringen, vor dem Schulwechsel verstärkt über Angst, »den erarbeiteten Leistungsstatus« (Vierhaus & Lohaus, 2007, S. 298) zu verlieren, berichten. Neben dem Kompetenzstand und dem Selbstkonzept werden auch Verhaltensweisen und bestehende Bewältigungsstrategien als Einflussfaktoren auf das Erleben der Transition aufgefasst. Ein hohes Stressempfinden in der Grundschulzeit wird ebenfalls als Risikofaktor für das Erleben des bevorstehenden Übertritts als Bedrohung diskutiert. So konnten Vierhaus und Lohaus (2007) belegen, dass auf Basis des Ausgangsniveaus des Stresserlebens im Leistungsbereich bereits in der zweiten Klasse eine Vorhersage des Bedrohungserlebens in der weiterführenden Schule getroffen werden kann. Ein hoher Stresslevel von Schüler*innen in der Grundschule beeinträchtigt dabei nicht nur das emotionale Erleben im Vorfeld der Transition, sondern wirkt bis in die Mitte des ersten Schuljahres in der Sekundarstufe. Dieser Befund unterstreicht die Bedeutung der Entwicklung und Verfügbarkeit angemessener Bewältigungsstrategien.

Ferner findet an weiterführenden Schulen eine Abwertung der sozialen Lernziele und eine Abnahme der sozialen Eingebundenheit und der Beziehungsqualität zu den Fachlehrpersonen im Vergleich zur Klassenlehrkraft der Grundschule statt (van Ophuysen, 2012). Als Einflussgrößen auf das Erleben des Übertritts werden vor allem auch Konfliktsituationen mit Lehrkräften und Mitschüler*innen diskutiert (Vierhaus & Lohaus, 2007). Soziale Beziehungen und deren Kontinuität gelten als zentrale Einflussgrößen auf das emotionale Wohlbefinden während des Übertritts (Bulkeley & Fabian, 2006; Vierhaus & Lohaus, 2007). Neben positiven Effekten der Kooperation zwischen Elternhaus und Schule bestehen auch Belege für die Erhöhung des emotionalen Wohlbefindens durch gezielte Förderung der Klassenkohäsion, während der Mangel an sozialer Integration erwiesenermaßen mit einem geringeren Empfinden von emotionaler Sicherheit einhergeht (Vierhaus & Lohaus, 2007).

Resultierend aus den unterschiedlichen Zielen und Bildungsaufträgen von Grundschule und weiterführender Schule unterscheiden sich die Unterrichtsformen zwischen Primar- und Sekundarschule stark (van Ophuysen, 2012). Während die Grundschule vor allem kompetenz- bzw. aufgabenorientiert die individuelle Lernentwicklung fokussiert (task goals), herrscht an weiterführenden Schulen eher eine stärkere Leistungsorientierung (performance goals) (van Ophuysen, 2012; Vierhaus & Lohaus, 2007). Der Unterricht wird nach dem Übertritt durch die Ausdifferenzierung der Fächer zunehmend wissenschaftsorientiert und aus der Sicht der Lernenden weniger selbst-, sondern vielmehr fremdbestimmt erlebt (Vierhaus & Lohaus, 2007). Dieser Bruch zwischen den Lernumgebungen in der Grundschule und der weiterführenden Schule kann sich wiederum negativ auf das Kompetenzerleben der Kinder auswirken und damit ihr emotionales Wohlbefinden reduzieren (Bulkeley & Fabian, 2006). Ferner gelten auch die steigenden Anforderungen und der verstärkte Leistungsdruck als Einflussgrößen auf das emotionale Erleben und den wahrgenommenen Stress der Schüler*innen (Vierhaus & Lohaus, 2007). Im Folgenden soll daher genauer thematisiert werden, inwiefern sich die beschriebenen Einflussfaktoren auf das Erleben positiver und negativer Lern- und Leistungsemotionen im Kontext des Übertritts von der Grund- in die weiterführende Schule auswirken.

5.3 Lern- und Leistungsemotionen im Kontext des schulischen Übertritts

Schüler*innen erleben Freude über schulischen Erfolg, aber auch Ärger oder Angst im Zusammenhang mit dem Übertritt in die weiterführende Schule. Emotionen werden grundlegend als innere Prozesse verstanden, die durch ein spezifisches psychisches Erleben gekennzeichnet sind (Frenzel, Götz & Pekrun, 2015). Werden diese Emotionen im Kontext leistungsbezogener Aktivitäten bzw. in Bezug auf Leistungsergebnisse erlebt, so werden sie als Lern- und Leistungsemotionen bezeichnet. Dabei wird häufig zwischen ergebnisbezogenen Emotionen – also solchen, die sich auf künftige oder vergangene Ergebnisse beziehen – und aktivitätsbezogenen Emotionen, die während des Lernprozesses erlebt werden, unterschieden (Pekrun, 2006).

Lern- und Leistungsemotionen und kognitive Leistung bzw. Lernprozesse beeinflussen sich wechselseitig. Positive Emotionen (wie Freude und Stolz) gelten dabei als förderlich, negative Emotionen (z. B. Ärger, Angst) eher als hinderlich in Bezug auf kognitive Leistung. Höhere schulische Leistungen sagen tendenziell eher positive Emotionen vorher und negative Emotionen stehen eher mit geringerer schulischer Leistung im Zusammenhang (Gläser-Zikuda, 2010, 2012; Gläser-Zikuda & Fuß, 2003; Götz et al., 2004; Pekrun, Elliot & Maier, 2009; Pekrun, Götz, Titz & Perry, 2002; Pekrun, Lichtenfeld, Marsh, Murayama & Götz, 2017).

Ein Ansatz zur Erklärung der emotionalen Konsequenzen von Erfolgs- und Misserfolgserlebnissen im Leistungskontext liefert die Attributionstheorie nach Weiner (z. B. 1975; vgl. Hosenfeld, 2002). Das Bedürfnis, Ereignisse kausal zu erklären, liegt in der Natur des Menschen. Die subjektive Klärung von Ursachen für individuelle Erfolge und Misserfolge dient dem effektiven Umgang mit aktuell und zukünftig vergleichbaren Situationen. Besonders eine Attribuierung von Erfolg auf die eigene Kompetenz erhöht bei Schüler*innen das Erleben positiver Emotionen (z. B. Hagenauer, 2011) und stellt sich vor allem hinsichtlich der Stärke der erlebten Emotion als bedeutsam heraus (Hosenfeld, 2002), während die Attribuierung eines Misserfolgs auf einen Mangel an eigenen Fähigkeiten sich gegensätzlich auswirkt. Schüler*innen, die in die Sekundarstufe eintreten, sind mit einem neuen sozialen Umfeld, einem Fachlehrerprinzip und gestiegenen Leistungsanforderungen konfrontiert, was einen starken Einfluss auf das Erleben positiver und negativer Lern- und Leistungsemotionen haben kann.

Der bereits genannte »Big-Fish-Little-Pond Effekt« (Köller, 2004; Marsh et al., 2007) erschwert zudem aus individueller Sicht die Eingliederung in den neuen Kontext, verschärft die differenzielle Wahrnehmung des Unterrichts und der Schule und wirkt sich emotional aus.

Hinsichtlich der Eingangsphase an der weiterführenden Schule besteht eine heterogene Befundlage, und zwar dahingehend, dass zunächst von einem positiven Effekt des Übertritts auf die Emotionen und Kognitionen – gekennzeichnet durch eine starke Anfangsmotivation aufgrund einer positiven Erwartungshaltung und Emotionen wie Vorfreude – berichtet wird (Harazd & Schürer, 2006; Meidinger, 2010; Pekrun et al., 2007; van Ophuysen, 2012; Vierhaus & Lohaus, 2007). Der nur kurzfristige positive Einfluss der Vorfreude, der Rückgang der Neugier bei zunehmender Skepsis (Bönicke, Gerstner & Tschira, 2004), die Zunahme ängstlicher Verhaltensweisen (Equit & Ruberg, 2012) und negativer Emotionen (Eder, 2007; Valtin & Wagner, 2004) sowie ein höheres Stressempfinden (Chung, Elias & Schneider, 1998) sind als negative Konsequenzen des Übertritts ebenfalls vielfach belegt. Es wird allerdings auch berichtet, dass der schulische Wechsel bei einer Befragung vor dem tatsächlichen Vollzug der Transition von Schüler*innen negativer eingeschätzt wird als direkt im Anschluss an die Transition (Vierhaus & Lohaus, 2007).

Im weiteren Verlauf der Sekundarstufe I kommt es dann jedoch insgesamt zu einer eher ungünstigen Entwicklung der Lern- und Leistungsemotionen von Schüler*innen. So konnten Pekrun und Kolleg*innen (2007) im Zuge der Längsschnittstudie PALMA (»Projekt zur Analyse der Leistungsentwicklung in Mathematik«) belegen, dass Freude und Stolz im Fach Mathematik, die zu Beginn der fünften Jahrgangsstufe stark ausgeprägt waren, im weiteren Verlauf der Sekundarstufe I relativ kontinuierlich abnahmen, während für Ärger, Hoffnungslosigkeit und Langeweile ein Anstieg zu beobachten war (vgl. auch van Ophuysen 2008; 2012; Meyer & Schlesier, 2021). In weiteren Längsschnittstudien in Deutschland und Österreich wird auch ein Anstieg der Leistungsangst von Schüler*innen im Verlauf der Sekundarstufe I belegt (Eder, 2007; Johnberg & Porsch, 2015; Meyer & Schlesier, 2021; Valtin & Wagner, 2004), während in PALMA diesbezüglich keine Zunahme nachgewiesen wurde (Pekrun et al., 2007). Ähnliche Befunde wie in PALMA bestätigen auch Gläser-Zikuda und Kolleg*innen (2019), die in einer Längsschnittstudie mit $N = 1300$ Schüler*innen im Verlauf der fünften Jahrgangsstufe ebenfalls einen Anstieg negativer und einen Rückgang positiver Lern- und Leistungsemotionen nachweisen konnten. Hierbei wurden zudem Unterschiede in Bezug auf das Leistungsniveau der Schüler*innen bestätigt – leistungsschwächere Schüler*innen erlebten häufiger negative und seltener positive Emotionen als leistungsstärkere Schüler*innen. Des Weiteren weisen die Autor*innen differenzielle Effekte in Bezug auf die besuchte Schulart nach und zeigen, dass Schüler*innen, die auf ein Gymnasium übertreten, tendenziell mehr positive und weniger negative Emotionen erleben. Van Ophuysen (2008; 2012) berichtet in Bezug auf Schularteffekte von einem Zuwachs der Freude bei Schüler*innen an Haupt- bzw. Mittelschulen. In weiteren Studien (Eder, 2007; Hagenauer & Hascher, 2011; Knoppick, Becker, Neumann, Maaz & Baumert, 2015) wird ein relativ kontinuierlicher Rückgang an positiven Emotionen unabhängig von der besuchten Schulart nachgewiesen. Valtin und Wagner (2004) zeigen einen Anstieg der Lern- und Leistungsemotion Angst vor allem bei Schüler*innen des Gymnasiums und verweisen dabei mit Blick auf mögliche Ursachen auf steigende Leistungsanforderungen, einen erhöhten Leistungsdruck sowie auf den bereits erwähnten »Big-Fish-Little-Pond Effekt« (Köller, 2004; Marsh et al., 2007). Aber auch die Unterrichtsqualität wirkt sich auf das emotionale Erleben der Schüler*innen aus. Studien belegen die Qualität des Unterrichts (Meyer & Gläser-Zikuda, 2020) sowie die selbst eingeschätzte Fachkompetenz (Bilz, Hähne & Melzer, 2003) als Bedingungsfaktoren für positive und negative Lern- und Leistungsemotionen. Befunde der Schulklimaforschung zeigen, dass Schulen trotz gleicher strukturell-organisatorischer Vorgaben, Funktionen und Ziele unterschiedliche Sozialisationsbedingungen bieten (Fend, 1977). Diese Diskrepanzen in den schulischen Outcomes primär auf affektiver Ebene lassen sich auf das Klima als »subinstitutionelle Struktur« (ebd., S. 15) zurückführen, welches die aggregierten Einstellungen, Aktivitäten, emotionalen Tönungen und die Gruppenkohäsion bezeichnet (Eder, 1996; Saldern, 1987; Zullig, Koopman, Patton & Ubbes, 2010). Neben den sozialen Beziehungen, die wesentlich für das Schulklima sind, spielt auch der schulische Anpassungs- und Leistungsdruck eine zentrale Rolle (Fend, 1977). Ein lernförderlicher Unterricht, der auch mit positiven emotionalen und motivationalen Lernbedingungen einhergeht, ist durch Langsamkeitstoleranz, geringen Leistungsdruck, hohe Disziplin, Klarheit, Strukturiertheit, effektive Zeitnutzung, Lehrstofforientierung und diagnostische Sensibilität sowie individuelle Bezugsnormorientierung charakterisiert (Helmke, 2010). Hoher Anpassungs- und Disziplindruck hingegen verringern das Selbstvertrauen und Engagement der Schüler*innen und gehen mit einem Anstieg der Lern- und Leistungsemotion Angst einher (Fend, 1977).

Unter Berücksichtigung des dargelegten Forschungsstands werden im Folgenden mögliche Maßnahmen für die schulische Praxis beschrieben, mit Hilfe derer die geschilderten ungünstigen Auswirkungen des Übertritts von der Primar- in die Sekundarstufe I vermieden oder zumindest reduziert werden könnten.

5.4 Implikationen für die Praxis

> »Der Übergang von einer Schulart in die andere ist für die Entwicklung des jungen Menschen von so weittragender Bedeutung, dass er mit aller Behutsamkeit und Sorgfalt vorbereitet und vollzogen werden muss.« (KMK, 2015, S. 5)

Bereits in frühen Ansätzen der Bildungsphilosophie wird die Unterstützung der Schüler*innen in der Ausbildung, Aufrechterhaltung und Weiterentwicklung ihrer Gefühle und Emotionen durch Erziehende thematisiert (vgl. Breinbauer, 2018). Strategien des Emotionsausdrucks und der -regulation stehen dabei im Fokus pädagogischer Vermittlung. In diesem Kontext wird allerdings von einer vorrationalen Stellung von Gefühlen ausgegangen, die impliziert, dass sie nur zum Teil beeinflusst werden können und auch sollen. Folglich werden Ansätze zur emotionswirksamen Ausgestaltung des Unterrichts aus bildungsphilosophischer Perspektive durchaus auch kritisch betrachtet, da die Gefahr einer möglichen Instrumentalisierung von Emotionen besteht (Breinbauer, 2018).

Es kann aber davon ausgegangen werden, dass Schüler*innen den Übertritt von der Grundschule in die weiterführende Schule emotional positiv erleben, wenn sowohl soziale Ressourcen gestärkt als auch strukturelle bzw. didaktisch-methodische Aspekte der Unterrichtsgestaltung in besonderer Weise beachtet werden. Ein entscheidender Faktor ist dabei zunächst eine enge Kooperation zwischen abgebender und aufnehmender Schule, die im Idealfall dauerhaft institutionalisiert wird. Hierbei ist es von Bedeutung, sich auch über den Kenntnisstand der Schüler*innen auszutauschen, gemeinsame Standards für den Unterricht zu formulieren, um Bildungsangebote abzustimmen und Beratung sowie Diagnostik eng aufeinander abzustimmen (Järvinen, Otto, Sartory & Sendzik, 2012; Meidinger, 2010). Hospitationen, Kennenlerntage, Patenschaften oder Tutorensysteme, im Rahmen derer ältere Schüler*innen aus der aufnehmenden Schule die Neulinge betreuen (Lassek, 2013; Meidinger, 2010), fördern die Zusammenarbeit und führen dazu, dass Ängste abgebaut und gegenseitiges Vertrauen geschaffen werden können. Ein konkretes, empirisch bestätigtes Kooperationsmodell auf Systemebene ist beispielsweise »Schulen im Team – Übergänge gemeinsam gestalten« (Järvinen et al., 2012; Sartory, Järvinen & Bos, 2013). Ziel dieses Kooperationsmodells ist es, Netzwerke zu bilden, um sich mit Kooperationspartner*innen über Arbeitsweisen, Methoden und Ziele eines gelingenden Übergangs auszutauschen. Meidinger (2010) verweist zudem auf sogenannte »Kleeblattmodelle«, bei denen Lehrkräfte der vierten und der fünften Jahrgangsstufe in den Kernfächern Deutsch, Englisch und Mathematik mit Unterstützung des Ministeriums kooperieren. Des Weiteren spielt auch die Kommunikation zwischen Eltern und Lehrkräften eine bedeutende Rolle. Auf der einen Seite sollten Lehrkräfte entsprechende Informationen über die Bildungsaspirationen der Eltern erhalten. Auf der anderen Seite haben Eltern das Recht, über den Leistungsstand ihrer Kinder informiert zu werden, um sie im Übergangsprozess aktiv unterstützen zu können (Järvinen et al., 2012).

Da der Unterricht in der weiterführenden Schule von Schüler*innen zu Beginn häufig als neuartig und stark lehrerzentriert empfunden wird, was zu negativen Lern- und Leistungsemotionen führen kann, ist es wichtig, ein sicheres, angstfreies und vertrauensvolles Umfeld zu schaffen und bereits erprobte Unterrichtsformen weiterzuführen (Meidinger, 2010). Bei der Gestaltung von Unterricht sind folglich generell die Merkmale guten Unterrichts (Helmke, 2010) zu beachten. Im sogenannten FEASP-Ansatz (Fear-Envy-Anger-Sympathy-Pleasure) weist Astleitner (2000) darauf hin, wie wichtig neben lern- und leistungsbezogenen Emotionen auch soziale Emotionen (z. B. Strategien für die Regulation von Ärger entwickeln, Neid unter Schüler*innen vermeiden, Sympathie in der Klasse erhöhen) im Bildungskontext sind. Darüber hinaus sollten authentische und lebensnahe Lernumgebungen gestaltet werden, die auch spielähnliche Aktivierungsangebote aufgreifen, um positive Lern- und Leistungsemotionen zu fördern (Gläser-Zikuda, Fuß, Laukenmann, Metz & Randler, 2005).

Zudem sollte auf die individuellen Lernvoraussetzungen und Bedürfnisse der Schüler*innen im Unterricht eingegangen werden. Hierbei spielen individualisierende Formen des Lernens sowie Differenzierung (Bönsch, 2000) ebenso eine Rolle wie die soziale Einbindung und Partizipation der Schüler*innen (Böhme & Kramer, 2001). Schließlich sind Verfahren formativen Assessments von Bedeutung (Hofmann, 2017; Jürgens, 2019; Maier, 2015), da sie aus einer entwicklungsorientierten Perspektive den Lernprozess der Schüler*innen fokussieren und emotional positiv wirken können. Mit Hilfe eines transparenten und kriterial ausgerichteten Erwartungshorizontes und eines lernunterstützenden Feedbacks (Hattie & Timperley, 2007) sollte der individuelle Lernprozess während des Übergangs zielführend begleitet werden. Gemäß dem Rahmenmodell von Hattie und Timperley (2007) wird zwischen drei hierarchischen Feedbackebenen differenziert: Feedback kann sich auf eine aufgabenspezifische, eine prozessbezogene oder eine selbstregulative Ebene beziehen. Während sich das *aufgabenbezogene* Feedback – auch als einfaches Feedback bezeichnet – lediglich auf das Lernergebnis bezieht, fokussiert *prozessbezogenes* Feedback die Art und Weise, wie der Lernprozess gestaltet und bewältigt wird. Ein *selbstregulatives* Feedback unterstützt den Lernenden schließlich dabei, Fähigkeiten zu entwickeln, um Lernprozesse eigenständig zu überwachen und den Lernzielen entsprechend anzupassen (Butler & Winne, 1995). Gerade im Kontext der Transition kommt es in Bezug auf Selbstwirksamkeitserwartungen der Schüler*innen vor dem Hintergrund veränderter und steigender Leistungsanforderungen häufig zu ungünstigen Entwicklungen, weshalb den genannten Formen von Feedback im Zusammenhang mit formativem Assessment eine wesentliche Bedeutung zukommt.

Für Julian aus dem Eingangsbeispiel, der sich vor dem anstehenden Übertritt fürchtet, wäre es besonders förderlich, wenn der Unterricht in den ersten Wochen der weiterführenden Schule vorwiegend durch die Klassenlehrkraft erfolgt und diese eine vertrauensvolle und angstfreie Atmosphäre schafft. Hierbei hilft es, wenn Julian im Unterricht Arbeitsweisen erlebt, die ihm aus der Grundschule bereits bekannt sind – z. B. Formen offenen Unterrichts. Zudem kann eine Klassenfahrt kurz nach Beginn des fünften Schuljahres Julian helfen, Freundschaften im für ihn neuen sozialen Umfeld zu entwickeln.

Damit Ängste im Vorfeld des Übertritts gar nicht erst entstehen, sollte Julian die Möglichkeit gegeben werden, bereits in der Grundschule erste Eindrücke zu sammeln, wie der Unterricht am Gymnasium abläuft. Hierfür eignen sich Hospitationen bei der aufnehmenden Schule sowie Patenschaften. Ein*e Schüler*in des aufnehmenden Gymnasiums könnte Julian zur Seite stehen.

Für ein Kind wie Julian, das Angst davor hat, die neuen Leistungsanforderungen nicht erfüllen zu können, ist es zudem von Bedeutung, dass die Lehrkraft in engem Austausch mit den Eltern steht und gemeinsam Erwartungen entwickelt und ggf. relativiert. Zudem ist es für Julian wichtig, dass die Bewertungssysteme klar und transparent seitens der Lehrkraft erklärt und idealerweise gemeinsam mit ihm entwickelt werden. Die Verwendung von Kompetenzrastern, Portfolios oder Lerntagebüchern kann dabei helfen.

> **Weiterführende Literatur**
>
> Götz, T. (2017). Emotionen, Motivation und selbstreguliertes Lernen. Paderborn: UTB.
> Hagenauer, G. & Hascher, T. (Hrsg.) (2018). Emotionen und Emotionsregulation in Schule und Hochschule. Münster: Waxmann.
> Huber, M. & Krause, S. (Hrsg.) (2018). Bildung und Emotion. Wiesbaden: Springer VS.

Literatur

Astleitner, H. (2000). Designing emotionally sound instruction: The FEASP-approach. Instructional Science, 28, 169–198.
Aust, K., Watermann, R. & Grube, D. (2010). Selbstkonzeptentwicklung und der Einfluss von Zielorientierungen nach dem Übergang in die weiterführende Schule. Zeitschrift für Pädagogische Psychologie, 24(2), 95–109.
Beutel, S.-I. & von der Gathen, J. (2012). Der zweite Übergang – die Verzahnung von Lernen und Bildung bei Grundschulen und Sekundarschulen. In N. Berkemeyer, S.-I. Beutel, H. Järvinen & S. van Ophuysen (Hrsg.), Übergänge bilden. Lernen in der Grund- und weiterführenden Schule (S. 3–22). Köln: Carl Link.
Bilz, L., Hähne, C. & Melzer, W. (2003). Die Lebenswelt Schule und ihre Auswirkungen auf die Gesundheitssituation. In K. Hurrelmann, A. Klocke, W. Melzer & U. Ravens-Sieberer (Hrsg.), WHO Jugendgesundheitssurvey 2002 (S. 243–267). Weinheim: Juventa.
Böhme, J. & Kramer, R.-T. (Hrsg.) (2001). Partizipation in der Schule. Opladen: Leske + Budrich.
Bönicke, R., Gerstner, H.-P. & Tschira, A. (2004). Lernen und Leistung. Vom Sinn und Unsinn heutiger Schulsysteme. Darmstadt: wbg.
Bönsch, M. (2000). Intelligente Unterrichtsstrukturen: Eine Einführung in die Differenzierung. Baltmannsweiler: Schneider.
Breinbauer, I. M. (2018). Emotionen in der Bildungsphilosophie. In M. Huber & S. Krause (Hrsg.), Bildung und Emotion (S. 41–57). Wiesbaden: Springer VS.
Bulkeley, J. & Fabian, H. (2006). Well-Being and belonging during early educational transitions. International Journal of Transitions in Childhood, 2, 18–31.
Butler, D. L. & Winne, P. H. (1995). Feedback and self-regulated learning: a theoretical synthesis. Review of Educational Research, 65, 245–281.
Chung, H., Elias, M. & Schneider, K. (1998). Patterns of individual adjustment changes during middle school transition. Journal of School Psychology, 36, 83–101.
Dias, D. & Sá, M. J. (2014). The impact of the transition to HE: emotions, feelings and sensations. European Journal of Education, 49(2), 291–303.
Eccles, J. S. & Midgley, C. (1989). Stage-environment fit: Developmentally appropriate classrooms for young adolescents. Research on Motivation in Education, 3, 139–186.
Eder, F. (1996). Schul- und Klassenklima. Ausprägung, Determinanten und Wirkungen des Klimas an höheren Schulen. Innsbruck, Wien: Studienverlag.
Eder, F. (2007). Das Befinden von Kindern und Jugendlichen in der österreichischen Schule. Befragung 2005 (Bildungsforschung des Bundesministeriums für Bildung, Wissenschaft und Kultur). Innsbruck: Studienverlag.
Equit, C. & Ruberg, C. (2012). Übergänge: Bildungsbiografische Perspektive. In N. Berkemeyer, S.-I. Beutel, H. Järvinen & S. van Ophuysen (Hrsg.), Übergänge bilden. Lernen in der Grund- und weiterführenden Schule (S. 3–22). Köln: Carl Link.
Erikson, E. H. (1970). Identität und Lebenszyklus. Frankfurt a. M.: Suhrkamp.

Fend, H. (1977). Schulklima. Soziale Einflussprozesse in der Schule. Weinheim: Beltz.
Filipp, H.-S. (1990). Kritische Lebensereignisse. München: Beltz.
Frenzel, A. C., Götz, T. & Pekrun, R. (2015). Emotionen. In E. Wild & J. Möller (Hrsg.), Pädagogische Psychologie (S. 201–224). Berlin: Springer.
Gläser-Zikuda, M. (2010). »Heute hat es im Unterricht wieder Spaß gemacht« – Zur Bedeutung von Lern- und Leistungsemotionen in Schule und Unterricht. In J. Mägdefrau (Hrsg.), Schulisches Lehren und Lernen. Pädagogische Theorie an Praxisbeispielen (S. 85–108). Bad Heilbrunn: Klinkhardt.
Gläser-Zikuda, M. (2012). Affective and emotional dispositions of/for learning. In N. Seel (Ed.), Encyclopedia of the Sciences of Learning (pp. 165–169). New York: Springer.
Gläser-Zikuda, M., Fuchs, K., Meyer, S. & Obermeier, R. (2019). Abschlussbericht zum Projekt »Erziehungsgemeinschaft an katholischen Schulen«. Friedrich-Alexander-Universität Erlangen-Nürnberg.
Gläser-Zikuda, M. & Fuß, S. (2003). Emotionen und Lernleistungen in den Fächern Deutsch und Physik – unterscheiden sich Mädchen und Jungen in der 8. Klasse? Lehren und Lernen, 29(4), 5–11.
Gläser-Zikuda, M., Fuß, S., Laukenmann, M., Metz, K. & Randler, Ch. (2005). Promoting students' emotions and achievement – instructional design and evaluation of the ECOLE-approach. Learning and Instruction, 15(5), 481–495.
Götz, T., Pekrun, R., Zirngibl, A., Jullien, S., Kleine, M., vom Hofe, R. et al. (2004). Leistung und emotionales Erleben im Fach Mathematik. Längsschnittliche Mehrebenenanalysen. Zeitschrift für Pädagogische Psychologie, 18, 201–212.
Griebel, W., Niesel, R. & Fthenakis, W. E. (2004). Transitionen: Fähigkeit von Kindern in Tageseinrichtungen fördern, Veränderungen erfolgreich zu bewältigen. Weinheim und Basel: Beltz.
Hagenauer, G. (2011). Lernfreude in der Schule. Münster: Waxmann.
Hagenauer, G. & Hascher, T. (2011). Schulische Lernfreude in der Sekundarstufe I und deren Beziehung zu Kontroll- und Valenzkognitionen. Zeitschrift für Pädagogische Psychologie, 25, 63–80.
Harazd, B. & Schürer, S. (2006). Veränderung der Schulfreude von der Grundschule zur weiterführenden Schule. In A. Schründer-Lenzen (Hrsg.), Risikofaktoren kindlicher Entwicklung. Migration, Leistungsangst und Schulübergang (S. 208–222). Wiesbaden: VS Verlag für Sozialwissenschaften.
Hattie, J. & Timperley, H. (2007). The Power of Feedback. Review of Educational Research, 77(1), 81–112.
Helmke, A. (2010). Unterrichtsqualität und Lehrerprofessionalität. Diagnose, Evaluation und Verbesserung des Unterrichts (3. Aufl.). Seelze-Velber: Klett-Kallmeyer.
Hofmann, F. (2017). Selbsteinschätzungen im Aufsatz- und Schreibunterricht. Eine empirische Untersuchung zu den Effekten von formativen Leistungsdiagnosen und Selbsteinschätzungen auf die Schreibkompetenz. Bad Heilbrunn: Klinkhardt.
Hosenfeld, I. (2002). Kausalitätsüberzeugungen und Schulleistungen. Münster, New York; München; Berlin: Waxmann.
Järvinen, H. Otto, J., Sartory, K. & Sendzik, N. (2012). Schulnetzwerke im Übergang. Das Beispiel Schulen im Team. In N. Berkemeyer, S.-I. Beutel, H. Järvinen & S. van Ophuysen (Hrsg.), Übergänge bilden. Lernen in der Grund- und weiterführenden Schule (S. 98–121). Köln: Carl Link.
Johnberg, A. & Porsch, R. (2015). Leistungsangst in der Sekundarstufe I: Welchen Einfluss hat die soziale Herkunft? In H. Wendt & W. Bos (Hrsg.), Auf dem Weg zum Ganztagsgymnasium. Erste Ergebnisse der wissenschaftlichen Begleitforschung zum Projekt Ganz In (S. 474–492). Münster: Waxmann.
Jürgens, E. (2019). Leistungsbeurteilung. In M. Harring, C. Rohlfs & M. Gläser-Zikuda (Hrsg.), Handbuch Schulpädagogik (S. 505–515). Münster: Waxmann.
KMK – Sekretariat der Ständigen Konferenz der Kultusminister der Länder in der Bundesrepublik Deutschland (2015). Übergang von der Grundschule in Schulen des Sekundarbereichs I und Förderung, Beobachtung und Orientierung in den Jahrgangsstufen 5 und 6 (sog. Orientierungsstufe). Informationsschrift des Sekretariats der Kultusministerkonfe-

renz. Online: https://www.kmk.org/fileadmin/Dateien/veroeffentlichungen_beschluesse/ 2015/2015_02_19-Uebergang_Grundschule-SI-Orientierungsstufe.pdf (Zugriff am 17.09. 2019).

Knoppick, H., Becker, M., Neumann, M., Maaz, K. & Baumert, J. (2015). Der Einfluss des Übergangs in differenzielle Lernumwelten auf das allgemeine und schulische Wohlbefinden von Kindern. Zeitschrift für Pädagogische Psychologie, 29, 163–175.

Köller, O. (2004). Konsequenzen von Leistungsgruppierungen (Pädagogische Psychologie und Entwicklungspsychologie). Münster: Waxmann.

Lassek, M. (2013). Gestaltung des Übergangs von der Primarstufe in die Sekundarstufe. In G. Bellenberg & H. Forell (Hrsg.), Bildungsübergänge gestalten. Ein Dialog zwischen Wissenschaft und Praxis (S. 139–149). Münster: Waxmann.

Maaz, K., Baumert, J., Gresch, C. & McElvany, N. (2010). Der Übergang von der Grundschule in die weiterführende Schule. Leistungsgerechtigkeit und regionale, soziale und ethnisch-kulturelle Disparitäten. Berlin: BMBF, Referat Bildungsforschung.

Maier, U. (2015). Leistungsdiagnostik in Schule und Unterricht: Schülerleistungen messen, bewerten und fördern. Bad Heilbrunn: Klinkhardt.

Marsh, H. W., Trautwein, U., Lüdtke, O., Baumert, J. & Köller, O. (2007). The Big-Fish-Little-Pond Effect. Persistent Negative Effects of Selective High Schools on Self-Concept after Graduation. American Educational Research Journal, 44, 631–669.

Meidinger, H.-P. (2010). Der Übertritt auf eine weiterführende Schule – konkret und grundsätzlich. In S. Lin-Klitzing, D.-S. Di Fuccia & G. Müller-Frerich (Hrsg.), Übergänge im Schulwesen (S. 19–34). Bad Heilbrunn: Klinkhardt.

Meyer, S. & Gläser-Zikuda, M. (2020). Zur Bedeutung individueller und kontextueller Einflussfaktoren auf Lern- und Leistungsemotionen zu Beginn der Sekundarstufe – eine mehrebenenanalytische Betrachtung. Zeitschrift für Bildungsforschung, 10(1), 81–102.

Meyer, S. & Schlesier, J. (2021). The development of students' achievement emotions after transition to secondary school: a multilevel growth curve modelling approach. European Journal of Psychology of Education, 1–21.

van Ophuysen, S. (2008). Zur Veränderung der Schulfreude von Klasse 4 bis 7. Zeitschrift für Pädagogische Psychologie, 22, 293–306.

van Ophuysen, S. (2012). Der Grundschulübergang aus der Perspektive der Schülerinnen und Schüler – Befunde aus quantitativen Studien. In N. Berkemeyer, S.-I. Beutel, H. Järvinen & S. van Ophuysen (Hrsg.), Übergänge bilden. Lernen in der Grund- und weiterführenden Schule (S. 98–121). Köln: Carl Link.

Pekrun, R. (2006). The Control-Value Theory of Achievement Emotions. Assumptions, Corollaries, and Implications for Educational Research and Practice. Educational Psychology Review, 18, 315–341.

Pekrun, R., Elliot, A. J. & Maier, M. A. (2009). Achievement goals and achievement emotions: Testing a model of their joint relations with academic performance. Journal of Educational Psychology, 101(1), 115–135.

Pekrun, R., Götz, T., Titz, W. & Perry, R. P. (2002). Academic emotions in students' self-regulated learning and achievement: a program of qualitative and quantitative research. Educational Psychologist, 101, 115–135.

Pekrun, R., vom Hofe, R., Blum, W., Frenzel, A. C., Götz, T. & Wartha, S. (2007). Development of mathematical competencies in adolescence: The PALMA longitudinal study. In M. Prenzel (Hrsg.), Studies on the educational quality of schools. The final report on the DFG Priority Programme (S. 17–37). Münster: Waxmann.

Pekrun, R., Muis, K. R., Frenzel, A. C. & Götz, T. (2017). Emotions at School. New York: Taylor & Francis/Routledge.

von Saldern, M. (1987). Schulklima von Schulklassen: Überlegungen und mehrebenenanalytische Untersuchungen zur subjektiven Wahrnehmung von Lernumwelten. Frankfurt a. M.: Lang.

Sartory, K., Järvinen, H. & Bos, W. (2013). Der Übergang von der Grundschule zum gegliederten Schulwesen – Chancen wahren und stärken. In G. Bellenberg & M. Forell (Hrsg.), Bildungsübergänge gestalten. Ein Dialog zwischen Wissenschaft und Praxis (S. 107–128). Münster: Waxmann.

Symonds, J. & Hargreaves, L. (2016). Emotional and Motivational Engagement at School Transition: A Qualitative Stage-Environment Fit Study. The Journal of Early Adolescence, 36(1), 54–85.

Valtin, R. & Wagner, C. (2004). Der Übergang in die Sekundarstufe I. Psychische Kosten der externen Leistungsdifferenzierung. Psychologie in Erziehung und Unterricht: Zeitschrift für Forschung und Praxis, 51, 52–68.

Vierhaus, M. & Lohaus, A. (2007). Das Stresserleben während der Grundschulzeit als Prädiktor für die Bewertung des Schulübergangs von der Grundschule zur weiterführenden Schule. Unterrichtswissenschaft, 35(4), 296–311.

Weiner, B. (1975). Die Wirkung von Erfolg und Mißerfolg auf die Leistung. Stuttgart: Huber-Klett.

Wischer, B. & Schulze, N. (2012). Übergänge in die Sekundarstufe I – Schultheoretische Perspektiven zu strukturellen Aspekten, Problemen und Effekten. In N. Berkemeyer, S.-I. Beutel, H. Järvinen & S. van Ophuysen (Hrsg.), Übergänge bilden. Lernen in der Grund- und weiterführenden Schule (S. 23–46). Köln: Carl Link.

Zimmermann, P. (2003) Grundwissen Sozialisation. Einführung zur Sozialisation im Kindes- und Jugendalter. Wiesbaden: Verlag für Sozialwissenschaften.

Zullig, K. J., Koopman, T. M., Patton, J. M. & Ubbes, V. A. (2010). School Climate: Historical Review, Instrument Development and School Assessment. Journal of Psychoeducational Assessment, 28(2), 139–152.

6 Emotionen im inklusiven Unterricht

Carmen Zurbriggen & Philipp Schmidt

> **Kurzzusammenfassung**
>
> Emotionen im inklusiven Unterricht wurden bislang noch selten untersucht. Erste Untersuchungen weisen darauf hin, dass Binnendifferenzierung, Individualisierung und kooperatives Lernen – als zentrale Merkmale eines inklusiven Unterrichts – sich positiv auf das emotionale Erleben von Schüler*innen auswirken. Implikationen für die Praxis werden aufgezeigt und weiterführend diskutiert.
>
> Schlagwörter: *Inklusion, emotionales Erleben, Differenzierung, kooperative Lernformen, Individualisierung*

Einleitung

Beim Themenbereich »Emotionen im inklusiven Unterricht« gilt es als erstes zu klären, was unter einem *inklusiven Unterricht* zu verstehen ist. Denn im aktuellen Inklusionsdiskurs wird meist grundsätzlich nach einem sogenannten ›weiten‹ und einem ›engen‹ Inklusionsverständnis unterschieden: Ein weites Inklusionsverständnis berücksichtigt unterschiedlichste Heterogenitätsdimensionen innerhalb der Schülerschaft wie beispielsweise Schulleistungen, Geschlecht, Sprache oder sozialer Hintergrund. Ein enges Inklusionsverständnis liegt vor, wenn vorrangig das Differenzmerkmal Behinderung oder sonderpädagogischer Förder- bzw. Unterstützungsbedarf im Blickfeld stehen. Während die einem weiten Inklusionsverständnis verpflichteten pädagogischen Ansätze eher allgemeine Prinzipien bieten – wie etwa strukturelle Anpassungen oder eine wertschätzende Haltung gegenüber Diversität (für eine Übersicht z. B. Loreman, 2017), werden bei einem engen Inklusionsverständnis eher pädagogisch-didaktische Handlungsansätze oder konkrete Umsetzungsmöglichkeiten aufgezeigt.

Auf Ebene des Unterrichts werden die Parallelen und Gemeinsamkeiten der vielfach als konträr dargestellten Positionen ersichtlich. Sowohl beim weiten als auch beim engen Inklusionsverständnis geht es schließlich darum, allen Schüler-

*innen einen hochwertigen Unterricht und ein anregungsreiches Lernumfeld für eine bestmögliche schulische und psychosoziale Entwicklung zu bieten. Erreicht werden soll dieses übergeordnete Ziel mittels innerer Differenzierung bzw. Binnendifferenzierung, d. h. die didaktische Gestaltung eines heterogenitätssensiblen Lernumfeldes mit vielfältigen Aufgaben und Lernaktivitäten, um so die Voraussetzungen und Fähigkeiten aller Schüler*innen zu berücksichtigen (z. B. Tomlinson, 2014). In jüngster Zeit wird außerdem zunehmend auf Personalisierung verwiesen, worunter ein schüler*innenzentriertes Lernangebot oder individuell adaptive Förderung in heterogenen Lerngruppen verstanden werden kann (Reusser, Pauli & Stebler, 2018; Schwab, Sharma & Hoffmann, 2019). Bei der Beschreibung von personalisiertem Lernen werden Ähnlichkeiten zu Individualisierung deutlich, welches ein zentrales Merkmal des engen Inklusionsverständnisses darstellt. Schüler*innen mit sonderpädagogischem Unterstützungsbedarf werden im Rahmen des allgemeinen Unterrichts zusätzlich durch individuell angepasste Maßnahmen spezifisch gefördert. Gleichzeitig soll durch gemeinsames Lernen im Klassenverband oder in heterogenen Schüler*innengruppen und mittels kooperativer Lernformen sichergestellt werden, dass alle Schüler*innen angemessen im Schulalltag und an der Klassengemeinschaft partizipieren können (Müller Bösch & Schaffner Menn, 2014; Spratt & Florian, 2015). Auch hier wird wiederum eine Gemeinsamkeit der beiden Inklusionsverständnisse ersichtlich. Zentrale Merkmale eines inklusiven Unterrichts sind demzufolge: *Binnendifferenzierung*, *Individualisierung* oder *Personalisierung* sowie *Kooperation*.

Für die Erforschung von Emotionen von Schüler*innen im inklusiven Unterricht bietet sich vor diesem Hintergrund eine Fokussierung auf Situationen mit Merkmalen inklusiven Unterrichts und damit eine situative Erfassung des jeweils *aktuellen emotionalen Erlebens* an. Um unterschiedliche emotionale Zustände in verschiedenen Situationen beschreiben zu können, ist ein dimensionaler Ansatz zu bevorzugen. Das aktuelle emotionale Erleben lässt sich hierbei grundsätzlich entlang der beiden Dimensionen Valenz (z. B. zufrieden – unzufrieden) und Aktivierung (z. B. voller Energie – energielos; ruhig – nervös) charakterisieren. Der Einsatz des dimensionalen Ansatzes im Schulkontext bietet zudem den Vorteil, dass die Kinder oder Jugendlichen ihre Stimmungs- oder Gefühlslage nicht verschiedenen Emotionskategorien (z. B. Freude, Ärger, Furcht) zuordnen müssen. Darüber hinaus werden beim dimensionalen Ansatz auch physiologische und motivationale Emotionskomponenten deskriptiv erfasst (Schmidt-Atzert, 2009). In der Inklusionsforschung wurden bisher jedoch hauptsächlich *habituelle Emotionskonzepte* wie die allgemeine Befindlichkeit in der Schule oder das emotionale Wohlbefinden (als Teilkomponente des schulischen Wohlbefindens) untersucht. Das subjektive emotionale Wohlbefinden von Schüler*innen wird dabei als wesentliche pädagogische Zielvorstellung und zugleich als Indikator für gelingende schulische Inklusion betrachtet (Venetz, 2015).

6.1 Forschungsstand

Während Emotionen zwar grundsätzlich eine besondere Bedeutung für inklusive Prozesse zugesprochen wird (Dederich, 2018), sind Emotionen von Schüler*innen im inklusiven Unterricht noch wenig erforscht. Die Inklusionsforschung befasste sich bislang lediglich marginal mit emotionalen Aspekten, und vielfach wurden diese nicht fokussiert betrachtet, sondern mit sozialen Aspekten in Beziehung gesetzt oder darunter subsumiert (z. B. Ellinger & Stein, 2012; Ruijs & Peetsma, 2009). Die wenigen Studien, bei denen emotionale Aspekte untersucht wurden, beschäftigten sich vorrangig mit Vergleichen zwischen inklusiven vs. separativen Schulsettings. So wurde bereits in der frühen Integrations- bzw. Inklusionsforschung das emotionale (schulische) Wohlbefinden von Schüler*innen in Regelklassen bzw. allgemeinen Schulen im Vergleich zu Sonderklassen bzw. Förderschulen in den Blick genommen (Haeberlin, Bless, Moser & Klaghofer, 1990; Tent, Witt, Bürger & Zschoche-Lieberum, 1991). Die Ergebnisse zeigten, dass Schüler*innen mit sonderpädagogischem Förderbedarf im Bereich Lernen in Regelschulklassen über ein geringeres emotionales Wohlbefinden verfügen als jene in Sonderklassen. Die Befunde aus aktuelleren Untersuchungen ergeben ein inkonsistentes Bild: Gemäß der Studie von McCoy und Blank (2012) gehen Schüler*innen mit sonderpädagogischem Förderbedarf generell weniger gern in die Schule als ihre Mitschüler*innen ohne sonderpädagogischen Förderbedarf. Im Gegensatz hierzu weisen andere Studien darauf hin, dass die Schulformzugehörigkeit per se keinen signifikanten Effekt auf das emotionale Wohlbefinden der Schüler*innen hat (Schwab, 2014; Schwab et al., 2015; Weber & Freund, 2017; Wild et al., 2015). Weitere Ergebnisse der berichteten Studien deuten darauf hin, dass Merkmale auf Personenebene einen Einfluss auf das emotionale Wohlbefinden nehmen. Aus der Untersuchung von Schwab et al. (2015) lassen sich etwa Geschlecht, Alter sowie Verhaltenskompetenzen der Schüler*innen als signifikante Einflussfaktoren auf das emotionale Wohlbefinden nennen.

Gemein ist den bisher aufgeführten Studien die retrospektive Erfassung mittels konventioneller schriftlicher Befragung. Hierdurch werden kognitiv-evaluative, bilanzierende Einschätzungen zum habituellen emotionalen Wohlbefinden erhoben. Durch dieses *ex-situ*-Erfassungsdesign kann keine Aussage darüber getroffen werden, welche konkreten Unterrichtssituationen oder schulbezogenen Erlebnisse auf diese Gesamteinschätzungen Einfluss nehmen. Um die ökologische Validität zu erhöhen sowie möglichen Retrospektionseffekten entgegenzuwirken, erscheint es daher sinnvoll, ein *in-situ*-Erfassungsdesign einzusetzen (Venetz & Zurbriggen, 2016). Eine geeignete Methode hierfür ist die *Experience-Sampling-Methode* (ESM; Hektner, Schmidt & Csikszentmihalyi, 2007).

In der jüngeren Inklusionsforschung liegen einzelne Studien vor, welche mittels der ESM das subjektive aktuelle emotionale Erleben der Schüler*innen sowie dazugehörige Merkmale der konkreten Unterrichtssituation mittels Pager oder Smartphone unmittelbar im Unterricht erfasst haben. Zur Operationalisierung des aktuellen emotionalen Erlebens wurde mit dem Circumplex-Modell affektiven Erlebens (Watson & Tellegen, 1985; Watson, Wiese, Vaidya & Tellegen,

1999) ein dimensionaler Ansatz verwendet. Die Dimension der Aktivierung wird hier zusätzlich in die beiden Dimensionen *positive Aktivierung* (z. B. hoch motiviert – lustlos) und *negative Aktivierung* (z. B. entspannt – gestresst) unterteilt.

Die Ergebnisse einer ersten ESM-Studie innerhalb der Inklusionsforschung deuten darauf hin, dass Schüler*innen mit schwachen Schulleistungen während des inklusiven Unterrichts der vierten bis sechsten Primarstufe über eine höhere positive emotionale Aktivierung verfügen als ihre Mitschüler*innen (Venetz, Tarnutzer, Zurbriggen & Sempert, 2012). Eine hohe negative emotionale Aktivierung nehmen hingegen Schüler*innen wahr, deren Verhaltensweisen von ihren Lehrkräften als auffällig eingeschätzt wurden. Unter Berücksichtigung des sozialen Kontextes konnte in weiterführenden Analysen gezeigt werden, dass Schüler*innen in kooperativen Lernsituationen generell mehr positiv aktiviert (d. h. motivierter) und weniger negativ aktiviert (d. h. weniger gestresst) sind als in Einzelsettings (Zurbriggen & Venetz, 2016). In einer ESM-Folgestudie in der Sekundarstufe fand dieses Befundmuster Unterstützung: Soziale Interaktionen mit Peers hatten sowohl im Unterricht als auch in der Freizeit einen positiven Effekt auf das emotionale Erleben von Jugendlichen – unabhängig vom Status sonderpädagogischer Förderbedarf (Zurbriggen, Venetz & Hinni, 2018). Weitere differenzielle Effekte von Merkmalen inklusiven Unterrichts auf das aktuelle emotionale Erleben von Schüler*innen der Primarstufe wurden bei Zurbriggen und Venetz (2018) untersucht: Die Option einer Aufgabenwahl und ein individuell angemessener Schwierigkeitsgrad gingen mit einer Zunahme der positiven Aktivierung und gleichzeitig einer Abnahme der negativen Aktivierung einher. Im Sinne eines weiten Inklusionsverständnisses wurden zudem verschiedene Heterogenitätsdimensionen hinsichtlich Schulleistungen (in Mathematik und Deutsch) sowie sozial-emotionaler Erlebens- und Verhaltensweisen berücksichtigt. Dabei zeigten sich folgende differenzielle Effekte: Schüler*innen mit externalisierenden Verhaltensweisen (z. B. hyperaktiv) und leicht unterdurchschnittlichen Schulleistungen erlebten den Unterricht im Allgemeinen negativer. Zudem war ihre intraindividuelle Variabilität emotionalen Erlebens größer. Letzteres deutet darauf hin, dass ihr emotionales Erleben stärker von situativen Kontextfaktoren abhängig ist. Bei Schüler*innen mit internalisierenden Erlebens- und Verhaltensweisen (z. B. sehr ängstlich) ging die Möglichkeit zur Aufgabenwahl nicht mit einer Reduzierung der negativen emotionalen Aktivierung einher. Schüler*innen mit überdurchschnittlichen Leistungen sowie einem gut angepassten Sozialverhalten waren wiederum erst bei Aufgaben, die subjektiv als schwierig erlebt wurden, besonders positiv aktiviert bzw. motiviert.

Neben den Forschungen zum habituellen bzw. *allgemeinen* emotionalen Wohlbefinden im inklusiven Schulkontext liegen somit auch einzelne Studien vor, welche das aktuelle bzw. *situative* emotionale Erleben der Schüler*innen im inklusiven Unterricht untersucht haben. Zusammenfassend weisen die Ergebnisse darauf hin, dass situative Kontextmerkmale und spezifische Personenmerkmale einen bedeutsamen Effekt auf das emotionale Erleben der Schüler*innen in inklusiven (Unterrichts-)Settings haben.

6.2 Relevanz für den inklusiven Unterricht

Die Bedeutung der empirischen Befunde zum emotionalen Erleben von Schüler*innen für die Gestaltung eines inklusiv ausgerichteten Unterrichts kann sowohl vor dem Hintergrund eines weiten als auch eines engen Inklusionsverständnisses diskutiert werden. Dementsprechend werden nun zuerst allgemeine Schlussfolgerungen entlang der zentralen Merkmale inklusiven Unterrichts skizziert, um anschließend spezifisch auf einzelne Schüler*innengruppen einzugehen.

6.2.1 Emotionsförderliche Unterrichtsgestaltung

Allgemein betrachtet deuten die Ergebnisse aus den berichteten ESM-Studien darauf hin, dass sich die ausgewählten Merkmale eines inklusiv orientierten Unterrichts positiv auf das emotionale Erleben von Schüler*innen auswirken. Ein besonders günstiges emotionales Erleben zeigte sich während kooperativen Lernformen: Schüler*innen waren bei sozialen Interaktionen mit Peers sowohl motivierter als auch weniger gestresst als in Einzelsituationen (Zurbriggen & Venetz, 2016; Zurbriggen, Venetz & Hinni, 2018). Dieses Befundmuster zeigte sich unabhängig vom allgemeinen Ausmaß an sozialer Eingebundenheit in der Schulklasse – wenn auch weniger stark ausgeprägt. Somit profitieren auch Schüler*innen von kooperativem Lernen, die mit ihren Klassenkamerad*innen weniger gut zurechtkommen als ihre Peers. Dies ist insofern nachvollziehbar, als Emotionen eine konstitutive Rolle bezüglich sozialer Interaktionen besitzen (Gross, 2014; Izard & Ackerman, 2004) und dementsprechend der Schulklasse als soziales Lernumfeld eine einflussreiche Funktion zukommt. Damit erhält Kooperation als ein zentrales Merkmal inklusiven Unterrichts zusätzliches Gewicht.

Des Weiteren geben die Befunde erste Hinweise für die Bedeutsamkeit von Binnendifferenzierung. So scheint sich die Möglichkeit zur Aufgabenwahl positiv auf das emotionale Erleben auszuwirken (Zurbriggen & Venetz, 2018). Inwiefern sich weitere Differenzierungsaspekte – wie z. B. die zeitliche Einteilung oder die Wahl von Inhalten – auf das emotionale Erleben und schlussendlich auf das Lernergebnis auswirken, bleibt indes unklar. Ein Indiz für die Relevanz von Personalisierung oder Individualisierung liefern die Ergebnisse bezüglich Aufgabenschwierigkeit. Ein subjektiv als angemessen erlebter Schwierigkeitsgrad ergab im Allgemeinen das positivste Befinden. Für Schüler*innen mit überdurchschnittlichen Leistungen war jedoch ein subjektiv höherer Anforderungsgrad erforderlich, um ein optimales emotionales Erleben zu erreichen. Gesamthaft sprechen die Ergebnisse für ein individuell angepasstes Ausbalancieren des Anforderungsgrades, so dass die Schüler*innen weder über- noch unterfordert sind.

Das positive emotionale Erleben von Schüler*innen in bestimmten inklusiv ausgerichteten Unterrichtssituationen ist grundsätzlich zu befürworten, da Emotionen einen bedeutsamen Einfluss auf das schulische Lernen und Leisten haben (Pekrun, Lichtenfeld, Marsh, Murayama & Goetz, 2017; Pekrun, Muis, Frenzel & Goetz, 2018). Demzufolge können Lehrpersonen mit einer emotionsförderlichen Unterrichtsgestaltung zum einen direkt das emotionale Erleben positiv beeinflussen und zum anderen indirekt – via emotional-motivationalen Begleitprozessen – das Lernen von Schüler*innen unterstützen (Linnenbrink, 2007). Die allgemeinen Handlungsempfehlungen von Pekrun et al. (2018) lassen sich denn auch mehrheitlich auf den inklusiven Unterricht übertragen. Ein Grundsatz für ein emotionsförderliches Lernumfeld ist etwa, einen qualitativ hochwertigen Unterricht zu bieten. Zudem gilt es, die individuellen und kulturellen Besonderheiten der Emotionen von Schüler*innen zu berücksichtigen. Das Evozieren positiver Emotionen ist generell zu bevorzugen, da durch sie die Aufmerksamkeit und das Denk- und Handlungsrepertoire erweitert wird (vgl. Broaden-and-Build-Theorie von Fredrickson, 2001). Obwohl negative Emotionen situationsbezogen positiv genutzt werden können (z. B. zur Fokussierung in Prüfungen), ist ein Übermaß davon zu vermeiden. Darüber hinaus kommt der Lehrperson die Aufgabe zuteil, Schüler*innen darin anzuleiten, wie sie ihre Emotionen beim Lernen und im Unterricht positiv nutzen und regulieren können. Wie die nachfolgenden Ausführungen vor dem Hintergrund eines engen Inklusionsverständnisses zeigen, ist eine Unterstützung bei der Emotionsregulation für einige Schüler*innen besonders wichtig.

6.2.2 Spezifische Maßnahmen

Aus einer eher dem engen Inklusionsverständnis zuzuordnenden Perspektive verweisen die Ergebnisse aus den ESM-Studien auf die Bedeutsamkeit einer individualisierten (oder personalisierten) Unterrichtsgestaltung. So deutet der Befund, wonach Schüler*innen mit schwachen Schulleistungen im Unterricht stärker positiv aktiviert sind als ihre Mitschüler*innen (Venetz et al., 2012), auf ein höheres momentanes Engagement und eine größere momentane Anstrengungsbereitschaft hin. Diese volitionalen Aspekte stellen im Grunde eine personale Ressource dar. Die erhöhte positive emotionale Aktivierung könnte auf Dauer aber auch zu einer emotionalen Belastung mit Risiken für die weitere psychosoziale Entwicklung führen. Um dem entgegenzuwirken, dürften individualisierte Zielvereinbarungen für diese Schüler*innen besonders gewinnbringend sein. Eine motivationspsychologisch gut abgesicherte Leitlinie bietet die Zielformulierung orientiert am S.M.A.R.T.-Prinzip (z. B. Storch, 2009). Hinter diesem Akronym stehen die Adjektive *spezifisch*, *messbar*, *attraktiv*, *realistisch* und *terminiert*. Bei der Formulierung individualisierter Ziele soll jedes dieser Attribute gleichermaßen Berücksichtigung finden. Für eine Aufgabensequenz im Mathematikunterricht bedeutet dies beispielsweise, dass mit der Schülerin oder dem Schüler konkret ausgehandelt wird: (1.) welche Aufgaben auf welche Weise bearbeitet werden sollen, (2.) welche Gesichtspunkte eine erfolgreiche Aufgabenbearbeitung definieren (z. B. das korrekte Ergebnis oder der Rechenweg), (3.) welcher individuelle Nutzen für die Schülerin oder den Schüler in der erfolgreichen Aufgabenbearbeitung liegt (dies impliziert auch die Schaffung externer Anreize wie z. B. die Reduzierung der Hausaufgaben in Mathematik, die Erhöhung der freien Spielzeit), (4.) was den qualitativen und quantitativen Rahmen der Aufgabenbearbeitung umfasst, so dass weder eine Über- noch eine Unterforderung entsteht, und (5.) zu welchem Zeitpunkt die Aufgabenbearbeitung endet.

Der Befund der größeren intraindividuellen Variabilität im emotionalen Erleben von Schüler*innen mit externalisierenden Verhaltensweisen (Zurbriggen & Venetz, 2018) weist auf eine stärkere Abhängigkeit emotionalen Erlebens von situativen Kontextfaktoren hin. Dies könnte sowohl mit einer Hyporegulation des eigenen emotionalen Erlebens und Verhaltens (im Sinne einer niedrigen Emotionsregulationsfähigkeit) als auch einer Hypersensibilität im Bereich des emotionalen Erlebens (im Sinne einer verstärkten Wahrnehmung von Umweltreizen) in Zusammenhang stehen. Deshalb ist davon auszugehen, dass Schüler*innen mit externalisierenden Verhaltensweisen sowohl von individuellen als auch strukturellen Maßnahmen innerhalb des inklusiven Unterrichts profitieren. Als individuelle Maßnahmen dürften für Schüler*innen mit externalisierenden Verhaltensweisen u. a. Trainingsprogramme zur Förderung emotionaler Kompetenzen (z. B. nach Petermann, Petermann & Nitkowski, 2016) von Nutzen sein, um beispielsweise das Repertoire an konkreten emotionalen Regulationsstrategien zu erweitern. Eine weitere Möglichkeit ist der Einsatz operanter Verfahren wie beispielsweise die Response-Cost-Methode oder ein Verstärkerplan (z. B. Döpfner, Frölich & Wolff Metternich-Kaizman, 2019; Werner & Trunk, 2017). Strukturelle Maßnahmen zielen hingegen auf Änderungen der Bedingungen des (schulischen) Umfeldes wie etwa die Gestaltung des Unterrichtsraums oder Maßnahmen im Bereich des Classroom-Managements. Um Unterrichtssituationen vorhersagbar zu gestalten, ist es z. B. sinnvoll, gewisse Rahmenbedingungen wie den Stundenplan oder die Klassenregeln stets präsent im Klassenraum oder am Arbeitsplatz anzuordnen.

Bei Schüler*innen mit internalisierenden Erlebens- und Verhaltensweisen scheint die Möglichkeit zur Aufgabenwahl – im Gegensatz zu ihren Mitschüler*innen – nicht mit einer Reduzierung der negativen emotionalen Aktivierung bzw. dem Stresserleben einherzugehen (Zurbriggen & Venetz, 2018). Dieser Befund deutet auf Schwierigkeiten in Entscheidungsfindungsprozessen sowie Überforderungs- oder Perfektionismustendenzen hin, welche wiederum möglicherweise in Zusammenhang mit sozialängstlich oder depressiv akzentuierten Kognitionen wie »Ich entscheide mich ja eh für das Falsche. Was denken dann die anderen über mich?« stehen können. Bei internalisierenden Erlebens- und Verhaltensweisen scheinen vornehmlich Aspekte einer Hyperregulation (im Sinne einer übermäßigen Steuerung) eine bedeutsame Rolle einzunehmen. Demnach könnten wiederum individualisierte Zielformulierungen verwendet werden, welche bereits beim Entscheidungsprozess bezüglich der Aufgabenwahl einsetzen. Als Lehrperson ist es empfehlenswert, sich hier verstärkt am Scaffolding-Prinzip (nach dem Motto »so viel Hilfe wie nötig, so wenig wie möglich«) zu orientieren, um Überforderungstendenzen und hemmenden negativen Kognitionen der Schülerin bzw. des Schülers entgegenzuwirken und ihr bzw. ihm gleichzeitig Zutrauen in die eigenen Fähigkeiten zu vermitteln.

6.3 Fazit und Ausblick

Gesamthaft betrachtet kann die aktuelle empirische Befundlage dahingehend interpretiert werden, dass sich ein inklusiv ausgerichteter Unterricht positiv auf das emotionale Erleben von Schüler*innen auswirken kann. Demzufolge ist eine Berücksichtigung des subjektiven Befindens für die Unterrichtsgestaltung empfehlenswert, da damit erhebliche Potenziale für das schulische Lernen und die psychosoziale Entwicklung aller Schüler*innen vorliegen.

Die Forschung steht diesbezüglich jedoch noch am Anfang. In zukünftigen Studien gilt es etwa Effekte von Differenzierung, Individualisierung bzw. Personalisierung und Kooperation näher zu untersuchen oder weitere relevante Unterrichtsmerkmale wie z. B. Team-Teaching zu berücksichtigen. In Bezug auf differenzielle Effekte des inklusiven Unterrichts auf das emotionale Erleben von Schüler*innen würden sich auch andere Heterogenitätsdimensionen wie z. B. sozialer Hintergrund oder kognitive Fähigkeiten anbieten. Von Interesse wäre zudem, die Entwicklung des emotionalen Erlebens von Schüler*innen in Abhängigkeit von inklusionspädagogisch relevanten Merkmalen auf Ebene der Schulklasse wie z. B. ein positives soziales Klassenklima oder die sprachliche Diversität innerhalb der Schulklasse zu untersuchen. In diesem Zusammenhang stellt sich außerdem die Frage der Reziprozität oder Übertragung von Emotionen innerhalb der Schulklasse oder zwischen Lehrperson und Schüler*innen.

Nicht zuletzt geht es darum, dass dem emotionalen (Wohl-)Befinden von Schüler*innen und den im Unterricht erlebten Emotionen überhaupt Beachtung geschenkt wird (vgl. auch Pekrun et al., 2018). Dies stellt jedoch eine grundlegende Schwierigkeit dar, da Emotionen einem psychischen Zustand mit einem affektiven bzw. gefühlten ›Kern‹ entsprechen, der sich für ›Außenstehende‹ nicht direkt erschließen lässt. Für Lehrpersonen ist es insofern schwierig, das emotionale Erleben oder Wohlbefinden ihrer Schüler*innen einzuschätzen. So ergaben etwa die Analysen von Venetz, Zurbriggen und Schwab (2019), dass zwischen der Selbstauskunft zum emotionalen Wohlbefinden (und zur sozialen Inklusion) von Schüler*innen und der Fremdeinschätzung der Lehrpersonen nur eine relativ geringe Übereinstimmung vorlag. Dies kann als Plädoyer für den Einbezug der subjektiven Sichtweise bei emotionalen Aspekten im Kontext von Inklusion gewertet werden.

Weiterführende Literatur

In-Albon, T. (Hrsg.) (2013). Emotionsregulation und psychische Störungen im Kindes- und Jugendalter: Grundlagen, Forschung und Behandlungsansätze. Stuttgart: Kohlhammer.
Klicpera, C., Gasteiger-Klicpera, B. & Besic, E. (2019). Psychische Störungen im Kindes- und Jugendalter (2., vollständig überarbeitete u. aktualisierte Aufl.). Wien: utb.
Stein, R. & Müller, T. (Hrsg.) (2017). Inklusion im Förderschwerpunkt emotionale und soziale Entwicklung (2., erweiterte u. überarbeitete Aufl.). Stuttgart: Kohlhammer.

Literatur

Dederich, M. (2018). Inklusion und Emotion. Behinderte Menschen, 41(6), 19–29.

Döpfner, M., Frölich, J. & Wolff Metternich-Kaizman, T. (2019). Ratgeber ADHS. Informationen für Betroffene, Eltern, Lehrer und Erzieher zu Aufmerksamkeitsdefizit-/Hyperaktivitätsstörungen (3., aktualisierte Aufl.). Göttingen: Hogrefe.

Ellinger, S. & Stein, R. (2012). Effekte inklusiver Beschulung: Forschungsstand im Förderschwerpunkt emotionale und soziale Entwicklung. Empirische Sonderpädagogik, 4(2), 85–109.

Fredrickson, B. L. (2001). The role of positive emotions in positive psychology: The broaden-and-built theory of positive emotions. American Psychologist, 56, 218–226.

Gross, J. J. (2014). Emotion regulation. Conceptual foundations. In J. Gross (Ed.), Handbook of emotion regulation (2nd ed., pp. 3–20). New York, NY: Guilford.

Haeberlin, U., Bless, G., Moser, U. & Klaghofer, R. (1990). Die Integration von Lernbehinderten. Versuche, Theorien, Forschungen, Enttäuschungen, Hoffnungen. Bern: Haupt.

Hektner, J. M., Schmidt, J. A. & Csikszentmihalyi, M. (2007). Experience sampling method. Measuring the quality of everyday life. Thousand Oaks: Sage.

Izard, C. E. & Ackerman, B. P. (2004). Motivational, organizational, and regulatory functions of discrete emotions. In M. Lewis & J. M. Haviland-Jones (Eds.), Handbook of emotions (pp. 253–264). New York, NY: Guilford.

Linnenbrink, E. A. (2007). The role of affect in student learning: a multi-dimensional approach to considering the interaction of affect, motivation, and engagement. In P. A. Schutz & R. Pekrun (Eds.), Emotion in education (pp. 107–124). London: Academic Press.

Loreman, T. (2017). Pedagogy for inclusive education. Oxford Research Encyclopedia of Education. doi:10.1093/acrefore/9780190264093.013.148.

McCoy, S. & Banks, J. (2012). Simply academic? Why children with special educational needs don't like school. European Journal of Special Needs Education, 27(1), 81–97.

Müller Bösch, C. & Schaffner Menn, A. (2014). Individuelles Lernen in Kooperation am gemeinsamen Gegenstand im inklusiven Unterricht. In R. Luder, A. Kunz & C. Müller Bösch (Hrsg.), Inklusive Pädagogik und Didaktik (S. 75–116). Zürich: PHZH.

Pekrun, R., Lichtenfeld, S., Marsh, H. W., Murayama, K. & Goetz, T. (2017). Achievement emotions and academic performance: Longitudinal models of reciprocal effects. Child Development, 88(5), 1653–1670. doi:10.1111/cdev.12704.

Pekrun, R, Muis, K. R., Frenzel, A. C. & Goetz T. (2018). Emotions at school. New York: Routledge.

Petermann, F., Petermann, U. & Nitkowski, D. (2016). Emotionstraining in der Schule. Ein Programm zur Förderung der emotionalen Kompetenz. Göttingen: Hogrefe.

Reusser, K., Pauli, C. & Stebler, R. (2018). Personalisiertes Lernen. Zur Analyse eines Bildungsschlagwortes und erste Ergebnisse aus der perLen-Studie. Zeitschrift für Pädagogik, 2, 159–178.

Ruijs, N. M. & Peetsma, T. T. D. (2009). Effects of inclusion on students with and without special educational needs reviewed. Educational Research Review, 4(2), 67–79. doi:10.1016/j.edurev.2009.02.002.

Schmidt-Atzert, L. (2009). Kategoriale und dimensionale Modelle. In V. Brandstätter & J. H. Otto (Hrsg.), Handbuch der Allgemeinen Psychologie – Motivation und Emotion (S. 571–576). Göttingen: Hogrefe.

Schwab, S. (2014). Schulische Integration, soziale Partizipation und emotionales Wohlbefinden in der Schule. Wien: LIT Verlag.

Schwab, S., Rossmann, P., Tanzer, N., Hagn, J., Oitzinger, S., Thurner, V. & Wimberger, T. (2015). Schulisches Wohlbefinden von SchülerInnen mit und ohne sonderpädagogischen Förderbedarf. Integrations- und Regelklassen im Vergleich. Zeitschrift für Kinder- und Jugendpsychiatrie und Psychotherapie, 43(4), 265–274. doi:10.1024/1422-4917/a000363.

Schwab, S., Sharma, U. & Hoffmann, L. (2019). How inclusive are the teaching practices of my German, Maths and English teachers? Psychometric properties of a newly developed scale to assess personalisation and differentiation in teaching practices. International Journal of Inclusive Education. doi:10.1080/13603116.2019.1629121.

Spratt, J. & Florian, L. (2015). Inclusive pedagogy: from learning to action. Supporting each individual in the context of ›everybody‹. Teaching and Teacher Education, 49, 89–96. doi:10.1016/j.tate.2015.03.006.

Storch, M. (2009). Motto-Ziele, S.M.A.R.T.-Ziele und Motivation. In B. Birgmeier (Hrsg.), Coachingwissen. Denn sie wissen nicht, was sie tun? (S. 183–205). Wiesbaden: VS Verlag für Sozialwissenschaften.

Tent, L., Witt, M., Bürger, W. & Zschoche-Lieberum, C. (1991). Ist die Schule für Lernbehinderte überholt? Heilpädagogische Forschung, 17(1), 3–13.

Tomlinson, C. (2014). The differentiated classroom: Responding to the needs of all learners (2nd ed.). Alexandria, VA: ASCD.

Venetz, M. (2015). Schulische Integration und Wohlbefinden von Kindern und Jugendlichen mit besonderem Förderbedarf. Vierteljahrsschrift für Heilpädagogik und ihre Nachbarsgebiete, 84(1), 57–59. doi:10.2378/vhn2015.art06d.

Venetz, M., Tarnutzer, R., Zurbriggen, C. & Sempert, W. (2012). Emotionales Erleben im Unterricht und schulbezogene Selbstbilder. Vergleichende Analysen von Lernenden in integrativen und separativen Schulformen. Bern: SZH/CSPS.

Venetz, M. & Zurbriggen, C. (2016). Intensity Bias oder Rosy View? Zur Diskrepanz habituell und aktuell berichtetem emotionalem Erleben im Unterricht. Empirische Sonderpädagogik, 30(1), 27–42.

Venetz, M., Zurbriggen, C. L. A. & Schwab, S. (2019). What do teachers think about their students' inclusion? Consistency of students' self-reports and teacher ratings. Frontiers in Psychology, 10, 1637. doi:10.3389/fpsyg.2019.01637.

Watson, D. & Tellegen, A. (1985). Toward a consensual structure of mood. Psychological Bulletin, 98, 219–235.

Watson, D., Wiese, D., Vaidya, J. & Tellegen, A. (1999). The two general activation systems of affect: Structural findings, evolutionary considerations, and psychobiological evidence. Journal of Personality and Social Psychology, 76(5), 98–112.

Weber, K. E. & Freund, P. A. (2017). Selbstkonzept und Wohlbefinden im Kontext schulischer Inklusion – quantitative und qualitative Befunde. Empirische Pädagogik, 31(3), 230–248.

Werner, N. S. & Trunk, J. (2017). Operante Verfahren. Techniken der Verhaltenstherapie. Weinheim: Beltz.

Wild, E., Schwinger, M., Lütje-Klose, B., Yotyodying, S., Gorges, J., Stranghöner, D. et al. (2015). Schülerinnen und Schüler mit dem Förderschwerpunkt Lernen in inklusiven Förderarrangements: Erste Befunde des BiLief-Projektes zu Leistung, sozialer Integration, Motivation und Wohlbefinden. Unterrichtswissenschaft, 43(1), 7–21.

Zurbriggen, C. & Venetz, M. (2016). Soziale Partizipation und aktuelles Erleben im gemeinsamen Unterricht. Empirische Pädagogik, 30(1), 98–112.

Zurbriggen, C. & Venetz, M. (2018). Diversität und aktuelles emotionales Erleben von Schülerinnen und Schülern im inklusiven Unterricht. In G. Hagenauer & T. Hascher (Hrsg.), Emotionen und Emotionsregulation in der Schule und Hochschule (S. 87–102). Münster: Waxmann.

Zurbriggen, C., Venetz, M. & Hinni, C. (2018). The quality of experience of students with and without special educational needs in everyday life and when relating to peers. European Journal of Special Needs Education, 33(2), 205–220. doi:10.1080/08856257.2018.1424777.

7 Emotionen und digitale Medien

Thomas Knaus & Nastasja Bohnet

Kurzzusammenfassung

In diesem Kapitel wird das Verhältnis von Emotion und (digitalen) Medien aus der Perspektive der Medienpädagogik beleuchtet. Im Anschluss werden in ausgewählten Unterrichtsbeispielen lebensweltbezogene Lehrmedien, die Handlungsorientierung sowie interaktionistisch-konstruktivistische Arbeitsmethoden vor dem Hintergrund ihrer (medien-)didaktischen Potenziale für den Unterricht vorgestellt.

Schlagwörter: *Medienpädagogik, Mediendidaktik, digitale Medien, Handlungsorientierung, Aktive Medienarbeit, Schüler*innenaktivierung, interaktionistisch-konstruktivistische Didaktik, kollaboratives Lernen*

Einleitung: Medien – eine emotionale Geschichte

»Nur das, was den Menschen in der Gemeinkraft der Menschennatur, d.h. als Herz, Geist und Hand ergreift, nur das ist für ihn wirklich wahrhaft und naturgemäß bildend; alles, was ihn nicht in der Gemeinschaft seines Wesens ergreift, ergreift ihn nicht naturgemäß und ist für ihn, im ganzen Umfang des Wortes, nicht menschlich bildend« (Pestalozzi, 1946 [1826], S. 336).

Die erste Assoziation bezüglich digitaler Medien und Schule ist möglicherweise keine bildungs- oder erziehungswissenschaftliche, auch keine schul- oder medienpädagogische, sondern lässt uns an aktuelle bildungspolitische Debatten denken – z. B. solche zum *digitalen Wandel*, der nicht zuletzt auch Bildungskontexte berührt. Diese Diskussionen werden *emotional* geführt: Die Auffassungen reichen von euphorischen Visionen bis hin zu kulturkritischen, bewahrpädagogischen oder sogar angstschürenden Positionen. Titel von Bestsellern wie »Cyberkrank«, »Digitale Demenz« oder »Wie man eine Bildungsnation an die Wand fährt« belegen dies eindrucksvoll. Ohne selbst solchen Emotionalisierungen zu folgen, nimmt dieser Beitrag eine *didaktisch-pragmatische* und *kritisch-optimistische* Position ein: Medienpädagogische Praxis und der didaktisch versierte Einsatz (digitaler) Medien in Schule und Unterricht bergen das Potenzial, Emotionen bei Schüler*innen zu wecken – sie zu bewegen und zu aktivieren, für aktuelle Fragen und Lerngegenstände zu begeistern und zur Reflexion anzuregen sowie durch lebensweltlichen Unterricht an ihre individuellen (Medien-)Erfahrungen anzuknüpfen (ausführlicher in Knaus & Bohnet, 2019).

Die aktuellen medialen, technischen und technologischen Entwicklungen bergen aber nicht nur Potenziale, sondern auch Herausforderungen. Diese zu meistern, erfordert Wissen und Können, das nicht zuletzt durch die kritische Reflexion des eigenen Medienhandelns erworben wird (weiterführend Knaus, 2018b; Knaus, 2020; Knaus, 2021). Dieses Wissen und Können entsteht nicht durch »Medienschonung«, sondern durch das Sammeln von Medien*erfahrungen* (Schmidt, 2000, S. 150) – auch in der Schule. Und zwar nicht nur auf Seiten der Lehrer*innen mit dem Ziel der Bereicherung des Unterrichts, sondern auch und gerade von Kindern und Jugendlichen. Denn in der Lebenswelt der Schüler*innen ist das Handy – das persönliche Smartphone – längst eine »Herzensangelegenheit«: Es sorgt für eine stehende Verbindung zu den besten Freunden und Eltern und ist Teddybär, Notrufsäule, Ecke zum Abhängen, Sorgenpuppe und Tor zur Welt (vgl. Knaus, 2017, S. 58) - (digitale) Medien werden von Kindern und Jugendlichen ganz selbstverständlich zur Bewältigung von Entwicklungsaufgaben herangezogen.

Diese emotionale Verbindung zum Smartphone, anderen Medien und Plattformen, die Apps, umfängliche mediale Inhalte und *Communities of Practice* bereitstellen, ist auch für den Unterricht nutzbar: Einerseits, indem Medienangebote Motivation, Interesse und Commitment für einen Lerngegenstand erzeugen sowie Perspektivwechsel, Umdenken und Neudenken befördern können. Andererseits, indem sie durch aktive und kreativ-schöpferische Lernhandlungen Selbstwirksamkeitserfahrungen ermöglichen und ein selbstbestimmtes, anknüpfbares und nachhaltiges Lernen fördern oder indem sich Lernende auch interaktionistisch vernetzen können.

7.1 Forschungsstand zu Emotionen in der Medienpädagogik

Wie das Feld der Medienforschung, ist auch die Forschungslage zu Emotionen vergleichsweise heterogen: Aufgrund unterschiedlicher Forschungsschwerpunkte, Erkenntnisinteressen und Bezugsdisziplinen findet sich weder eine disziplinübergreifende Definition des *Emotions*- noch des *Medien*begriffs (vgl. Höfer, 2013, S. 21; Knaus, 2009, S. 49–58). Die Herausforderung besteht daher darin, das Verhältnis gleich zweier sehr heterogener Begriffe zu umreißen. Das gelingt unseres Erachtens nur, wenn eine bestimmte disziplinäre Perspektive eingenommen wird. Diese Perspektive soll die *Medienpädagogik* sein – ebenfalls ein interdisziplinäres Forschungs- und Praxisfeld mit erziehungswissenschaftlichen sowie medien- und kommunikationswissenschaftlichen Wurzeln wie auch weiteren Einflüssen aus der (Medien-)Soziologie und Psychologie (vgl. Knaus, 2019a, S. 725–732). Die Anknüpfungen zum Themenfeld Emotionen bestehen für die Medienpädagogik daher in vielfältiger Weise: Emotionen sind ein Gegenstand in der Bildungsphilosophie und Erziehungswissenschaft, werden in den Kommunikations- und Medienwissenschaften sowie der Medienwirkungsforschung thematisiert (vgl. weiterführend Knaus & Bohnet, 2019, S. 8–14) und berühren über Bezüge zur Pädagogischen Psychologie die Mediendidaktik – eines der zentralen Arbeits- und Forschungsfelder der Medienpädagogik. Der Themenkomplex Emotionen wäre auch für die Medienerziehung, Mediensozialisation und Medienaneignungsforschung anschlussfähig (vgl. u. a. Vollbrecht & Wegener, 2010; Reißmann, Hartung & Böhm, 2013), aber unter Berücksichtigung der schulpädagogischen und fachdidaktischen Zielrichtung des vorliegenden Bandes fiel die Wahl auf die schulische *Mediendidaktik*, in deren Richtung der aktuelle Forschungsstand hin entfaltet und die praktischen Beispiele vorgestellt werden.

Das Verständnis von Emotionen und ihrer Bedeutung im Vergleich zum vielerorts postulierten »Gegenspieler« – der Vernunft – ist philosophiegeschichtlich ein Auf und Ab: Während noch in der antiken griechischen Philosophie der Ursprung aller Reflexion in der Emotion verortet wurde – nämlich dem Staunen und der Verwunderung gegenüber dem Erleben von etwas Unerwartetem (vgl. Breinbauer, 2019, S. 47) –, erfuhr die Emotion in der Moderne eine Abwertung zum subjektiven und mitunter auch irrationalen Zustand, den es zugunsten der Vernunft zu unterdrücken galt. Dies begründen logozentrische Wissenschaftskulturen mit dem *Leib-Seele-Dualismus* (René Descartes) und die Aufklärung mit dem Menschenbild des *vernunftbegabten Menschen* – wie bei Immanuel Kant (»Kritik der reinen Vernunft«). Zwar finden sich zu allen Zeiten auch philosophische Denker, die dieser Gefühlsvergessenheit entgegensteuern und für Ganzheitlichkeit eintreten, wie Blaise Pascal, Friedrich Schiller oder David Hume; und auch in den *Klassikern* der Erziehungswissenschaften zeigen sich deutliche Bezüge zu Gefühlen, Empfindungen, Leidenschaften und entsprechend auch Emotionen, wie bei Jean-Jacques Rousseau (»emotional-empathische Grundfähigkeiten«), Johann Friedrich Herbart (»Sittlichkeit durch Gefühl« sowie das Konzept des »pädagogischen Takts«) und Johann Heinrich Pestalozzi (»Kopf, Herz und Hand« sowie »Pädagogische Liebe«, vgl. Seichter, 2007, S. 77). Dennoch setzt sich die Entgegensetzung von Rationalität und Gefühl bis heute in unserem Denken fort.

Auch aktuell wird der Stellenwert von Emotionen insbesondere in pädagogischen Kontexten sehr unterschiedlich bewertet: Es scheint fast, als werde »innerhalb der Grundlagen erziehungswissenschaftlicher Theoriebildung [...] Emotionen kein konstruktiver Wert beigemessen« (Huber & Krause, 2017, S. 1). So fragt Ines Maria Breinbauer mit Hinweis auf bildungswissenschaftliche Studien zu einzelnen Gefühlen und Emotionen, wie Ekel, pädagogischer Liebe, Scham und Leidenschaften, ob ein solcher Wert überhaupt hergestellt werden kann, da eine generalisierende Analyse aufgrund der Vielschichtigkeit von Emotionen nur schwer gelingt (vgl. Breinbauer, 2018, S. 43). Sabine Krause und Matthias Huber erklären diese bis heute nur partiell bearbeitete Leerstelle auch disziplinpolitisch: Im Zuge des Kampfes um Eigenständigkeit der Erziehungswissenschaften wurden Abgrenzungen durch »vermeintlich disziplinfremde Konzeptionen – zu denen die Emotionen gezählt wurden« – vorangetrieben (Huber & Krause, 2017, S. 2; ▶ Kap. 1.2). In jüngerer Zeit werden interdisziplinäre Anknüpfungen zunehmend stärker verfolgt, da viele Antworten auf aktuelle Fragen »zwischen den Laternen« der etablierten Disziplinen zu finden sind (vgl. von Weizsäcker, 1971). Und doch fremdeln Forschende aus den Erziehungswissenschaften auch weiterhin mit dem Themenfeld Gefühle und Emotion, da für sie die Begriffe *Bildung* und *Lernen* keine Synonyme sind und einige von ihnen die gezielte Beeinflussung emotionaler Bedingungsfaktoren im Dienste von Lern- und Bildungsprozessen mit Skepsis betrachten. Dies gilt mitunter auch für die Bereitstellung oder Gestaltung förderlicher Lernatmosphären (vgl. u. a. Hascher, 2004), da Gefühle und Emotionen für sie den letzten Rückzugsort von Humanität darstellen, deren immer präziseres Ausleuchten mit dem Ziel eines besseren (pädagogischen) Verfügens über den Menschen diesen auch instrumentalisiert (vgl. Klika, 2004, S. 19; Breinbauer, 2018, S. 44). Fraglich ist überdies, inwiefern gezielte Emotionssteuerung von den zu steuernden Lernenden durchschaut und abgewehrt wird oder zur Abstumpfung führen könnte – bezüglich des gezielten Einsatzes von Emotionen in den Medien gibt es Hinweise auf diese Effekte (vgl. Knaus & Bohnet, 2019, S. 11 ff.). Trotz dieser berechtigten Bedenken halten wir eine erziehungswissenschaftliche Befassung mit dem Themenfeld Emotionen für geboten. Erstens sollte – dem Eingangszitat folgend – eine ganzheitliche *Menschen*bildung das Ziel aller Erziehungs- und Sozialisationsprozesse sein. Zweitens ist der Mensch niemals nur Geistwesen und damit sind Gefühle und Emotionen auch in der Schule allgegenwärtig – etwa die Neugier der Schülerin oder des Schülers, die Angst des Prüflings, die Freude oder der Stolz über gute Leistungen oder auch die Wut über eine ungerechte Bewertung. Und wenn diese Emotionen bei den Schüler*innen ohnehin gegeben sind, gilt es, mit diesen auch in Lernsituationen umzugehen.

Für den Lehr-Lern-Kontext sind insbesondere medienpsychologische Studien zu Emotionen interessant, die sich mit den Auswirkungen auf den *Wissenserwerb* und die *Erinnerungsfähigkeit* befassen. Zahlreiche emotionspsychologische Studien betrachten mediale Emotionen aus einer Erregungsperspektive, d. h. Emotionen lösen eine Erregung aus, die die Erinnerung beeinflusst (vgl. Levine & Pizarro, 2004): So können stark emotionalisierende Narrative (vgl. Burke, Heuer & Reisberg, 1992) oder Bilder (vgl. Safer, Christianson, Autry & Österlund, 1998) besser erinnert werden als »neutrale« mediale Artefakte – dies gilt auch für emotionalisierende mediale Ereignisse (vgl. Klauer, 2004). In Anlehnung an Luc Ciompi und Gerhard Roth bestimmt der Kommunikationswissenschaftler Siegfried J. Schmidt die Funktion von Emotionen als die »entscheidenden Energielieferanten und Motivatoren aller kognitiven wie kommunikativen Dynamik [...] im Hinblick auf Aufmerksamkeit und Erinnerung« (Schmidt, 2005, S. 26). Die Frage, ob, wie lange und wie intensiv sich Individuen mit einem bestimmten Gegenstand – ob medial oder real – beschäftigen, hängt davon ab, ob er das Individuum emotional berührt und wie stark er dies tut. In der Werbe- und Filmbranche gelten Emotionen daher als wesentliches »Instrument«, um Aufmerksamkeit und Involvement der Zuschauenden zu erlangen – wie die Rezeptions- und Medienwirkungsforschung bestätigt (vgl. u. a. Schmidt, 2005, S. 35).

Wird die Forschungslandschaft zu *Emotion und Medien* mit etwas Abstand betrachtet, wird deutlich, dass das Themenfeld bisher primär aus medienpsychologischer sowie kommunikations- und medienwissenschaftlicher Perspektive bearbeitet wurde. Im Hinblick auf schulpädagogische und mediendidaktische Fragestellungen finden sich hingegen Leerstellen, obwohl die medienpädagogische Theoriebildung für das bisher von der Psychologie umfänglich besetzte Thema Emotionen (vgl. u. a. Ulich & Mayring, 1992; Merten, 2003; Sann & Preiser, 2008) sehr anschlussfähig ist und die medienpädagogische Praxis auch und gerade für Schule und Unterrichtskontexte umfängliche Beiträge leistet (vgl. Knaus, 2018a; Tulodziecki, Herzig & Blömeke, 2017; Tulodziecki, Herzig & Grafe, 2019).

In den folgenden Kapiteln wollen wir daher exemplarische Anknüpfungspunkte zwischen Emotionen im schulischen Unterricht, medienpädagogischen Ansätzen und mediendidaktischer Praxis aufzeigen. Der Frage folgend, welchen Beitrag (digitale) Medien insbesondere hinsichtlich ihrer emotionalen Bedeutung im Unterricht leisten können, werfen wir zunächst aus mediendidaktischer Perspektive einen Blick in die Unterrichtspraxis: Wie können Medien didaktisch sinnvoll eingesetzt werden, um Aufmerksamkeit, Interesse oder Mitgefühl für den Lerngegenstand hervorzurufen? Welche Rolle spielen Aktivierung, Autonomie und Kompetenzerleben beim Lernen mit Medien? Wie kann das kollaborative Lernen Freude hervorrufen, zu Wohlbefinden im Unterricht beitragen oder Reflexionsprozesse unterstützen?

Zur Beantwortung dieser Fragen betrachten wir zunächst didaktische Funktionen klassischer Lehr-Lernmedien und differenzieren daraufhin erstens nach möglichen Emotionen, die durch Medien*inhalte* evoziert werden können (d. h. durch die Verwendung von Medien als Lehrmedium und Lernobjekt durch die Lehrperson), und zweitens nach Emotionen, die durch den aktiv-kreativen Medien*gebrauch* der Lernenden selbst angeregt werden – also dann, wenn Medien als *Lernwerkzeug* genutzt werden. Im Anschluss thematisieren wir die *interaktionistische Vernetzung* von Lernenden mittels digitaler Medien.

7.2 Medien als Lernobjekte und Lehrmedien

Immer dort, wo auf die unmittelbare Begegnung mit dem Lerngegenstand verzichtet werden muss – und das ist in der Schule nicht selten der Fall – basiert Lernen auf *medienvermittelten* Erfahrungen (vgl. Tulodziecki, Herzig & Grafe, 2019, S. 87): *Keine Bildung ohne Medien*, denn Begriffe ohne Anschauung sind nun mal leer (vgl. Kant, 2014, S. 97–102). Zur didaktischen Relevanz von Medien, zum Einfluss der Visualisierungsform auf die Konstruktion mentaler Modelle beim Text- und Bildverstehen sowie zum Verhältnis von Text und Bild in den Erziehungswissenschaften (vgl. u. a. Marotzki & Niesyto, 2006; Friebertshäuser, von Felden & Schäffer, 2007) gibt es umfängliche konzeptionelle und empirische Arbeiten (vgl. u. a. Schnotz & Bannert, 1999; Knaus, 2009; Schnotz, 2011; Knaus, 2019), deren Erkenntnisse als Empfehlungen in die pädagogische Praxis geflossen sind. Die Frage, wie das Lehren und Lernen mittels geeigneter Anschauungsmittel und adäquater Arbeitsmittel unterstützt und angeregt werden kann, beschäftigt nicht nur Pädagoginnen und Didaktiker, sondern eigentlich jeden Lehrenden seit jeher – aus dieser theoretischen und praktischen Beschäftigung entwickelte sich die *Mediendidaktik* als ein zentraler Teilbereich der Medienpädagogik (vgl. Süss, Lampert & Trültzsch-Wijnen, 2018, S. 161–185; Tulodziecki, Herzig & Grafe, 2019, S. 48 f. und S. 89).

Um die Bedeutung insbesondere *digitaler* Medien als Lehr- und Lernwerkzeuge und deren Potenziale angemessen erfassen zu können, richten wir den Blick einleitend auf die *klassischen* Unterrichtsmedien und ihre Funktionen. Denn wir gehen davon aus, dass die konkrete Form des Mediums in der Unterrichtspraxis nur eine sekundäre Rolle spielt, solange seine *Funktion* und sein ihm zugewiesener *Zweck* identisch sind: D. h. ein Text in einem (Lehr-)Buch unterscheidet sich bezüglich seiner Aufgabe im Unterricht zunächst nicht von seiner Entsprechung in digitaler Form, etwa einem Text als PDF, das auf einem Tablet gelesen wird (im weiteren Verlauf dieses Beitrags werden jedoch sowohl Unterschiede als auch damit verbundene didaktische Möglichkeiten deutlich). Wir stellen hierfür die klassischen Funktionen von Lehrmedien in Anlehnung an Arbeiten aus der Pädagogischen Psychologie vor, in der zwei *grundlegende* Formen lernrelevanter Medien zentral sind – gemeint sind Text und Bild: Codes, die auch im Kontext digitaler Medien über ungebrochene Relevanz verfügen.

Leitmedium Text

Die Sprache ist das wichtigste Werkzeug menschlicher Interaktion und entsprechend gelten Texte als *Leitmedium* des Lehrens und Lernens (vgl. u. a. Schnotz, 2009, S. 160). In Form von mündlichen oder schriftlichen Texten wird Sinn repräsentiert und vom Hörer oder der Leserin in *mentalen Repräsentationen* rekonstruiert (vgl. u. a. Schnotz, 2009, S. 161). Eine versierte Textgestaltung kann zur Verständlichkeit beitragen und das Interesse der Lernenden steigern: Neben möglichst einfach formulierten, inhaltlich geordneten, formal gegliederten und prägnanten Texten können zusätzliche Stimuli – etwa narrative Formulierungen, der Bezug zu Menschen und lebensnahen Beispielen sowie eine direkte Ansprache oder Fragen – die Aufmerksamkeit und Betroffenheit sowie das Interesse der Lernenden verstärken (vgl. Schnotz, 2009, S. 164).

Lernmedium Bild

Der Blick in die Anfänge der Lehr- und Unterrichtsmedien – man denke beispielsweise an das *Orbis Sensualium Pictus* von Johann Amos Comenius – zeigt die große Bedeutung von Bildern im Lehr- Lernprozess: Unterschiedliche Arten von Bildern – realistische Bilder, Analogiebilder oder logische Bilder – fungieren dabei als Mittel zur Konkretisierung oder Interpretation von Informationen (vgl. u. a. Doelker, 1997; Knaus, 2009, S. 19–31) sowie zur Organisation oder Komplexitätsreduktion (vgl. Schnotz & Bannert, 1999). Bilder können überdies die Erinnerung von Lerninhalten erleichtern oder das Interesse daran wecken und damit zur kognitiven Verarbeitung anregen sowie ästhetisch ansprechend auf die Lernenden wirken (vgl. u. a. Schnotz, 2009, S. 168).

Multicodale Augmentation

Texte und Bilder sind also die Primärmedien des Unterrichts. Mit zunehmenden technischen Möglichkeiten der *digitalen* Medien konnten die klassischen Präsentationsformen und Codalitäten in umfänglicher Weise kombiniert werden. Im Hinblick auf die *Anschaulichkeit* – d. h. die sinnvolle Verbindung von Begriffen und Repräsentationen – können durch die sowohl begriffliche als auch bildhafte Präsentation (und damit verbundene Wechselwirkungseffekte) Lernchancen erhöht werden (vgl. zur *Theorie der Doppelcodierung* u. a. Tulodziecki, Herzig & Grafe, 2019, S. 103). *Multimediale* Angebote sind bezüglich der Verbesserung von Anschaulichkeit interessant, denn sie zeichnen sich nicht nur durch die Verwendung unterschiedlicher Präsentationsformen und -codes, interaktiver und nicht-linearer Angebote aus, sondern sprechen dadurch auch unterschiedliche Sinnesmodalitäten an (vgl. u. a. Schnotz, 2009, S. 176 f.). Studien zu Sinnes- und Präsentationsmodalitäten sowie Codierungsarten zeigen, dass die durchdachte Kombination aus Text und Bild das Verständnis erleichtert und das aus diesem oberflächlichen Verständnis resultierende Kompetenzerleben eine tiefergehende Beschäftigung anregen *kann* (vgl. u. a. Schnotz & Bannert, 1999); möglich ist aber auch ein gegenteiliger Effekt, nämlich wenn das oberflächliche Wissen über einen Gegenstand eine eingehende Recherche unterbindet, da der Gegenstand bereits als erschlossen erscheint (Kompetenzvermutung): Ein schlichtes »Mehr« an Medien bedeutet also nicht unbedingt auch ein Mehr an Verständnis (vgl. u. a. Schnotz, 2009, S. 173 f.; Knaus, 2009, S. 217 f.). Es kann dennoch festgehalten werden, dass ein didaktisch überlegt konzipiertes Medienangebot Interesse steigern und somit Lernprozesse positiv beeinflussen kann.

Digitale Lernobjekte und Hilfsmittel

Der Blick in die Mediengeschichte zeigt, dass sich Medien aufgrund technischer Entwicklungen wandelten – und mit ihnen auch die Möglichkeiten, die sie für pädagogische Kontexte bieten. Neben der angeführten Unterscheidung anhand von Merkmalen, wie Präsentations- und Codierungsarten, Sinnesmodalitäten,

Darstellungsformen oder Gestaltungsmöglichkeiten, lassen sich lernrelevante Medienangebote in *Hilfsmittel*, d.h. Angebote mit Werkzeugcharakter, und *Lernobjekte*, also inhaltlich ausgerichtete Angebote unterscheiden (vgl. Tulodziecki, Herzig & Grafe, 2019, S. 89 f.). Mit *digitalen* Medien (wie Tablets) verschwimmt diese Unterscheidung zunehmend, denn sie können Hilfsmittel und Lernobjekt zugleich sein: Im Computer als »universelles« Lehr- und Lernmedium konvergieren die Präsentationsformen, Codes und Medienfunktionen sowie die damit verbundenen Unterrichtszwecke aller bisher üblichen Lehr- und Lernmedien (vgl. Knaus, 2013b, S. 24; Knaus, 2020, S. 34) – entsprechend vielfältig sind die Einsatzmöglichkeiten digitaler Medien im Unterricht (vgl. Tulodziecki, Herzig & Grafe, 2019, S. 92 ff. und S. 117 ff.). Zur Recherche (z. B. nach der nichteuklidischen Geometrie) könnten ein Text aus Wikipedia, ein Bild zur Veranschaulichung, ein Podcast, ein Video-Tutorial in YouTube oder eine Kombination hieraus genutzt und so die unterschiedlichen Bedürfnisse der Lernenden individuell angesprochen werden. Wie mediale Lernobjekte Emotionen der Schüler*innen evozieren können, haben wir – beispielhaft im Kontext der ethischen Werteerziehung – anderenorts bereits ausgeführt (vgl. Knaus & Bohnet, 2019, S. 18–20).

7.3 Medien als Lernwerkzeuge – Vom Objekt zum partizipativen Medium

Hilbert Meyer sieht im *Selbsttun* den »Generalschlüssel zum Unterrichtserfolg« (Jank & Meyer, 1991, S. 48), oder wie es mit John Deweys Worten kaum treffender auszudrücken wäre: Wir lernen im Tun (*Learning by Doing*, vgl. Dewey, 1974, S. 253 ff.; weiterführend auch Knaus, 2020b). Als Konsens interaktionistisch-konstruktivistischer Lernmodelle gilt, dass jedes Lernen selbstgesteuerte (autopoietische) Erfahrungskonstruktion ist. Lernen kann man also nicht »machen« – Lehrer*innen können lediglich Lernanlässe bereitstellen. Diese Erkenntnis kann bis zu Johann Heinrich Pestalozzi, Georg Kerschensteiner, Adolf Reichwein oder Maria Montessori zurückverfolgt werden und findet ihre pädagogische Umsetzung im *handlungsorientierten Unterricht* (vgl. Gudjons, 2008) sowie in der medienpädagogischen Projektarbeit wie der *Aktiven Medienarbeit* (vgl. Rösch, 2017, S. 9–14).

Lernpsychologisch betrachtet, liegt die Motivation zum Handeln vor allem im Individuum selbst (vgl. Klauer, 2004; Sann & Preiser, 2008): Nach dem Konzept der *Selbstwirksamkeit* von Albert Bandura stellen optimistische Kompetenz- oder Selbstwirksamkeitserwartungen, also die persönliche Überzeugung, etwas aus eigener Kraft bewirken zu können, eine wichtige Voraussetzung für die Lernmotivation, für psychisches und körperliches Wohlbefinden und die persönliche Entwicklung dar (vgl. Bandura, 1995), wie auch Michaela Gläser-Zikuda und Stefan Fuß in ihren Studien zeigen konnten: Das eigene Kompetenzerleben sowie die Erkenntnis der Schüler*innen, dass sie ihr Lernen und ihre Leistungen selbst beeinflussen können, stehen im unmittelbaren Zusammenhang mit positiven Emotionen wie etwa dem Empfinden von Freude und Zufriedenheit im Unterricht (vgl. Gläser-Zikuda & Fuß 2004, S. 31). Anders ausgedrückt: Der Mensch will handeln oder etwas hervorbringen, und zwar mit Erfolg, außerdem will er dies selbstbestimmt und zumeist in Gemeinschaft tun (vgl. u. a. Deci & Ryan, 1993, S. 229). Insofern wir hier von einem Wollen sprechen, das im Kontext von Wirklichkeitserfahrung und Wirklichkeitskonstruktion das eigene Leben bestimmt, möchten wir dieses Wollen als *emotionales Bedürfnis* des Menschen begreifen.

Im Folgenden zeigen wir anhand von zwei Beispielen, dass im Umgang mit und gerade in der (inter-)*aktiven* Verwendung von digitalen Medien diese Bedürfnisse in besonderer Weise angesprochen werden können.

Im vorangegangenen Kapitel wurde bereits die Veranschaulichung mittels gezielter Auswahl und Augmentation medialer Präsentationsformen und Codes thematisiert, die aufgrund der technischen Medienentwicklung möglich wurde. In diesem und den folgenden Unterkapiteln stehen die Entwicklung vom Massenmedium zum *partizipativen* und *vernetzten* Medium sowie dessen Möglichkeiten für den Unterricht im Fokus: Denn digitale Medien können nicht nur von vielen Menschen rezipiert werden – wie Texte in einem (Lehr-)Buch oder Filme –, sondern auch zunehmend selbst beeinflusst und aktiv gestaltet werden (vgl. Knaus, 2017, S. 51–57). Gerade die *kreative Gestaltung* von Medien bietet für Lehr- und Lernkontexte vielfältige Möglichkeiten. Eine weitere prägende Entwicklung sind *Soziale Netzwerke*, die aufgrund der Vernetzung technischer Geräte möglich wurden und – übertragen auf Bildungskontexte – das kollaborative Lernen (auch außerhalb formaler Settings) befördern können (vgl. Knaus, 2016). Aufgrund dieser relativ neuen Entwicklungen bieten digitale Medien auch bisher kaum genutzte didaktische Potenziale der Neugestaltung von Lehr- und Lernprozessen (vgl. zum SAMR-Modell u. a. Puentedura, 2014 oder Knaus, 2017, S. 55 f.), die wir anhand von Unterrichtsbeispielen zur *schülerzentrierten Aktivierung* sowie zur *interaktionistischen Vernetzung* illustrieren (weitere Beispiele, wie zur kritischen Auseinandersetzung mit medialen Schönheitsidealen oder der Umsetzung Aktiver Medienarbeit im Fach Sport, haben wir in Knaus & Bohnet, 2019, S. 24–26 beschrieben).

> **Handlungsorientierte Medienarbeit (Unterrichtsbeispiel)**
>
> Das »Beschmieren« von (Schul-)Büchern ist lernförderlich. Um diese gewagte These zu prüfen, können Sie sich fragen: Wie lerne ich selbst? Hilfreich ist auch ein Blick in die *Handlungslehre* Hegels – genauer: in die Ausgabe von Axel Honneth (▶ Abb. 7.1).

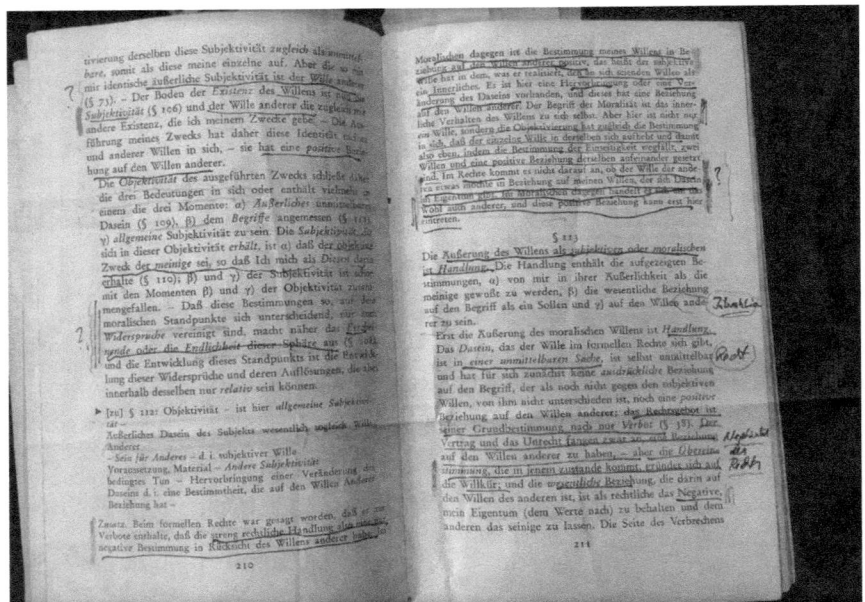

Abb. 7.1: Fotografie der Hegel-Ausgabe von Axel Honneth (© privat)

Er unterstreicht wesentliche Gedanken darin, er annotiert, markiert und macht sich Notizen. Mehr noch als beim Rezipieren kluger Gedanken lernt man nämlich in der aktiven Auseinandersetzung mit diesen Gedanken, wie beim Zusammenfassen oder allgemein: beim Schreiben. Lernen wird durch Eigenaktivität gefördert, da diese eine intensivere Auseinandersetzung mit dem Lerngegenstand erfordert.

Die Arbeit mit dem Schulheft erweist sich also als lernförderlich, wenn Schüler*innen Lerngegenstände nicht nur aufnehmen, sondern sich mit ihnen auch kreativ auseinandersetzen können. Mittels *digitaler* Medien wird das (rezeptive) Medium zum *partizipativen Werkzeug* (vgl. Keil, 2006, S. 67; Knaus, 2018a), und mit diesem erweitern sich die Spielräume der aktiven Einflussnahme auf das Medium und damit auch die bisherigen Handlungsrepertoires in Lehr- und Lernkontexten: So können für die Textarbeit (webbasierte) Editoren genutzt werden, die Annotationen und eine kreativ-gestaltende Auseinandersetzung mit den Lerninhalten ermöglichen (vgl. Knaus, 2018a, S. 7 f. und 14 f.). Im Gegensatz zum Arbeitsheft ermöglichen digitale Werkzeuge, wie das Tablet den leichten und selbstgestalteten Wechsel von Präsentationsformen und Codalitäten sowie die Ergänzung von Schrifttexten durch die Verknüpfung mit Bildern, Film- oder Tondokumenten. Denn wie zuvor konstatiert, wird dank digitaler Medien nicht nur mittels Texten gelernt, sondern zunehmend auch mit Bildern und Bewegtbildern (vgl. u. a. Knaus, 2009; Rat für Kulturelle Bildung, 2019). Digitale Werkzeuge eignen sich daher in besonderer Weise zur Erstellung digitaler Manuskripte oder Portfolios.

> Das Erstellen medialer Artefakte und deren Reflexion im Anschluss an das erfahrungsgenerierende Selbsttun gehören zu den klassischen Aufgaben medienpädagogischer Praxis. In medienpädagogischer Projektarbeit nach handlungsorientierten Ansätzen und im Besonderen durch kreative und aktivierende Medienarbeit im Unterricht können Lerngegenstände in förderlicher Weise mit der Lebenswelt der Schüler*innen verbunden werden. Hierbei gilt es, bezogen auf das Prinzip des *Handelnden Lernens*, an das alltägliche Medienhandeln anzuknüpfen, die Reflexion darüber zu stärken und auf diese Weise Handlungsfähigkeiten und -repertoires zu erweitern (vgl. Rösch, 2017, S. 11). Aktive Medienarbeit holt die Lernenden nicht nur in ihrer Lebenswelt ab, sondern entwickelt die Lebenswelten auch weiter, denn es geht darum, »gemeinsam mit anderen selbsttätig Medienprodukte zu erstellen, die auf den eigenen Erfahrungen basieren und darauf abzielen, Gesellschaft mitzugestalten« (Rösch, 2017, S. 12). Als ergänzende Beispiele können hier Maker- und Hackerspaces sowie die ersten Ansätze des *medienpädagogischen Makings* [Maker Education] angeführt werden: Mittels Making kann – ähnlich wie mittels Aktiver Medienarbeit – Kritik- und Reflexionsfähigkeit in Bezug auf Medien handlungsorientiert gefördert werden (vgl. u. a. Aufenanger, Bastian & Mertes, 2017; Ingold, Maurer & Trüby, 2019; Knaus, 2021).

7.4 Medien zur interaktionistischen Vernetzung

Der Mensch ist ein soziales Wesen, daher lernt auch niemand gerne allein. Dies gilt auch innerhalb institutioneller Lernsituationen und damit für die Schule und den Klassenverband: Mitlernende Schüler*innen nehmen eine bedeutende Rolle im individuellen Konstruktionsprozess ein. Daher ist in der interaktionistisch-konstruktivistischen Didaktik (vgl. u. a. Reich, 2008) die Interaktion und soziale Eingebundenheit zentral, die als Voraussetzung zur Ausprägung intrinsischer Motivation gelten (vgl. Deci & Ryan, 1993, S. 229; Sann & Preiser, 2008; Knaus, 2013a; van Dijck, 2013; Tulodziecki, Herzig & Grafe, 2019, S. 107). Nachhaltiges Lernen in einer *vernetzten* Welt kann durch die Interaktion und Kollaboration innerhalb von Netzwerken erweitert werden, wie das folgende Unterrichtsbeispiel zeigt.

> **Social-Media-Lerngruppen (Unterrichtsbeispiel)**
>
> Mittels digitaler und vernetzter Medien können sich Lernende in *Social-Media-(Lern-)Gruppen* organisieren, um sich jedem nur denkbaren Thema zu widmen, sich per Video-Tutorial ungeahnte Fertigkeiten anzueignen, Lerninhalte

oder mögliche Klausurfragen auszutauschen, um im geschützten Raum Fragen zu stellen oder gemeinsam für Prüfungen zu lernen. Digitale Medien stellen eine kollaborative Vernetzung zwischen Lernenden unabhängig von physischen Begrenztheiten her und können das subjektive Konstruieren eigener Wissensstrukturen für andere nachvollziehbar machen. So verbindet beispielsweise der handlungsorientierte Einsatz von *MindMaps* oder *ConceptMaps* in Lehr- und Lernprozessen nicht nur Textarbeit und das visuelle Gestalten und kann dadurch das eigene Kompetenzerleben fördern sowie zur Aktivierung von Lernenden beitragen, sondern ermöglicht Schüler*innen überdies, sich *kollaborativ zu vernetzen*, wenn mehrere Lernende *gemeinsam* eine Map erstellen (vgl. Bohrer, Gorzolla, Klees & Tillmann, 2013).

Kommunikationsnetzwerke von Peers fördern jedoch nicht nur kognitive Prozesse, sondern können auch emotionale Sicherheit geben und dabei unterstützen, Nähe-Distanz-Verhältnisse auszuloten. Zwar ist die technische Vernetzung keine Voraussetzung für soziale Eingebundenheit – immerhin findet Interaktion in Schulen üblicherweise face-to-face im Klassenraum statt –, aber die technisch-mediale Vernetzung ermöglicht die räumlich und zeitlich *erweiterte* soziale Vernetzung der Lerngruppe sowie die Aufrechterhaltung des Klassenverbunds in gesellschaftlichen Krisensituationen, wie den aktuellen Schulschließungen zur Eindämmung pandemischer Bedrohungen (wie COVID-19). Ausgehend von der Annahme, dass Lernen nicht nur in institutionellen Kontexten stattfindet bzw. stattfinden muss, geht die Erweiterung kommunikativer Vernetzung mit einer Erweiterung tradierter Lernräume einher – eine Erweiterung, die wiederum Bildungs- und Lernprozesse befördern kann.

7.5 Ausblick: Bildung und Sozialisation in Zeiten des digitalen Wandels

Die zuvor exemplarisch aufgeführten medienpädagogischen Ansätze zeigen Möglichkeiten einer Erweiterung kognitiver (Lern-)Prozesse im Unterricht um anschaulich-visuelle, ästhetisch-kreative, aktivierende und kollaborative Ansätze als emotionsbezogene Zugänge auf. Diese stärken nicht nur die Rolle der Schule als Lebensraum, sondern eröffnen den Schüler*innen überdies neue anknüpfbare Erfahrungsräume (vgl. weiterführend Knaus, 2018b, S. 102 f.). Digitale Medien bieten aber nicht nur Potenziale für Lehr- und Lernkontexte, mit ihnen ist auch eine gesellschaftliche Herausforderung verbunden: Das Lernen *über* Medien mit dem Ziel der Medienbildung und Medienkompetenzförderung.

In der Medienpädagogik wird unter Medienkompetenz ein komplexes Konzept verstanden, das weit über (technische) Bedienfähigkeiten hinausreicht. Hier spielen die kritische Rezeption, das Wissen über Medien(-systeme) sowie die dahinterliegende Technik und die Reflexion bei der Gestaltung eigener medialer Artefakte eine Rolle (vgl. Knaus, 2021). Die zuvor diskutierten Erkenntnisse legen überdies eine Reflexion *medialer Emotionen* nahe: Hierzu gehört zum einen das Hinterfragen des individuellen emotionalen Umgangs mit Medien bzw. der Emotionen, die durch Medien evoziert werden – und zwar hinsichtlich einer möglichen Instrumentalisierung durch Dritte und der Reproduktion bestimmter gesellschaftlicher Ideale sowie sozialer Erwartungshaltungen, die mittels medialer Inhalte in Sozialen Netzwerken transportiert werden (vgl. Knaus & Bohnet, 2019, S. 7 f. und S. 24 f.). Und zum anderen die Bewusstmachung, dass auch die *eigenen* Äußerungen, Reaktionen (wie Likes) und Medienprodukte Emotionen der sozialen Umwelt evozieren können, die eine solche Beeinflussung – ob beabsichtigt oder unbeabsichtigt – mit sich bringen oder fortführen (vgl. Knaus, 2018b, S. 94 f.; Knaus, 2020, S. 55 f.).

Da das Wissen *über* Medien, deren selbst-, medien- und gesellschaftsbezogener Reflexion und der souveräne Umgang mit ihnen – gerade in einer von Mediatisierung und digitalem Wandel geprägten Welt – in allen Bereichen Desiderat ist, muss die Schule als sekundäre Sozialisationsinstanz die familiäre Medienerziehung ergänzen, damit alle Kinder und Jugendlichen möglichst vergleichbare Bildungs- und Entwicklungschancen erhalten und zu handlungsfähigen Persönlichkeiten heranwachsen können. Medien werden daher in der Medienpädagogik nicht nur als Instrument oder Werkzeug verstanden, sondern auch als Lern*gegenstand*.

Weiterführende Literatur

Moser, H. (2019). Einführung in die Medienpädagogik. Wiesbaden: VS.
Süss, D., Lampert, C. & Trültzsch-Wijnen, C. W. (2018). Medienpädagogik. Ein Studienbuch zur Einführung. Wiesbaden: VS.
Tulodziecki, G., Herzig, B. & Grafe, S. (2019). Medienbildung in Schule und Unterricht. Bad Heilbrunn: Klinkhardt.
Tulodziecki, G. (2021). Medienerziehung und Medienbildung in der Grundschule, Stuttgart: Kohlhammer.

Literatur

Aufenanger, S., Bastian, J. & Mertes, K. (2017). Vom Doing zum Learning. Maker Education in der Schule. C+U, 105, 4–7.
Bohrer, C., Gorzolla, P., Klees, G. & Tillmann, A. (2013). Fachübergreifendes Arbeiten an Interaktiven Whiteboards mit ConceptMaps. In T. Knaus & O. Engel (Hrsg.), fraMediale – digitale Medien in Bildungseinrichtungen, Bd. 3 (S. 161–167). München: kopaed.
Breinbauer, I. M. (2018). Emotionen in der Bildungsphilosophie. In M. Huber & S. Krause (Hrsg.), Bildung und Emotion (S. 41–57). Wiesbaden: VS.
Burke, A., Heuer, F. & Reisberg, D. (1992). Remembering Emotional Events. Memory & Cognition, 20, 277–290.

Deci, E. L. & Ryan, R. M. (1993). Die Selbstbestimmungstheorie der Motivation und ihre Bedeutung für die Pädagogik. Zeitschrift für Pädagogik, 39(2), 223–238.

Dewey, J. (1974). Psychologische Grundfragen der Erziehung. München: UTB.

van Dijck, J. (2013). The Culture of Connectivity. Oxford: Oxford University Press.

Doelker, C. (1997). Ein Bild ist mehr als ein Bild – Visuelle Kompetenz in der Multimedia-Gesellschaft. Stuttgart: Klett.

Friebertshäuser, B., von Felden, H. & Schäffer, B. (2007). Bild und Text. Methoden und Methodologien visueller Sozialforschung in der Erziehungswissenschaft. Opladen: Barbara Budrich.

Gläser-Zikuda, M. & Fuß, S. (2004). Wohlbefinden von Schülerinnen und Schülern im Unterricht. In T. Hascher (Hrsg.), Wohlbefinden in der Schule – eine Einführung (S. 27–48). Bern u. a.: Haupt.

Gudjons, H. (2008). Handlungsorientiert lehren und lernen. Schüleraktivierung, Selbsttätigkeit. Bad Heilbrunn: Klinkhardt.

Hascher, T. (2004). Wohlbefinden in der Schule. Münster: Waxmann.

Höfer, W. (2013). Emotionen. In W. Höfer (Hrsg.), Medien und Emotionen. Zum Medienhandeln junger Menschen (S. 21–53). Wiesbaden: VS.

Huber, M. & Krause, S. (2018). Bildung und Emotion. Wiesbaden: VS.

Ingold, S., Maurer, B. & Trüby, D. (2019). Chance MakerSpace. Making trifft Schule. München: kopaed.

Jank, W. & Meyer, H. (1991). Didaktische Modelle. Berlin: Cornelsen.

Keil, R. (2006). Zur Rolle interaktiver Medien in der Bildung. In R. Keil & D. Schubert (Hrsg.), Lernstätten im Wandel. Innovation und Alltag in der Bildung (S. 59–77). Münster: Waxmann.

Klauer, K. C. (2004). Gedächtnis und Emotion. In J. H. Otto, H. A. Euler & H. Mandl (Hrsg.), Emotionspsychologie. Ein Handbuch (S. 315–324). Weinheim: PVU.

Klika, D. (2004). Das Gefühl und die Pädagogik. Historische und systematische Aspekte einer problematischen Liaison. In D. Klika & V. Schubert (Hrsg.), Bildung und Gefühle (S. 19–34). Baltmannsweiler: Schneider.

Knaus, T. (2009). Kommunigrafie – Eine empirische Studie zur Bedeutung von Text und Bild in der digitalen Kommunikation. München: kopaed.

Knaus, T. (2013a). Technik stört! – Lernen mit digitalen Medien in interaktionistisch-konstruktivistischer Perspektive. In T. Knaus & O. Engel (Hrsg.), fraMediale – digitale Medien in Bildungseinrichtungen, Bd. 3 (S. 21–60). München: kopaed.

Knaus, T. (2013b). Digitale Tafeln – (Medien-)Technik, die begeistert? In C. Bohrer & C. Hoppe (Hrsg.), Interaktive Whiteboards in Schule und Hochschule (S. 13–37). München: kopaed.

Knaus, T. (2016). Kooperatives Lernen – Begründungen – digitale Potentiale – konzeptionelle Perspektiven. In A. W. Scheer & C. Wachter (Hrsg.), Digitale Bildungslandschaften (S. 141–155). Saarbrücken: IMC AG.

Knaus, T. (2017). Pädagogik des Digitalen – Phänomene – Potentiale – Perspektiven. In S. Eder, C. Mikat & A. Tillmann (Hrsg.), Software takes command (S. 49–68). München: kopaed.

Knaus, T. (2018a). [Me]nsch – Werkzeug – [I]nteraktion – Theoretisch-konzeptionelle Analysen zur ›Digitalen Bildung‹ und zur Bedeutung der Medienpädagogik in der nächsten Gesellschaft. MedienPädagogik, Themenheft: Digitale Bildung 31/2018, 1–35. Online: dx.doi.org/10.21240/mpaed/31/2018.03.26.X (Zugriff am 22.03.2020).

Knaus, T. (2018b). Technikkritik und Selbstverantwortung – Plädoyer für ein erweitertes Medienkritikverständnis. In H. Niesyto & H. Moser (Hrsg.), Medienkritik im digitalen Zeitalter (S. 91–107). München: kopaed.

Knaus, T. (2019). Forschungswerkstatt Medienpädagogik. Projekt – Theorie – Methode. Spektrum medienpädagogischer Forschung, Band 3. München: kopaed.

Knaus, T. (2020). Von medialen und technischen Handlungspotentialen, Interfaces und anderen Schnittstellen. In T. Knaus & O. Merz (Hrsg.), Schnittstellen und Interfaces – Digitaler Wandel in Bildungseinrichtungen, Bd. 7 (S. 15–72). München: kopaed.

Knaus, T. (2021). Making in Media Education – An activity-oriented approach to digital literacy. In: Journal of Media Literacy Education [eingereicht].
Knaus, T. & Bohnet, N. (2019). Lernen mit Kopf, Herz und Handy. Zum Forschungsstand zu Emotionen (in) der Medienbildung. MedienImpulse – Beiträge zur Medienpädagogik (BMBWF, Wien), 1–41. Online: journals.univie.ac.at/index.php/mp/article/view/3229/2916 (Zugriff am 22.03.2020).
Levine, L. J. & Pizarro, D. A. (2004). Emotion and Memory Research – A Grumpy Overview. Social Cognition, 22, 530–554.
Marotzki, W. & Niesyto, H. (2006). Bildinterpretation und Bildverstehen. Wiesbaden: VS.
Maturana, H. R. & Varela, F. J. (1987). Der Baum der Erkenntnis. München: Scherz.
Merten, J. (2003). Einführung in die Emotionspsychologie. Stuttgart: Kohlhammer.
Pestalozzi, J. H. (1946 [1826]). Herz, Geist und Hand. Aus dem Schwanengesang. In Heinrich Pestalozzis lebendiges Werk. Basel: Birkhäuser.
Pfeifer, V. (2013). Didaktik des Ethikunterrichts. Bausteine einer integrativen Wertevermittlung. Stuttgart: Kohlhammer.
Puentedura, R. (2014). Learning, Technology, and the SAMR Model. Goals, Processes and Practice. Online: hippasus.com/rrpweblog/archives/000127.html (Zugriff am 22.03.2020).
Rat für Kulturelle Bildung (2019). Jugend/YouTube/Kulturelle Bildung. Horizont 2019. Essen: Rat für Kulturelle Bildung e. V. Online: rat-kulturelle-bildung.de/fileadmin/user_upload/pdf/Studie_YouTube_Webversion_final.pdf (Zugriff am 22.03.2020).
Reich, K. (2008). Konstruktivistische Didaktik. Weinheim: Beltz.
Reißmann, W., Hartung, A. & Böhm, K. (2013). Das fühlende Subjekt in Prozessen der Medienaneignung. In A. Hartung, A. Lauber & W. Reißmann (Hrsg.), Das handelnde Subjekt und die Medienpädagogik (S. 197–206). München: kopaed.
Rösch, E. (2017). Aktive Medienarbeit. In B. Schorb, A. Hartung-Griemberg & C. Dallmann (Hrsg.), Grundbegriffe Medienpädagogik (S. 9–14). München: kopaed.
Safer, M. A., Christianson, S.-A., Autry, M. W. & Österlund, K. (1998). Tunnel Memory for Traumatic Events. Applied Cognitive Psychology, 12, 99–118.
Sann, U. & Preiser, S. (2008). Emotionale und motivationale Aspekte in der Lehrer-Schüler-Interaktion. In M. K. W. Schweer (Hrsg.), Lehrer-Schüler-Interaktion. Inhaltsfelder, Forschungsperspektiven und methodische Zugänge (S. 209–226). Wiesbaden: VS.
Schmidt, S. J. (2000). Kalte Faszination. Medien – Kultur – Wissenschaft in der Mediengesellschaft. Weilerswist: Velbrück.
Schmidt, S. J. (2005). Medien und Emotionen. In S. J. Schmidt (Hrsg.), Medien und Emotionen (S. 11–39). Münster: LIT.
Schnotz, W. & Bannert, M. (1999). Einflüsse der Visualisierungsform auf die Konstruktion mentaler Modelle beim Text- und Bildverstehen. Zeitschrift für Experimentelle Psychologie, 46, 217–236.
Schnotz, W. (2009). Pädagogische Psychologie kompakt. Weinheim: Beltz.
Schramm, H. & Wirth, W. (2006). Medien und Emotionen. Bestandsaufnahme eines vernachlässigten Forschungsfeldes aus medienpsychologischer Perspektive. M&K Medien & Kommunikationswissenschaft, 54(1), 25–55.
Seichter, S. (2007). Pädagogische Liebe. Erfindung, Blütezeit, Verschwinden eines pädagogischen Deutungsmusters. Paderborn: Schöningh.
Tulodziecki, G., Herzig, B. & Blömeke, S. (2017). Gestaltung von Unterricht. Stuttgart: UTB.
Ulich, D. & Mayring, P. (1992). Psychologie der Emotion. Stuttgart: Kohlhammer.
Vollbrecht, R. & Wegener, C. (2010). Handbuch Mediensozialisation. Wiesbaden: VS.
Weizsäcker, C. F. von (1971). Die Einheit der Natur – Studien. München: Hanser.

III Emotionen von Lernenden im Unterricht: Fachdidaktische Perspektiven

8 Emotionen im Biologieunterricht

Christoph Randler

> **Kurzzusammenfassung**
>
> Neben eher fachunabhängigen Emotionen (z. B. Langeweile, Wohlbefinden) treten bestimmte Emotionen wie Angst und Ekel im Biologieunterricht stärker als in anderen Unterrichtsfächern auf. In diesem Beitrag werden beide Typen von Emotionen in den Blick genommen. Situationale Angst korreliert dabei in verschiedenen unterrichtlichen Settings negativ mit Lernleistung und Motivation. Für den Biologieunterricht insgesamt ist es allerdings schwer abzuschätzen, welchen Einfluss Angst auf die Lernsituationen besitzt. Auch Ekel wirkt sich negativ auf die Lernleistung und die Motivation aus, kann jedoch durch eine Intervention gesenkt werden. Damit wäre Ekelreduktion ein affektives Lernziel. Bezüglich des Interesses gibt es eine deutlich bessere Datenlage (vgl. Scheersoi, Bögeholz & Hammann 2019). So nimmt Interesse im Lauf der Schulzeit ab, zoologische und humanbiologische Themen erscheinen interessanter als botanische. Neben Themen spielen auch Methoden eine wichtige Rolle. So werden eher handlungsorientierte Methoden oder die Begegnung mit lebenden Tieren als interessant erachtet. Über Wohlbefinden und Langeweile liegen dagegen nur sehr wenige Studien vor. Langeweile kann neben der Unterrichtsthematik auch durch die Arbeitsmethode hervorgerufen werden, wie ein zu exzessives Stationenlernen oder das Benutzen stupider dichotomer Bestimmungsschlüssel. In der Biologiedidaktik wären weitergehende Studien sehr erwünscht und notwendig, um Emotionen systematischer zu erforschen. Forschungsdesiderata bestehen bei alltagsnahen Auslegungen von Emotionen wie Staunen, Neugierde oder Zuneigung zu Tieren, die bislang konzeptuell wenig bearbeitet wurden.
>
> Schlagwörter: *Biologieunterricht, Interesse, Angst, Ekel, Methoden*

Karla war vor dem Biologieunterricht sehr angespannt – schließlich sollten in dieser Stunde Weinbergschnecken beobachtet werden. Sie ekelte sich davor, doch im Laufe des Unterrichts wurde sie neugierig und fasste die Tiere vorsichtig an.

Jonas hätte die Stunde am liebsten geschwänzt. Heute stand die Präparation eines Schweineherzens auf dem Stundenplan. Bereits der Geruch ekelte ihn, der Gedanke, das Herz aufzuschneiden, ließ sein eigenes höherschlagen.

Die 8b steht schon seit einiger Zeit an einem kleinen Teich. Die Schülerinnen und Schüler versuchen, Wasserlebewesen mit einem Käscher einzufangen. Manche sind freudig erregt und interessiert, andere dagegen gelangweilt und würden am liebsten mit ihrem Smartphone spielen.

Dies sind drei ebenso beispielhafte wie typische Situationen im Biologieunterricht – und alle sind mit z. T. starken negativen Emotionen verknüpft.

8.1 Emotionen im Biologieunterricht. Forschungsstand

Emotionen werden in dem vorliegenden Artikel in Anlehnung an Gläser-Zikuda, Fuß, Laukenmann, Metz & Randler (2005) und Pekrun, Goetz, Frenzel, Barchfeld & Perry (2011) in ihrem Bezug zur Lernleistung fokussiert (»achievement emotions«). Interesse wird nach Gläser-Zikuda et al. (2005) als kognitiv-emotionales Konstrukt aufgefasst und in diesem Zusammenhang ebenfalls als eine Emotion behandelt – im Gegensatz zu Pekrun et al. (2011), bei dem Interesse nicht berücksichtigt ist. Im Gegensatz zu einigen eher generischen und fachunabhängigen Emotionen (z. B. Langeweile, Wohlbefinden) treten bestimmte Emotionen wie Angst und Ekel im Biologieunterricht stärker auf als in anderen Unterrichtsfächern. So scheint Ekel tatsächlich eine Emotion zu sein, die fast nur im Biologieunterricht vorkommt.[2] Schauen wir uns diese beiden negativen Emotionen genauer an.

8.1.1 Angst

Angst ist in verschiedenen Fächern vorhanden, oft und besonders auch im Mathematikunterricht (▶ Kap. 13). Gängigen Konzeptualisierungen folgend, wird Angst in einem State-Trait-Zustand erfasst (Spielberger, Gorsuch & Lushene, 1970), d. h. es kann eine generelle, überdauernde Trait-Angst geben (jemand ist grundsätzlich ängstlich). In einigen der nachfolgenden Studien wurde Angst als situationale Variable gemessen, d. h. eine kurzfristige Variable, und nicht als dispositionale Trait-Angst. So gibt es Situationen, die Angst auslösen können, auch wenn die Menschen generell eher furchtlos sind. Nur auf dieser Basis ist ein direkter Bezug zwischen Unterrichtsinhalt und Angst zu erfassen. Situationale Angst im Biologieunterricht korreliert negativ mit Lernleistung in verschiedenen unterrichtlichen Settings (Randler, 2004), z. B. beim Arbeiten mit Amphibien in der Grundschule (Randler, Ilg & Kern, 2005) oder bei ökologischen Themen in der Mittelstufe (Randler, 2004). In einem Biologiekurs im Studium fand sich ein Zusammenhang zwischen einer höheren, allgemeinen Angst bereits zu Beginn des Semesters und der damit verbundenen Absicht, das Hauptfach zum Ende des

---

2 Natürlich kann man sich z. B. auch vor einer Lehrperson aufgrund deren mangelnder Körperhygiene ekeln. Dies aber wäre ein überfachlicher Aspekt.

Semesters zu verlassen. Besonders bei Frauen sind diese Effekte zu beobachten (England, Brigati, Schussler & Chen, 2019).

In einem anderen Setting wurde die Sektion einer Forelle untersucht. Dabei hatte die situationale Angst eine negative Korrelation mit der danach gemessenen Motivation, d. h. ängstliche Studierende waren weniger motiviert (Randler, Wüst-Ackermann, Vollmer & Hummel, 2012b). Um die Angst bei der Sektion einer Forelle zu minimieren, entwickelten wir ein Lernvideo, das die gesamte Präparation illustrierte (Randler, Demirhan, Wüst-Ackermann & Desch, 2016a). Einer Kontrollgruppe wurde statt des Präparationsvideos ein Film über die »natural history« (Lebensgeschichte: Nahrung, Fortpflanzung, Feinde) der Forelle präsentiert. Danach führten beide Gruppen von Studierenden die Präparation der Forelle durch. Der Unterschied bestand also nur in dem Inhalt des vorangegangenen Videos. Das »natural history«-Video erfüllte eine beruhigende Funktion, denn die situationale Angst war in der Experimentalgruppe mit dem Präparationsvideo deutlich höher. Das Video hatte also den gegenteiligen Effekt. Wurden stattdessen witzige Filmchen aus Youtube präsentiert, sanken sowohl die Angstwerte als auch der Ekel (Randler, Wüst-Ackermann & Demirhan, 2016b). Für den Biologieunterricht insgesamt ist allerdings schwer abzuschätzen, welchen Einfluss Angst auf die Lernsituationen besitzt, da hier bisher zu wenige Studien durchgeführt wurden.

8.1.2 Ekel

Ein biologischer Blick auf Ekel zeigt, dass diese Emotion wohl aus evolutiver Sicht durchaus vorteilhaft sein kann. Ekel dient dazu, bestimmte Dinge zu vermeiden (z. B. Pathogene, Tierkadaver). Die Entstehung dieser Emotion kann aus heutiger Sicht natürlich nicht mehr rückwirkend rekonstruiert werden. Es gibt verschiedene gängige Konzepte von Ekel, die auch unterschiedlich verwendet werden. Im vorliegenden Zusammenhang wird Ekel in Anlehnung an Petrowski, Paul, Schmutzer, Roth, Brähler & Albani (2010) als eine Emotion verstanden, die Ekel vor tierischen Überresten und Ekel vor Kontamination ebenso umfasst wie allgemeinen Ekel (Animal Reminder Disgust, Core Disgust, Contamination Disgust). Dies ist vor allem deshalb sinnvoll, da die »Animal Reminder«-Facette mit tierischen Überresten in Bezug steht, die im Biologieunterricht ebenfalls verwendet werden. Für die verschiedenen Studien wurden dann jeweils auch spezielle Ekelskalen konstruiert, die sich z. B. genau auf den Ekel vor einem Fisch bezogen (Randler et al., 2012b). Beispielhaft wurde Ekel in einer deskriptiven Studie während eines zoologischen Praktikums untersucht. Dabei wurde der situationale Ekel von Lehramtsstudierenden in Bezug zu Lernemotionen gesetzt. Über das ganze Semester hinweg zeigte sich, dass Ekel negativ mit Interesse korrelierte. Überdies langweilten sich Studierende eher, je mehr sie sich ekelten (Randler, Hummel & Wüst-Ackermann, 2013). Dies zeigt klar, dass empfundener Ekel einen negativen Einfluss auf das Lernen und die Lernemotionen besitzt. Holstermann, Ainley, Grube, Roick & Bögeholz (2012) porträtieren den situationalen Ekel während der Präparation eines Schweineherzens. Der Ekel steigt von

Beginn an und erreicht seinen Höhepunkt beim ersten Kontakt mit dem zu präparierenden (ekligen) Objekt. Danach sinkt er aber ab; nach dem Unterricht liegt der Wert unterhalb der vorherigen. Allerdings fehlte bei dieser Studie eine Kontrollgruppe. Dabei zeigten einige Interventionsstudien, dass Ekel durch die Konfrontation mit einem Objekt reduziert werden kann, so z. B. beim Unterricht mit lebenden Tieren wie Weinbergschnecken, Asseln und Mäusen (Randler, Hummel & Prokop, 2012a) oder mit Arthropoden (Tausendfüßern, Gespenstschrecken; Wüst-Ackermann, Vollmer, Itzek-Greulich & Randler, 2018). Ähnliches zeigt sich auch bei bereits toten Tieren oder Organen, so bei der Sektion einer Forelle (Randler et al., 2012b) bzw. eines Schweineherzens (Holstermann, Grube & Bögeholz, 2009). Holstermann et al. (2009) verglichen zwei Gruppen von Schüler*innen: eine Gruppe, die sich während der Präparation ekelte, und eine weitere, die dies nicht tat. Während der Präparation stuften sich angewiderte Schüler*innen als weniger effektiv bei der Beherrschung der Präparation (Selbstwirksamkeit) ein und berichteten ein geringeres Interesse am Thema. Dies verdeutlicht, dass Emotionen nicht nur auf die Lernleistung wirken können, sondern sich auch gegenseitig beeinflussen (Holstermann et al., 2009). Obwohl also Ekel lernhinderlich sein kann, wird der Ekel einem Objekt gegenüber abgebaut, wenn Lernende damit konfrontiert werden.

8.1.3 Interesse im Biologieunterricht

Interesse im Biologieunterricht wurde besonders im Hinblick auf Unterrichtsthemen und Methoden untersucht (vgl. Scheersoi et al., 2019). Dabei fand sich generell ein positiver Zusammenhang zwischen der Leistung und dem Interesse in Bezug auf fachspezifische Lerninhalte in den untersuchten Unterrichtsstunden (Randler, 2004). Dies gilt für Studien, die überblicksmäßig themen- bzw. fachbezogenes Interesse abfragten, wie auch für solche, in denen in spezifischen Situationen bzw. Lernkontexten Interesse untersucht wurde.

So zeigten die klassischen wegweisenden Studien von Löwe (1987, 1992), dass

- das Interesse an Biologie bzw. dem Schulfach Biologie über die Schulzeit hinweg abnimmt,
- Mädchen ein höheres Interesse als Jungen aufwiesen und
- Schüler*innen zwischen Biologie und dem Schulfach unterscheiden, und in der Regel Biologie selbst als interessanter erachten als das Schulfach.

In einer Vergleichsstudie mit den Daten von Löwe konnte gezeigt werden (vgl. Randler, Osti & Hummel, 2012c), dass das Interesse um ca. 10 % innerhalb einer Generation an Schüler*innen sank. Die stärkste Abnahme fand im Bereich der Botanik statt (12 %), die schwächste in Zoologie (3 %). Humanbiologie lag dazwischen (10 %). Es gibt also auch einen Generationeneffekt.

Das Abfallen des Interesses über die Schulzeit hinweg wurde in weiteren Studien dokumentiert (vgl. im Überblick Gebhard, 2016). Der Rückgang des Interesses wurde mit der Pubertät, dem zunehmenden Abstraktionsgrad des Unterrichts sowie der Lebensferne der Themen in Zusammenhang gebracht (Gebhard, 2016). Doch auch innerhalb kürzerer Zeiträume kann ein Interessensschwund stattfinden. Während einer einzigen Unterrichtseinheit (Lebensraum See), die sich über wenige Wochen hinweg erstreckte, wurde bereits ein Rückgang des Interesses dokumentiert (Randler & Bogner, 2007). Dies kann jedoch auch an der Formulierung von Items liegen, die beispielsweise danach fragten, ob man noch mehr über ein Thema erfahren möchte. So könnte es sein, dass der Wunsch, mehr über ein Thema zu erfahren, zu Beginn der Beschäftigung stärker ausgeprägt ist als am Ende, wenn der Wissensdurst teilweise (oder völlig) gestillt ist. Ebenso gibt es spezifische Themen, die Mädchen als interessanter erachten als Jungen, wie z. B. humanbiologische Themen (Holstermann & Bögeholz, 2007).

Des Weiteren finden zoologische und humanbiologische Themen eine höhere Zustimmung als botanische (Scheersoi et al., 2019). Solche Ergebnisse werden in der Regel durch Umfragestudien ermittelt. Dies ist insofern etwas problematisch, da z. B. in einer achten Klasse botanische und zoologische Themen schon weiter zurückliegen, während humanbiologische behandelt werden, ökologische hingegen erst später. Daher sind solche globalen Einschätzungen nicht immer zuverlässig. Um dies genauer zu testen, entwickelten Hummel, Glück, Jürgens, Weisshaar & Randler (2012) zwei Unterrichtsinterventionen, die beide Gruppenarbeit sowie Experimentieren und Handlungsorientierung umfassten. In der einen Einheit wurde die Seerose, in der anderen die Weinbergschnecke behandelt. Die Schüler*innen fanden trotz gleicher Methodik und Lehrperson den Unterricht mit den Tieren interessanter (Hummel et al., 2012). In eine ähnliche Richtung geht die Studie von Randler & Hulde (2007), bei der zwei Interventionen verglichen wurden. In beiden wurde derselbe Inhalt präsentiert (Waldboden), einmal als Experiment für Schüler*innen in Kleingruppen, einmal als Demonstration durch die Lehrperson. Das selbstständige Experimentieren wurde als interessanter bewertet (ebd.). Ähnliche Unterschiede zeigten sich in einer Unterrichtseinheit im Zoo. Hier fanden Schüler*innen den Unterricht zu Reptilien interessanter als zu Vögeln (Randler, Baumgärtner, Eisele & Kienzle, 2007), obwohl beide Gruppen Stationenlernen durchführten und die Tiere im Original beobachten konnten. Bei einem direkten Vergleich von lebenden Organismen im Unterricht mit einer Videopräsentation ergaben sich keine Unterschiede zwischen beiden Lernformen bei den Tiergruppen Assel und Weinbergschnecke, lediglich beim Unterricht zur Hausmaus war das Interesse bei den lebenden Tieren höher als im Video (Hummel & Randler, 2012; Wilde, Hußmann, Lorenzen, Meyer & Randler 2012). Es erscheint also sinnvoller, direkt im Unterricht nach dem situativen Interesse zu fragen und so einen direkten Einblick zu bekommen, anstatt retro- und prospektiv nach »hypothetischem« Interesse zu fragen. Experimentelle Interventionsstudien sollten helfen, hier die verschiedenen Variablen noch genauer zu erfassen.

8.1.4 Wohlbefinden

Das subjektive Wohlbefinden besitzt als Disposition einen wichtigen Einfluss auf Lebenszufriedenheit (Diener, Emmons, Larsen & Griffin, 1985). Umso erstaunlicher ist es, dass dieser Emotion in der Lehr-Lernforschung generell wie auch in der auf das Fach Biologie bezogenen bislang so wenig Aufmerksamkeit zuteil geworden ist. Wohlbefinden wurde bisher in einigen Interventionsstudien als abhängige Variable betrachtet. Im direkten Vergleich zwischen einer zoologischen und einer botanischen Unterrichtsstunde fühlten sich die Lernenden wohler bei dem zoologischen Thema (Hummel et al., 2012a). Bezogen auf Unterrichtsmaterialien fühlten sich Schüler*innen eher unwohl, wenn sie mit einem dichotomen Bestimmungsschlüssel arbeiten mussten, bei denen keine Bilder bei der Identifikation von Tieren unterstützend abgebildet waren (»wissenschaftlicher« Bestimmungsschlüssel; Randler & Knape, 2007). In eine ähnliche Richtung gehen auch die Ergebnisse von Jeno, Adachi, Grytnes, Vandvik & Deci (2019). Diese Autoren fanden in einem Prä-Posttest-Design heraus, dass bei einer Bestimmungsübung mit einer mobilen App der positive Affekt höher war als mit einem konventionellen Bestimmungsbuch.

8.1.5 Langeweile

Wenige Studien nur beschäftigten sich bislang mit Langeweile im Biologieunterricht. Bezogen auf Unterrichtsinhalte gibt es einige Evidenz. Im bereits erwähnten Beispiel von Hummel et al. (2012) waren Schüler*innen bei einer zoologischen Unterrichtseinheit weniger gelangweilt als bei einer botanischen, obwohl Lehrform und Lehrperson identisch waren (Hummel et al., 2012). Beim Vergleich einer Unterrichtseinheit im Zoo fanden Schüler*innen den Unterricht zu Reptilien weniger langweilig als jenen zu Vogelarten (Randler et al., 2007). In Bezug auf Unterrichtsmethoden im Biologieunterricht fanden Minkley, Ringeisen, Josek & Kaerner (2010) heraus, dass das passive Zuhören eine deutliche Zunahme an Langeweile erzeugte, während diese beim eigenen bzw. selbstständigen Experimentieren und beim Experimentieren in Kleingruppen gleichblieb. Allerdings reichen schülerzentrierte Ansätze nicht aus, um Langeweile zu vermeiden. In einer Studie mit 13 Lernstationen zeigten sich die Schüler*innen signifikant gelangweilter als in einem eher konventionellen Unterricht mit schrittweiser Erarbeitung der Lerninhalte ohne Stationenlernen (Schaal & Bogner, 2005). Es muss also noch genauer auf die jeweilige Methode geachtet werden. Als situationale Variable korrelierte Langeweile negativ mit der Lernleistung, z. B. bei Amphibien (Randler et al., 2005).

8.2 Relevanz von Emotionen für den Biologieunterricht

Auch wenn Schüler*innen sich vor manchen Unterrichtsgegenständen im Fach Biologie ängstigen oder ekeln mögen und dies lernhinderlich sein kann, so ist doch die Auseinandersetzung damit wichtig, da die im vorangegangenen Kapitel angeführten Studien klar zeigten, dass sowohl bei der Begegnung mit »Ekeltieren« als auch bei ekelerregenden Situationen wie einer Präparation/Sektion diese negativen Emotionen abgebaut werden können. Im Biologieunterricht ist die Ekelreduktion deshalb sogar als Lernziel zu sehen, da Ekel sich negativ auf die Lernleistung auswirkt.

Eine weitere unterrichtspraktische Schlussfolgerung ergibt sich mit Blick auf positive Emotionen im Biologieunterricht. So ist es naheliegend, dass die bereits als interessenfördernd erkannten Unterrichtsthemen und -methoden vermehrt in den Biologieunterricht Einzug finden sollten. Aus vielen Studien ist mittlerweile bekannt, wie ein interessanter Biologieunterricht aussehen müsste. Interessefördernd sind erwiesenermaßen lebende Objekte, eigenständige Experimente, Exkursionen etc. Gleichwohl werden solche interesseförderenden Gegenstände, Methoden bzw. Unterrichtsformen noch nicht in ausreichendem Maße im Biologieunterricht eingesetzt. Hier wäre ein »Entrümpeln« des Bildungsplans notwendig sowie mutige Entscheidungen, z. B. wöchentliche Exkursionstage oder gar den gesamten Biologieunterricht ein ganzes Schuljahr im Freiland stattfinden zu lassen.

Forschungsdesiderata bestehen hinsichtlich der Analyse alltagsnaher Auslegungen von Emotionen wie Staunen, Neugierde oder Zuneigung zu Tieren, die bislang konzeptuell wenig bearbeitet wurden, da es sich oft um Kombinationen aus affektiven und kognitiven Variablen handelt (z. B. Neugierde könnte eher kognitiv als affektiv begründet sein). Andererseits ist es schwierig, Emotionen wie beispielsweise »Staunen« zu operationalisieren und empirisch adäquat zu erfassen.

Weiterführende Literatur

Gebhard, U. (2016). Schülerinnen und Schüler. In H. Gropengießer, U. Harms & U. Kattmann (Hrsg.), Fachdidaktik Biologie (10. Aufl.) (S. 198–211). Köln. Aulis-Verl. Hallberg-Moos.

Scheersoi, A., Bögeholz, S. & Hammann, M. (2019). Biologiedidaktische Interessenforschung: Empirische Befunde und Ansatzpunkte für die Praxis. In Biologiedidaktische Forschung: Erträge für die Praxis (S. 37–55). Springer Spektrum, Berlin, Heidelberg.

Literatur

Diener, E. D., Emmons, R. A., Larsen, R. J. & Griffin, S. (1985). The satisfaction with life scale. Journal of personality assessment, 49(1), 71–75.

England, B. J., Brigati, J. R., Schussler, E. E. & Chen, M. M. (2019). Student Anxiety and Perception of Difficulty Impact Performance and Persistence in Introductory Biology Courses. CBE – Life Sciences Education, 18(2), ar21.

Gebhard, U. (2016). Schülerinnen und Schüler. In H. Gropengießer, U. Harms & U. Kattmann (Hrsg.), Fachdidaktik Biologie (S. 198–211). Köln. Aulis-Verl. Hallberg-Moos.

Gläser-Zikuda, M., Fuß, S. Laukenmann, M., Metz, K. & Randler, C. (2005). Promoting students' emotions and achievement – Instructional design and evaluation of the ECOLE approach. Learning & Instruction 15, 481–495.

Holstermann, N., Ainley, M., Grube, D., Roick, T. & Bögeholz, S. (2012). The specific relationship between disgust and interest: Relevance during biology class dissections and gender differences. Learning and Instruction, 22(3), 185–192.

Holstermann, N., Grube, D. & Bögeholz, S. (2009). The influence of emotion on students' performance in dissection exercises. Journal of Biological Education, 43(4), 164–168.

Holstermann, N., Grube, D. & Bögeholz, S. (2010). Hands-on activities and their influence on students' interest. Research in science education, 40(5), 743–757.

Hummel, E., Glück, M., Jürgens, R., Weisshaar, J. & Randler, C. (2012): Interesse, Wohlbefinden und Langeweile im naturwissenschaftlichen Unterricht mit lebenden Organismen. Zeitschrift für Didaktik der Naturwissenschaften, 18, 99–116.

Hummel, E. & Randler, C. (2012): Living animals in the classroom – a meta-analysis on learning outcome and a treatment-control study focusing on knowledge and motivation. Journal of Science Education and Technology, 21, 95–105.

Jeno, L. M., Adachi, P. J., Grytnes, J. A., Vandvik, V. & Deci, E. L. (2019). The effects of m-learning on motivation, achievement and well-being: A Self-Determination Theory approach. British Journal of Educational Technology, 50(2), 669–683.

Minkley, N., Ringeisen, T., Josek, L. B. & Kaerner, T. (2017). Stress and emotions during experiments in biology classes: Does the work setting matter? Contemporary Educational Psychology, 49, 238–249.

Pekrun, R., Goetz, T., Frenzel, A. C., Barchfeld, P. & Perry, R. P. (2011). Measuring emotions in students' learning and performance: The Achievement Emotions Questionnaire (AEQ). Contemporary educational psychology, 36(1), 36–48.

Petrowski, K., Paul, S., Schmutzer, G., Roth, M., Brähler, E. & Albani, C. (2010). Domains of disgust sensitivity: revisited factor structure of the questionnaire for the assessment of disgust sensitivity (QADS) in a cross-sectional, representative german survey. BMC Medical Research Methodology, 10(1), 95.

Randler, C. (2004). Kognitive und emotionale Faktoren des Lernens. Am Beispiel einer Biologieunterrichtseinheit »Lebensraum See«. Hamburg: Kovac.

Randler, C., Baumgärtner, S., Eisele, H. & Kienzle, W. (2007). Learning at workstations in the zoo: a controlled evaluation of cognitive and affective outcomes. Visitor Studies, 10, 205–216.

Randler, C. & Bogner, F. X. (2007). Pupils' interest before, during and after a curriculum dealing with ecological topics and its relationship with achievement. Educational Research and Evaluation, 13, 463–478.

Randler, C., Demirhan, E., Wüst-Ackermann, P. & Desch, I. H. (2016a). Influence of a dissection video clip on anxiety, affect and self-efficacy in educational dissection: a treatment study. CBE – Life Science Education, 15(1), ar1, 1–8.

Randler, C. & Hulde, M. (2007). Hands-on versus teacher-centred experiments in soil ecology. Research in Science and Technological Education, 25, 329–338.

Randler, C., Hummel, E. & Prokop, P. (2012a). Practical work at school reduces disgust and fear of unpopular animals. Society & Animals, 20, 61–74.

Randler, C., Hummel, E. & Wüst-Ackermann, P. (2013). The influence of perceived disgust on students' motivation and achievement. International Journal of Science Education, 35, 2839–2856.

Randler, C., Ilg, A. & Kern, J. (2005). Cognitive and emotional evaluation of an amphibian conservation program for elementary school students. Journal of Environmental Education, 37, 43–52.

Randler, C. & Knape, B. (2007). Comparison of a dichotomous, language-based with an illustrated identification key for animal tracks and signs. Journal of Science Education – Revista de Educación en Ciencias, 8, 32–35.

Randler, C., Osti, J. & Hummel, E. (2012c). Decline in interest in biology in elementary school pupils during one generation. Eurasia Journal of Mathematics, Science and Technology Education, 8(3), 201–205.

Randler, C., Wüst-Ackermann, P. & Demirhan, E. (2016b). Humor reduces anxiety and disgust in anticipation of an educational dissection in teacher students. International Journal of Environmental and Science Education, 11(4), 421–432.

Randler, C., Wüst-Ackermann, P., Vollmer, C. & Hummel, E. (2012b). The relationship between disgust, state-anxiety and motivation during a dissection task. Learning and Individual Differences, 22, 419–424.

Schaal, S. & Bogner, F. X. (2005). Human visual perception – Learning at workstations. Journal of Biological Education, 40(1), 32–37.

Scheersoi, A., Bögeholz, S. & Hammann, M. (2019). Biologiedidaktische Interessenforschung: Empirische Befunde und Ansatzpunkte für die Praxis. In Biologiedidaktische Forschung: Erträge für die Praxis (S. 37–55). Berlin/Heidelberg: Springer Spektrum.

Spielberger, C. D., Gorsuch, R. L. & Lushene, R. E. (1970). Manual for the State-Trait Anxiety Inventory (Self-evaluation questionnaire). Palo Alto, CA. Consulting Psychologists Press.

Wilde, M., Hußmann, J. S., Lorenzen, S., Meyer, A. & Randler, C. (2012): Lessons with living harvest mice – an empirical study of their effects on intrinsic motivation and knowledge acquisition. International Journal of Science Education, 34, 2797–2810.

Wüst-Ackermann, P., Vollmer, C., Itzek-Greulich, H. & Randler, C. (2018): Invertebrate disgust reduction in and out of school and its effects on state intrinsic motivation. Palgrave Communications, 4(81), 1–26.

9 Emotionen im Deutschunterricht

Christian Albrecht & Volker Frederking

> **Kurzzusammenfassung**
>
> In der Deutschdidaktik spielen Emotionen als Reflexions- und Forschungsgegenstand bislang noch keine zentrale Rolle. Gleichwohl gibt es eine Reihe von deutschdidaktischen Diskursen, Theorien und empirischen Forschungen zu Emotionen im Deutschunterricht. In diesen werden sowohl fachspezifisch evozierte Emotionen von Lehrenden und Lernenden als auch Emotionen als Teil fachlicher Gegenstände theoretisch reflektiert und empirisch erforscht. Schlüsselkompetenzen wie Lesen, Sprechen oder Schreiben stehen in ihren emotional-motivationalen Grundlagen dabei ebenso im Fokus wie emotionale Facetten von Sprache, Literatur und anderen Medien. Dies geschieht mit Blick auf die Subjekt- und die Objektseite fachlich in Erscheinung tretender Emotionen, wie der vorliegende Beitrag in einigen Grundlinien verdeutlichen soll.
>
> Schlagwörter: *Deutschdidaktik, Emotionen und Deutschunterricht, Emotionen und Sprache, Emotionen und Literatur, thematisierte Emotionen, intendierte Emotionen, evozierte Emotionen, Empathie, Langeweile, Freude, Interesse*

Die beiden primären Lerngegenstände des Faches Deutsch – Sprache und Literatur – weisen eine besondere Nähe zu Emotionen auf. Sprachliche Äußerungen, mündliche wie schriftliche, können der Artikulation von Emotionen dienen und Emotionen auslösen. Für literarische Texte als besondere, fiktional-poetische Formen des Sprachgebrauchs gilt diese Feststellung in besonderer Weise. Autor*innen verarbeiten in literarischen Texten nicht selten eigenes emotionales Erleben, beschreiben mit besonderer Genauigkeit das Gefühlsleben der von ihnen erschaffenen Protagonist*innen und haben zuweilen ganz bewusst die emotionale Aktivierung ihrer Leser*innen zum Ziel. Umso erstaunlicher ist es auf den ersten Blick, dass in der Deutschdidaktik Emotionen aus fachlicher Perspektive lange Zeit keine zentrale Rolle gespielt haben. Zu problematisch war die emotionale Inanspruchnahme des Deutschunterrichts im Zeichen des Deutschnationalen im ausgehenden 19. Jahrhundert, im Wilhelminismus, im Dritten Reich und zu Zeiten des SED-Regimes in der DDR gewesen (vgl. Frederking & Abraham, 2020). Rationale Distanz und kritische Analyse bestimmten folgerichtig die Zielsetzungen von Deutschdidaktik und Deutschunterricht nach dem Zweiten Weltkrieg in Westdeutschland bzw. nach dem Fall der Mauer im wiedervereinigten Deutschland. So kann es kaum verwundern, dass die Stichworte ›Emotion‹ und ›Gefühl‹ in den Registern von einschlägigen aktuellen Einführungen in die Deutschdidaktik, von Sammelwerken, Überblicksbänden und Lexika fast vollständig fehlen. Gleichwohl mehren sich seit Mitte der achtziger Jahre die Anzeichen für einen ›emotional turn‹, eine fachspezifische Renaissance des Emotionalen. Diese zeigt sich im Bereich sprachdidaktischer, literaturdidaktischer und mediendidaktischer Lernbereiche und Forschungsfelder. Hier stehen sowohl fachlich Lehrende und Lernende auf der Subjektseite als auch emotionale Aspekte sprachlicher, literarischer und medialer fachlicher Lerngegenstände auf der Objektseite des Deutschunterrichts im Fokus. Deren theoretische Modellierung und empirische Erforschung tragen der Bedeutung von Emotionen für den Aufbau fachbezogener Kompetenzen ebenso Rechnung wie der Entwicklung eines fachlich gestützten positiven Selbst- und Weltverhältnisses. Unter Rekurs auf die im Horizont der Allgemeinen Fachdidaktik entwickelte Theorie fachlicher Bildung (vgl. Frederking & Bayrhuber, 2020) kann von emotionalen Facetten funktionaler bzw. personaler sprachlicher, literarischer und medialer Bildung im Fach Deutsch gesprochen werden (▶ Kap. 3).

9.1 Sprachdidaktische Zugänge und Forschungen zu Emotionen im Deutschunterricht

In der Sprachdidaktik sind Emotionen bislang vor allem im Kontext von Kommunikations- und Schreibprozessen Gegenstand theoretischer und empirischer Forschung.

9.1.1 Kommunikation und Emotion aus sprachdidaktischer Perspektive

Kommunikation hat einen Inhalts- und einen Beziehungsaspekt (vgl. Watzlawick, Beavin & Jackson, 1967, S. 53 ff.). Für beide sind Emotionen zentral. Auf der Subjekt- bzw. Beziehungsebene können bei Lehrenden *und* Lernenden Emotionen evoziert werden. Ihre metakommunikative Verarbeitung macht sie zu fachlich-inhaltlichen Reflexionsgegenständen auf der Objektseite. In der Trias *Manifestation*, *Deutung* und *Prozess* (Fiehler, 1990, S. 95 ff.) werden sie theoretisch fassbar.

Die *Manifestation* von Emotionen erfolgt verbal, paraverbal oder nonverbal. Auf verbaler Ebene werden Emotionen unmittelbar ausgedrückt. Bereits in Bühlers Organon-Modell (1934, S. 28 ff.) schlägt sich Emotionalität in der ›Ausdrucksfunktion‹ nieder, bei Jakobson (1960, S. 89 f.) findet sie sich in der emotiven oder expressiven Funktion von Sprache. Bei der Expression wird ein »Emotionsvokabular« (Foolen, Lüdtke & Schwarz-Friesel, 2012, S. 223) verwendet, um erlebnisrelevante Emotionen zu benennen und zu beschreiben. Phraseologismen (»Mir rutschte das Herz in die Hose«) und metaphorische Wendungen (»Ich zitterte wie Espenlaub«) sind dafür ebenso Beispiele wie Ausrufe, Vorwürfe, Disziplinierungen usw. (vgl. ebd., S. 224). Die non- und paraverbale Manifestation von Emotionen realisiert sich z. B. in mimisch-gestischer Form, in physiologischen Reaktionen wie Zittern oder in bestimmten Körperhaltungen. Paraverbal sind Emotionen durch Affektlaute, Stöhnen oder Lachen und durch Stimmcharakteristika, Sprechtempo, Sprechrhythmus, Intonation etc. wahrnehmbar (vgl. Zinken, Knoll & Panksepp, 2008).

Der nonverbale, paraverbale und verbale Ausdruck von Emotionen in Kommunikationen zwingt alle Beteiligten zur *Deutung*. Erforderlich sind dafür Empathie, soziale Sensibilität, Perspektivübernahme und emotionale Intelligenz (vgl. Vogel & Gleich, 2018). Die Reaktion kann auf der *Prozess*ebene z. B. affirmativ, aversiv, akzeptierend oder ablehnend erfolgen. Emotionen können nachempfunden, hinterfragt, übergangen oder ignoriert werden (vgl. ebd., S. 41 f.). Empirische Studien haben dabei gezeigt: Emotionen, die in der Außenwahrnehmung positiv bewertet werden, führen eher zu empathischen Reaktionen als negativ konnotierte wie Schadenfreude. Diese rufen sogar oft eine »gegen-empathische Reaktion« (Zillmann, 2004, S. 118) hervor.

Der Deutschunterricht bietet eine Vielzahl kommunikativer Anlässe, um Emotionen sprachlich zu realisieren, situationsangemessen zu steuern, wahrzunehmen, zu deuten und zu verarbeiten. Sprechen und Zuhören erfordern den angemessenen Umgang mit eigener und fremder Emotionalität. Eine hitzige, emotional aufgeladene Argumentation wird schnell unsachlich, persönlich und überschreitet die Grenze zum Streit, eine emotionslose Debatte oder Rede dagegen kann farblos oder wenig überzeugend wirken. Rede- und Diskursfähigkeit setzen aber auch die Entwicklung von Sensibilität und eines Gespürs für die kommunikative Situation voraus. Dazu gehören »Raum- und Klangempfinden«, »die Fähigkeit, sich in die Hörer hineinversetzen zu können« und die Sensibilität »Verstand und Gefühl der Hörenden« anzusprechen (Spinner, 1997, S. 21). Empathisches Einfühlungsvermögen hilft, »Ungleichheit der Argumentationschancen« (ebd.) zu erkennen und adäquat darauf zu reagieren.

Empirisch sind emotionale Facetten des Sprechens und Zuhörens bislang kaum erforscht worden. Drei Pionierarbeiten seien nachfolgend genannt. Ulrike Behrens und Sebastian Weirich (2019) haben die Fähigkeit zum Verstehen von Prosodie unter Berücksichtigung evozierter Emotionen bei Grundschulkindern untersucht, Silvia Hasenstab hat die emotionale Wirkung unterschiedlicher Sprechweisen in Bezug auf einen literarischen Text mit und ohne musikalische Begleitung empirisch in den Blick genommen (▶ Kap. 19). Während in diesen beiden Studien eher funktional-kompetenzorientierte Aspekte fokussiert worden sind, wurden in der ÄSKIL-Studie (Frederking & Albrecht, 2016) auch personale Formen literarischer Bildung empirisch erfasst. So ist hier der Grad emotionaler Aktivierung in offenen, Emotionalität und Subjektivität fördernden Gesprächsarrangements über literarische Texte im Vergleich zu geschlossenen, rein kognitiv ausgerichteten Gesprächsformen mit N = 699 Schüler*innen der 10. Klasse quantitativ und qualitativ untersucht worden (vgl. Frederking, Brüggemann & Albrecht, 2019). Dabei hat sich ein deutlicher Vorteil des emotional-subjektiven Gesprächstypus im Hinblick auf empathisches Verstehen von literarischen Figuren (d = 0,85), persönliche Relevanz des Themas (d = 0,60), subjektiv-emotionale Involviertheit (d = 0,60) und persönliche und emotionale Aktivierung (d = 1,11) ergeben (Frederking & Albrecht, 2016, S. 72 ff.).

9.1.2 Schreiben und Emotionen

Auch Schreiben und Emotionalität können schulisch in einem unmittelbaren Konnex stehen, wenn das Schreiben emotional-expressiv ausgerichtet ist und personale sprachliche Bildungsziele erfüllen soll. Schriftsprachlicher Emotionsausdruck ist als erzählendes (Becker-Mrotzek & Böttcher, 2012, S. 57; Fix, 2008, S. 106 ff.), kreatives (Spinner, 1993), personales (Boueke & Schülein, 1985) oder expressives Schreiben möglich (Pennebaker & Evans, 2014). In unterschiedlichen Graden und Formen dienen diese Schreibformen der schreibenden Auseinandersetzung mit eigenen innerpsychischen Zuständen, dem Selbstausdruck, der Selbstreflexion, der Selbstfindung, der Selbstvergewisserung und der Verarbeitung von Emotionen.

Gleichwohl sind die schriftsprachlichen Ausdrucksmöglichkeiten von Emotionen eingeschränkter als die mündlichen. Der notwendige Verzicht auf »Körperbewegung, Mimik, Gestik und auf nonverbale sprachliche Ausdrucksmöglichkeiten […] erhöht die Anforderungen an die […] sprachliche Ausdrucksfähigkeit und […] die Fähigkeit zu verstärkter Affektinnenkontrolle« (Feilke & Augst, 1989, S. 309). Schriftsprache erfordert eine »stärkere Distanzierung von Emotionen« (Fix, 2008, S. 66). Sie ist eine »Sprache der Distanz«, gesprochene Sprache hingegen ist eine »Sprache der Nähe« (Koch & Oesterreicher, 1986, S. 23). In Schreibmodellen (vgl. z. B. Hayes & Flower, 1980; Baurmann, 2013) finden Emotionen vor allem als Teil von Schreibmotivation Berücksichtigung.

Empirische Forschungen zu emotionalen Aspekten des Schreibens gibt es bislang leider nur wenige. In einer Längsschnittstudie zum frühen Schreiben (Pohl, 2007) konnte gezeigt werden, dass nicht nur die medialen, sondern auch die konzeptionellen Bedingungen die Möglichkeiten zum Emotionsausdruck beeinflussen. Der Vergleich emotionaler Markierungen in insgesamt 585 Texten von Schülerinnen und Schülern des 2., 3. und 4. Schuljahres führte zu dem Ergebnis, dass sich der Zusammenhang von Schreibentwicklung und Emotionsausdruck in den Texten innerhalb der drei Schuljahre in Form einer U-Kurve darstellt: »Nach einem Anfangsstadium, in dem die Schülertexte besonders stark emotional geprägt sind, kommt es zu einer deutlichen, in einzelnen Fällen sogar ganz extremen Versachlichungstendenz, bevor schließlich Emotionalität kontrolliert und textsortenadäquat in die Schülertexte zurückkehrt« (Pohl, 2007, S. 64).

Inwiefern sich Emotionen auf die Leistungen im Fach Deutsch auswirken, ist am Beispiel von Angst und Wohlbefinden empirisch untersucht worden (Bleicher, Fix, Fuß, Gläser-Zikuda, Laukenmann, Mayring, Melenk & Rohneck,

1999). Für das Verfassen einer Inhaltsangabe konnte ein signifikanter Zusammenhang zwischen Schulangst und fachspezifischen Lernleistungen festgestellt werden. Situative Angst in Form von Leistungsdruck wirkte sich mit kleinem Effekt leistungssteigernd aus. Situatives Wohlbefinden dagegen stand in keinem Zusammenhang mit der Gesamtleistung, wohl aber mit der Leistung im Zwischentest während der Lernphase. Interesse und positive Emotionen wie Freude begünstigten das Schreiben und das erfolgreiche Erlernen von Schreibfähigkeiten in einem funktional-kompetenzorientierten Sinne.

9.2 Literaturdidaktische Zugänge und Forschungen zu Emotionen im Deutschunterricht

Auch in den literaturdidaktischen Modellierungen und empirischen Forschungen spielen die Subjekt- und die Objektseite von Emotionen eine Rolle.

9.2.1 Lesen, Lesekompetenz und Emotionen

In der Leseforschung steht die Subjektseite mit personalen und funktionalen Schwerpunkten im Fokus. Lesen wird als Fähigkeit verstanden, die der »Befähigung zur rationalen Selbstbestimmung«, »der existenziellen Persönlichkeitsentwicklung« und der »Erfüllung von motivational-emotionalen Erlebnisbedürfnissen des Individuums« (Groeben & Schroeder, 2004, S. 312) dient. Auch in PISA und IGLU haben – entgegen verbreiteter Annahmen – Emotionen indirekt eine Rolle gespielt. Zwar sind hier die kognitionspsychologischen Modelle der Reading Literacy leitend gewesen, mit denen operationalisierbare kognitive Prozesse erfasst wurden. Emotionale Aspekte sind allerdings als ›Hintergrundbedingung‹ auf der Subjektseite im Zusammenhang mit Lesemotivation und Lesefreude erfasst worden.

So hat der Vergleich der PISA-Studien von 2000 bis 2009 deutliche Zusammenhänge zwischen Lesemotivation und Lesekompetenz aufgezeigt (Artelt, Naumann & Schneider, 2010, S. 106 ff.). Dass Mädchen lesekompetenter sind als Jungen, zeigt sich in PISA seit zwei Jahrzehnten. Als eine Ursache gilt die größere Lesemotivation der Mädchen. Jungen und Mädchen, die gleichermaßen lesemotiviert sind, unterscheiden sich dagegen nicht wesentlich in ihrer Lesekompetenz. In einer Längsschnittstudie sind über einen Zeitraum von vier Schuljahren relativ hohe Korrelationen zwischen Lesemotivation und Leseverhalten erkennbar geworden (vgl. McElvany, Kortenbruck & Becker, 2008). Leseförderung muss deshalb sowohl das emotionale Erleben beim Lesen als auch emotionale Einflussfaktoren integrieren (Hurrelmann, 2002). Außerdem ist das Leseangebot alters- und geschlechtsspezifisch an die Leseinteressen anzupassen und sollte Genusserleben ermöglichen (Groeben & Hurrelmann, 2004, S. 442). Emotional wirksame Funktionen des Lesens sind die Erheiterung, aber auch die Melancholie und das Spannungserleben bei komplexeren Texten (vgl. Klimmt & Vorderer, 2004, S. 40 ff.). Im Mehrebenen-Modell des Lesens (Rosebrock & Nix, 2015) schlagen sich diese Erkenntnisse vor allem auf der Subjektebene nieder, auf der neben Motivation, Interesse und Vorwissen affektive Komponenten des Lesens verortet werden. Hierzu zählen die »innere Beteiligung«, emotionales Engagement, das »Begehren nach Sinn«, ein »Modus positiver Erfahrung zur Verfolgung von Interessen«, wunschorientiertes Lesen und »persönliche Gratifikationen« (Rosebrock & Nix, 2015, S. 21 ff.).

9.2.2 Literatur, literarisches Verstehen und Emotionen

Schon Simone Winko (2003a, S. 13) hatte betont, dass Literatur in besonderer Weise geeignet ist »Emotionen zu vermitteln, sie zu ihrem Thema zu machen, auszudrücken und im Leser hervorzurufen«. Mit Bezug auf Umberto Ecos (1990, S. 35 ff.) Unterscheidung von drei textuellen Intentionsbereichen – *intentio auctoris* (Autorintention), *intentio operis* (Textintention) und *intentio lectoris* (Leserintention) – sind diese Überlegungen zu einem Modell literarisch kodierter Emotionalität weiterentwickelt worden (vgl. Frederking & Brüggemann, 2012). Drei Grundformen lassen sich unterscheiden:

- Emotionen auf der Ebene der *intentio auctoris* (Emotionen des Autors bzw. der Autorin vor, während oder nach dem Schreibprozess);
- Emotionen auf der Ebene der *intentio lectoris* (Emotionen des Lesers bzw. der Leserin vor, während oder nach der Rezeption eines literarischen Textes);
- Emotionen auf der Ebene der *intentio operis* (Emotionen, die sich auf der Ebene des literarischen Textes zeigen bzw. nachweisen lassen) (Frederking, Brüggemann, Albrecht, Henschel & Gölitz, 2015, S. 22 f.).

Während Emotionen auf der Ebene der *intentio auctoris* zumeist weder bekannt noch empirisch zugänglich sind, können Emotionen auf den Ebenen der *intentio lectoris* und der *intentio operis* theoretisch erfasst und empirisch untersucht werden. Im Modell sprachlich-semiotisch kodierter Emotionalität sind die Ansatzpunkte systematisch dargestellt (▶ Abb. 9.1).
1. Evozierte Emotionen gehören zur Subjektseite von Emotionen im Literaturunterricht. Zumeist sind sie im Bereich der *intentio lectoris* angesiedelt. Sie werden durch einen Text bei realen Leser*innen hervorgerufen und beeinflussen deren Selbst- und Weltverhältnis, tragen also zu personaler literarischer Bildung bei. Evozierte Emotionen sind schon früh in den Fokus literaturwissenschaftlicher (vgl. Alfes, 1995; Anz, 1998; Kneepkens & Zwaan, 1995) und psychologischer Forschung (vgl. Oatly, 1995) gerückt. Literaturdidaktisch wurden sie hingegen zunächst nur konzeptionell reflektiert (vgl. Spinner, 1995, 2006), ehe empirische Untersuchungen z. B. zur subjektiven Involviertheit folgten (Steinhauer, 2010). Hier wurde zwischen semantischen und idiolektalen Formen unterschieden, d. h. Involviertheit, die auf die Inhaltsebene bzw. auf die Formebene

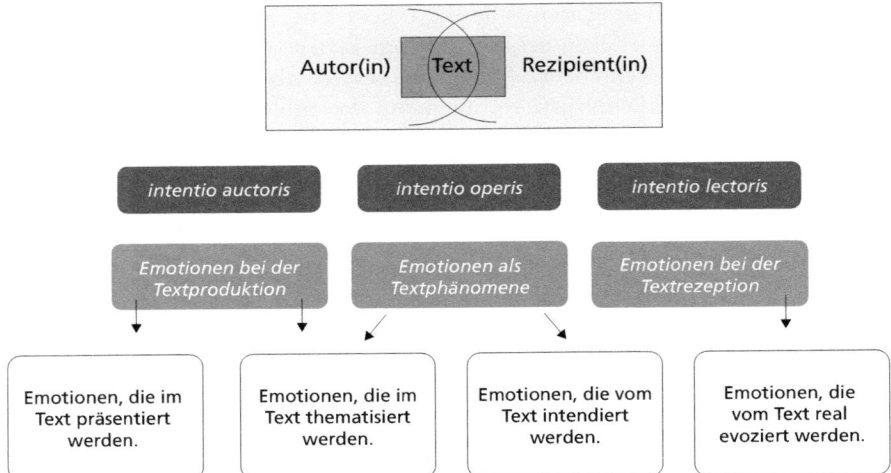

Abb. 9.1: Vier Typen sprachlich-semiotisch kodierter Emotionen (© Volker Frederking)

bezogen ist (ebd., S. 231). Während sich bei semantischer Involviertheit ein positiver Effekt auf Verstehensprozesse schon nach der Erstrezeption zeigt, stellt sich dieser idiolektal erst nach einer intensivierten Auseinandersetzung ein (ebd., S. 231 f.).

Die Untersuchung emotionalen Erlebens und emotionaler Wirkungen literarischer Texte ist ein anderer Fokus empirischer Forschungen auf der Ebene der *intentio lectoris* mit personalem Fokus (vgl. Brüggemann, Frederking, Henschel & Gölitz, 2016). Dabei sind acht auf Basis eines Expertenratings ermittelte literarische Texte im Hinblick auf die von ihnen bei N = 684 Schüler*innen ausgelösten Emotionen untersucht worden. Ein erstaunlicher Befund war, dass der längste Text nicht das geringste, sondern das höchste Interesse bei den Schüler*innen hervorrief, die höchste emotionale Valenz aufwies (in den Bereichen Bewunderung und Sympathie) und den höchsten Grad an Begeisterung auslöste. Während in der Leseforschung zumeist die Kürze eines literarischen Textes als entscheidender Faktor für Lesefreude angenommen wird, zeigen diese Befunde, dass es offenbar auch und vor allem sein Inhalt, seine Faszination und seine emotionale Valenz sind, die entscheiden, ob gern, mit Freude und mit persönlichem Gewinn gelesen wird (vgl. Frederking, Brüggemann, Henschel, Burgschweiger, Stark, Roick, Gölitz, Marx & Hasenstab, 2017, S. 48).

Im Rahmen einer empirischen Studie zur ›Ästhetischen Kommunikation im Literaturunterricht‹ (vgl. Frederking & Albrecht, 2016) konnte überdies nachgewiesen werden, dass emotionales Erleben mit Teilfacetten ästhetischer Erfahrung korreliert: Schüler*innen, die sich durch einen literarischen Text emotional aktiviert zeigten, gaben an, den Text in größerem Maße ästhetisch genossen zu haben. Zudem erhöhte die Intensität der textbezogenen emotionalen Aktivierung die empfundene personale Bedeutung des literarischen Textes und führte zu einer Intensivierung des ästhetischen Erlebens und der Empathie gegenüber literarischen Figuren (vgl. Albrecht, 2021).

2. Emotionen können aber nicht nur, wie gezeigt, auf der Subjektseite mit personalem Fokus empirisch erfasst werden, sondern auch auf der Objektseite – als Textphänomene im Bereich der *intentio operis*. Ihre Erschließung setzt Kompetenzen im Sinne funktionaler literarischer Bildung voraus. Zwei Typen sind zu unterscheiden: Textuell thematisierte und intendierte Emotionen (▶ Abb. 9.1). Beide sind operationalisierbar und empirisch zugänglich.

Thematisierte Emotionen sind textuell auf der »Ebene des Dargestellten (Handlungen, Schauplätze, Figuren etc.)« und den »verschiedenen Ebenen der Darstellung« (Koppenfels & Zumbusch, 2016, S. 21) nachweisbar (vgl. auch Winko, 2003b). Linguistische Forschungen zeigen, dass solche sprachlich kodierten Emotionen »als inhärente Eigenschaft des Textes« (Schwarz-Friesel, 2007, S. 212) fassbar sind. Gemeint ist damit ein großes Spektrum an Textsignalen, die sich allesamt für die Entwicklung von Testitems nutzen lassen, z. B. »Lexeme wie Modalpartikel, affektive Adjektive (schrecklich, furchtlos, glücklich), Nomen (Wut, Zorn) oder Verben (lieben, weinen)« (Frederking et al., 2015, S. 110).

Intendierte Emotionen stellen einen zweiten Typus literarisch kodierter Emotionen auf der Ebene der *intentio operis* dar. Bezeichnet wird damit die gezielte Steuerung des Emotionserlebens der Rezipierenden durch sprachliche und formale Mittel. Während Thomas Anz von »Emotionalisierungsabsichten« (Anz, 2012, S. 159) von Autor*innen spricht und damit implizit die Ebene der *intentio auctoris* fokussiert, lassen sich literarisch intendierte Emotionen unter Rekurs auf Eco, Winko und Schwarz-Friesel aber auch als Textphänomene verstehen, die auf der Ebene der *intentio operis* analysierbar, operationalisierbar und damit empirisch zugänglich sind (vgl. Frederking & Brüggemann, 2012). Literarische Textverstehenskompetenz umfasst mithin auch die Fähigkeit, textseitige sprachliche Signale für intendierte Emotionen zu erkennen und zu entschlüsseln – unabhängig davon, ob diese Emotionen selbst empfunden werden. Dass die Fähigkeit zum Erfassen literarisch intendierter Emotionen eine Teildimension literarischer Verstehenskompetenz darstellt, legen empirische Befunde nahe. Das Erfassen intendierter Emotionen weist auf latenter Ebene zu semantischer und idiolektaler literarischer Verstehenskompetenz eine Korrelation von .64 und zum Erfassen thematisierter Emotionen von .69 auf, Werte, die jeweils eine deutliche empirische Trennbarkeit der Kompetenzdimensionen anzeigen (vgl. Frederking et al., 2015). Aktuell erfolgen in Weiterentwicklung von Überlegungen Oatleys (1995) Forschungen zu einem ausdifferenzierten Modell literarisch thematisierter bzw. intendierter Emotionen, das mittlerweile schon über 100 Emotionen bzw. emotionale Haltungen umfasst (vgl. Frederking et al., 2017).

9.3 Fachspezifische mediendidaktische Zugänge und Forschungen zu Emotionen im Deutschunterricht

Auditive, visuelle, audiovisuelle bzw. digitale Medien können ebenfalls aus text- und rezeptionsseitiger, objekt- und subjektorientierter Perspektive betrachtet werden. Sie verfügen über eigene medienspezifische Möglichkeiten des Emotionsausdrucks und der Emotionsverarbeitung. Erfasst werden diese in fachspezifischen mediendidaktischen Ansätzen der Deutschdidaktik, in denen Emotionen eine wichtige Rolle spielen – z. B. zum Comic (vgl. Albrecht, 2012), zum Film (vgl. z. B. Albrecht, 2013; Kern, 2006) oder im Zusammenhang mit digitalen Medien (Albrecht & Frederking, 2020; Frederking & Krommer, 2019). So hat der Comic ein eigenes Vokabular für die zeichnerische Darstellung von Emotionalität entwickelt (vgl. Albrecht, 2012), während der Film Emotionen in besonders intensiver Weise erzeugt (Kern, 2006). Dabei wird gerade Film und Fernsehen besonderes Potenzial für das Mood-Management zugesprochen (vgl. Albrecht 2019; Schweizer/Klein 2008), indem Emotionen auf der visuellen Ebene durch Kamerahandlungen, Beleuchtung und Farbgebung, auf der auditiven Ebene durch die sog. »Mood-Technik« bzw. den Score, durch Geräusche und Effekte und auf der narrativen Ebene durch die Dramaturgie und deren Plot Points, die Figurenentwicklung und die Erzählperspektive erzeugt bzw. beeinflusst werden.

Für digitale Medien gilt die Gegenüberstellung von Sender und Empfänger nur noch bedingt, da gerade in sozialen Medien Konsument*innen häufig gleichzeitig Produzent*innen sind. Auf diese Weise entsteht ein neuer Typus, der ›Prosumer‹. Dieser operiert mit Medieninhalten, die bestimmte Emotionen und emotional aufgeladene interaktive Handlungen evozieren. Gerade in Social Media und deren Timelines, Threads und Kommentarspalten ist dieses Wechselspiel von Evokation und Produktion emotional wirkungsvoller Inhalte durch eine besondere Dynamik geprägt: Shit- oder Candystorms, Dogpiling, Trolling, Cyberbullying und Hatespeech sind nur einige der hochemotionalen Kommunikationsphänomene von Social Media. Da all diese Phänomene text- bzw. sprachbasiert sind, wird erkennbar, wie weitreichend sich der Aufgabenbereich von Deutschunterricht und Deutschdidaktik im Zeichen digitaler Texte verändert hat und wie dringend erforderlich es ist, Konzepte zur Entwicklung und Förderung emotionaler Bildung im Bereich der Mediendidaktik Deutsch in personaler wie funktionaler Hinsicht zu entwickeln und empirisch zu erforschen (Frederking & Krommer, 2019; Frederking, 2020).

9.4 Fazit

Emotionen kommt in Deutschdidaktik und Deutschunterricht sowohl auf der Subjektebene der fachlich Lehrenden und Lernenden als auch auf der Objektebene im Zusammenhang mit den fachlichen Gegenständen große Bedeutung zu. Theoretisch erfasst und beschrieben sind diese Aspekte mittlerweile recht differenziert. Die empirische Erforschung bedarf hingegen weiterhin verstärkter Anstrengungen.

> **Weiterführende Literatur**
>
> Anz, T. (1998). Literatur und Lust. Glück und Unglück beim Lesen. München: Beck.
> Frederking, V. (2016). Literarisches Verstehen und Emotionen. Von der Entwicklung eines empirisch abgesicherten Kompetenzmodells zur Interventionsforschung im Bereich der Literaturdidaktik. In BMBF (Hrsg.), Bildungsforschung 2020 – Zwischen wissenschaftlicher Exzellenz und gesellschaftlicher Verantwortung (S. 417–423). Bielefeld: W. Bertelsmann.
> Schwarz-Friesel, M. (2007). Sprache und Emotion. Tübingen/Basel: UTB.

Literatur

Albrecht, C. (2012). Die Kunst des Unsichtbaren. Darstellungen von Emotionen in Comicadaptionen von Die Leiden des jungen Werther. Praxis Deutsch, 232, 46–54.
Albrecht, C. (2013). Gegen die Zeit. Diskontinuität und Emotionalität im Kurzfilm ›Spielzeugland‹. Praxis Deutsch, 237, 42–47.
Albrecht, C. (2021). Literarästhetische Erfahrung und literarästhetisches Verstehen. Eine empirische Studie zu ästhetischer Kommunikation im Literaturunterricht (ÄSKIL) (in Vorbereitung).
Albrecht, C. & Frederking, V. (2020). Digitale Medien – Digitale Transformation – Digitale Bildung. In J. Knopf & U. Abraham (Hrsg.), Deutsch Digital. Bd. 1: Theorie (2. Aufl.) (S. 9–40). Baltmannsweiler: Schneider.
Alfes, H. F. (1995). Literatur und Gefühl. Emotionale Aspekte literarischen Schreibens und Lesens. Opladen: Westdeutscher Verlag.
Anz, T. (2012). Gefühle ausdrücken, hervorrufen, verstehen und empfinden. Vorschläge zu einem Modell emotionaler Kommunikation mit literarischen Texten. In S. Poppe (Hrsg.), Emotionen in Literatur und Film (S. 155–170). Würzburg: Königshausen & Neumann.
Artelt, C., Naumann, J., Schneider, W. (2010): Lesemotivation und Lernstrategien. In E. Klieme, C. Artelt, J. Hartig, N. Jude, O. Köller, M. Prenzel, W. Schneider & P. Stanat (Hrsg.): PISA 2009. Bilanz nach einem Jahrzehnt (S. 73–112). Münster: Waxmann.
Baurmann, J. (2013). Schreiben – Überarbeiten – Beurteilen. Ein Arbeitsbuch zur Schreibdidaktik. Seelze: Klett Kallmeyer.
Becker-Mrotzek, M. & Böttcher, I. (2012): Schreibkompetenz entwickeln und beurteilen. Berlin: Cornelsen.
Behrens, U. & Weirich, S. (2019): Stim·mig: Assessing prosodic comprehension in primary school. In A.-G. Kaldahl, A. Bachinger & G. Rijlaarsdam (Hrsg.), Special issue on Assessing Oracy, L1-Educational Studies in Language and Literature, 19, 1–26. Online: https://l1.publication-archive.com/download/1/6073.
Bleicher, M., Fix, M., Fuß, S., Gläser-Zikuda, M., Laukenmann, M., Mayring, P., Melenk, H. & v. Röhneck, C. (1999). Einfluss emotionaler Faktoren auf das Lernen in den Fächern Physik und Deutsch. Erste Ergebnisse des Forschungsprojekts. Ludwigsburg: o. V.

Boueke, D. & Schülein, F. (1985). Personales Schreiben. Bemerkungen zur neueren Entwicklung der Aufsatzdidaktik. In D. Boueke & N. Hopster (Hrsg.), Schreiben – Schreiben lernen (S. 277–299). Tübingen: G. Narr.

Brüggemann, J., Frederking, V., Henschel, S. & Gölitz, D. (2016). Emotionale Aspekte literarischer Textverstehenskompetenz. Theoretische Annahmen und empirische Befunde. Mitteilungen des Deutschen Germanistenverbandes, 63(2), 105–118.

Bühler, K. (1934) 1982. Sprachtheorie. Die Darstellungsfunktion der Sprache. Stuttgart: Fischer.

Eco, U. (1990). Die Grenzen der Interpretation. München: dtv.

Feilke, H. & Augst, G. (1989): Zur Ontogenese der Schreibkompetenz. In G. Antos & H. P. Krings (Hrsg.), Textproduktion. Ein interdisziplinärer Forschungsüberblick (S. 297–327). Tübingen: Niemeyer.

Fiehler, R. (1990). Kommunikation und Emotion. Theoretische und empirische Untersuchungen zur Rolle von Emotionen in der verbalen Interaktion. Berlin, New York: de Gruyter.

Fix, M. (2008). Texte schreiben. Schreibprozesse im Deutschunterricht. Paderborn: Schöningh.

Foolen, A., Lüdtke, U. & Schwarz-Friesel, M. (2012): Kognition und Emotion. In O. Braun & U. Lüdtke (Hrsg.), Sprache und Kommunikation. Behinderung, Bildung und Partizipation. Enzyklopädisches Handbuch der Behindertenpädagogik, Bd. 8 (S. 213–229). Stuttgart: Kohlhammer.

Frederking, V. (2020). Fachliche Bildung – personal und funktional. Beispiel: digitale Texte im Deutschunterricht. Online: https://www.ulfabraham.de/wp-content/uploads/2020/02/Fachliche-Bildung.pdf.

Frederking, V. & Abraham, U. (2020). Deutschdidaktik. Bestandsaufnahme und Forschungsperspektiven. In M. Rothgangel, U. Abraham, H. Bayrhuber, V. Frederking, W. Jank & H. Vollmer (Hrsg.), Lernen im Fach und über das Fach hinaus. Bestandsaufnahmen und Forschungsperspektiven aus 17 Fachdidaktiken im Vergleich (Allgemeine Fachdidaktik, Bd. 2) (S. 73–100). Münster: Waxmann.

Frederking, V. & Albrecht, C. (2016). Ästhetische Kommunikation im Literaturunterricht. Theoretische Modellierung und empirische Erforschung unter besonderer Berücksichtigung ›emotionaler Aktivierung‹. In M. Krelle & W. Senn (Hrsg.), Qualitäten von Deutschunterricht (S. 57–81). Stuttgart: Fillibach bei Klett.

Frederking, V. & Bayrhuber, H. (2020). Fachdidaktisches Wissen und fachliche Bildung. Ein Klärungsversuch im Horizont der Allgemeinen Fachdidaktik. In D. Scholl, S. Wernke & D. Behrens (Hrsg.), Allgemeine Didaktik und Fachdidaktik. Jahrbuch für Allgemeine Didaktik 2019 (S. 10–29). Baltmannsweiler: Schneider.

Frederking, V. & Brüggemann, J. (2012). Literarisch kodierte, intendierte bzw. evozierte Emotionen und literarästhetische Verstehenskompetenz. Theoretische Grundlagen einer empirischen Erforschung. In D. A. Frickel, C. Kammler & G. Rupp (Hrsg.), Literaturdidaktik im Zeichen von Kompetenzorientierung und Empirie. Perspektiven und Probleme (S. 15–40). Freiburg i. Br.: Fillibach.

Frederking, V., Brüggemann, J. & Albrecht, C. (2019). Ästhetische Kommunikation im Literaturunterricht. Quantitative und qualitative Zugänge zu einer besonderen Form personaler und funktionaler literarischer Bildung. In J. Mayer, F. Heizmann & M. Steinbrenner (Hrsg.), Das Literarische Unterrichtsgespräch. Positionen, Kontroversen, Entwicklungslinien (S. 295–314). Baltmannsweiler: Schneider.

Frederking, V., Brüggemann, J., Albrecht, C., Henschel, S. & Gölitz, D. (2015). Emotionale Facetten literarischen Verstehens und ästhetischer Erfahrung. Empirische Befunde literaturdidaktischer Grundlagen- und Anwendungsforschung. In J. Brüggemann, M.-G. Dehrmann & J. Standke (Hrsg.), Literarizität. Herausforderungen für Theoriebildung, empirische Forschung und Vermittlung. Fachdidaktische und literaturwissenschaftliche Perspektiven (S. 87–132). Baltmannsweiler: Schneider.

Frederking, V., Brüggemann, J., Henschel, S., Burgschweiger, C., Stark, T., Roick, Th., Gölitz, D., Marx, A. & Hasenstab, S. (2017). Erleben und Verstehen. Das emotionale Potenzial literarischer Texte. In Rat für Kulturelle Bildung (Hrsg.), Befunde zu den Wirkungen kultureller Bildung (S. 42–55). Essen: gilbert design druck werbetechnik.

Frederking, V. & Krommer, A. (2019). Digitale Textkompetenz. Ein theoretisches wie empirisches Forschungsdesiderat im deutschdidaktischen Fokus. Online: http://www.deutschdidaktik.phil.uni-erlangen.de/Dokumente/frederking-krommer-2019-digitale-textkompetenzpdf.pdf.

Groeben, N. & Hurrelmann, B. (2004). Fazit: Lesen als Schlüsselqualifikation? In N. Groeben & B. Hurrelmann (Hrsg.), Lesesozialisation in der Mediengesellschaft. Ein Forschungsüberblick (S. 440–465). Weinheim, München: Juventa.

Groeben, N. & Schroeder, S. (2004). Versuch einer Synopse: Sozialisationsinstanzen – Ko-Konstruktion. In N. Groeben & B. Hurrelmann (Hrsg.), Lesesozialisation in der Mediengesellschaft. Ein Forschungsüberblick (S. 306–348). Weinheim, München: Juventa.

Hayes, J. R. & Flower, L. (1980). Identifying the Organisation of Writing Processes. In L. Gregg & E. Steinberg (Hrsg.), Cognitive Processes in Writing (S. 3–30). Hilsdale: Lawrence Erlbaum Associates.

Hurrelmann, B. (2002). Leseleistung – Lesekompetenz. Folgerungen aus PISA, mit einem Plädoyer für ein didaktisches Konzept des Lesens als kulturelle Praxis. Praxis Deutsch, 176, 6–18.

Jakobson, R. (1960) 1979. Linguistik und Poetik. In E. Holenstein & T. Schelbert (Hrsg.), Roman Jakobson Poetik. Ausgewählte Aufsätze 1921–1971 (S. 83–121). Frankfurt a. M.: Suhrkamp.

Kern, P. Ch. (2006). Die Emotionsschleuder. Affektpotenzial und Affektfunktion im Erzählfilm. In V. Frederking (Hrsg.), Themenschwerpunkt Filmdidaktik und Filmästhetik. Jahrbuch Medien im Deutschunterricht 2005 (S. 19–45). München: kopaed.

Klimmt, Ch. & Vorderer, P. (2004). Unterhaltung als unmittelbare Funktion des Lesens. In N. Groeben & B. Hurrelmann (Hrsg.), Lesesozialisation in der Mediengesellschaft. Ein Forschungsüberblick (S. 36–60). Weinheim, München: Juventa.

Kneepkens, E. W. E. M. & Zwaan, R. A. (1995). Emotions and Literary Text Comprehension. Poetics, 23(1–2), 125–138.

Koch, P. & Oesterreicher, W. (1986): Sprache der Nähe – Sprache der Distanz. Mündlichkeit und Schriftlichkeit im Spannungsfeld von Sprachtheorie und Sprachgeschichte. In O. Deutschmann, H. Flasche, B. König, M. Kruse, W. Pabst & W.-D. Stempel (Hrsg.), Romanistisches Jahrbuch. Bd. 36 (S. 15–43). Berlin, New York: de Gruyter.

von Koppenfels, M. & Zumbusch, C. (2016). Einleitung. In M. von Koppenfels & C. Zumbusch (Hrsg.), Handbuch Literatur & Emotionen (S. 1–36). Berlin, Boston: de Gruyter.

McElvany, N., Kortenbruck, M. & Becker, M. (2008). Lesekompetenz und Lesemotivation. Entwicklung und Mediation des Zusammenhangs durch Leseverhalten. Zeitschrift für Pädagogische Psychologie, 22 (3–4), 207–219.

Oatly, K. (1995). A Taxonomy of the Emotions of Literary Response and a Theory of Identification in Fictional Narrative. Poetics, 23(1–2), 53–74.

Pennebaker, J. & Evans, J. (2014). Expressive Writing. Words That Heal. Enumclaw: Idyll Arbor.

Pohl, Th. (2007). Emotionalität im frühen Schreiben – Von emotionaler Involviertheit zu emotionaler Involvierung. In M. Becker-Mrotzek & K. Schindler (Hrsg.), Texte schreiben (S. 63–80). Duisburg: Gilles & Franke.

Rosebrock, C. & Nix, D. (2015). Grundlagen der Lesedidaktik und der systematischen schulischen Leseförderungen (7., überarbeitete u. erweiterte Aufl.). Baltmannsweiler: Schneider.

Schwarz-Friesel, M. (2007): Sprache und Emotion. Tübingen/Basel: UTB.

Schweizer, K. & Klein, K.-M. (2008). Medien und Emotionen. In B. Batinic & M. Appel (Hrsg.), Medienpsychologie (S. 149–176). Heidelberg: Springer Medizin Verlag.

Spinner, K. H. (1993) 2001. Kreatives Schreiben. In K. H. Spinner (Hrsg.), Kreativer Deutschunterricht. Identität, Imagination, Kognition (S. 108–125). Seelze: Kallmeyer.

Spinner, K. H. (Hrsg.) (1995). Imaginative und emotionale Lernprozesse im Deutschunterricht. Frankfurt a. M. u. a.: Lang.

Spinner, K. H. (1997). Reden lernen. Praxis Deutsch, 144, 16–26.

Spinner, K. H. (2006): Literarisches Lernen. Praxis Deutsch, 200, 6–16.

Steinhauer, L. (2010). Involviertes Lesen. Eine empirische Studie zum Begriff und seinen Wechselwirkungen mit literarästhetischer Urteilskompetenz. Freiburg: Fillibach.

Vogel, I. C. & Gleich, U. (2018). Non- und paraverbale Kommunikation. In I. C. Vogel (Hrsg.), Kommunikation in der Schule (2., aktualisierte Aufl.) (S. 31–52). Bad Heilbrunn: Klinkhardt.

Watzlawick, P., Beavin, J. H. & Jackson, D (1967) 2017. Menschliche Kommunikation – Formen, Störungen, Paradoxien (13., unveränderte Aufl.). Bern: Hogrefe.

Winko, S. (2003a). Kodierte Gefühle. Zu einer Poetik der Emotionen in lyrischen und poetologischen Texten um 1900. Berlin: Erich Schmidt.

Winko, S. (2003b). Über Regeln emotionaler Bedeutung in und von literarischen Texten. In F. Jannidis, G. Lauer, M. Martínez & S. Winko (Hrsg.), Regeln der Bedeutung. Zur Theorie der Bedeutung literarischer Texte (S. 305–328). Berlin/New York: de Gruyter.

Zillmann, D. (2004). Emotionspsychologische Grundlagen. In R. Mangold, P. Vorderer & G. Bente (Hrsg), Lehrbuch der Medienpsychologie (S. 101–128). Göttingen u. a.: Hogrefe.

Zinken, J., Knoll, M. & Panksepp, J. (2008). Universality and Diversity in the Vocalization of Emotions. In K. Izdebski (Hrsg.), Emotions of the human voice (p. 185–202). San Diego: Plural Publishing.

10 Emotionen im Fremdsprachenunterricht am Beispiel unterschiedlicher Formen von Angst

Clarissa Blum & Thorsten Piske

> **Kurzzusammenfassung**
>
> Dieser Beitrag beschäftigt sich vor allem mit dem Phänomen der Fremdsprachenangst, einer situationsspezifischen Angst, die sich auf das Empfinden von Beunruhigung bzw. Anspannung in spezifischen Situationen, etwa beim Sprechen einer Fremdsprache, dem Verstehen von Äußerungen in einer Fremdsprache oder allgemein beim Erlernen einer Fremdsprache bezieht.
>
> Schlagwörter: *Fremdsprachenangst, Selbstkonzept, Möglichkeiten zum Angstabbau*

Einleitung

Das Erlernen einer Fremdsprache (L2) wird durch eine große Zahl von Faktoren beeinflusst, die in vielfältiger Weise miteinander interagieren. Zu den Faktoren, deren Einfluss auf das Erlernen einer L2 häufiger untersucht worden ist, zählen das Alter zu Beginn des Zweitspracherwerbs, das Geschlecht, das eventuelle Vorliegen einer besonderen Sprachlernbegabung, der spezifische L1-Hintergrund einer/eines L2-Lernenden, die Quantität und Qualität des fremdsprachlichen Inputs, die Bedeutung spezifischer Übungen, die Häufigkeit, mit der eine L2 gebraucht wird, Lernstile, Lernstrategien, Intelligenz, Extrovertiertheit und Introvertiertheit und natürlich auch die Motivation und Einstellungen der Lernenden (z. B. Piske, 2013; 2018). Im Zusammenhang mit dem Thema »Emotionen im Fremdsprachenunterricht« ist es dabei nicht überraschend, dass in verschiedenen Studien festgestellt wurde, dass Fortschritte beim Erlernen einer L2 deutlich vom Grad der Motivation und von den Einstellungen abhängig sind, die Personen beim L2-Erwerb zeigen (vgl. z. B. Dörnyei, 2001). Allerdings hat eine hohe Motivation nach den Ergebnissen einiger Studien nicht für alle sprachlichen Bereiche dieselbe Bedeutung. So scheinen z. B. hoch motivierte gegenüber weniger motivierten Schüler*innen zwar durchaus Vorteile bezüglich des Erlernens der Grammatik und des Wortschatzes einer L2 zu zeigen, nicht aber unbedingt im Hinblick auf die Aussprache (z. B. Piske, MacKay & Flege, 2001). Außerdem ist in verschiedenen Studien über geschlechtsspezifische Unterschiede bezüglich der Variablen ›Motivation‹ und ›Einstellungen‹ berichtet worden: So ist das bessere Abschneiden von Mädchen im Vergleich zu Jungen in einigen Untersuchungen zu fremdsprachlichen Leistungen explizit durch die höhere Motivation von Mädchen beim Erlernen einer neuen Sprache und durch ihre positiveren Haltungen gegenüber der Fremdsprache begründet worden (z. B. Kissau & Turnbull, 2008; Fuchs, 2014).

Dieser Beitrag betrachtet zwar auch die Rolle von Variablen wie Motivation und Einstellungen im Fremdsprachenunterricht, er beschäftigt sich aber vor allem mit den Ängsten, die Lernende beim Erlernen einer L2 zeigen. Die Rolle der Angst im Fremdsprachenunterricht ist in einer größeren Zahl von Studien untersucht worden. Insgesamt ist nach Ogasa (2011, S. 25) die Zahl der Untersuchungen, »die sich mit den Wirkungszusammenhängen zwischen Emotion und Kognition in Bezug auf das Fremdsprachenlernen beschäftigt haben«, aber eher überschaubar. Betrachtet man verschiedene Klassifikationen von Emotionen, die in der Literatur vorgenommen werden, zählt Angst zu den negativen Emotionen. Eine dieser Klassifikationen, die besonders auch für Studien relevant erscheint, in denen für das Fremdsprachenlernen förderliche Lernumgebungen näher bestimmt werden sollen, ist die von Pekrun (2006; vgl. auch Pekrun 2018, S. 216) vorgenommene zweidimensionale Klassifikation von Emotionen. Hier werden vier Kategorien von Emotionen unterschieden: positiv-aktivierende wie Freude und Stolz, positiv-deaktivierende wie Erleichterung und Zufriedenheit, negativ-aktivierende wie Angst und Ärger sowie negativ-deaktivierende wie Langeweile und Hoffnungslosigkeit.

Nach dem derzeitigen Stand der Forschung kann die von Pekrun (2006) als negativ-aktivierend klassifizierte Emotion ›Angst‹ sowohl Ursache als auch Folge von Problemen im L2-Lernprozess sein (z. B. MacIntyre, 2017, S. 27). Auch im Sinne von lat. *angustiae* ›Enge, Klemme, Schwierigkeiten‹ (Riecke, 2014, S. 119) bezieht sich Angst auf eine mit Beklemmung einhergehende negative emotionale Verfassung. Horwitz, Horwitz & Cope (1986, S. 125) beschreiben diesen Zustand als »*subjective feeling of tension, apprehension, nervousness, and worry associated with an arousal of the autonomic nervous system*«. Begleitet wird diese emotionale Verfassung von einem Gefühl der Dringlichkeit, sich der als unangenehm empfundenen Situation entziehen zu wollen (z. B. MacIntyre 2017, S. 12). Im Zusammenhang mit Geschlechtsunterschieden lässt sich hier noch anmerken, dass sich bezüglich eines möglichen Zusammenhangs zwischen dem Grad der empfundenen Angst beim Erlernen einer Fremdsprache und dem Geschlecht keine klaren Schlussfolgerungen ziehen lassen. Während einige Studien signifikante Unterschiede zwischen weiblichen und männlichen Lernenden hinsichtlich des empfundenen Grades der Angst beim Erlernen einer Fremdsprache ermittelt haben, ist ein solcher Zusammenhang in anderen Fragebogenstudien nicht festgestellt worden (z. B. Aida, 1994; vgl. auch Blum, 2018; Uhl i. Vorb.).

10.1 Formen der Angst im Fremdsprachenunterricht

Als eine spezifische Form der Angst wird von Horwitz et al. (1986, S. 128) die *Fremdsprachenangst* beschrieben, die eine komplexe Einheit bestehend aus Gefühlen[3], Annahmen, Verhaltensweisen und Selbsteinschätzungen bezüglich des Fremdsprachenlernens im Fremdsprachenunterricht darstellt. Dabei kann der Gebrauch der L2 und auch das Fremdsprachenlernen an sich zu einer negativen emotionalen Reaktion führen und Sorgen auslösen (Gregersen & MacIntyre, 2014, S. 3). Definieren lässt sich die Fremdsprachenangst als das Empfinden von Beunruhigung bzw. Anspannung in spezifischen Situationen wie dem Sprechen der L2, dem Verstehen von Äußerungen in der L2 und dem L2-Lernen allgemein (MacIntyre & Gardner, 1994, S. 284). Zu den situationsspezifischen Ängsten zählen neben der Fremdsprachenangst auch Angstkonzepte, die sich konkret auf bestimmte Sprachfertigkeiten in der L2 beziehen, etwa die Hörverstehensangst, die Sprechangst, die Leseverstehensangst und die Schreibangst (Huang, 2012, S. 3). Fremdsprachenangst erstreckt sich nicht zwangsläufig auf alle zu erlernenden Fremdsprachen, sondern kann abhängig von der zu erlernenden Fremdsprache auftreten. In einer Studie von MacIntyre & Gardner (1989, S. 260) wirkte der Französischunterricht z. B. wesentlich angsteinflößender auf die untersuchten Personen als der Englischunterricht (vgl. auch Blum, 2018).

Die Fremdsprachenangst kann als eine situationsspezifische Angst betrachtet werden, da sie zeitlich stabil und nur auf den Kontext des Fremdsprachenlernens begrenzt ist (Dewaele, 2017, S. 70). Andere im Zusammenhang mit dem Sprachenlernen bedeutende situationsspezifische Ängste sind die Kommunikationsangst, die Prüfungsangst und die Angst vor negativer Beurteilung. Der Begriff *Kommunikationsangst* bezieht sich auf die spezifische Angst eines Individuums, in der Erstsprache (L1) in Anwesenheit von Zuhörenden zu sprechen (Horwitz 2017, S. 33). Sie tritt etwa in Form von Lampenfieber beim Sprechen vor einem Publikum, aber auch bei der Kommunikation mit einzelnen Gesprächspartnern auf. Horwitz et al. (1986, S. 127) zählen die Hörverstehensangst ebenfalls zu dieser spezifischen Form der Angst, weil die Informationsaufnahme sowie das Verstehen von Gesprochenem Grundvoraussetzung für die gelungene Kommunikation sind. Da die Leistungsbewertung einen wesentlichen Bestandteil des Fremdsprachenunterrichts darstellt, ist auch die Prüfungsangst für das Erfassen der Fremdsprachenangst relevant (Horwitz et al., 1986, S. 127). Die Prüfungsangst ist eine spezifische Form der Angst, die vor oder während einer Prüfungssituation auftritt (Horwitz, 2017, S. 33). Es handelt sich dabei um eine Art der Leistungsangst, die auf Versagensängsten beruht (Horwitz et al., 1986, S. 127). Eine weitere für den Fremdsprachenunterricht relevante Form der Angst bezieht sich auf eine negative Beurteilung (engl. *fear of negative evaluation*), die nach Horwitz (2017, S. 33) dann besteht, wenn Lernende befürchten,

---

[3] Eine genauere Unterscheidung zwischen den Begriffen ›Emotion‹, ›Gefühl‹, ›Stimmung‹ und ›Affekt‹ in Bezug auf das Fremdsprachenlernen nimmt z. B. Ogasa (2011) vor.

von ihren Mitmenschen negativ eingeschätzt bzw. beurteilt zu werden. Anders als bei der Prüfungsangst ist diese Form der Angst aber nicht auf Prüfungssituationen beschränkt (z. B. Nerlicki, 2007, S. 231), sondern bezieht sich allgemein auf Angst, die in sozialen Situationen ausgelöst wird (z. B. Krohne, 1996, S. 12).

Im Fremdsprachenunterricht befinden sich Lernende in einer vergleichsweise schwachen Position, insofern sie ständig Gefahr laufen, ihr Selbstkonzept gefährdet und sich negativer Kritik ausgesetzt zu sehen (z. B. Tsui, 1996, S. 155). Manche Schüler*innen zeigen sich überaus sensibel gegenüber realen oder vermuteten Bewertungen ihrer Person durch Mitschüler*innen oder Lehrkräfte (z. B. Horwitz et al., 1986, S. 128). Selbst Erwachsene, die in Bezug auf ihre L1 über ein positives Selbstkonzept verfügen, d. h. die die verschiedenen gesellschaftlichen Umgangsformen zu kennen glauben und sich gewöhnlich auch als relativ intelligent einschätzen, erleben das Sprechen in der L2 als Herausforderung. Im Gegensatz zur Kommunikation in der L1 verlangt die Verwendung der L2 erwachsenen Lernenden sowohl im Fremdsprachenunterricht als auch bei Auslandsaufenthalten Risikobereitschaft ab, weil ihre Äußerungen in der L2 nach ihnen unbekannten sprachlichen bzw. soziokulturellen Standards bewertet werden und es ihnen je nach Sprachstand schwerfällt, sich authentisch auszudrücken (Horwitz et al., 1986, S. 128). Mit anderen Worten: Durch ihre Äußerungen in der L2 gehen Lernende das Risiko ein, ihr Selbstkonzept als kompetente Sprecher gefährdet zu sehen. Ihr Problem besteht darin, dass sie sich aufgrund eventuell begrenzter sprachlicher Möglichkeiten nicht so ausdrücken können, wie sie dazu in der L1 in der Lage sind, und dadurch das Gefühl haben, ihre Persönlichkeit nur eingeschränkt zum Ausdruck bringen zu können. In dieser Hinsicht unterscheidet sich die Fremdsprachenangst durch ihre enge Verzahnung mit dem Selbstkonzept und der Selbstdarstellung von Lernenden auch von anderen schulischen Ängsten (z. B. Horwitz et al., 1986, S. 128; vgl. auch Blum, 2018).

Im Zusammenhang mit den eingangs gemachten Anmerkungen zur Rolle der Motivation beim Erlernen von Fremdsprachen ist es interessant, dass bisherige Forschungsergebnisse keine Hinweise auf einen einfachen Zusammenhang zwischen Fremdsprachenangst und Motivation erbracht haben. Zahlreiche Lernende lassen sich offenbar nicht einer von zwei Kategorien, also ›ängstlich und unmotiviert‹ gegenüber ›zuversichtlich und motiviert‹ zuordnen. So kommt z. B. Jackson (2002, S. 70) in einer ethnografischen Studie zu dem Schluss, dass gerade diejenigen, die eine hohe Sprechangst empfinden, zu den hochmotivierten Lernenden zählen. Und Horwitz (1996, S. 367) berichtet, dass Lernende, die unbedingt die L2 erlernen wollen, große Anstrengungen unternehmen und viel Zeit investieren, um ihr Ziel zu erreichen, möglicherweise mehr Angst erleben als diejenigen, die nicht so viel Mühe aufbringen wollen.

10.2 Das Sprechen in der L2 als besondere Herausforderung

Im modernen, kommunikativ ausgerichteten Fremdsprachenunterricht steht der Erwerb verschiedener sprachlicher Fertigkeiten im Vordergrund. Traditionell unterscheidet man dabei zwischen den beiden schon erwähnten rezeptiven Fertigkeiten ›Hör-/Sehverstehen‹ und ›Lesen‹ sowie den beiden ebenfalls schon erwähnten produktiven Fertigkeiten ›Sprechen‹ und ›Schreiben‹. Als fünfte Fertigkeit wird heute die Mediation bzw. Sprachmittlung betrachtet. Nach Young (1992, S. 163) gilt die Fertigkeit des Sprechens als der ›unangenehmste Aspekt‹ beim Erlernen einer Fremdsprache. Vogely (1999, S. 107) weist in diesem Zusammenhang darauf hin, dass Lernende beim Lesen und Schreiben über mehr Zeit verfügen, darüber nachzudenken, was sie gerade lesen oder schreiben bzw. wie sie einen Text verfassen wollen. Dagegen erfordert die mündliche Kommunikation vergleichsweise schnelle Prozesse: Beim Zuhören können die Geschwindigkeit, in der ein Gesprächspartner sein Anliegen vorträgt, sowie die Möglichkeit, dass dieses Anliegen eventuell nur einmal geäußert wird, zu Schwierigkeiten führen. Zudem ist in der Regel eine schnelle Reaktion auf das zuvor Gehörte erforderlich. Allerdings merken Cheng, Horwitz & Schallert (1999, S. 438) an, dass bei manchen Lernenden das Sprechen, bei anderen das Schreiben, das Hör-/Sehverstehen oder das Leseverstehen die größte Angst hervorruft. Natürlich können auch mehrere Fertigkeiten Lernenden einer Fremdsprache Angst bereiten, wobei die jeweiligen Ängste in unterschiedlichem Maße ausgeprägt sein können. Unterschiedliche Haltungen und Erwartungen bezüglich der einzelnen Fertigkeiten sind dabei nach Cheng et al. (1999, S. 438) auf frühere Erfolgs- bzw. Misserfolgserlebnisse beim Erwerb der vier Fertigkeiten zurückzuführen.

Goh & Burns (2012, S. 45 f.) zufolge ist die Angst beim Sprechen, die einige Lernende zeigen, vor allem dadurch begründet, dass das Sprechen vergleichsweise hohe kognitive Anforderungen mit sich bringt und auf mehreren, teilweise zeitgleich ablaufenden Prozessen beruht (vgl. auch Scovel, 1998). So müssen vor dem eigentlichen Sprechakt die relevanten Informationen ausgewählt werden, auf die in der Reaktion auf die Äußerung eines Gesprächspartners eingegangen werden soll. Lernende verfügen nach Goh & Burns (2012, S. 46) dabei eventuell nicht über ausreichend Hintergrundwissen zum jeweiligen Gesprächsgegenstand und sind daher unschlüssig darüber, was sie sagen sollen. Außerdem gilt das Formulieren der eigenen Aussage als besonders anspruchsvoll, weil L2-Lernende Entscheidungen über die zu verwendende Lexik und Grammatik treffen, auf Kohärenz achten und zudem z. B. auch das sprachliche Register und den sozialen Kontext berücksichtigen sollen (Goh & Burns, 2012, S. 38). Die Aussprache, die sich nicht nur auf segmentale Aspekte wie die Aussprache von Konsonanten und Vokalen, sondern auch auf prosodische Aspekte wie Intonations- und Betonungsmuster bezieht (z. B. Piske, 2012), stellt eine weitere Herausforderung dar. Lernenden kann ihre als schlecht empfundene Aussprache so unangenehm sein, dass sie es vorziehen, ihre Gedanken nicht zu artikulieren (Goh & Burns, 2012, S. 39).

Die geringe Zeit zur Planung von Äußerungen empfinden L2-Lernende offenbar als eine besondere Belastung. So haben Lernende z. B. darüber berichtet, dass es ihnen leichtfällt, im Fremdsprachenunterricht einen Vortrag zu halten, wenn sie diesen ausreichend vorbereiten können. Anders verhält es sich dagegen bei spontanen Äußerungen, etwa bei einem Rollenspiel, bei denen Lernende innerhalb kurzer Zeit die Aussage des Gesprächspartners erfassen und durch geeignete Formulierungen darauf reagieren sollen. In einer Studie von Horwitz et al. (1986), in der mit einer von den Autorinnen und Autoren entwickelten *Foreign Language Classroom Anxiety Scale* (FLCAS) gearbeitet wurde, gab etwa die Hälfte der befragten Studierenden an, in Panik versetzt zu werden, wenn sie ohne Vorbereitung in einem Spanisch-Anfängerkurs sprechen sollten. Ein Drittel der Befragten gab zudem an, dass sie ihre fremdsprachlichen Fähigkeiten als gering einstuften und sie ihre Mitlernenden als die besseren Sprachenlerner einschätzten, so dass es bei ihnen zu Herzklopfen kam, wenn sie im Fremdsprachenunterricht spontan aufgerufen wurden. Zugrunde lagen den Erhebungen Rückmeldungen der befragten Lernenden zu Aussagen wie »*I start to panic when I have to speak without preparation in language class*« oder »*I feel more tense and nervous in my language classes than in my other classes*«. Auch in einer Fragebogenstudie von Young (1990) gab die Mehrheit der befragten Personen an, es vorzuziehen, sich freiwillig im Fremdsprachenunterricht melden zu können und nicht aufgerufen zu werden, was ebenfalls darauf hinweist, dass gerade spontane Äußerungen L2-Lernenden größere Schwierigkeiten bereiten können.

Vor dem Hintergrund der bisher genannten Ergebnisse ist es nicht überraschend, dass mündliche Prüfungen in der L2, in denen durch Notengebung zusätzlicher Druck entsteht, zu den angsterregendsten Situationen im Fremdsprachenunterricht gehören. Gerade in solchen Situationen wirken nach Phillips (1999, S. 129) die Sprechangst, die Prüfungsangst, die Kommunikationsangst und die Angst vor negativer Bewertung zusammen.

Im Zusammenhang mit den Herausforderungen, die gerade das Sprechen in der L2 mit sich bringt, ist schließlich noch ein von Tobias (1986, S. 37) entwickeltes und von MacIntyre (1999, S. 35) abgewandeltes Modell interessant, durch das sich die negativen Konsequenzen der Angst bezüglich des Sprechens der L2 erklären lassen. Das Modell dient der Darstellung der Auswirkungen der Fremdsprachenangst auf die kognitiven Verarbeitungsprozesse beim Kommunizieren in der L2. Es bildet drei Phasen ab: die Informationsaufnahme, die Informationsverarbeitung und die Sprachproduktion. Während jeder der drei Phasen kann die kognitive Leistungsfähigkeit durch Angst in Form von selbstbezogenen Gedanken beeinträchtigt werden. Sorgengedanken in der Sprechsituation über eine möglicherweise schlechte Qualität der erbrachten Leistung, selbstabwertende Gedanken sowie Gedanken über einen drohenden Misserfolg beanspruchen kognitive Ressourcen, die für die eigentlich relevanten kognitiven Vorgänge (Enkodierung von Wörtern, Verstehen des Gesagten, Planung der nächsten Äußerung in der Kommunikationssituation) dringend vonnöten wären (MacIntyre 1999, S. 35). Da die Verarbeitungskapazität des Arbeitsgedächtnisses begrenzt ist, gelten Gedanken, die für die aktuelle Kommunikationssituation eigentlich irrelevant sind, als hinderlich für die erfolgreiche mündliche Performanz in der L2

(Eysenck 1979, S. 363 f.). Insgesamt veranschaulicht MacIntyres (1999) Modell, dass eine Beeinträchtigung der kognitiven Prozesse zu einem Zeitpunkt des Kommunikationsprozesses auch Auswirkungen auf die Folgephasen hat, da einige Informationen nicht in die nächste Phase gelangen können. So kann Angst etwa zu Beeinträchtigungen in der Phase der Informationsaufnahme führen, da sie wie ein Filter einen Teil der Informationen daran hindert, in die nächste Phase der Verarbeitung zu gelangen.

10.3 Möglichkeiten zum Abbau von Fremdsprachenangst im Unterricht

Schon bevor die Lehrkraft bemerkt, dass bestimmte Schüler*innen in ihrer Klasse Fremdsprachenangst empfinden, kann sie bestimmte Maßnahmen ergreifen. Dörnyei (2001) gibt Lehrkräften vier konkrete Handlungsempfehlungen zum Abbau von Angst im Fremdsprachenunterricht:

Vermeidung des sozialen Vergleichs

Ein ständiger sozialer Vergleich von erfolgreichen und weniger erfolgreichen Lernenden kann sich negativ auf das Selbstwertgefühl von Schüler*innen auswirken. Nach Dörnyei (2001, S. 92) sind das öffentliche Verkünden von Noten, das Loben einzelner Schüler*innen für ihre herausragende Leistung vor der ganzen Klasse und die Zuordnung von Schüler*innen zu bestimmten Gruppen aufgrund ihres Leistungsstands Beispiele dafür, wie ein angstfreies Klima verhindert wird. Auch Kommentare, die z. B. nur als Rückmeldung über den aktuellen Lernstand einer Schülerin oder eines Schülers im Vergleich zu den Mitschüler*innen gedacht sind, können dazu führen, dass Lernende sich ständig miteinander messen, und bei manchen Schüler*innen Angst auslösen.

Förderung kooperativen statt konkurrenzorientierten Verhaltens

Konkurrenzdenken kann, wie gerade ausgeführt, zu Angst führen, etwa wenn sich Lernende ständig mit Klassenkameraden oder einem Idealbild von sich selbst vergleichen (z. B. Bailey, 1983, S. 74). Daher verhindert eine wettbewerbsorientierte Unterrichtsatmosphäre, in der Schüler*innen gegeneinander statt miteinander arbeiten, um andere zu übertreffen, nach Dörnyei (2001, S. 92 f.) ein angstfreies Lernklima. Er betont, dass es für Lehrende ratsam sei, eine kooperative Arbeitshaltung zu fördern, so dass das Konkurrenzdenken unter Mitschüler*innen abnimmt. Beim kooperativen Lernen herrsche gewöhnlich eine positivere Grundstimmung und in dieser Atmosphäre würden weniger Stress und Angst verursacht als bei anderen Lernformaten.

Entwicklung einer Kultur der Fehlerakzeptanz

Im Fremdsprachenunterricht kann die Angst davor, Fehler beim Sprechen der L2 zu machen, besonders groß sein, so dass einige Schüler*innen das Risiko, Fehler zu machen, nicht eingehen wollen und es vermeiden, sich mündlich zu äußern. Wenn die Lehrkraft jeden einzelnen Fehler korrigiert, der in den Äußerungen einer Schülerin oder eines Schülers vorkommt, kann dieses Verhalten natürlich noch verstärkt werden. In einer von Young (1990, S. 544) durchgeführten Untersuchung wurde allerdings festgestellt, dass es sehr viele Schüler*innen vorziehen, wenn im Unterricht nicht gänzlich auf Fehlerkorrektur verzichtet wird. Empfohlen werden daher eine ›selektive Fehlerkorrektur‹, durch die die Kommunikation im Unterricht nicht zu stark beeinträchtigt wird, sowie das Schaffen einer Kultur der Fehlerakzeptanz, in der Fehler als natürliche Begleiterscheinung im Lernprozess und als notwendig für das Erlernen einer L2 erachtet werden (z. B. Dörnyei, 2001, S. 93). Um die Kommunikation im Unterricht nicht zu unterbrechen, wird in diesem Zusammenhang z. B. das *modeling* vorgeschlagen, bei dem die Lehrkraft inhaltlich auf die Äußerung einer Schülerin oder eines Schülers reagiert, dabei gleichzeitig aber z. B. auch wiederholt eine korrekte Verbform verwendet, die vorher von der Schülerin oder dem Schüler falsch gebildet wurde, oder auch wiederholt für den Kontext angemessene Vokabeln gebraucht. Hat man den Eindruck, dass Schüler*innen expliziter auf Fehler hingewiesen werden müssen, wird vorgeschlagen, diese Fehler zunächst zu notieren und später mit der ganzen Klasse zu besprechen (z. B. Phillips, 1999, S. 139).

Schaffung größerer Transparenz in Bezug auf Leistungskontrollen

Für manche Schüler*innen sind Leistungserhebungen in der L2 natürlich mit Angst verbunden. Eine frühzeitige Bekanntgabe des Prüfungstermins sowie genaue Angaben zu Testanforderungen und Bewertungskriterien können jedoch dazu beitragen, die Fremdsprachenangst zu verringern (Dörnyei 2001, S. 94). Bei mündlichen Prüfungen können im Vorfeld ähnliche Sprechsituationen trainiert werden, so dass die Schüler*innen besser einschätzen können, wie sich die Prüfung gestaltet und welche Erwartungen an sie gestellt werden. In der Literatur findet sich in Bezug auf die Notengebung auch die Empfehlung, konkrete Möglichkeiten für die Verbesserung der Endnote anzugeben und dadurch Versagensängste abzubauen (Dörnyei 2001, S. 94). Inwieweit Lehrkräfte solche Möglichkeiten tatsächlich umsetzen können, ist aber natürlich von den Vorgaben und Rahmenbedingungen abhängig, unter denen sie unterrichten.

Neben den von Dörnyei (2001) empfohlenen Maßnahmen zum Angstabbau im Unterricht finden sich in der Literatur einige weitere Vorschläge. Immer wieder betont wird z. B. die Schaffung einer angenehmen, möglichst angstfreien Lernumgebung. Young (1990, S. 550) regt z. B. an, dass Lehrkräfte durch Humor, Freundlichkeit, Geduld und die Ausstrahlung innerer Ruhe eine soziale Umgebung schaffen sollten, die dazu beiträgt, dass Schüler*innen weniger Angespanntheit und Angst empfinden. In diesem Zusammenhang weist Tsui (1996, S. 163) darauf hin, dass nicht die Lehrkraft allein zu einem angenehmen Lernumfeld beiträgt, sondern auch der Zusammenhalt der Klasse und die gegenseitige Unterstützung durch Mitschüler*innen. Weiterhin wird z. B. von Phillips (1999, S. 127) vorgeschlagen, dass das Thema der Fremdsprachenangst explizit in der Klasse angesprochen wird, so dass sich die Lernenden darüber bewusstwerden, dass diese Angst in unterschiedlicher Ausprägung bei vielen Schüler*innen vorkommt. Als sinnvoll wird es darüber hinaus erachtet, unrealistischen Vorstellungen und Erwartungen der Lernenden entgegenzuwirken, z. B. in Bezug auf die Zeit, die man braucht, bis man eine L2 zumindest relativ flüssig sprechen kann (z. B. Onwuegbuzie, Bailey & Daley, 1999, S. 232).

Greenberg, Solomon, Pyszczynski, Rosenblatt, Burling, Lyon, Simon & Pinel (1992, S. 913) betonen außerdem, dass ein positives Selbstwertgefühl zur Verringerung des empfundenen Angstmaßes beiträgt und somit eine ›Schutzfunktion‹ zur Wahrung eines positiven Selbstbildes einnimmt. In diesem Zusammenhang scheint es deshalb sinnvoll zu sein, mit den Schüler*innen Strategien zu erarbeiten, die sie in Situationen, in denen sie Fremdsprachenangst empfinden, anwenden können, z. B. sich selbst gut zuzureden bzw. zu ermutigen (Young 1991, S. 431). Außerdem wird empfohlen, den Lernenden mehr Kontrolle über ihren Lernprozess zu überlassen, ihre Lernerautonomie zu fördern und z. B. durch positive Rückmeldungen dazu beizutragen, dass sie ihr Selbstwertgefühl stärken und ein positives Selbstkonzept entwickeln (z. B. Horwitz, 2017, S. 43 f.).

Schließlich hängt das Vertrauen, mit den Anforderungen bestimmter Situationen im Fremdsprachenunterricht umgehen zu können, natürlich nicht nur mit dem wahrgenommenen Schwierigkeitsgrad einer Aufgabe oder der subjektiven Einschätzung der fremdsprachlichen Kompetenz zusammen, sondern auch mit den zur Verfügung stehenden Kommunikationsstrategien (Dörnyei, 2001, S. 94 f.). In diesem Zusammenhang erscheint es sinnvoll, wenn Lehrkräfte mit ihren Schüler*innen verschiedene Strategien erarbeiten, mit deren Hilfe schwierig anmutende Kommunikationssituationen für sie leichter zu bewältigen sind. Hierzu zählen z. B. a) Vermeidungsstrategien, mit denen Gesprächsthemen, zu denen der Wortschatz nur in Ansätzen vorhanden ist, erst später angegangen werden; b) Taktiken, um sich im Gespräch Zeit zum Nachdenken zu verschaffen, z. B. durch die Verwendung von Füllwörtern wie »*well*« oder Sätzen wie »*that's an interesting point*«; c) Interaktionsstrategien, etwa die Bitte um Wiederholung einer Äußerung, und d) Kompensationsstrategien, z. B. die Umschreibung von Wörtern wie »*the thing that you use to open a bottle*« anstelle von »*corkscrew*«. Nach Dörnyei (2001, S. 97) kann das Selbstvertrauen der Lernenden sowie deren Bereitschaft, sich gerade an mündlichen Aktivitäten in der L2 zu beteiligen, durch das Einstudieren und Einüben solcher Strategien gesteigert werden.

10.4 Fazit

Das Phänomen der Fremdsprachenangst ist etwa seit den 1980er Jahren relativ intensiv erforscht worden. Schüler*innen können diese Form der Angst in unterschiedlichem Maße empfinden und sie kann sich auf unterschiedliche Aspekte des Fremdsprachenlernens beziehen. Lehrkräfte sollten sich der recht zahlreichen Möglichkeiten bewusst sein, die sie haben, um zum Angstabbau im Fremdsprachenunterricht beizutragen. In diesem Zusammenhang ist vor allem auch wichtig, dass Lehrkräfte sich immer wieder in Erinnerung rufen, dass sie durch ihr Handeln gerade auch positive Emotionen bei den Schüler*innen hervorrufen können und in großem Maße dafür verantwortlich sind, ob der Fremdsprachenunterricht Freude bereitet oder nicht. Sie sollten Situationen schaffen, in denen Schüler*innen Stolz über ihre Leistungen empfinden können und somit Belohnungserleben ermöglichen (z. B. Sambanis 2013, S. 49). Die Auswahl der Unterrichtsmaterialien wird darüber hinaus z. B. nicht nur einen großen Einfluss darauf haben, wie erfolgreich die Fremdsprache letztlich gelernt wird, sondern auch darauf, ob die Schüler*innen Neugierde für eine Zielkultur entwickeln und Länder, in denen die Fremdsprache gesprochen wird, auch selbst kennenlernen wollen (z. B. Uhl i. Vorb.). Bei all den Möglichkeiten, die Lehrkräfte prinzipiell haben, um positive Emotionen anzuregen, sind die Vorgaben, nach denen sie sich richten müssen, und die Rahmenbedingungen, unter denen sie unterrichten, aber oft so, dass ein völliger Abbau von Angstempfinden und anderen negativen Emotionen bei Schüler*innen im Fremdsprachenunterricht und in anderen Fächern allerdings kaum möglich sein wird.

> **Weiterführende Literatur**
>
> MacIntyre, P. D. (2017). An overview of language anxiety research and trends in its development. In C. Gkonou, M. Daubney & J.-M. Dewaele (Hrsg.), New Insights into Language Anxiety: Theory, Research and Educational Implications (S. 11–30). Bristol: Multilingual Matters.

Literatur

Aida, Y. (1994). Examination of Horwitz, Horwitz and Cope's construct of foreign language anxiety: The case of students of Japanese. The Modern Language Journal, 78(2), 155–168.

Bailey, K. M. (1983). Competitiveness and anxiety in adult second language learning: Looking at and through diary studies. In H. W. Seliger & M. H. Long (Hrsg.), Classroom Oriented Research in Second Language Acquisition (S. 67–103). Rowley: Newbury.

Blum, C. (2018). Mut zu sprechen? Mut zusprechen! Zur Überwindung von Sprechangst im Fremdsprachenunterricht. Unveröffentlichte wissenschaftliche Hausarbeit zur 1.

Staatsprüfung für das Lehramt an Gymnasien in Bayern. Friedrich-Alexander-Universität Erlangen-Nürnberg.
Cheng, Y.-S., Horwitz, E. K. & Schallert, D. L. (1999). Language anxiety: Differentiating writing and speaking components. Language Learning, 49(3), 417–446.
Dewaele, J.-M. (2017). Are perfectionists more anxious foreign language learners and users? In C. Gkonou, M. Daubney & J.-M. Dewaele (Hrsg.), New Insights into Language Anxiety: Theory, Research and Educational Implications (S. 70–90). Bristol: Multilingual Matters.
Dörnyei, Z. (2001). Motivational Strategies in the Language Classroom. Cambridge: Cambridge University Press.
Eysenck, M. W. (1979). Anxiety, learning and memory: A reconceptualization. Journal of Research in Personality, 13(4), 363–385.
Fuchs, S. (2014). Geschlechtsunterschiede bei motivationalen Faktoren im Kontext des Englischunterrichts der Sekundarstufe 1: Ausgewählte Ergebnisse einer empirischen Studie zu Motivation und Interesse. Zeitschrift für Fremdsprachenforschung, 25(2), 175–205.
Goh, C. C. M. & Burns, A. (2012). Teaching Speaking: A Holistic Approach. Cambridge: Cambridge University Press.
Greenberg, J., Solomon, S., Pyszczynski, T., Rosenblatt, A., Burling, J., Lyon, D., Simon, L. & Pinel, E. (1992). Why do people need self-esteem? Converging evidence that self-esteem serves an anxiety-buffering function. Journal of Personality and Social Psychology, 63(6), 913–922.
Gregersen, T. & MacIntyre, P. D. (2014). Capitalizing on Language Learners‹ Individuality: From Premise to Practice. Bristol: Multilingual Matters.
Horwitz, E. K. (1996). Even teachers get the Blues: Recognizing and alleviating language teachers' feelings of foreign language anxiety. Foreign Language Annals, 29(3), 376–372.
Horwitz, E. K. (2017). On the misreading of Horwitz, Horwitz and Cope (1986) and the need to balance anxiety research and the experiences of anxious language learners. In C. Gkonou, M. Daubney & J.-M. Dewaele (Hrsg.), New Insights into Language Anxiety: Theory, Research and Educational Implications (S. 31–47). Bristol: Multilingual Matters.
Horwitz, E. K., Horwitz, M. B. & Cope, J. (1986). Foreign language classroom anxiety. The Modern Language Journal, 70(2), 125–132.
Huang, J. (2012). Overcoming Foreign Language Classroom Anxiety. New York: Nova Science Publishers.
Jackson, J. (2002). Reticence in second language case discussions: Anxiety and aspirations. System, 30(1), 65–84.
Kissau, S. & Turnbull, M. (2008). Boys and French as a second language: A research agenda for greater understanding. Canadian Journal of Applied Linguistics, 11(3), 151–170.
Krohne, H. W. (1996). Angst und Angstbewältigung. Stuttgart: Kohlhammer.
MacIntyre, P. D. (1999). Language anxiety: A review of the research for language teachers. In D. J. Young (Hrsg.), Affect in Foreign Language and Second Language Learning: A Practical Guide to Creating a Low-Anxiety Classroom Atmosphere (S. 24–45). Boston: McGraw Hill.
MacIntyre, P. D. & Gardner, R. C. (1989). Anxiety and second language learning: Towards a theoretical clarification. Language Learning, 41(1), 85–117.
MacIntyre, P. D. & Gardner, R. C. (1994). The subtle effects of language anxiety on cognitive processing in the second language. Language Learning, 44(2), 283–305.
Nerlicki, K. (2007). Angstgefühle und deren mögliche Auswirkungen auf das Lernen von Fremdsprachen. Fokus: Studienanfänger/innen in der Germanistik – eine Fallstudie. In M. Grimberg, U. Engel & S. H. Kaszyński (Hrsg.), Convivium. Germanistisches Jahrbuch Polen (S. 227–261). Bonn: Deutscher Akademischer Austauschdienst.
Ogasa, N. (2011). Gefühle und Lernen im Fremdsprachenunterricht. Der Einfluss von Gefühlen auf das Lernen. Frankfurt a. M.: Peter Lang.
Onwuegbuzie, A. J., Bailey, P. & Daley, C. E. (1999). Factors associated with foreign language anxiety. Applied Psycholinguistics, 20(2), 217–239.

Pekrun, R. (2006). The control-value theory of achievement emotions: Assumptions, corollaries, and implications for educational research and practice. Educational Psychology Review, 18(4), 315–341.
Pekrun, R. (2018). Emotion, Lernen und Leistung. In M. Huber & S. Krause (Hrsg.), Bildung und Emotion (S. 215–231). Wiesbaden: Springer VS.
Phillips, E. M. (1999). Decreasing language anxiety: Practical techniques for oral activities. In D. J. Young (Hrsg.), Affect in Foreign Language and Second Language Learning: A Practical Guide to Creating a Low-Anxiety Classroom Atmosphere (S. 124–143). Boston: McGraw-Hill.
Piske, T. (2012). Factors affecting the perception and production of L2 prosody: Research results and their implications for the teaching of foreign languages. In J. Romero-Trillo (Hrsg.), Pragmatics, Prosody and English Language Teaching (S. 41–59). Dordrecht: Springer.
Piske, T. (2013). Frühbeginn allein ist nicht genug: Welchen Einfluss haben Faktoren wie Alter, sprachlicher Input, Geschlecht und Motivation auf die Ausspracheentwicklung und die grammatischen Kenntnisse von Zweitsprachenlernern? In C. Bürgel & D. Siepmann (Hrsg.), Sprachwissenschaft – Fremdsprachendidaktik: Neue Impulse (S. 117–133). Baltmannsweiler: Schneider Verlag Hohengehren.
Piske, T. (2018). Erkenntnisse der Spracherwerbsforschung. In S. Heinz, A. Riedel & T. Riecke-Baulecke (Hrsg.), Basiswissen Lehrerbildung: Englisch unterrichten (S. 21–42). Seelze: Klett Kallmeyer.
Piske, T., MacKay, I. R. A. & Flege, J. E. (2001). Factors affecting degree of foreign accent in an L2: A review. Journal of Phonetics, 29, 191–215.
Riecke, J. (Hrsg.) (2014). Duden. Das Herkunftswörterbuch. Etymologie der deutschen Sprache. Bd. 7 (5. Aufl.). Berlin: Dudenverlag.
Sambanis, M. (2013). Fremdsprachenunterricht und Neurowissenschaften. Tübingen: Narr.
Scovel, T. (1998). Psycholinguistics. Oxford: Oxford University Press.
Tobias, S. (1986). Anxiety and cognitive processing of instruction. In R. Schwarzer (Hrsg.), Self-Related Cognitions in Anxiety and Motivation (S. 35–54). Hillsdale: Erlbaum.
Tsui, A. B. M. (1996). Reticence and anxiety in second language learning. In K. M. Bailey & D. Nunan (Hrsg.), Voices from the Language Classroom: Qualitative Research in Second Language Education (S. 145–167). Cambridge: Cambridge University Press.
Uhl, P. (i. Vorb.). Die intersektionale Wirkung von Geschlecht und Gender bei Französisch- und Spanischlernenden in Jahrgangsstufe 9 – eine empirische Studie zu multiplen Einflussfaktoren auf die fremdsprachliche Leistung. Tübingen: Narr.
Vogely, A. (1999). Addressing listening comprehension anxiety. In D. J. Young (Hrsg.), Affect in Foreign Language and Second Language Learning: A Practical Guide to Creating a Low-Anxiety Classroom Atmosphere (S. 106–123). Boston: McGraw-Hill.
Young, D. J. (1990). An investigation of students' perspectives on anxiety and speaking. Foreign Language Annals, 23(6), 539–553.
Young, D. J. (1991). Creating a low-anxiety classroom environment: What does language anxiety research suggest? The Modern Language Journal, 75(4), 426–439.
Young, D. J. (1992). Language anxiety from the foreign language specialist's perspective: Interviews with Krashen, Omaggio, Terrell, and Rardin. Foreign Language Annals, 25(2), 157–172.

11 Emotionen im Geographieunterricht

Jan Schubert & Romy Hofmann

Kurzzusammenfassung

Menschliches Handeln und Kommunizieren findet stets räumlich verankert statt. Dort, wo Menschen Räume nutzen und sich darüber verständigen, wirken gleichzeitig Gefühle mit, die bestimmte Diskurse ermöglichen und bedingen. Die Bedeutungszuweisung an Räume erfolgt häufig medial und wird gesellschaftlich verhandelt. Ein ›Nicht-Hinterfragen‹ dieser Raumkonstruktionen führt oft zu einseitigen Ansichten, weswegen ein Ziel von Geographieunterricht die Auseinandersetzung mit Fragestellungen unter Berücksichtigung der Verknüpfung zwischen Emotionen, Räumen und Menschen sein muss. Sinnlich-ästhetische Zugänge stellen eine Möglichkeit dar, alternative Sichtweisen auf Räume zu erhellen, indem Emotionen als bedeutsame Erkenntnisquelle ernst genommen werden. Da Emotionen bzw. das Emotionale in der Geographiedidaktik bislang nur wenig prominent thematisiert worden sind, ist ein Umdenken erforderlich, das durch eine intensive theoretische Auseinandersetzung, Verständigung innerhalb des Fachs sowie empirische Forschung vorangetrieben werden sollte.

Schlagwörter: *Erweitertes Raumverständnis, personale Bildung, sinnlich-ästhetische Bildung, Werteerziehung*

11.1 Die Bedeutung von Emotionen in Geographie und Geographiedidaktik

11.1.1 Geographie und Emotionen. Klärung des Zusammenhangs

Die täglichen Geschehnisse in der Welt offenbaren eine Fülle an emotionalen Motiven, die sich räumlich manifestieren und an den Menschen als handelndes Wesen gebunden sind. Ob Klimawandel oder Fluchterfahrungen, Nachhaltigkeitsdebatte oder Stadtentwicklung – dort, wo Menschen in den Raum eingreifen, ihn nutzen und insbesondere darüber kommunizieren, entstehen und wirken Emotionen. Diese ermöglichen Handlungen, z. B. wenn wir aus Angst bestimmte Stadtteile meiden. Umgekehrt lösen Handlungen auch Emotionen aus, die räumliche Grenzen überschreiten (z. B. mag der Kauf einer billig produzierten Jeans angesichts miserabler Produktionsbedingungen zu Unbehagen führen). Dabei sind Themen wie das der Migration hochgradig emotionalisiert und politisiert, da die Auseinandersetzung auf der Grundlage von Werten und Normen stattfindet und ethisch-moralisch geurteilt wird. Sprachliche Metaphern (z. B. das Mittelmeer als »Friedhof« und »Massengrab«, Braun, 2013) bringen Leser*innen geographisch entfernte Räume emotional nah, meistens unterstützt durch Fotos, welche starke Emotionen von Traurigkeit, Angst oder Wut – die intuitiv von den Rezipient*innen als solche erfasst werden – auslösen. In Berichten werden Räume konstruiert, mit Bedeutungen aufgeladen und emotionalisiert. Dieser Prozess ist von besonderer gesellschaftlicher Brisanz, weil mediale Berichte oftmals wenig hinterfragt als akzeptierte Wirklichkeiten angenommen werden und Menschen auf dieser Grundlage argumentieren und handeln.

In der Humangeographie wurden insbesondere mit den verhaltenswissenschaftlichen Ansätzen der 1970er Jahre die Wirkungen von Emotionen von Menschen auf alltägliches Handeln in Räumen untersucht. Die »emotional geographies« fragen danach, inwiefern Emotionen durch soziale Ordnungen entstehen, reproduziert werden und räumlich ausgeprägt sind (Gregory, 2009). Im Zuge feministischer Geographien tritt das emotionale Erleben unter (macht-)kritischen Vorzeichen (z. B. Marginalisierung mittels Emotionen) aktuell stärker in den Vordergrund (vgl. Schurr & Strüver, 2016, S. 89). Die »Geographien der Angst« befassen sich mit Angst (vor Naturgefahren, Kriminalität, Pandemien usw.) als gesellschaftlichem Phänomen (Lawson 2007; Pain 2009), indem empfundene Nähe und Ferne sowie das Errichten von Grenzen zur Eindämmung möglicher Gefahren und Ängste bearbeitet werden. Nicht minder gesellschaftlich relevant ist das Hinterfragen von Emotionen im Zuge der verstärkten Ästhetisierung öffentlicher Räume (Hasse 1994; Lehnert 2011). Beispiele für solche machtbesetzten Diskurse der In- und Exklusion gibt es zahlreiche, darunter Musik, die an bestimmten Orten erklingt, um Personengruppen fernzuhalten, oder Projekte gemeinschaftlichen Gärtnerns in Städten (Gammerl & Herrn, 2015). Praktische Relevanz erfahren Emotionen und ästhetische Urteile ebenso in der Raumplanung (Gailing & Leibenath, 2013). Nicht zuletzt dienen auch Karten als Medium, um Emotionen zu präsentieren und zu bearbeiten (Caquard, 2011; Nold, 2009).

Der Geographieunterricht hat das Potenzial, Fragestellungen unter Berücksichtigung der Verknüpfung zwischen Emotionen, Räumen und Menschen zu bearbeiten. Dass dieses Potenzial bei weitem noch nicht ausgeschöpft wird, liegt möglicherweise auch in der Geschichte des Faches Geographie begründet: Auf die ideologische Aufladung der Geographie in der Zeit des Nationalsozialismus (Dürr & Zepp, 2012, S. 153 f.) folgte eine neutrale Behandlung politisch-geographischer Themen (vgl. Dickel, 2016).

Die Vielschichtigkeit von Emotionen im Geographieunterricht macht eine Systematisierung und Klärung zentraler Konzepte zu geographischer Bildung notwendig, um den Stellenwert von Emotionen in Lehr- und Lernprozessen darzulegen und didaktische Potenziale auszuloten. Die These unseres Beitrags lautet, dass emotional aufgeladene Fragestellungen im Geographieunterricht durch sinnlich-ästhetische Zugänge derart bearbeitet werden können, dass nicht allein das Hervorrufen von Emotionen bei den Lernenden (»betroffen machen«), sondern vielmehr das Offenlegen eigener Bedürfnisse und Emotionen sowie der Umgang mit kontingenten Wirklichkeiten angebahnt werden und gleichzeitig danach gefragt werden kann, welche Bedeutung sie für das Lernen einnehmen.

11.1.2 Emotionen aus fachdidaktischer Perspektive: Zentrale Ansprüche geographischer Bildung

Mit Alexander von Humboldt setzte sich die Vorstellung durch, dass Geographie nicht nur objektiv feststellende Naturwissenschaft ist, sondern auch sinnlich-ästhetischer Zugänge bedarf, um den Raum als Ganzes zu erkennen (Humboldt, 1845; Dickel, 2011). Damit wird ein erster Schwerpunkt geographischer Bildung dargelegt: die personale Komponente, die sich in einer sinnlich-ästhetischen Dimension zeigt. Hintergrund ist die in Anlehnung an Wilhelm von Humboldt (vgl. Frederking & Bayrhuber, 2017; allgemeiner auch Hofmann & Schubert, 2018) vorgenommene Trennung fachlicher Bildung in eine eher ›personale fachliche Bildung‹, die fachlich konturierte Facetten des Selbst- und Weltverhältnisses im Fachunterricht anbahnt, sowie eine ›funktionale fachliche Bildung‹, die dezidiert fachliche Kompetenzen fördern soll. Persönlichkeitsbildung meint, über sich selbst zu lernen, zu reflektieren und kritisch sein zu können, um mit unterschiedlichen Werten und Emotionen zurechtzukommen. Neben der funktional-fachlichen Bildung, die die objektive Wissensvermittlung zum Ziel hat, ist die Person selbst Bildungsgegenstand (vgl. Gebhard, Rehm & Wellensiek, 2012). Mit dem Aufkommen philosophisch-postmodernen Denkens in den 1990er Jahren ist diese Blickrichtung zu einer zunehmend beachteten für die Geographie und Geographiedidaktik geworden (vgl. u.a. Kruckemeyer, 1993; Dickel, 2011; Nöthen, 2015). Schon früh umreißt Hasse (1984) die Entwicklung räumlicher Identität als affektiven Lernbereich, der in der Grundschule angebahnt werden sollte. Die Schüler*innen rücken dabei in den Mittelpunkt des Unterrichtsgeschehens, denn »Erkenntnisgegenstand ist weniger der Raum in seiner theoretisch-objektiven Beschaffenheit, sondern die Beziehung des Schüler (sic!) zu ihm. Der Schüler ist dabei nicht Objekt des Lernprozesses, sondern Subjekt. Er thematisiert sich selber – als Element einer Mensch-Umwelt-Beziehung« (ebd., S. 123).

Raumbezogene Handlungskompetenz gilt als das oberste Ziel von Geographieunterricht (DGfG, 2020). Damit ist die Fähigkeit zur Wahrnehmung von natürlichen und gesellschaftlichen Zusammenhängen gemeint. Dies schließt das Reflektieren eigenen Denkens und Handelns, z.B. über Folgen menschlicher Eingriffe in Räume, mit ein. An diesem Punkt werden Emotionen notwendig in der Bestimmung von Werten, denn es geht um eine »reflektierte[n], ethisch begründete[n] und verantwortungsbewusste[n] raumbezogene[n] Handlungsfähigkeit (ebd., S. 8). Im Kompetenzbereich der Beurteilung und Bewertung sollen

Schüler*innen zu »fachlich begründeten Werturteilen« gelangen (ebd., S. 24). Mit der Anerkennung subjektiver Präferenzen im Prozess des Beurteilens und Bewertens müssen diese auch »offengelegt und begründet werden« (ebd.). Damit sollen Schüler*innen in der Lage sein, handelnd in Räume einzugreifen und diese gegebenenfalls zu verändern.

In den Lehr- und Bildungsplänen der Primarstufe sind explizite Verweise auf die Berücksichtigung von Emotionen respektive Persönlichkeitsbildung aufzufinden (Bayerisches Staatsministerium für Bildung und Kultus, Wissenschaft und Kunst, 2014): Als Beitrag des Heimat- und Sachunterrichts zur Bildung »findet die Auseinandersetzung mit einem Thema in vielfältiger Weise statt, z. B. handelnd, über die Sinne, die Emotionen ansprechend und im Austausch mit anderen« (ebd., S. 80). Hingegen finden Emotionen respektive das ästhetische Lernen in Lehrplänen der Sekundarstufe keine explizite Erwähnung, wenngleich die Pluralisierung der Blicke sowie die Auseinandersetzung mit Werten zentrale Themen darstellen.

Sinnlich-ästhetische Zugänge zur Welt als Ausgangspunkt geographischer Erkenntnisgewinnung

Der Ausgangspunkt jeder geographischen Erkenntnis liegt im Menschen, der sich mittels seiner Sinne mit der Erdnatur auseinandersetzt (Zahnen, 2015). Diese Erfahrungen, sei es der Anblick eines Gebirges oder das Beobachten eines Verkehrsstaus, mögen zunächst noch nicht als geographisch i. e. S. bezeichnet werden. Bedeutsam werden sie durch Wissen, Erfahrungen und Gefühle. Ein geographischer Weltzugang kann entsprechend ästhetisch ausformuliert werden, da sich der Mensch im sinnlichen Erfahren (des Raumes) auf etwas Bestehendes einlässt, es wahrnimmt, beschreibt, verändert. Dies stellt den Ausgangspunkt eines »genuine[n] Bildungsgeschehen[s]« (Zahnen, 2015, S. 98) dar. Verkürzt und in Anlehnung an George Herbert Meads (1926) Gedanken zur ästhetischen Erfahrung entspricht das Entwickeln einer ästhetischen Haltung (im Unterricht) einem Innehalten und Staunen, durch das scheinbar vertraute Gegenstände unter neuen Gesichtspunkten erkannt werden können, um in eine ästhetische Erfahrung zu münden, welche ein neues Verhältnis der Lernenden zu ihren eigenen Vorstellungen anbahnen kann (Frederking, 2019). Ein solcher phänomenbasierter Zugang zu einem Thema bedarf sowohl eines objektiv(ierend)en Zugangs, der Fragen z. B. nach den Entstehungsbedingungen von Migration und Folgen für die wirtschaftliche und soziale Entwicklung eines Landes stellt, als auch eines subjektiven Zugangs, mittels dessen Wahrnehmungen geäußert und sinnlich-ästhetische Erfahrungen bewusst gemacht und reflektiert werden. Zum einen fördert dies Aufmerksamkeit und Bewusstheit für das sonst nicht Mitgedachte, zum anderen bereiten ästhetische Zugänge durch die Pluralisierung der Blicke den Weg für neue Erfahrungen und sollen politische Kompetenz durch Partizipation und Kritikfähigkeit unterstützen (Engel, 2011).

Räume und Emotionen im Geographieunterricht

Kontingenz und Vielfalt sind Grundbedingungen unserer Gesellschaft, die Schüler*innen begreifen und mit denen sie umzugehen lernen sollen. Im Geographieunterricht kann diesem Anspruch Rechnung getragen werden, indem sie sich Räumen bzw. räumlichen Ausschnitten vielperspektivisch unter Zuhilfenahme der ›vier Raumkonzepte‹ nähern, die in der Geographiedidaktik zentral sind (DGfG, 2002). Die vier Raumbegriffe stellen eine fachdidaktische Systematik zur Analyse geographisch relevanter Problemstellungen dar. Demnach können Räume betrachtet werden: im physisch-materiellen Sinne 1. als Container bzw. Wirkungsgefüge natürlicher und anthropogener Faktoren und 2. als System von Lagebeziehungen, im mentalen Sinne 3. in der Wahrnehmung unterschiedlicher Akteure und 4. als gesellschaftliche Konstrukte. Das Erlernen und Anwenden der vier Raumbegriffe soll Schüler*innen befähigen, unterschiedliche Sichtweisen auf Räume zu erhalten und damit die eigenen Sichtweisen mit anderen zu vergleichen und zu eigenen Bewertungen zu gelangen. Die raumbezogenen Auseinandersetzungen sollten unter Berücksichtigung emotionaler Voraussetzungen stattfinden, da sie moralische Leitsätze bzw. Werte tangieren (z. B. der Wert der Nachhaltigkeit, Menschenwürde) und ethischen Urteilen unterliegen (Hasse, 1995a, S. 13).

Im Hinblick auf die Bedeutung von Emotionen im Geographieunterricht soll darauf hingewiesen werden, dass nicht Räume an sich schon Bedeutungen oder Emotionen vorgeben, sondern diese im wechselseitigen Austausch zwischen Mensch und Raum entstehen. Emotionen liegen gewissermaßen »dazwischen«. Auch Bilder, die im Unterricht häufig eingesetzt werden, sind für sich noch nicht i. e. S. emotional. Emotionen vermitteln zwischen ihnen und der Wirklichkeit.

11.2 State of the art. Fachbezogene Emotionsforschung in Theorie und Empirie

Emotionen spielen in der Untersuchung unterrichtlichen Geschehens im Fach Geographie eine große Rolle. In der Geographiedidaktik sind Lernvoraussetzungen wie Vorstellungen, Einstellungen und Interessen ebenso wie motivationale Merkmale von Schüler*innen vergleichsweise häufig Gegenstand empirischer Arbeiten. Wenngleich Emotionen nicht explizit angeführt sind, gibt es doch Überschneidungen mit den genannten Lernvoraussetzungen.

11.2.1 Forschungen zu Fragen von Werten und ästhetischen Erfahrungen

Die in der Geographiedidaktik aufgegriffene Conceptual Change Forschung (Posner, Strike, Hewson & Gertzog, 1982) beschreibt Lernen als Veränderung von Konzepten (Reinfried, 2007), die durch einen kognitiven Konflikt ausgelöst werden soll und u.a. unter dem Vorbehalt von emotionalen Filtern steht. Motivation, Interesse am Lerngegenstand und Kontrollüberzeugungen über das eigene Lernen sind relevant für erfolgreiche Lernprozesse (Krüger, 2007). Auch Einstellungen als subjektive Bewertungen (Eagly & Chaiken, 1993) sind Lernvoraussetzung und als positive Einstellungen zum Fach Geographie bzw. geographischen Konzepten zugleich Ziel von unterrichtlichen Bemühungen (Upmeier zu Belzen, 2007). In einem Arbeitsmodell zu klimawandelbezogenen Emotionen bei Kindern konnten Klöckner, Beisenkamp und Hallmann (2010) u.a. zeigen, dass sich individuelle Motivation, Häufigkeit von Naturerlebnissen und die wahrgenommene Verhaltenskontrolle positiv auf das Umwelthandeln auswirken. In einer ähnlichen Richtung erzielen Exkursionen positive Wirkungen im affektiven Bereich (Henry & Murray 2018; Boyle et al. 2017), was unter anderem mit der erfahrenen Selbsttätig- und -wirksamkeit zusammenhängt. Einen mindestens genauso großen Anteil in der Einstellungsforschung nimmt die Werteerziehung ein (u.a. Hasse, 1995a; Felzmann, 2013; Ulrich-Riedhammer, 2017), nicht zuletzt aufgrund der Raumwirksamkeit von Wertvorstellungen (Böhn, 2013). Applis (2017) untersucht u.a. die Frage, wie Lehrkräfte mit stark emotionalisierenden Settings im Geographieunterricht umgehen. Innere Bilder verursachen wirksame Einstellungen sowohl bei Schüler*innen als auch bei Lehrer*innen (ebd., S. 164). Dazu stehen hinter Emotionen oft ethische Fragestellungen, z.B.: Wen oder was zeige ich? Welchen Bildern schenke ich Aufmerksamkeit und welchen nicht? Diese Fragen helfen, um eine differenzierte Sicht auf eigene Gefühle zu ergründen. Schließlich verweisen die Ergebnisse auf tieferliegende Probleme: den Umgang und das Aushalten von Komplexität und Diskursivität (ebd., S. 178).

Im Bereich der Exkursionsdidaktik wird seit einigen Jahren der Weg subjektiv-konstruktivistischer Raumzugänge gegangen, die die Rezipient*innen mit ihren Einstellungen in den Vordergrund rücken. So werden Konzepte entwickelt, die eine Teilnehmer*innenzentrierung und den Austausch untereinander berücksichtigen sowie die Menschen in den Räumen vor Ort gleichberechtigt betrachten (Hemmer & Uphues, 2009).

Für den Geographieunterricht existieren Beiträge zu Emotionen, die oft theoretisch oder ausschließlich unterrichtspraktisch ausgerichtet sind (Wigger, 1999; Unterbruner, 1996). Hasse (1995a, S. 16) folgert für den Geographieunterricht, dass eine nachhaltige Auseinandersetzung nur mittels Lernarrangements gefördert werden könne, »wenn subjektnahe Reflexionen arrangiert werden«. In diese Argumentation fügen sich die Arbeiten von Dickel, die sich mit ästhetischen Zugängen im Geographieunterricht aus einer hermeneutisch-phänomenologischen Perspektive auseinandersetzt und dabei künstlerisch-kreative und kritisch-reflexive Praxis verbindet. Ihre Beiträge sind theoretische Reflexionen mit teilweise ausgearbeiteten Unterrichtsbeispielen (u.a. Dickel & Pettig, 2017).

Bilder als Medien nehmen in der Geographie und dem Geographieunterricht eine herausgehobene Stellung ein (Hasse, 1995b, S. 53 ff.). »Bilder sind ästhetische Erscheinungen« (Hasse, 1998, S. 34), die emotionale Zugänge erforderlich machen, gerade weil Bilder aufgrund ihrer scheinbar einfachen Lesbarkeit im

Überfluss eingesetzt werden (vgl. u. a. Applis, 2017; Hieber & Lenz, 2007). Der Geographiedidaktik komme die prädestinierte Aufgabe der »Reflexion von Bedeutungen und Wirkungen ästhetischer Vermittlungen« (Hasse, 1995b, S. 541) zu. Gleichzeitig beeinflussen mentale Bilder räumliches Denken und Lernen (Haubrich, 1992, S. 41). Menschen bauen darauf ihre Zu- oder Abneigung bzw. ihre Wertschätzung eines Ortes auf.

11.2.2 Fachübergreifende Ansätze zur Arbeit mit Emotionen

Aus den im Folgenden kurz dargestellten fächerübergreifenden Ansätzen können Bezüge zum und Potenziale für den Geographieunterricht abgeleitet werden.

Politik: Petri (2018) entwickelt einen Ansatz für emotionssensiblen Politikunterricht. Sie definiert politische Emotionen als solche, »die sich ergeben, entwickeln aber auch verändern, treten Menschen auf der Basis von Urteilen und Bewertungen mit grundlegenden Fragen und Problemen des gesamtgesellschaftlichen Zusammenlebens in eine Beziehung, die ihnen ein orientierungsstiftendes sowie handlungsvermittelndes Wissen über das Selbst in und die eigenen Beziehungen zur Politik bzw. zur politischen Welt vermittelt« (ebd., S. 185).

Kunst: Aus der Kunstpädagogik kann der Ansatz des mapping auf geographische Lernsituationen übertragen werden. Es handelt sich um eine Methode zur Untersuchung und Gestaltung von Räumen, um mittels der Erweiterung des eigenen Blickes Bedeutungen zu entschlüsseln und Nutzer*innen darauf aufmerksam zu machen (Hofmann, 2015). Daneben ist die Arbeit mit Bildern in der Kunst methodisch ausgeweitet und für einen kritischen Umgang im Geographieunterricht zu übertragen (u. a. Schoppe, 2011).

Deutsch/Literatur: Mit dem Ansatz der emotionalen Aktivierung sollen Lernende im Fach Deutsch aufgabenbasiert emotional in eine Situation involviert werden, um ein tieferes Verständnis für Lerninhalte anzuleiten. Hierzu liegen empirische Erkenntnisse vor, die Schüler*innen das emotionale Hineinversetzen in das lyrische Ich erleichtern (Frederking & Albrecht, 2016), womit sie dem Thema größere Relevanz für das eigene Leben zumessen, ein ausgeprägteres thematisches Interesse zeigen und Mehrdeutigkeit bewusster erfahren (ebd.).

Digitale Medien: Ob GPS-Navigationssystem, Smartphone oder Augmented-Reality-Brille – Menschen eignen sich Räume heutzutage häufig stärker emotional mit Hilfe unterschiedlicher Technologien an (Kwastek, 2011).

Psychogeographie: Als ursprünglich künstlerisch-politische Bewegung versteht sie sich als »explorative Wissenschaft zur Erkundung und Umnutzung des öffentlichen Raumes« (Adamek-Schyma, 2008, S. 408). Psychogeograph*innen befassen sich mit den Wechselwirkungen zwischen Räumen und Gefühlen sowie hervorgerufenem Verhalten und bedienen sich der Methode des Umherschweifens (»dérive«, vgl. Tocino-Smith, 2017). In den Raum eingeschriebene Deutungen sollen theoriebasiert mittels Karten oder Texten (Adamek-Schyma, 2008) kritisch hinterfragt und neue Möglichkeiten der Lesbarkeit entgegengesetzt werden. Das Umordnen von Räumen geschieht auch mental, indem z. B. bekannte Emotionen neu interpretiert werden sollen.

Jugendgeographien: »Children's and Young People's Geographies« bearbeiten das räumliche Handeln von Kindern und Jugendlichen unter Berücksichtigung ihrer (emotionalen) Präferenzen und Vorstellungen (Hofmann, 2015). In ihrer Studie zum (Un-)Sicherheitsempfinden Jugendlicher stellt Hörschelmann (2018, S. 39) heraus, dass Emotionen viel weitreichender wirken als in einem räumlichen und zeitlichen Kontext. Vielmehr gelte es, die emotionale Arbeit z. B. im familiären Raum noch stärker in anderen Bereichen zu berücksichtigen und die Jugendlichen dahingehend zu unterstützen.

11.2.3 Forschungsdesiderata

Werden in der fachwissenschaftlichen Forschung Zugänge zu den Emotionen und räumlichen Wirkungen thematisch breit und unter Rückgriff auf Methoden aus Philosophie und Psychologie untersucht (zsf. Thien, 2005; Kraftl, 2016), so liegen für die fachdidaktische Forschung bisher keine empirischen Ergebnisse vor, die die sinnlich-ästhetische Komponente im Geographieunterricht aufgreifen. Das mag zum einen an der erschwerten Messbarkeit ästhetischen Erlebens als auch einem unklar gebrauchten Emotionsbegriff liegen.

Konkret sollte in der geographiedidaktischen Forschung untersucht werden, welche Emotionen durch bestimmte Unterrichtsthemen bei den Schüler*innen hervorgerufen werden und wie ästhetische Zugänge einen Beitrag zu fachlicher wie personaler Bildung leisten. In Anlehnung an den Ansatz der emotionalen Aktivierung (Frederking & Albrecht, 2016) könnte auch danach gefragt werden, wie eine bewusst geschaffene emotionale Involviertheit in ein geographisches Thema auf die Lernenden wirkt.

Weitere relevante Fragestellungen könnten sein, wie Bilder die Wahrnehmungen der Lernenden (und Lehrenden) verändern, inwiefern und unter welchen Voraussetzungen Emotionen tatsächlich handlungsleitend werden und woran Emotionen in geographischen Urteilen erkennbar sind.

11.3 Konsequenzen für die Geographiedidaktik und den Geographieunterricht

These 1: Es bedarf eines Bewusstseins für die Mannigfaltigkeit von Emotionen, die im Geographieunterricht wirken, und die Notwendigkeit, diese zu systematisieren.
Die Vielschichtigkeit von Emotionen zeigt sich u. a. in ihrer unterschiedlichen Intensität, in den Ursachen und Wirkungen sowie mit Blick auf die Akteure, die am Unterrichtsgeschehen beteiligt sind. Emotionen sind Lernvoraussetzung und Ziel von Geographieunterricht zugleich. Für die Planung fachlichen Lehrens und Lernens gilt es, einen systematischen Zugang zu finden. Dabei ist die Unterteilung von Bildungsansprüchen hilfreich: Lehrer*innen können hinterfragen,

ob eher personal-fachliche oder funktional-fachliche Aspekte im Vordergrund stehen – wobei eine klare Trennung nie ganz möglich sein wird. Ziel ist ein bewusster Umgang bei der Planung und Durchführung von Geographieunterricht, besonders auch, um die Angst vor Emotionen als undurchsichtige und nicht zu beeinflussende Störfaktoren zu reduzieren. »Eine bloße Emotionalisierung« (Hasse, 1995b, S. 46) von Themen oder Lernenden kann keineswegs Ziel des Geographieunterrichts sein. Emotionen stellen ein Reflexionsmoment dar: Die Bedeutung von Emotionen für gesellschaftliches Handeln sollte jenseits der Kategorien »richtig« oder »falsch« bearbeitet werden. Diese Art der Dekonstruktion von Diskursen erweist sich als fruchtbar im Umgang mit Kontingenz und Unsicherheit.

These 2: Eine theoretisch-fachliche Auseinandersetzung mit Emotionen innerhalb der Fachdidaktik Geographie kommt nicht ohne fachübergreifende Ansätze aus. Es bedarf einer Verständigung innerhalb der Geographie(-didaktik).

Das Thematisieren von Emotionen im Geographieunterricht nimmt seinen Ausgang zunächst im fachlichen Kern von Geographie. Neben fachwissenschaftlichen Ansätzen (u. a. Davidson, Bondi & Smith, 2007; Lehnert, 2011; Hasse, 2014) bedarf es fachübergreifender Begrifflichkeiten und Konzepte, um emotionale Voraussetzungen im Lehren und Lernen zu berücksichtigen. Philosophische, (umwelt-)psychologische sowie soziologische Ansätze erweisen sich als sinnvoll, da sie sich mit grundlegenden Fragen zur Subjektivität resp. Objektivität und dem Bewusstsein auseinandersetzen. Die Ästhetik leistet einen entscheidenden Beitrag zum Verständnis sinnlichen Wahrnehmens, welches Ausgangspunkt geographischer Erkenntnis ist. Die Ausformulierung einer ästhetisch-geographischen Bildung kann sich dabei an Meads (1926) Konzept der ästhetischen Haltung anlehnen.

These 3: Sinnlich-ästhetisches Lernen wird als eine Möglichkeit fachlich-geographischen Lernens unter Berücksichtigung der dabei auftretenden Emotionen gesehen.

Wenn von Emotionen im Geographieunterricht die Rede ist, muss ein Ansatz verwendet werden, der die sinnlich-ästhetische Erkenntnisgewinnung berücksichtigt. Die vorangegangenen Ausführungen haben deutlich gemacht, dass Ansätze zu ästhetischem Lernen existieren und für viele Themen im Geographieunterricht fruchtbar gemacht werden können. Vor diesem Hintergrund müssen keine neuen Unterrichtsmethoden erfunden werden. Vielmehr gilt es, im Geographieunterricht auch emotional aktivierende bzw. aufgeladene Themen bewusst zu wählen und entstehende Emotionen zu reflektieren.

These 4: Das Raumverständnis der Geographie ist in seiner Mehrdimensionalität zu berücksichtigen.

Räume sind nicht allein als objektiv gegebene Entitäten zu betrachten, die durch menschliches Handeln verändert werden. Subjektive Vorstellungen prägen unseren Umgang mit ihnen, genauso wie räumliche Erfahrungen unsere Bilder im Kopf beeinflussen. Dieses relationale Verständnis ist grundlegend für die Arbeit mit Emotionen im Geographieunterricht. Eindringlich lässt sich diese Verschränkung in der Arbeit vor Ort oder mit mental maps erfahren. So können

Schüler*innen sowohl konkrete (emotional gestützte) Raumerfahrungen machen als auch unterschiedliche Deutungen von Räumen in subjektiv erstellten Karten hinsichtlich persönlicher Vorlieben und Landmarken vergleichen und in einem größeren Zusammenhang reflektieren.

These 5: Die neuerliche Auseinandersetzung mit Emotionen im Geographieunterricht kann zu einer Stärkung personaler fachlicher Bildung führen. Der Anspruch geographischer Bildung wird damit nicht untergraben, sondern gestützt.

Die emotionale Dimension unseres Handelns erstreckt sich von der Fähigkeit, eigene Gefühle wahrzunehmen, über das Kontrollieren und Mobilisieren bis zur Fähigkeit, mit den Gefühlen anderer umzugehen (Applis, 2012). Dies ist ein Prozess, der nicht von den Lernenden allein ausgeht, sondern sich in einer Beziehung (mit Eltern, Lehrenden usw.) entwickelt. Emotionalisierte Themen, wie weltweite Krankheiten oder katastrophale Naturgewalten, betreffen die heutige Jugend durch die mediale Erfahrbarkeit viel stärker. Heranwachsende sollten im Geographieunterricht lernen, dass es nicht immer eindeutige Lösungen dafür gibt, sondern Entscheidungsfindung auch subjektiv beeinflusst ist und komplexe Sachverhalte mehrere Optionen zwischen richtig und falsch bereithalten.

> **Weiterführende Literatur**
>
> Kraftl, P. (2016). Emotional Geographies and the Study of Education Spaces. In M. Zembylas & P. A. Schutz (Hrsg.), Methodological Advances in Research on Emotion and Education (S. 151–163). Cham: Springer.
> Schmid, H. (2011). Geographien der Faszination: Emotionalität in relationaler Perspektive. Zeitschrift für Didaktik der Gesellschaftswissenschaften, 2(1), 70–87.

Literatur

Adamek-Schyma, B. (2008). Psychogeographie heute: Kunst, Raum, Revolution? ACME: An International Journal for Critical Geographies, 7(3), 407–432.
Applis, S. (2012). Wertorientierter Geographieunterricht im Kontext Globales Lernen: Theoretische Fundierung und empirische Untersuchung mit Hilfe der dokumentarischen Methode. Weingarten: Selbstverlag des Hochschulverbandes für Geographie und ihre Didaktik e. V.
Applis, S. (2017). Zum Einsatz von Visualisierungen und der besonderen Bedeutung der Einbildungskraft für Erkenntnisprozesse zu Fragen des Fremden: Empirische Ergebnisse dokumentarischer Rekonstruktionen von Vorstellungen von Geographielehrkräften. In H. Jahnke, A. Schlottmann & M. Dickel (Hrsg.), Räume visualisieren (S. 163–183). Münster: Münsterscher Verlag für Wissenschaft.
Bayerisches Staatsministerium für Bildung und Kultus, Wissenschaft und Kunst. (2014). Gemeinsam Verantwortung tragen: Bayerische Leitlinien für die Bildung und Erziehung von Kindern bis zum Ende der Grundschulzeit. Online: https://www.ifp.bayern.de/imperia/md/content/stmas/ifp/bayerische_bildungsleitlinien.pdf.

Böhn, D. (2013). Raumwirksamkeit von Wertvorstellungen. In D. Böhn & G. Obermaier (Hrsg.), Wörterbuch der Geographiedidaktik (S. 295–296). Braunschweig: Westermann.
Boyle, A. P., Maguire, S., Martin, A. & Milsom, C. (2007). Fieldwork is Good: the Student Perception and the Affective Domain. Journal of Geography in Higher Education, 31(2), 299–317.
Braun, M. (14.10.2013). Massengrab Mittelmeer. Die Tageszeitung. Online: https://taz.de/!441280/.
Caquard, S. (2011). Cartography I: Mapping narrative cartography. Progress in Human Geography, 37(1), 1–10.
Davidson, J., Bondi, L. & Smith, M. (2007). Emotional Geographies. Aldershot: Ashgate Publishing.
Deutsche Gesellschaft für Geographie (DGfG). (2002). Grundsätze und Empfehlungen für die Lehrplanarbeit im Fach Geographie: Arbeitsgruppe Curriculum 2000+ der Deutschen Gesellschaft für Geographie. Bonn: Selbstverlag Deutsche Gesellschaft für Geographie.
Deutsche Gesellschaft für Geographie (DGfG). (2020). Bildungsstandards im Fach Geographie für den Mittleren Schulabschluss: mit Aufgabenbeispielen (9., aktualisierte Aufl.). Bonn: Selbstverlag Deutsche Gesellschaft für Geographie.
Dickel, M. (2011). Nach Humboldt: Ästhetische Bildung und Geographie. GW-Unterricht, 122, 38–47.
Dickel, M. (2016). Der Sprung ins Denken: Geographie als politische Bildung. In A. Budke & M. Kuckuck (Hrsg.), Politische Bildung im Geographieunterricht (S. 47–57). Stuttgart: Franz Steiner Verlag.
Dickel, M. & Pettig, F. (2017). Unheimliches Fukushima: Auf Streifzug durch die Geisterstadt Namie mit Google Streetview. In H. Jahnke, A. Schlottmann & M. Dickel (Hrsg.), Räume visualisieren (S. 247–267). Münster: Münsterscher Verlag für Wissenschaft.
Dürr, H. & Zepp, H. (2012). Geographie und Macht – Geographen vor und in der Zeit des Nationalsozialismus. In H. Dürr & H. Zepp (Hrsg.): Geographie verstehen. Ein Lotsen- und Arbeitsbuch (S. 153–171). Paderborn: Schöningh utb.
Eagly, A. H. & Chaiken, S. (1993). Psychology of Attitudes Orlando: Harcourt Brace Jovanovich College Publishers.
Engel, B. (2011). Spürbare Bildung: Über den Sinn des Ästhetischen im Unterricht (2., überarbeitete Online-Aufl.). Münster: Waxmann.
Felzmann, D. (2013). Werteerziehung/ethisches Urteilen. In D. Böhn & G. Obermaier (Hrsg.), Wörterbuch der Geographiedidaktik (S. 294–295). Braunschweig: Westermann.
Frederking, V. (2019). Phänomenorientierung und digitale fachliche Bildung im symmedialen Deutschunterricht. In S. Lesk & L.-H. Schön (Hrsg.), »Retten uns die Phänomene?« – Lehren und Lernen im Zeitalter der Digitalisierung (S. 77–92). Berlin: Logos Verlag.
Frederking, V. & Albrecht, C. (2016). Ästhetische Kommunikation im Literaturunterricht: Theoretische Modellierung und empirische Erforschung unter besonderer Berücksichtigung ›emotionaler Aktivierung‹. In M. Krelle & W. Senn (Hrsg.), Qualitäten von Deutschunterricht (S. 57–81). Stuttgart: Fillibach bei Klett.
Frederking, V. & Bayrhuber, H. (2017). Fachliche Bildung: Auf dem Weg zu einer fachdidaktischen Bildungstheorie. In H. Bayrhuber, U. Abraham, V. Frederking, W. Jank, M. Rothgangel & H. J. Vollmer (Hrsg.), Auf dem Weg zu einer Allgemeinen Fachdidaktik (S. 205–247). Münster: Waxmann.
Gailing, L. & Leibenath, M. (Hrsg.) (2013). Neue Energielandschaften – Neue Perspektiven der Landschaftsforschung. Wiesbaden: Springer VS.
Gammerl, B. & Herrn, R. (2015). Raumgefühle – Gefühlsräume: Perspektiven auf die Verschränkung von emotionalen Praktiken und Topografien der Moderne. Suburban – Zeitschrift für kritische Stadtforschung, 3(2), 7–22.
Gebhard, U., Rehm, M. & Wellensiek, A. (2012). Lernen als das Konstituieren von Sinn. In H. Bayrhuber, U. Harms, B. Muszynski, B. Ralle, M. Rothgangel, L.-H. Schön & H.-G. Weigand (Hrsg.), Formate fachdidaktischer Forschung: Empirische Projekte – historische Analysen – theoretische Grundlegungen (S. 277–296). Münster: Waxmann.

Gregory, D. (2009). Emotional Geography. In D. Gregory, R. Johnston, G. Pratt, M. J. Watts & S. Whatmore (Hrsg.), The Dictionary of Human Geography (S. 188–189). Oxford: Blackwell Publishing.
Hasse, J. (1984). Erkenntnisprozesse im Geographieunterricht: Zur Kenntnis nehmen genügt nicht. Oldenburg: BIS-Verlag der Universität Oldenburg.
Hasse, J. (1994). (›)Kunst(‹) im öffentlichen Raum. Zum Umgang mit dem schönen Schein. Praxis Geographie, 24(3), 34–39.
Hasse, J. (1995a). Emotionalität im Geographieunterricht. Geographie und Schule, 96, 13–17.
Hasse, J. (1995b). Gefühle im Denken und Lernen. Das Beispiel des Geographieunterrichts. In J. Hasse (Hrsg.), Gefühle als Erkenntnisquelle. Frankfurter Beiträge zur Didaktik der Geographie (S. 9–58). Frankfurt a. M.: Selbstverlag des Instituts für Didaktik der Geographie.
Hasse, J. (1998). Bilder machen nachdenklich: Ästhetisches Lernen (nicht nur) in der Grundschule. Die Grundschulzeitschrift, 12(114), 34–36.
Hasse, J. (2014). Was Räume mit uns machen – und wir mit ihnen: Kritische Phänomenologie des Raumes (2. Aufl.). Freiburg i. Br.: Verlag Karl Alber.
Haubrich, H. (1992). Wahrnehmungsgeographische Aspekte schulischer Kartenarbeit – Kognitive und affektive Weltkarten. In F. Meyer (Hrsg.), Schulkartographie (S. 37–51). Wien: Institut für Geographie der Universität Wien.
Hemmer, M. & Uphues, R. (2009). Zwischen passiver Rezeption und aktiver Konstruktion: Varianten der Standortarbeit aufgezeigt am Beispiel der Großwohnsiedlung Berlin-Marzahn. In M. Dickel & G. Glasze (Hrsg.), Vielperspektivität und Teilnehmerzentrierung – Richtungsweiser der Exkursionsdidaktik (S. 39–50). Berlin: LIT Verlag.
Henry, T. & Murray, J. (2018). How does it feel? The affective domain and undergraduate student perception of fieldwork set in a broad pedagogical perspective. Tuning Journal for Higher Education, 5(2), 45–74.
Hieber, U. & Lenz, T. (2007). Bilder lesen lernen. Geographie heute, 28(253), 2–11.
Hofmann, R. (2015). Urbanes Räumen: Pädagogische Perspektiven auf die Raumaneignung Jugendlicher. Bielefeld: Transcript Verlag.
Hofmann, R. & Schubert, J. C. (2018). Geographische und Kulturelle Bildung: Theoretische Grundlagen, Prinzipien, Schnittstellen. Zeitschrift für Geographiedidaktik – Journal of Geography Education, 46(3), 23–48.
Hörschelmann, K. (2018). Unbound emotional geographies of youth transitions. Geographica Helvetica, 73(1), 31–42.
von Humboldt, A. (1845). Kosmos. Entwurf einer physischen Weltbeschreibung, Bd. 1. Stuttgart: Cotta.
Klöckner, C. A., Beisenkamp, A. & Hallmann, S. (2010). Wie motivieren klimawandelbezogene Emotionen Kinder zum Klimaschutz? Ein Arbeitsmodell. Umweltpsychologie, 14 (2), 143–159.
Kruckemeyer, F. (1993). Wechselbilder eines Schulhofes: Gebrauchswerte – Geldwerte – ästhetische Werte. In J. Hasse & W. Isenberg (Hrsg.), Vielperspektivischer Geographieunterricht (S. 27–37). Osnabrück: Selbstverlag.
Krüger, D. (2007). Die Conceptual Change-Theorie. In D. Krüger & H. Vogt (Hrsg.), Theorien in der biologiedidaktischen Forschung: Ein Handbuch für Lehramtsstudenten und Doktoranden (S. 81–92). Berlin: Springer-Verlag.
Kwastek, K. (2011). Geopoetik: Die ästhetische Erfahrung lokativer Medienkunst zwischen Materialität, Zeichenhaftigkeit und (Selbst)Reflexion. Sprache und Literatur, 42(2), 22–37.
Lawson, V. (2007). Introduction: Geographies of fear and hope. Annals of the Association of American Geographers, 97(2), 335–337.
Lehnert, G. (2011). Raum und Gefühl: Der Spatial Turn und die neue Emotionsforschung. Bielefeld: Transcript Verlag.
Mead, G. H. (1987/1926). Das Wesen der ästhetischen Erfahrung. In George H. Mead. Gesammelte Aufsätze. Bd. 2. Hrsg. von Hans Joas (S. 347–359). Frankfurt a. M.: Suhrkamp.

Nold, C. (2009). Emotional Cartography: Technologies of the Self. Online: www.emotionalcartography.net.
Nöthen, E. (2015). Aesthetic Mapping – Reflexion ästhetischen Raumerlebens am Beispiel von Werken des Künstlers Franz Ackermann. In I. Gryl (Hrsg.), Diercke – Reflexive Kartenarbeit: Methoden und Aufgaben (S. 201–207). Braunschweig: Westermann.
Pain, R. (2009). Globalized fear? Towards an emotional geopolitics. Progress in Human Geography, 33(4), 466–486.
Petri, A. (2018). Emotionssensibler Politikunterricht. Frankfurt a. M.: Wochenschau Verlag.
Posner, G. J., Strike, K. A., Hewson, P. W. & Gertzog, W. A. (1982). Accommodation of a scientific conception: Toward a theory of conceptual change. Science Education, 66(2), 211–227.
Reinfried, S. (2007). Alltagsvorstellungen und Lernen im Fach Geographie: Zur Bedeutung der konstruktivistischen Lehr-Lerntheorie am Beispiel des Conceptual Change. Geographie und Schule, 168, 19–28.
Rheinberg, F. (1999). Motivation und Emotionen im Lernprozeß: Aktuelle Befunde und Forschungsperspektiven. In M. Jerusalem & R. Pekrun (Hrsg.), Emotion, Motivation und Leistung (S. 189–204). Göttingen: Hogrefe.
Schoppe, A. (2011). Bildzugänge: Methodische Impulse für den Unterricht in der Primar- und Sekundarstufe. Seelze: Klett Kallmeyer.
Schurr, C. & Strüver, A. (2016).»The Rest«: Geographien des Alltäglichen zwischen Affekt, Emotion und Repräsentation. Geographica Helvetica, 71(2), 87–97.
Thien, D. (2005). After or beyond Feeling? A Consideration of Affect and Emotion in Geography. Area, 37(4), 450–454.
Tocino-Smith, J. (03.07.2017). Magic in the City: La Dérive as an Urban Therapy. Online: https://medium.com/journal-of-international-psychogeography/magic-in-the-city-la-d%C3%A9rive-as-an-urban-therapy-e3c5f8c338a4 (Zugriff am 27.10.2019).
Ulrich-Riedhammer, E. M. (2017). Ethisches Urteilen im Geographieunterricht: Theoretische Reflexionen und empirisch-rekonstruktive Unterrichtsbetrachtung zum Thema »Globalisierung«. Münster: Münsterscher Verlag für Wissenschaft.
Unterbruner, U. (1996). Spielraum für Emotionen. Das Thema Legebatterie in der OS. Praxis Geographie, 7–8, 14–17.
Upmeier zu Belzen, A. (2007). Einstellungen im Kontext Biologieunterricht. In D. Krüger & H. Vogt (Hrsg.), Theorien in der biologiedidaktischen Forschung: Ein Handbuch für Lehramtsstudenten und Doktoranden (S. 21–31). Berlin: Springer.
Wigger, M. (1999). Es regnet, es regnet – die Erde wird nass. Grundschulunterricht, 46(9), 8–9.
Zahnen, B. (2015). Tragweiten geographischen Denkens. Wien: Passagen Verlag.

12 Emotionen, Geschichte und historisches Lernen

Juliane Brauer & Martin Lücke

> **Kurzzusammenfassung**
>
> Ausgehend von Konzepten der kulturwissenschaftlichen Emotionsforschung arbeitet der Beitrag heraus, auf welche Weise Emotionen beim historischen Lernen auf einer Objekt- und einer Subjektebene Bedeutung haben – und dass der Versuch eines Nachfühlens der Emotionen von historischen Akteur*innen genauso fragwürdig erscheint wie eine Emotionalisierung von Lernenden als den Subjekten im Lernprozess.
>
> Schlagwörter: *Geschichte, historisches Lernen, Shoah, Erinnerung, Empathie, Geschichtskultur*

12.1 Gefühlte Geschichte?

»Geschichte fühlen statt lesen«. Mit diesem Slogan kommentierte die Tageszeitung BZ im August 2012 das damals neu eröffnete Rundbild-Panorama am Checkpoint Charlie des Künstlers Yadegar Asisi. Emotionen stehen heutzutage hoch im Kurs, wenn es darum geht, jüngeren Generationen längst Vergangenes nahezubringen. Dieser Trend zu einer emotional erfahrbaren Geschichte lässt sich gut in historischen Ausstellungen oder an historischen Orten beobachten. Der »Campus Galli«, ein Projekt zur Geschichte des Mittelalters, wirbt beispielsweise mit einer »einzigartigen Zeitreise«, mit einem »hautnahen« Erlebnis, mit »lebendiger Archäologie« (https://www.campus-galli.de). Es geht um Spannung, Spaß und Unterhaltung, Neugierde, Faszination und Interesse. Diese positiven Emotionen werden in der Auseinandersetzung mit der Vergangenheit als ein wichtiger Katalysator angesehen. Welcher Geschichtslehrer, welche Geschichtslehrerin kennt nicht die Vorbehalte der Schüler*innen gegenüber Geschichte als »trockenem« Schulfach? Die Auseinandersetzung mit Textquellen, Reden, Chroniken wird nicht selten von den Schülern*innen als langweilig empfunden. Was haben auch Alexander der Große, Christopher Columbus, Jeanne d'Arc, Maria Theresia oder Margot Honecker mit den Alltagserfahrungen heutiger Jugendlicher zu tun? Mit diesem Grundproblem sehen sich Lehrkräfte in den Klassenzimmern ebenso konfrontiert wie Museumspädagog*innen. In dieser Situation erscheint das Versprechen auf eine emotionale Begegnung mit Geschichte, auf das Nacherleben und Nachfühlen von Geschichte als vielversprechender Weg. Doch handelt es sich dabei um einen Königsweg oder doch eher um eine Sackgasse? Befördern Emotionen tatsächlich das historische Lernen oder blockieren sie nicht eher diesen Prozess? Für eine Antwort auf diese Fragen hilft ein Blick darauf, was Emotionen eigentlich sind und wo genau sie im Prozess des historischen Lernens ihren Platz haben. Darauf basierend kann die Relevanz von Emotionen für den Geschichtsunterricht näher bestimmt werden. Anhand eines Beispiels zum Umgang mit Zeitzeug*innenberichten zur Geschichte der Shoah wird abschließend die Ambivalenz und besondere Herausforderung von Emotionen und historischem Lernen verdeutlicht.

12.2 Geschichte und Emotionen. Ein Definitionsvorschlag

Seit Mitte des 19. Jahrhunderts, im Zuge einer Ausdifferenzierung und Etablierung von akademischen Disziplinen und Methoden, kristallisierten sich zwei entgegengesetzte Vorstellungen von menschlichen Emotionen heraus, die bis heute den geschichtsdidaktischen Zugriff auf das menschliche Fühlen bestimmen: zum einen die ältere und damit auch diskursiv wirkmächtigere universalistische Vorstellung von zeit- und kulturübergreifendem menschlichem Fühlen, zum anderen eine kulturkonstruktivistische Perspektive auf Emotionen. Die eine, in Vertretung von Neurowissenschaftler*innen, geht davon aus, dass Menschen über ein Set von Basisemotionen verfügen, das über Jahrtausende unverändert geblieben ist und kulturunabhängig funktioniert (vgl. Plamper, 2012, S. 22). Viele Geisteswissenschaftler*innen sehen diese Vorstellung von Emotionen als anthropologische Konstanten hingegen kritisch und betonen das Kultur- und Zeitspezifische menschlichen Fühlens.

Die neuere geisteswissenschaftliche Forschung über Emotionen versucht sich von diesen traditionellen Dichotomien ›Universalismus versus Sozialkonstruktivismus‹ zu befreien. Dabei kreisen die Debatten in der kulturwissenschaftlichen Emotionsforschung um den Unterschied zwischen Affekt und Emotion. In der neueren Hirnforschung verstehen die »affect theorist«-Vertreter*innen Affekte als autonome, vorbewusste Körperreaktion. Damit negieren sie sowohl den subjektiven Anteil des Fühlens als auch Diskurs und Kommunikation. Damit wenden sich gegen die Grundlagen der poststrukturalistischen Kulturtheorie. Für sie wird Affekt erst dann eine Emotion, wenn dieser in Diskurs »eingefangen«, »eingefroren« wird. Die Vertreter*innen der Affekttheorie unterscheiden daher »presignified vom signified« und etablieren damit den »Unterschied zwischen Affekt und Emotion [...]. Mit ihm geht jedoch eine starke Trennung von Körpererfahrung und Diskurs einher, der zum Stein des Anstoßes einer erstaunlich vehement geführten Debatte geworden ist.« (Scheer, 2016, S. 19 f.) Auf der Suche nach einer Synthese zwischen den Geistes- und Lebenswissenschaften, den Kulturkonstruktivisten und Affekttheorien gibt es auch und gerade von Seiten der fachhistorischen Forschung in den letzten beiden Jahrzehnten vielversprechende Vorschläge für eine Emotionsdefinition, die insbesondere für die Geschichte und das historische Lernen operationalisierbar ist. Entsprechend diesen Vorschlägen soll auch nachfolgend der Begriff der *Emotion* mit seinem Synonym *Gefühl* als »Metabegriff« benutzt werden. Der neurowissenschaftliche Begriff des *Affektes* hingegen, der sich durch die Annahme des vorsprachlich Unbewussten dieser Synthese sperrt, wird ganz bewusst nicht verwendet.

Was all diese neueren Forschungsarbeiten in der Geschichtswissenschaft verbindet, ist die Einsicht, dass Emotionen eine zentrale Dimension von Erfahrung und Erkenntnis sind. Für die Frage nach Gestalt, Ausprägung und Darstellung von Gefühlen vergangener Menschen in *vergangenen* Zeiten braucht es Repräsentationen vergangener Emotionen, also Quellen und Überreste, mit deren Hilfe vergangenes Fühlen rekonstruiert werden kann. Dennoch sind Emotionen, so kulturkonstruktivistisch wir denken oder arbeiten wollen, nicht ohne Körper denkbar. Daher wird im Folgenden eine Definition von Emotion vorgeschlagen, die der Idee einer transdisziplinären Synthese folgt und dabei die Historizität von Emotionen hervorhebt.

Die geschichtswissenschaftliche Beschäftigung mit Emotionen startete vor gut zehn Jahren (vgl. Hitzer, 2011). Zentral waren die Beobachtungen, dass Gefühle nicht nur »geschichtsmächtig« sind, sondern eben auch »geschichtsträchtig«: »Sie machen nicht nur Geschichte, sie haben auch eine. Sie sind keine anthropologischen Konstanten, sondern verändern sich in Ausdruck, Objekt und Bewertung« (Frevert, 2009, S. 202).

Dafür, dass Emotionen Geschichte machen, lassen sich zahllose Beispiele benennen. Als im August 1914 in Mitteleuropa der Erste Weltkrieg begann, waren die Zeitungen voll mit Begriffen wie ›taumeln‹, ›gären‹, ›brodeln‹ oder ›gemeinschaftlich marschierend‹. Das propagandistische Bild von den singenden »Hurra-Studenten« aus dem Sommer 1914, die jubelnd, voller Optimismus und Kraft an die Front gingen, war das prägnanteste des Kriegsbeginns. Genau auf der Grundlage dieser Quellen haben Historiker*innen später darüber diskutiert, ob Europa wirklich wie ein »Schlafwandler« (vgl. Clark, 2015) in den Krieg getaumelt ist, gierig auf Ereignisse, euphorisch darüber, dass sich die explosive Spannung endlich in der Ausrufung des Krieges lösen durfte.

Anders als die These darüber, dass Emotionen Geschichte machen, lässt sich die These darüber, dass Emotionen auch selbst eine Geschichte haben, nicht so leicht empirisch aus den Quellen herausarbeiten. Dazu entwickelten Historiker*innen verschiedene Theorien, die nachfolgend zu einer kulturhistorischen Definition von Emotionen zusammengeführt werden sollen.

Emotionen und ihr Ausdruck sind erstens wandelbar. Dieser Wandelbarkeit wird man habhaft, indem man danach fragt, wie Emotionen erlernt, geformt, gemanagt werden (vgl. Hochschild, 1979). Dazu ist es erforderlich, den Regeln emotionalen Verhaltens auf den Grund zu gehen. Das gelingt, indem die soziale Dimension der Emotionen in den Blick genommen wird. Emotionen charakterisieren soziale Gruppen als »emotional communities«, wie die Mittelalterhistorikerin Barbara Rosenwein herausarbeitet (2002, S. 842). Diese Gemeinschaften lassen sich beschreiben über ein verbindliches Setting von emotionalen Normen und Regeln. Die Emotionshistoriker*innen Peter und Carol Stearns bezeichneten das als »emotionology« (Stearns & Stearns 1985, S. 813).

Emotionen sind zweitens an Körper gebunden. Sie sind die »Markierungen« (im Sinne von »impress«), die die Begegnungen mit der Welt in unseren Körpern hinterlassen. Diese Markierungen und Eindrücke, auch Impressionen genannt, verändern den Körper immer wieder von neuem, so Ahmed (2004, S. 30). Mit dieser Rückbindung der Emotionen an den Körper wird die Brücke zwischen Sozialkonstruktivismus und der lebenswissenschaftlichen Perspektive geschlagen. Denn Emotionen schreiben sich dem Körper ein, sie werden mit dem Körper erlernt, gemanagt und ausgehandelt.

Daher sind Emotionen drittens etwas, was wir »tun«, sie sind Praktiken des Selbst, wie es Monique Scheer herausstellt: »das Fühlen [ist] eng mit dem Ausdruck, mit körperlichen Aktivierungen und Bewegungen verwoben« (Scheer, 2016, S. 16).

Emotionen, so lässt sich zusammenfassend definieren, sind dadurch gekennzeichnet, dass sie kulturell und strukturell erlernt und in sozialen Praktiken verinnerlicht, aber auch ausgehandelt werden. Damit sind Emotionen ein genuiner Gegenstand historischer Forschung.

Aus der theoretischen Einsicht in die Wandelbarkeit von Gefühlen resultiert nun ein gewichtiger Einwand gegen das Versprechen auf Nacherleben und Nachfühlen: Gefühle haben eine Geschichte, sie sind damit nicht nacherlebbar oder nachfühlbar. Eine Annäherung im Sinn des ›analogen‹ Fühlens ist denkbar. So lässt sich Angst vor der Pest im Mittelalter aus Quellen herausarbeiten und benennen, da auch wir heute eine bestimmte Vorstellung von Angst haben. Was nicht möglich ist, dieselbe Angst der historischen Akteure*innen zu fühlen, damit eine »Zeitreise« in das Herz und in den Kopf der Menschen in längst vergangenen Zeiten zu vollziehen. Wir als Menschen der Jetztzeit teilen nicht den »Erfahrungsraum und den Erwartungshorizont« vergangener Menschen, um hier prägnante historische Kategorien von Reinhart Koselleck aufzugreifen (1979, S. 349). Wir leben unter anderen Bedingungen als die Menschen des Mittelalters, haben einen anderen Umgang mit Krankheit, Sterben und Tod. Welche Konsequenzen sich daraus für den Geschichtsunterricht ziehen lassen, soll nachfolgend in den Blick genommen werden.

12.3 Emotionen im Geschichtsunterricht. Forschungsstand und Problemaufriss

Historisches Lernen fasst die Geschichtsdidaktik als eine schüler*innenadäquate Modellierung historischen *Denkens* auf, also als eine im Kern kognitive Angelegenheit. Kompetenzen historischen Lernens kreisen deshalb zumeist um kognitive Fähigkeiten und Fertigkeiten (Barricelli, Gautschi & Körber, 2017). Emotionen haben deshalb bisher keine systematische Rolle in solchen als primär kognitiv gedachten Lernprozessen gespielt. Dennoch sind sie unzweifelhaft Teil historischen Denkens. Zunächst sind Emotionen im Prozess des historischen Lernens auf unterschiedlichen Ebenen anzusiedeln. Zum einen treten Emotionen bei Schüler*innen und bei Lehrer*innen auf. Diese werden auf der *Subjektebene* angesiedelt. Zum zweiten sind Emotionen der historischen Akteur*innen auch *Gegenstände* des Geschichtsunterrichtes, diese sollen auf der *Objektebene* verortet werden.

12.3.1 Emotionen auf der Subjektebene

Eine Unterrichtsstunde sollte möglichst spannend beginnen, die Neugierde der Lernenden wecken, sie motivieren, damit sie sich im Verlaufe des Lernens dann aber möglichst rational mit dem Lerngegenstand auseinandersetzen. Übermäßige Gefühle in der Beschäftigung mit dem Unterrichtsstoff sind – so scheint es *common sense* in der Geschichtsdidaktik zu sein – nicht einkalkuliert in einen möglichst effektiv und rational durchstrukturierten Lehr-Lernprozess. Aber: Emotionen haben keinen begrenzten systematischen Ort beim Lernen. Sie lassen sich nicht auf den Stundenbeginn und die Pause reduzieren. Sie kommen mit den Lernenden und Lehrenden in die Situation hinein und verändern sich und die Atmosphäre im Klassenzimmer. Die Begegnung und die Auseinandersetzung mit Geschichte ist daher alles andere als emotionslos und ausschließlich kognitiv. So können die Emotionen der Lernenden im Klassenraum ebenso von Langeweile, Interesse, Neugierde, Faszination oder Ablehnung geleitet sein wie die der Lehrenden.

Die Erkenntnis, dass Emotionen bei der Auseinandersetzung mit Vergangenheit und der Erzeugung von Geschichte eine Rolle spielen, ist bei Weitem nicht neu. Wilhelm Dilthey beispielsweise, einer der Gründungsväter der modernen Geschichtswissenschaft, kennzeichnete das geisteswissenschaftliche Verstehen im Gegensatz zum naturwissenschaftlichen kognitiven Erklären als ein »Nachfühlen fremder Seelenzustände« (Dilthey, 1961, S. 317). Damit wies Wilhelm Dilthey den Gefühlen im Verstehensprozess eine erkenntnistheoretische Bedeutung zu. Daniel Morat bezeichnete diesen Zugang daher folgerichtig als eine »Gefühlsmethode« (2008, S. 103). Dilthey arbeitet mit der Vorstellung einer grundsätzlichen Gleichartigkeit zwischen Verstehendem und Verstandenem, die erst ein »Hineinversetzen« in und ein »Nachbilden« von fremden Gefühlen ermöglicht – und damit ein Nacherleben fremder Erfahrungen.

Trotz dieser hermeneutischen »Gefühlsmethode« waren die Emotionen über viele Jahrzehnte aus dem Geschichtsunterricht regelrecht verbannt. Die Erklärung dafür liegt in der Geschichte des Unterrichtsfaches selbst begründet. Geschichtsunterricht im Wilhelminischen Kaiserreich, so Bodo von Borries, verfolgte mit seinen »herkömmlichen Zielsetzungen« unverhohlen »affirmativ-legitimatorische, ja manipulativ-indoktrinierende« Absichten. »Kognitive Lernprozesse (Verständnis)« wurden »zum bloßen Vehikel des Emotionalen (Begeisterung und Liebe)« (von Borris, 1994, S. 67). Emotionen galten aufgrund dieses Erbes, das über die Zeit des Nationalsozialismus hinaus wirkte, als besonders problematisch für den Geschichtsunterricht. Das kumulierte in den 1970er Jahren in einen besonderen Rationalitätsschub im geschichtsdidaktischen Diskurs.

Zu Beginn der 1990er Jahre gab es einen ersten Versuch, die Emotionen im Lernprozess erneut zu thematisieren (vgl. Mütter, Uffelmann & Riemenschneider, 1994). Die Motivation für eine geschichtsdidaktische Tagung über Emotionen im Jahr 1993 lag in der Einsicht, dass Emotionen in der historisch-politischen Bildung jahrelang vernachlässigt worden seien. Obwohl diese Tagung einen Wendepunkt markieren sollte, blieben die langfristigen Einflüsse auf geschichtsdidaktische Konzepte, gar auf Lernpläne, sehr begrenzt. Erst parallel zum *emotional turn* in der Geschichtswissenschaft fanden auch die Emotionen wieder ihren Weg in die Debatten um historisches Lernen, vor allem auch an außerschulischen Lernorten (vgl. Brauer & Lücke, 2013).

Eine weitere wichtige Spur zur Klärung des Verhältnisses subjektiver Emotionen im Prozess des historischen Lernens legte Rolf Schörken mit seinem Konzept der historischen Imagination. Für ihn sind Emotionen ein selbstverständlicher Teil der historischen Imagination, daher können sie weder ignoriert noch kultiviert werden. Schörken versteht die Imagination als »geistiges Vermögen« (Schörken, 1998, S. 207), das bei allen kognitiven Akten der Deutung, der Rezeption und der Rekonstruktion von Vergangenheit immer schon beteiligt ist. Denn im Prozess der historischen Imagination wird »eine vorgestellte Welt mit Leben erfüllt, also mit Figuren bevölkert, mit Lokalitäten versehen, mit Ereignissen und Handlungen, mit Zusammenhängen, Bedeutungen, mit Problemen und deren Lösung bestückt« (Schörken, 1995, S. 12).

Diese Überlegungen verweisen auf das Subjektive einer jeden Rezeption und Rekonstruktion des Vergangenen. Die Aneignung von Geschichte im Modus der Imagination ist somit eine Art der Vergegenwärtigung der Vergangenheit. Sie basiert auf dem Vermögen und dem Willen des Betrachters, sich eine vergangene Welt mit Hilfe von Informationen und Rekonstruktionen vorzustellen und diese, ganz individuell, mit Leben zu füllen.

12.3.2 Emotionen auf der Objektebene

Das Fühlen historischer Akteur*innen als Antriebskräfte der Geschichte kann und sollte explizit auch Gegenstand historischen Lernens werden. Vorarbeiten aus der Fachwissenschaft liegen hierzu mittlerweile umfassend vor. So lässt sich im Unterrichtsgeschehen danach fragen, welche Emotionen auf welche Weise

Menschen in der Vergangenheit motivierten, antrieben, ansteckten, welche emotionalen Regeln das soziale Miteinander strukturierten, welche emotionalen Stile in bestimmten Zeiten und Gesellschaften bestimmend wurden oder wie sich Gemeinschaften über das Teilen bestimmter Emotionen ausbildeten. Auf diese Weise bekommt man über das Fragen nach den Emotionen in der Geschichte einen Schlüssel in die Hand, der ungewöhnliche und alltagsnahe historische Perspektiven öffnen kann. Emotionen können somit Gegenstand von Historizitäts- und Alteritätserfahrungen werden. Dazu braucht es wie für jede Auseinandersetzung mit Geschichte unterschiedliche Quellen, die über das Fühlen der historischen Akteure Auskunft geben können und die genauso analysiert und kontextualisiert werden müssen wie jede andere historische Quelle auch. Damit sind Emotionen Objekte historischen Lernens.

12.4 Emotionen im Geschichtsunterricht: Das Bespiel der Shoah

Im oben hergeleiteten Verständnis von Emotionen auf der Objekt- und auf der Subjektebene sind die Unterschiede und Grenzen zwischen beiden deutlich geworden. In der konkreten Praxis bleiben solche Emotionen jedoch nicht auf eine Subjekt- oder Objektebene begrenzt und damit voneinander unterscheidbar. Subjektive Emotionen sind in der Begegnung mit Geschichte ohnehin schon vorhanden und können durch entsprechende Lernsettings aktiviert werden. Schwierig wird es aber, wenn Emotionen historischer Akteur*innen nicht auf der Objektebene bleiben, sondern »nachgefühlt« und damit unmittelbar zu subjektiven Emotionen werden sollen. Denn ein solcher Transfer von der historischen Objekt- auf die Subjektebene verkennt die historische Alterität einer vergangenen Emotion und ersetzt sie durch ein bloß gegenwärtiges emotionales Erleben.

Dieses Spannungsverhältnis zeigt sich – fast wie in einem Brennglas – bei der Beschäftigung mit der Geschichte der Shoah, vor allem, wenn Berichte von Zeitzeug*innen der Shoah z. B. in Video-Interviews zum Gegenstand des Unterrichts werden (hierzu etwa grundlegend: Bothe & Lücke 2013; Barricelli, Brauer & Wein 2014; Brüning & Lücke 2013). Kaum ein Museum oder eine Gedenkstätte und kaum eine populäre filmische Medieninszenierung kommen ohne eine solche Konservierung des kommunikativen Gedächtnisses über den Völkermord an den europäischen Juden aus. Und oft soll durch eine solche Verwendung von Zeitzeug*innenberichten der Eindruck erweckt werden, dass wir auf diese Weise unmittelbar und authentisch die Schrecken der Verfolgung nachempfinden können. Die Kenntnis solcher videografierten historischen Narrationen und die Fähigkeit und Fertigkeit, mit ihnen produktions- und handlungsorientiert umzugehen, stellt somit eine zentrale Kompetenz historischen Lernens über Nationalsozialismus und Holocaust dar.

Die umfangreichste Sammlung solcher Video-Interviews liegt mit dem *Visual History Archive* des *Shoah Foundation Institute* vor. Hier stehen insgesamt 52.000 videografierte Interviews mit Überlebenden des Holocaust und Verfolgten des NS-Regimes zur Verfügung, die in den Jahren 1994 bis 1998 aufgezeichnet worden sind. Von Anfang an standen bei diesem Projekt didaktische Intentionen im Mittelpunkt, sollte das Projekt doch neben seiner dokumentarisch-konservierenden Funktion immer auch dazu dienen, die Schilderungen von Überlebenden auf Video aufzunehmen, um sie nachfolgenden Generationen als Unterrichts- und Ausbildungsmaterial zugänglich zu machen.

Die Video-Quellen aus dem *Visual History Archive* sind für den Geschichtsunterricht nicht in erster Linie deshalb interessant, weil aus den Interviews neues Faktenwissen über den Holocaust gewonnen werden kann. Vielmehr liegt ihr didaktisches Potenzial darin, dass sie individuelle Überlebens-, aber auch Leidensgeschichten erzählen und den Schrecken des Holocaust auf diese Weise ein subjektives Gesicht geben.

Emotionen sind hier auf unterschiedlichen Ebenen zu beobachten: Auf einer *Objektebene* des historischen Geschehens geben solche Video-Interviews Auskunft über die Emotionalität der Leidens- und Verfolgungsgeschichte der Menschen selbst. Dies tun sie jedoch (und können es auch gar nicht anders) nur mittelbar über die subjektive autobiografische Erinnerung der Überlebenden. Die Emotionalität, die solchen Videointerviews immanent ist, ist also zuerst jene des *Erinnerns* an die Leid- und Verfolgungserfahrungen während der Shoah, also zu dem Zeitpunkt, an dem die Überlebenden bereit waren, Auskunft über ihre Erfahrungen in der Shoah zu geben. Auf einer Objektebene treten Emotionen hier also nicht als verbürgte Gefühle in der Geschichte, sondern als Emotionen beim Erinnern an Vergangenheit zutage. Beschäftigen sich Schüler*innen als *Subjekte* nun mit solchen Interviews, bringen sie zunächst eigene emotionale Erwartungen an den Lerngegenstand und seine Repräsentation durch die Quelle eines Video-Interviews mit, die sich vor allem durch eine hohe Authentizitätserwartung auszeichnen. Die vorherigen Ausführungen haben deutlich gemacht, dass eine solche Erwartung – nimmt man den ›Quellenwert‹ von lebensgeschichtlichen Selbstzeugnissen zur Geschichte der Shoah ernst – nur enttäuscht werden kann, ja sogar enttäuscht werden muss. Denn mit ihrer eigenen Emotionalität begegnen die Schüler*innen nur (aber immerhin) der Emotionalität der Erinnerung einer anderen Person.

Historisches Lernen kann jedoch in einem reflektierten Umgang mit dieser enttäuschten Erwartungshaltung angebahnt werden, indem die Schüler*innen über solche Differenzerfahrungen von Emotionalität zwischen Objekt- und Subjektebene reflektieren. Schüler*innen sollten demnach erfahren, dass sich ihre eigene Emotionalität, die sich zumeist als Betroffenheit bei einer ›Begegnung‹ mit videografierten Zeitzeug*innen äußert, in einem Differenzverhältnis zur Emotionalität der historischen Quelle befindet – und diese sich wiederum in einem Differenzverhältnis zur vergangenen Wirklichkeit selbst. Erst dann machen Schüler*innen eine für historisches Lernen so zentrale Alteritätserfahrung, aus der sie erkennen, dass Vergangenheiten grundsätzlich anders waren als unsere Gegenwart – sogar so anders, dass sich die in ihnen verwobenen Emotionen heute nicht mehr oder nur in Ansätzen nachempfinden lassen.

Wie kann ein Unterrichtssetting aussehen, das solchen Überlegungen Rechnung trägt – und es dabei natürlich nicht bei einem Defizitbefund (etwa in dem Sinne: Man lernt ja doch nichts über die Vergangenheit) stehen bleibt?

Im Projekt *Das Visual History Archive in der schulischen Bildung* an der FU Berlin wurden im Zeitraum von 2006 bis 2010 Module, meist in Form von Projekttagen, für die Verwendung der Video-Interviews im Geschichtsunterricht entwickelt. Kern der Arbeit »im« Video-Archiv war zunächst die themengeleitete Recherche zu speziellen Einzelfragen der Geschichte des Holocaust und der nationalsozialistischen Judenverfolgung (z. B. Antisemitismus in der Schule, die subjektive Wahrnehmung der Reichspogromnacht, Flucht, Wiederkehr und Auswanderung). Intensiv haben sich die Schüler*innen dann mit Einzelinterviews beschäftigt, die im Durchschnitt eine Dauer von 2,5 Stunden hatten. Die Schüler*innen recherchierten dabei zu vorgegebenen Thematiken (bspw. Olympia '36; Reichspogromnacht, Jüdische Schulen in Berlin, Emigration, Flucht, Ghetto Theresienstadt) im Archiv und entschieden sich anschließend für einen Zeugen/eine Zeugin, mit dessen/deren Interview sie intensiver arbeiten wollten.

Dieses Interview werteten sie im weiteren Verlauf des Projektes aus, notierten biografische Eckdaten oder erstellten einen Zeitstrahl. Kern einer Arbeit mit den Interviews war es dann aber, aus dem Gesamtinterview einen biografischen Kurzfilm herzustellen. In einer anschließenden Präsentation konnten die Schüler*innen ihre biografischen Kurzfilme vorstellen und vor allem die hier entstandenen Schüler*innen-Narrationen reflektieren.

Diese zumeist zehn- bis fünfzehnminütigen biografischen Sequenzfilme können als produktive eigensinnige Aneignung der Lebensgeschichte von Holocaust-Überlebenden aufgefasst werden, weil Schüler*innen mit Hilfe des Mediums Film ihre je eigene Interpretation der autobiografischen Sinnbildung der Überlebenden des Holocaust präsentieren können. Indem sie mit geschnittenen biografischen Sequenzfilmen solche Produkte herstellen wie die, mit denen die Geschichtskultur sie hartnäckig bei der medialen Präsentation von Nationalsozialismus und Holocaust bedrängt, können sie sich außerdem in der gegenwärtigen Geschichtskultur mit einem eigenen, emotionalen Produkt positionieren. Und gerade die Reflexion über ein solches Produkt kann die Differenzen zwischen Objekt- und Subjektebene deutlich machen: Die entstandenen Filme können als emotionale Produkte der Schüler*innen *in ihrer heutigen Gegenwart* diskutiert werden, in denen eine Zeitzeugin/ein Zeitzeuge als Protagonist*in einer Erzählung in Erscheinung tritt, also nicht mehr als unmittelbar authentische Stimme aus der Vergangenheit, sondern als bewusst ausgewählter, sich emotional erinnernder Akteur der Vergangenheit. Indem die Schüler*innen nun selbst zu historischen Erzähler*innen werden, bietet ihnen die von ihnen selbst geschaffene Erzählung gleichzeitig einen Raum, in dem sie ihrer eigenen Emotionalität sowohl produktiv Ausdruck verleihen können als auch über sie reflektiert nachzudenken in der Lage sind.

12.5 Fazit

Auf der Grundlage der vorgestellten Überlegungen lässt sich zusammenfassend schlussfolgern: Die Begegnung mit der Vergangenheit kann dann identitätsbildend sein, wenn sie individuelles Erinnern und eigene Erfahrungen mit und über die Zeit aufgreift, mit Sinnstrukturen und kulturellen Normierungen der jeweiligen Gemeinschaft verknüpft und nicht schlichtweg versucht, vergangene Emotionen nachzubilden. Das bedeutet, dass das Lernen mit und über Emotionen durchaus sinnvolle Anreize schaffen kann, aber nur dann, wenn die Emotionen als Lerngegenstände auf einer Objektebene erkannt werden, es den Lernenden aber dennoch erlaubt ist, ihre eigenen, durchaus sehr unterschiedlichen Emotionen zu thematisieren. Die Lernarrangements müssten dann so gestaltet werden, dass sie eine Auseinandersetzung mit eigenen (vielleicht auch abwehrenden) Gefühlen zulassen. Denn historisches Lernen kann nur dann erfolgreich sein, wenn der Umgang mit der eigenen Emotionalität Bestandteil von Erfahrung, Wissen und Kommunikation wird und diese nicht ignoriert.

> **Weiterführende Literatur**
>
> Brauer, J. & Lücke, M. (Hrsg.) (2013). Emotionen, Geschichte und historisches Lernen. Geschichtsdidaktische und geschichtskulturelle Perspektiven. Göttingen: V&R unipress.
> Plamper, J. (2012). Geschichte und Gefühl. Grundlagen der Emotionsgeschichte. München: Siedler.

Literatur

Ahmed, S. (2004). Collective Feelings: Or, the Impression Left By Others. Theory, Culture & Society, 21(2), 25–42.

Barricelli, M., Brauer, J. & Wein, D. (2009). Zeugen der Shoah: Historisches Lernen mit lebensgeschichtlichen Videointerviews. Das Visual History Archive des Shoah Foundation Institute in der schulischen Bildung. Medaon. Magazin für jüdisches Leben in Forschung und Bildung 5, 1–17. Online: http://medaon.de/archiv-5-2009-bildung.html (Zugriff am 19.10.2019).

Barricelli, M., Gautschi, P. & Körber, A. (2017). Historische Kompetenzen und Kompetenzmodelle. In M. Barricelli & M. Lücke (Hrsg.), Handbuch Praxis des Geschichtsunterrichts. Bd 1 (S. 207–235). Schwalbach/Ts.: Wochenschau Verlag.

von Borries, B. (1994). Von gesinnungsbildenden Erlebnissen zur Kultivierung der Affekte? Über Ziele und Wirkungen von Geschichtslernen in Deutschland. In B. Mütter, U. Uffelmann & R. Riemenschneider (Hrsg.), Emotionen und historisches Lernen: Forschung, Vermittlung, Rezeption (S. 67–92). Frankfurt a. M.: Moritz Diesterweg.

Bothe, A. & Lücke, M. (2013). Shoah und historisches Lernen mit virtuellen Zeugnissen. In P. Gautschi, M. Zülsdorf-Kersting & B. Ziegler (Hrsg.), Shoa und Schule. Lehren und Lernen im 21. Jahrhundert (S. 55–74). Zürich: Chronos.

Brauer, J. & Lücke, M. (2013). Emotionen, Geschichte und historisches Lernen. Einführende Überlegungen. In J. Brauer & M. Lücke (Hrsg.), Emotionen, Geschichte und historisches Lernen. Geschichtsdidaktische und geschichtskulturelle Perspektiven (S. 11–26). Göttingen: V&R unipress.

Brüning, C. & Lücke, M. (2013). Nationalsozialismus und Holocaust als Themen historischen Lernens in der Sekundarstufe I – Produktive eigen-sinnige Aneignungen. In H.-F. Rathenow, B. Wenzel & N. H. Weber (Hrsg.), Handbuch Nationalsozialismus und Holocaust. Historisch-politisches Lernen in Schule und Lehrerbildung (S. 149–165). Schwalbach/Ts.: Wochenschau.

Clark, C. (2015). Die Schlafwandler. Wie Europa in den Ersten Weltkrieg zog. München: Pantheon.

Dilthey, W. (1961). Die Entstehung der Hermeneutik. Die geistige Welt. Einleitung in die Philosophie des Lebens. Erste Hälfte: Abhandlung zur Grundlegung der Geisteswissenschaften. Gesammelte Schriften, V. Band. Göttingen: Vandenhoeck und Ruprecht.

Frevert, U. (2009). Was haben Gefühle in der Geschichte zu suchen? Geschichte und Gesellschaft, 35(2), 183–209.

Hitzer, B. (2011). Emotionsgeschichte: ein Anfang mit Folgen. Forschungsbericht 2011, Berlin. Online: http://hsozkult.geschichte.hu-berlin.de/forum/2011-11-001.pdf.

Hochschild, A. R. (1979). Emotion Work. Feeling Rules and Social Structure. American Journal of Sociology, 85(3), 551–575.

Koselleck, R. (1979). Vergangene Zukunft. Zur Semantik geschichtlicher Zeiten. Frankfurt a. M.: Suhrkamp.

Morat, D. (2008). Verstehen als Gefühlsmethode. Zu Wilhelm Diltheys hermeneutischer Grundlegung der Wissenschaften. In U. Jensen & D. Morat (Hrsg.), Rationalisierungen des Gefühls. Zum Verhältnis von Wissenschaft und Emotionen 1880–1930 (S. 101–118). Paderborn: Wilhelm Fink.

Mütter, B., Uffelmann, U. & Riemenschneider, R. (Hrsg.) (1994). Emotionen und historisches Lernen: Forschung, Vermittlung, Rezeption. Frankfurt a. M.: Moritz Diesterweg.

Plamper, J. (2012). Geschichte und Gefühl. Grundlagen der Emotionsgeschichte. München: Siedler.

Rosenwein, B. (2002). Worrying about Emotions in History. American Historical Review, 107(3), 821–845.

Scheer, M. (2016). Emotionspraktiken. Wie man über das Tun an die Gefühle herankommt. In M. Beitl & I. Schneider (Hrsg.). Emotional Turn?! Europäisch ethnologische Zugänge zu Gefühlen & Gefühlswelten (S. 15–36). Wien: Selbstverlag.

Schörken, R. (1995). Begegnungen mit Geschichte. Vom außerwissenschaftlichen Umgang mit der Historie in Literatur und Medien. Stuttgart: Klett-Cotta.

Schörken, R. (1998). Imagination und geschichtliches Verstehen. Neue Sammlung. Vierteljahres-Zeitschrift für Erziehung und Gesellschaft, 38(2), 202–212.

Stearns, P. N. & Stearns, C. (1985). Emotionology: Clarifying the History of Emotions and Emotional Standards. American Historical Review, 90(3), 813–836.

13 Emotionen im Mathematikunterricht

Claudia C. Sutter & Tina Hascher

> **Kurzzusammenfassung**
>
> Welche Emotionen erleben Schülerinnen und Schüler im Mathematikunterricht? Wie hängen Emotionen mit dem Lernen im Mathematikunterricht zusammen? In diesem Artikel wird zunächst auf Emotionen und deren Entwicklung beim Mathematiklernen eingegangen. Anschließend werden Grundprinzipien für die Förderung positiver Emotionen vorgestellt. Den Abschluss bilden konkrete unterrichtspraktische Bezüge.
>
> Schlagwörter: *Emotionen, Mathematikunterricht, Interventionen, Unterrichtsqualität*

Einleitung

Emotionen begleiten Lernprozesse und regulieren das Lernverhalten von Schüler*innen (Hascher & Hagenauer, 2011). Mit der engen Verzahnung zwischen emotional-motivationalen und kognitiven Aspekten des Lernens besteht eine wesentliche Aufgabe von Schule und Unterricht darin, eine positive emotional-motivationale Haltung der Schüler*innen gegenüber der Schule und dem Lernen zu fördern (Hagenauer, 2011). Dies gilt auch für den Mathematikunterricht. Allerdings wird das Fach Mathematik generell als schwierig empfunden (Haag & Götz, 2012), was dazu führt, dass der Mathematikunterricht ein hohes Potenzial für die Entwicklung negativer Emotionen aufweist. Da Mathematik eines der Hauptfächer im deutschsprachigen Raum ist (etwa in Deutschland oder der Schweiz), muss der Entwicklung, dem Erhalt und der Förderung positiver Lernemotionen im Mathematikunterricht eine besondere Aufmerksamkeit zukommen.

13.1 Forschungsstand

13.1.1 Emotionen und ihre Entwicklung im Mathematikunterricht

Im Kontext des Mathematikunterrichts wurde lange Zeit vor allem die Prüfungsangst untersucht (Götz, Pekrun, Zirngibl, Jullien, Kleine, vom Hofe & Blum, 2004). Belegt ist ein Anstieg der Prüfungsangst im Laufe der Grundschulzeit bis zur 5. Klassenstufe. Danach bleibt sie relativ stabil (Pekrun, vom Hofe, Blum, Götz, Wartha, Frenzel & Jullien, 2006; Tulis, 2012). Das emotionale Erleben in Mathematik beschränkt sich jedoch nicht auf diese Emotion. Entsprechend finden sich seit den letzten zwei Jahrzehnten vermehrt Studien, die sich mit weiteren Emotionen – etwa Ärger, Langeweile, Freude und Stolz – befassen. Neuere empirische Studien zu Lern- und Leistungsemotionen belegen, dass Ärger und Langeweile ebenfalls häufig vorkommen und im Laufe der Schulzeit zunehmen (Haag & Götz, 2012; Pekrun et al., 2006; Sutter-Brandenberger, Hagenauer & Hascher, 2018). Hingegen nimmt die erlebte Freude in Mathematik – analog zur intrinsischen Motivation – ab (Pekrun et al., 2006; Reindl & Hascher, 2013; Waldis, 2012).

Der gegenwärtige Stand der Schul- und Unterrichtsforschung zum Fach Mathematik verweist auf den Rückgang eines positiven emotionalen Befindens bei einer gleichzeitigen Zunahme eines negativen emotionalen Befindens im Verlauf der Schuljahre (Ahmed, van der Werf, Kuyper & Minnaert 2014). Während dieser Negativtrend in der Grundschule als eher mäßig einzustufen ist (Hagenauer & Hascher, 2011), verstärkt er sich im Verlauf des Jugendalters bzw. der Sekundarstufe (Hagenauer, 2011; Waldis, 2012). Allerdings darf diese negative Entwicklung nicht auf alle Schüler*innen verallgemeinert werden, sondern muss im Zusammenhang mit verschiedenen Einflussfaktoren wie etwa dem Leistungsniveau betrachtet werden: Die *individuelle* Leistung hängt positiv mit dem Erleben von positiven Emotionen zusammen, was bedeutet, dass leistungsschwache Schüler*innen besonders gefährdet sind, eine negative emotionale Haltung aufzubauen (Götz et al., 2004). Für das *kollektive* Leistungsniveau (beispielsweise das Leistungsniveau einer Schulklasse) hingegen zeigen sich umgekehrte Effekte: Ein hohes Leistungsniveau einer Schulklasse führt zu einer Verminderung der Lernfreude und zu einer Erhöhung der Angst (Götz et al., 2004), was bedeutet, dass auch der Klassenkomposition eine Bedeutung für die Emotionsentwicklung zukommt. Theoriekonform mit diesem sogenannten »Big-fish-little-pond«-Effekt (BFLPE; Marsh, 1987) oder Referenzgruppeneffekt (Schumann, Oepke & Eberle, 2012) zeigen Studien, dass leistungsschwächere Schüler*innen nach dem Übergang von der Primar- zur Sekundarstufe von einer leistungsbezogenen Allokation profitieren und in Schulklassen mit einem ähnlichen Mathematikleistungsniveau eine tendenziell positive emotionale (sowie motivationale) Entwicklung aufweisen (Hascher & Brandenberger, 2018; Sutter-Brandenberger, Hagenauer & Hascher, 2019). Der Übertritt in eine leistungsschwächere Referenzgruppe kann sich demnach unter Umständen durchaus positiv auf das emotionale Erleben auswirken (Brandenberger & Moser, 2018), vor allem wenn die betroffenen Schüler*innen dann nicht mehr zu den leistungsschwächeren zählen und im sozialen Vergleich mit ihren Peers besser abschneiden als während ihrer Primarschulzeit (Frenzel, Götz & Pekrun, 2009; Schumann, Oepke & Eberle, 2012). Solche Ergebnisse verweisen auf die Notwendigkeit, emotionale Entwicklungsmuster nicht nur fachspezifisch, sondern auch leistungsspezifisch sowie schulbiografisch differenzierter zu betrachten und kritische Transitionsphasen (etwa den Übergang von der Primar- zur Sekundarstufe) zu berücksichtigen.

13.1.2 Erklärungen zur Entwicklung von Emotionen im Mathematikunterricht

Auch wenn Emotionen in der Schule fachspezifisch erlebt werden, können zu deren Entwicklung fächerübergreifende Erklärungsansätze herangezogen werden, vor allem die Stage-Environment-Fit-Theorie (SEFT; Eccles, Midgley, Wigfield, Buchanan, Reuman, Flanagan & MacIver, 1993), die Basic Needs-Theorie, eine Subtheorie der Selbstbestimmungstheorie (Self-Determination Theory, SDT; Deci & Ryan, 2002), und die Kontroll-Wert-Theorie (KWT; Pekrun, 2006). Die SEFT (Eccles et al., 1993) erfasst sowohl entwicklungspsychologische Faktoren als auch Umwelteinflüsse und betont deren Zusammenspiel. Entsprechend dieser Theorie wird der Rückgang eines positiven emotionalen Befindens bzw. der Anstieg eines negativen emotionalen Befindens im Mathematikunterricht auf die mangelnde Passung zwischen den individuellen Bedürfnissen der Lernenden (abhängig von der jeweiligen Entwicklungsphase) und der Lernumwelt zurückgeführt: Während die Bedürfnisse der Lernenden zur Primarschulzeit noch relativ gut erfüllt werden, kommt es bei der Transition in die Sekundarstufe zu einer mangelnden Passung zwischen den Bedürfnissen und den Lernbedingungen (Eccles et al., 1993; Midgley, Feldlaufer & Eccles, 1989; Neuenschwander, 2017). Im Jugendalter und entsprechend beim Übergang von der Primar- in die Sekundarstufe verstärken sich die Bedürfnisse nach Autonomie, Kompetenz und sozialen Beziehungen, wohingegen sich die Unterrichtsgestaltung zu Ungunsten der Befriedigung dieser Bedürfnisse verändert: Der Unterricht wird stärker von der Lehrperson geführt und kontrolliert, was weniger Entscheidungsräume für die Lernenden mit sich bringt; die Leistungen in Mathematik verschlechtern sich und orientieren sich zunehmend an einer sozialen Bezugsnorm, was Vergleiche und Wettbewerbsorientierung unter den Lernenden verstärkt. Der Fokus verschiebt sich entsprechend von einer Lern- zu einer Leistungsorientierung und die Beziehungen zu den Lehrpersonen werden als weniger positiv und eher unpersönlich erlebt (Neuenschwander, 2017). Diese erhöhte Fremdbestimmung durch die Schule bei gleichzeitig zunehmenden Autonomiebedürfnissen wirkt sich ungünstig auf die Emotionen und die Lernfreude der Jugendlichen aus. Auch motivationale Aspekte des Lernens (etwa die selbstbestimmte Lernmotivation) und kognitive Faktoren (etwa das Fähigkeitsselbstkonzept) werden negativ beeinflusst (Hagenauer, 2011). Um die Bedürfnisse der Lernenden besser zu verstehen, lässt sich die Basic Needs-Theorie heranziehen, welche drei grundsätzliche psychologische Bedürfnisse – nach Autonomie, Kompetenzerleben und sozialer Eingebundenheit – postuliert, deren Erfüllung zur Entstehung und Förderung positiver Emotionen beiträgt, wohingegen eine fehlende Befriedigung dieser Bedürfnisse zu einem Rückgang an Lernfreude und einem Anstieg an negativen Emotionen führt (Deci & Ryan, 2002; Hagenauer, 2011). Erlebt sich ein*e Schüler*in in einer Lernsituation als autonom (repräsentiert durch eine hohe Selbstbestimmung), kompetent (repräsentiert durch eine ausgeprägte Selbstwirksamkeit) und sozial zugehörig (repräsentiert durch eine hohe wahrgenommene Unterstützung der Lehrperson sowie durch kooperatives Lernen), so führt dies zu einem positiven emotionalen (und motivationalen) Erleben und erhöhter Lernfreude.

Die Stage-Environment-Fit-Theorie und die Selbstbestimmungstheorie verweisen demnach auf das Zusammenspiel zwischen Umweltfaktoren (etwa auf die Unterrichtsgestaltung) und individuellen, entwicklungsspezifischen Bedürfnissen. Beide Theorien gehen davon aus, dass Lernumwelten, konkret der Mathematikunterricht, nicht per se ungünstig sind oder negative Emotionen auslösen, sondern dass die Passung mit einer Lernumwelt von der jeweiligen individuellen Entwicklungsphase der Lernenden abhängt (Schiefele, 2009). Dabei stellt der Übertritt von der Primar- zur Sekundarstufe eine kritische Phase dar, welcher von entwicklungspsychologischen (»stage«) sowie schulischen und strukturellen (»environment«) Veränderungen geprägt wird (Eccles et al., 1993; Hagenauer, 2011).

In eine ähnliche Richtung argumentiert auch die Kontroll-Wert-Theorie (KWT; Pekrun, 2006), eine der prominentesten Theorien in der schulischen Emotionsforschung. Sie geht davon aus, dass die subjektive Bewertung der schulischen und sozialen Umwelt (Lehr- und Leistungssituationen, Instruktion und Lernumgebungen, Feedback etc.) durch die Schüler*innen die Qualität der jeweiligen Emotionen im Lehr-Lernkontext bestimmt. Als zentral werden dabei Kontroll- und Wertkognitionen erachtet. Wird die schulische Umwelt als kontrollierbar und als intrinsisch oder extrinsisch »wertvoll« (z. B. interessante und/oder wichtige Lerninhalte) erlebt, so entstehen in der Regel positive Emotionen. Schüler*innen berichten dann beispielsweise über Freude und Stolz in Bezug auf das Fach Mathematik, wenn sie über hohe Kompetenzüberzeugen und gute Leistungen verfügen und gleichzeitig das Fach als wichtig bewerten (Frenzel, Götz & Pekrun, 2009). Umgekehrt können negative Emotionen wie Angst oder Ärger entstehen, wenn die schulische Umwelt als unkontrollierbar und die eigene Kompetenzüberzeugung als gering erlebt wird bzw. wenn Misserfolge sowie negative Misserfolgskonsequenzen drohen, welche als hinreichend bedeutsam erlebt werden (Pekrun & Götz, 2006).

Unterstützt werden diese theoretischen Annahmen der drei vorgestellten Theorien beispielsweise durch Befunde im Rahmen des PALMA-Projekts (Projekt zur Analyse der Leistungsentwicklung in Mathematik). Diese deuten auf einen Zusammenhang zwischen der ungünstigen emotionalen Entwicklung in Mathematik und der von den Schüler*innen berichteten Abnahme der kognitiven Aktivierung im Unterricht und dem Mangel an wahrgenommener Autonomieunterstützung durch die Lehrkräfte hin (Pekrun et al., 2006). Ähnlich belegen Lazarides und Buchholz (2019), dass die wahrgenommene kognitive Aktivierung das Erleben von Freude fördert sowie Langeweile im Mathematikunterricht minimiert. Auch die Unterrichtsqualität und die Unterstützung durch die Lehrperson können Angst und Langeweile im Mathematikunterricht reduzieren.

13.1.3 Emotionen und die Qualität des Mathematikunterrichts

Lernen und Leistung nehmen durch Rückkopplungsprozesse Einfluss auf die Entwicklung von Emotionen (Pekrun, 2018). Neben dem reziproken Zusammenspiel von Emotionen mit Lernen und Leistung, wie in der KWT postuliert, steht die Entwicklung von Emotionen gemäß SDT und SEFT in Interaktion mit Umweltfaktoren (Unterrichtsgestaltung und -qualität der Lehrperson) und individuellen Bedürfnissen von Schüler*innen. Damit wird deutlich, dass spezifische Unterrichtsfächer wie der Mathematikunterricht nicht per se negative Emotionen auslösen oder etwa als langweilig erlebt werden, sondern dass die jeweilige Lernumgebung das emotionale Erleben beeinflusst (Götz, Frenzel & Haag, 2006). Auf der Seite der Lernumwelten sind diejenigen Faktoren emotionsrelevant, welche die Kontroll- und Wertkognitionen von Lernenden beeinflussen, wobei der Unterrichtsgestaltung und der Unterrichtsqualität eine zentrale Rolle zukommen (Pekrun & Götz, 2006). Gemäß KWT zählen dazu unter anderem die folgenden Merkmale der Unterrichtgestaltung:

- Im Unterricht fokussiert die Lehrperson nicht ausschließlich den Kompetenzzuwachs, sondern sie fördert ebenfalls das Kompetenzerleben sowie die Entwicklung positiver Wertüberzeugungen durch die Vermittlung von strukturiertem und verständnisorientiertem Lernstoff mit optimalem Schwierigkeitsgrad.
- Die Lehrperson fördert positive Wertkognitionen durch die Verdeutlichung der Bedeutsamkeit und Relevanz des Faches Mathematik sowie durch die Auswahl von Lerninhalten und die Gestaltung von Lernaktivitäten, die für die Schüler*innen Bedeutungsgehalt besitzen.
- Die Lehrperson unterstützt die Autonomie der Schüler*innen und die Ausbildung von Kontroll- und Wertüberzeugungen durch das Bereitstellen von Wahlmöglichkeiten zwischen verschiedenen Aufgaben und Aktivitäten sowie durch selbstaktivierendende Aufgaben.
- Die Lehrperson entwickelt für sich und die Schüler*innen angemessene und transparente Erwartungen und Ziele, da diese in hohem Maße darüber entscheiden, ob ein Leistungsergebnis als Erfolg oder Misserfolg erlebt wird.
- Die Lehrperson orientiert sich an der individuellen Bezugsnorm, um die Kompetenzen und Kontrollüberzeugungen der Lernenden zu fördern.
- Die Lehrperson gibt ein konstruktives Leistungsfeedback, weil dieses als bedeutsamste Quelle für die Entwicklung von Kompetenzüberzeugungen und damit Kontrollkognitionen gilt.

Der Zusammenhang zwischen den Merkmalen der Lernumgebung und den im Mathematikunterricht erlebten Emotionen wird dabei nicht als einseitig, sondern als reziprok verstanden. Verschiedene Formen dieser Wechselwirkungen sind zu berücksichtigen:

- Emotionen und Unterrichtsgestaltung: Emotionen der Schüler*innen führen zu bestimmten Reaktionen seitens der Lehrperson. So erhalten ängstliche Lernende vermehrt Unterstützung, während engagierten und interessierten Lernenden vermehrt Autonomie gewährt wird (Frenzel, Götz & Pekrun, 2009). Das unterschiedliche Verhalten der Lehrperson wiederum wird von den Schüler*innen wahrgenommen und löst verschiedene Emotionen, beispielsweise Lernfreude und Zufriedenheit oder Unsicherheit und Ärger aus. Wie Lernende emotional mit Anforderungssituationen in Mathematik umgehen, wird dementsprechend durch den Unterricht beeinflusst (Waldis, 2012).
- Emotionen und Information: Welche Emotionen Schüler*innen im Mathematikunterricht erleben und zum Ausdruck bringen, ist eine Information für die Lehrperson. Sie erhält Rückmeldung zu ihrem Unterricht und kann daraus auf dessen Qualität schließen. Angst kann als ein Zeichen von zu hohen Anforderungen interpretiert werden, so dass die Mathematiklehrperson ihren Unterricht adaptiert, was wiederum zu einer anderen Emotionsqualität der Schüler*innen führt (Stang & Urhahne, 2018).
- Emotionale Ansteckung: Nicht nur die Emotionen der Schüler*innen spielen eine wesentliche Rolle, sondern auch jene der Lehrperson. Die Freude einer Mathematiklehrperson und ihre Begeisterung (Enthusiasmus) für ihr Fach und für das Unterrichten beeinflussen, wie sie den Unterricht gestaltet und wie dieser von den Schüler*innen erlebt wird (Bleck, 2019). Die Emotionen von Lehrpersonen können sich auf das emotionale Erleben der Lernenden im Sinne einer »emotionalen Ansteckung« übertragen, womit Lehrpersonen als »emotionale Vorbilder« für Lernende wirken (Götz & Kleine, 2006, S. 8).

13.2 Interventionen zur Förderung positiver Emotionen für den Mathematikunterricht

Als Beispiel für die Förderung positiver Emotionen im Mathematikunterricht soll das vom Schweizerischen Nationalfonds geförderte »EMo-Math«-Projekt (*Maintaining and fostering students' positive learning emotions and learning motivation in maths instruction during early adolescence*) vorgestellt werden (Brandenberger, Hagenauer & Hascher, 2018; Brandenberger & Moser, 2017; Sutter-Brandenberger, Hagenauer & Hascher, 2019). Diese Interventionsstudie verfolgte das Ziel, positive Emotionen sowie die selbstbestimmte Lernmotivation auf dem niedrigsten Anforderungsniveau der Sekundarstufe (Realschulniveau in der Schweiz, was dem

Hauptschulniveau in Deutschland entspricht) im Fach Mathematik zu fördern sowie negative Emotionen zu reduzieren. Das dazu entwickelte zweijährige Trainingsprogramm wurde mit zwei Interventionsgruppen (A: eine kombinierte Gruppe, in denen sowohl Schüler*innen als auch ihre Mathematiklehrpersonen teilnahmen, N = 134; B: eine Schüler*innen-Treatment-Gruppe, N = 122) und einer Kontrollgruppe C ohne Training (N = 92) erprobt.

Die Trainings für Schüler*innen bestanden aus Workshops, die einerseits in Form von kurzen theoretischen Beiträgen, etwa zu motivierenden Selbstregulierungsstrategien sowie deren Übertragung auf Aufgaben und Aktivitäten im Mathematikunterricht zur Wissensvermittlung dienten. Andererseits beinhalteten sie praktische Übungen wie das Anwenden der Lernstrategien auf konkrete Mathematikaufgaben und Fallbeispiele, in denen die Lernenden gemeinsam Motivationsstrategien sowie Strategien zur Emotionsregulierung entwickelten. Zudem wurden Videobeispiele und Reflexionsaktivitäten zum individuellen Lernen genutzt sowie die Relevanz und Bedeutung von Mathematik für das Lernen, den Alltag und die berufliche Zukunft untersucht (z. B. anhand eines Motivationsschreibens für eine fiktive Lehrstelle).

In den Trainings für Lehrpersonen in der kombinierten Gruppe ging es darum, die Materialien aus den Schüler*innenworkshops (z. B. Möglichkeiten, in denen Schüler*innen ihre Mathematikziele reflektieren und gegebenenfalls anpassen können) im Mathematikunterricht umzusetzen. Weiter wurden folgende Strategien – ausgerichtet an den psychologischen Grundbedürfnissen sowie Kontroll- und Wertekognitionen der Schüler*innen – entwickelt und diskutiert: Hervorheben und Verdeutlichen der Bedeutung und Relevanz der Mathematik für die Schule, den Alltag sowie die berufliche Zukunft der Schüler*innen (zur Unterstützung des Bedarfs an Autonomie sowie zur Förderung von Wertüberzeugungen); Bereitstellen von individuellem, informierendem und positivem Feedback, der positive Umgang mit Fehlern (Strategien zur Unterstützung des Kompetenzbedürfnisses sowie Kontrollkognitionen) und das Implementieren von Aufgaben, die eine kollaborative Umgebung erfordern (Strategien zur Unterstützung des Bedürfnisses nach sozialer Zugehörigkeit).

Theoretisch abgeleitet wurden die Interventionsinhalte primär von den im Rahmen der SDT postulierten psychologischen Grundbedürfnissen (Deci & Ryan, 2002), von der KWT (Pekrun, 2011, 2014) sowie vom Konzept der Selbstregulation (Friedrich et al., 2015; Perels, Schmitz & Bruder 2003). Das *Autonomieerleben* wurde insofern unterstützt, als die Lernenden a) zwischen verschiedenen zur Verfügung gestellten Aufgaben und Aktivitäten auswählen konnten, b) sich durch selbstaktivierendende Aufgaben eigene Lernziele setzten und c) über die persönliche Relevanz von Mathematik reflektierten. Das *Kompetenzerleben* sowie *Kontrollkognitionen* wurden beispielsweise durch Aufgaben und Aktivitäten zur Selbstregulation des Lernprozesses gefördert (Friedrich et al., 2015). So korrigierten die Lernenden einen fiktiven Mathematiktest und bearbeiteten folgende Fragen: Welche Fehler wurden gemacht und wie könnten sie beim nächsten Mal vermieden werden? Welche Tipps und Strategien könnten für den nächsten Test nützlich sein? Welche Ziele könnten für die nächste Prüfung formuliert werden? Die Schüler*innen erprobten so Teilschritte der Selbstregulation – das Setzen individueller und angemessener Lernziele, das Formulieren eines Plans zum Erreichen dieser Ziele, die Umsetzung von Motivationsstrategien, von Formen der Emotionsregulation und eines positiven Umgangs mit Fehlern. Solche Aktivitäten stärkten auch die *soziale Eingebundenheit*, indem die Schüler*innen durch den Perspektivenwechsel Tipps für ihre Peers formulierten und kooperative Lern- und Arbeitsformen einübten.

Die Intervention führte im 7. Schuljahr zu folgenden signifikanten Ergebnissen (Brandenberger & Moser, 2018; Brandenberger et al., 2018; Sutter-Brandenberger et al., 2019): Die Mathematikangst nahm in allen Gruppen ab. Für die Lernenden der kombinierten Interventionsgruppe A vollzog sich eine insgesamt positive Entwicklung im Sinne eines Anstiegs der Lernfreude sowie eines Rückgangs negativer Emotionen (neben Angst auch Rückgang an Ärger). In der Interventionsgruppe B nahm neben der Angst jedoch auch das Freudeerleben ab. Für das zweite Interventions- bzw. das achte Schuljahr deuten erste Ergebnisse darauf hin, dass die positive Entwicklung der Schüler*innen der kombinierten Interventionsgruppe A abklingt und das Freudeerleben abflacht. Weitere Analysen zeigen jedoch, dass das Eingangsniveau der Motivation eine entscheidende Rolle spielt, da insbesondere Schüler*innen, die zu Beginn des 7. Schuljahres wenig Freude bzw. intrinsische Motivation erlebten, am meisten von der Intervention profitierten.

13.3 Praxisrelevante Implikationen

Wie oben dargestellt, zeigt sich für das Fach Mathematik ein aus emotionaler Perspektive ungünstiges Bild: Lernende weisen eher niedrige Freude und gleichzeitig eher hohe Angst, Ärger und Langeweile auf (Haag & Götz, 2012; Reindl & Hascher, 2013). Der Forschungsstand verdeutlicht aber auch, dass durch die gezielte Gestaltung der Lernumwelt auf das emotionale Erleben von Lernenden Einfluss ausgeübt werden kann (Frenzel, Götz & Pekrun, 2009). Dem Zusammenspiel zwischen den entwicklungsabhängigen Bedürfnissen der Schüler*innen und der Lernumgebung kommt folglich eine ausschlaggebende Rolle zu:

- Die Emotionen der Schüler*innen hängen stark davon ab, inwiefern die Unterrichtsgestaltung und die Unterrichtsqualität der Lehrpersonen auf die Bedürfnisse der Lernenden abgestimmt sind. Konkret können Lehrpersonen eine bessere Passung schaffen, indem sie bei der Gestaltung der Lernumgebungen die Basic Needs (noch) gezielter berücksichtigen. Künftige Forschungsarbeiten könnten im Rahmen praxisnaher Interventionsstudien im Mathematikunterricht zu weiteren Erkenntnissen führen, wie diese Passung hergestellt werden kann.
- Das *Autonomieerleben* lässt sich durch selbstaktivierende, alltagsrelevante Aufgaben sowie Auswahlmöglichkeiten fördern. Gemeint ist damit ein Unter-

richt, der selbstbestimmtes Lernen ermöglicht – etwa durch das Bereitstellen von Entscheidungsfreiräumen bezüglich der Auswahl an Lerninhalten und Lernmaterialien. Ebenfalls unterstützt das Verdeutlichen von Relevanz und Nutzen von Unterrichtsinhalten für Schule, Alltag und berufliche Zukunft das Autonomiebedürfnis der Lernenden. Praxis und Forschung könnten gemeinsam der Frage nachgehen, wie dies bestmöglich erfolgen kann.

- Das *Kompetenzerleben* kann durch positives, informierendes Feedback, durch das Anwenden einer individuellen statt sozialen Bezugsnormorientierung, durch transparente Lern- und Leistungsanforderungen sowie durch die Förderung positiver Erfahrungen unterstützt werden. Der Blick auf den individuellen Lernerfolg anstelle eines sozialen Vergleichs in der Klasse ermöglicht es allen Schüler*innen, Lernfortschritte wahrzunehmen. Es bedarf weiterer Forschungsarbeiten, welche die konkrete Wirkung entsprechenden Lehrer*innenhandelns untersuchen, weil davon ausgegangen werden kann, dass dieses von den Schüler*innen individuell wahrgenommen und interpretiert wird.
- Wesentlich ist zudem die Qualität der Interaktion zwischen den Lernenden und der Lehrperson, denn die Förderung eines positiven Klassenklimas begünstigt das Erleben sozialer Eingebundenheit. Kooperative Lernformen können genutzt werden, um das gegenseitige Lernen und die Unterstützung in Lerngruppen zu erhöhen. Dabei bleibt es eine Aufgabe der Forschung, Elemente gelingender Interaktion sowohl bei der Begleitung des Lernens als auch im sozialen Miteinander zu identifizieren.

Eine Herausforderung für künftige Forschung wie für unterrichtliche Praxis besteht darin, die komplexen Beziehungsstrukturen zwischen Lernvoraussetzungen im Mathematikunterricht besser zu berücksichtigen. Emotionen stehen nicht für sich allein, sondern sind in ein Wechselspiel mit Motivation, Selbstregulation, Werte- und Kontrollkognitionen und mit sozialen Interaktionen in der Klasse und mit der Lehrperson eingebunden. Der hohe Emotionsgehalt des Mathematikunterrichts, wenn auch häufig von negativen Emotionen geprägt, spricht zugleich dafür, dass ihm nicht nur aus gesellschaftlicher Perspektive, sondern auch aus der individuellen Sicht der Schüler*innen eine hohe Bedeutung zukommt. Forschung und Praxis sollten deshalb gemeinsam dazu beitragen, dass möglichst viele Schüler*innen positive Emotionen gegenüber dem Mathematikunterricht und dem Mathematiklernen entwickeln.

Weiterführende Literatur

Hagenauer, G. (2011). Lernfreude in der Schule. Münster: Waxmann.
Sutter-Brandenberger, C. C., Hagenauer, G. & Hascher, T. (2019). Facing Motivational Challenges in Secondary Education: A Classroom Intervention in Low-track Schools and the Role of Migration Background. In E. Gonida & M. Lemos (Eds.), Motivation in Education at a Time of Global Change (Advances in Motivation and Achievement, Vol. 20) (pp. 225–249). Emerald Publishing Limited.

Literatur

Ahmed, W., van der Werf, G., Kuyper, H. & Minnaert, A. (2013). Emotions, self-regulated learning, and achievement in mathematics: A growth curve analysis. Journal of Educational Psychology, 105(1), 150–161. doi: 10.1037/a0030160.

Bleck, V. (2019). Lehrerenthusiasmus: Entwicklung, Determinanten, Wirkungen. Wiesbaden: Springer. doi: 10.1007/978-3-658-23102-6.

Brandenberger, C. C. & Moser, N. (2018). Förderung der Lernfreude und Reduzierung der Angst im Mathematikunterricht auf der Sekundarstufe 1. In G. Hagenauer & T. Hascher (Hrsg.), Emotionen und Emotionsregulation in der Schule und Hochschule (S. 323–337). Münster: Waxmann.

Deci, E. L. & Ryan, R. (2002). Overview of self-determination theory: An organismic dialectical perspective. In E. L. Deci & R. M. Ryan (Eds.), Handbook of self-determination research (pp. 3–33). Rochester, NY: The University of Rochester Press.

Eccles, J. S., Midgley, C., Wigfield, A., Buchanan, C. M., Reuman, D., Flanagan, C. & MacIver, D. (1993). Development during adolescence: The impact of stage-environment fit on young adolescents' experiences in schools and in families. American Psychologist, 48 (20), 90–101. doi: 10.1037/0003-066X.48.2.90.

Frenzel, A. C., Götz, T. & Pekrun, R. (2009). Emotionen. In E. Wild & J. Möller (Hrsg.), Pädagogische Psychologie (S. 205–231). Heidelberg: Springer.

Friedrich, A., Ihringer, A., Keller, S., Ogrin, S., Werth, S., Schmitz, B. & Trautwein, U. (2015). Selbstreguliertes Lernen konkret – Mathematik 5–7. Trainingsprogramm mit Stundenbildern und Materialien für einen kompetenzorientierten Unterricht. Donauwörth: Auer Verlag.

Götz, T., Frenzel, A. C. & Haag, L. (2006). Ursachen von Langeweile im Unterricht. Empirische Pädagogik 20(2), 113–134.

Götz, T. & Kleine, M. (2006). Emotionales Erleben im Mathematikunterricht. Mathematik lehren, 135, 4–9.

Götz, T., Pekrun, R., Zirngibl, A., Jullien, S., Kleine, M., vom Hofe, R. & Blum, W. (2004). Leistung und emotionales Erleben im Fach Mathematik: Längsschnittliche Mehrebenenanalysen. Zeitschrift für Pädagogische Psychologie, 18(3/4), 201–212.

Haag, L. & Götz, T. (2012). Mathe ist schwierig und Deutsch aktuell: Vergleichende Studie zur Charakterisierung von Schulfächern aus Schülersicht. Psychologie in Erziehung und Unterricht, 59(1), 32–46. doi: 10.2378/peu2012.art03d.

Hascher, T. & Brandenberger, C. C. (2018). Emotionen und Lernen im Unterricht. In M. Huber & S. Krause, Bildung und Emotion (S. 289–310). Wiesbaden: Springer VS.

Hascher, T. & Hagenauer, G. (2011). Emotionale Aspekte des Lehrens und Lernens. In S. T. Brandt (Hrsg.), Lehren und Lernen im Unterricht. Professionswissen für Lehrerinnen und Lehrer, Vol. 2 (S. 127–148). Zürich: Verlag Pestalozzianum.

Lazarides, R. & Buchholz, J. (2019). Student-perceived teaching quality: How is it related to different achievement emotions in mathematics classrooms? Learning and Instruction, 61, 45–59. doi: 10.1016/j.learninstruc.2019.01.001.

Marsh, H. W. (1987). The big-fish-little-pond effect on academic self-concept. Journal of Educational Psychology, 79, 280–295. doi: 10.1037/0022-0663.79.3.280.

Midgley, C., Feldlaufer, H. & Eccles, J. S. (1989). Change in teacher efficacy and student self-and task-related beliefs in mathematics during the transition to junior high school. Journal of Educational Psychology, 81(2), 247–258.

Neuenschwander, M. P. (2017). Anpassungsprozesse beim Übergang in die Sekundarstufe I. In M. P. Neuenschwander & C. Nägele (Hrsg.), Bildungsverläufe von der Einschulung bis in den ersten Arbeitsmarkt. Theoretische Ansätze, empirische Befunde und Beispiele (S. 143–160). Wiesbaden: Springer VS.

Pekrun, R. (2006). The control-value theory of achievement emotions: Assumptions, corollaries, and implications for educational research and practice. Educational Psychology Review, 18(4), 315–341. doi: 10.1007/s10648-006-9029-9.

Pekrun, R. (2018). Emotion, Lernen und Leistung. In M. Huber & S. Krause, Bildung und Emotion (S. 215–231). Wiesbaden: Springer VS.

Pekrun, R. & Götz, T. (2006). Emotionsregulation: Vom Umgang mit Prüfungsangst. In H. Mandl (Hrsg.), Handbuch Lernstrategien (S. 248–258). Göttingen: Hogrefe.

Pekrun, R., vom Hofe, R., Blum, W., Götz, T., Wartha, S., Frenzel, A. C. & Jullien, S. (2006). Projekt zur Analyse der Leistungsentwicklung in Mathematik (PALMA): Entwicklungsverläufe, Schülervoraussetzungen und Kontextbedingungen von Mathematikleistungen in der Sekundarstufe I. In M. Prenzel & L. Allolio-Näcke (Hrsg.), Untersuchungen zur Bildungsqualität von Schule: Abschlussbericht des DFG-Schwerpunktprogramms (S. 21–53). Münster: Waxmann.

Perels, F., Schmitz, B. & Bruder, R. (2003). Trainingsprogramm zur Förderung der Selbstregulationskompetenz von Schülern der achten Gymnasialklasse. Unterrichtswissenschaft, 31(1), 23–37.

Reindl, S. & Hascher, T. (2013). Emotionen im Mathematikunterricht in der Grundschule. Unterrichtswissenschaft, 41(3), 268–288.

Schiefele, U. (2009). Motivation. In E. Wild & J. Möller (Hrsg.), Pädagogische Psychologie (S. 151–175). Heidelberg: Springer.

Schumann, S., Oepke, M. & Eberle, F. (2012). Referenzgruppeneffekte auf die Lernmotivation in den Fächern Mathematik und Biologie an Schweizer Gymnasien. Schweizerische Zeitschrift für Bildungswissenschaften, 34(3), 575–594. doi: 10.5167/uzh-76283.

Stang, J. & Urhahne, D. (2018). Genauigkeit der Einschätzung von Emotionen von Schülerinnen und Schülern durch Lehrpersonen. In G. Hagenauer & T. Hascher (Hrsg.), Emotionen und Emotionsregulation in der Schule und Hochschule (S. 151–164). Münster: Waxmann.

Sutter-Brandenberger, C. C., Hagenauer, G. & Hascher, T. (2018). Students' self-determined motivation and negative emotions in mathematics in lower secondary education – Investigating reciprocal relations. Contemporary Educational Psychology, 55, 166–175. doi: 10.1016/j.cedpsych.2018.10.002.

Tulis, M. (2010). Individualisierung im Fach Mathematik: Effekte auf Leistung und Emotionen. In F. Hesse (Hrsg.), Wissensprozesse und digitale Medien (Vol. 17). Berlin: Logos.

Waldis, M. (2012). Interesse an Mathematik: zum Einfluss des Unterrichts auf das Interesse von Schülerinnen und Schülern der Sekundarstufe I. Münster: Waxmann.

14 Emotionen im Religionsunterricht

Manfred L. Pirner

Kurzzusammenfassung

Nach fachwissenschaftlichen Klärungen zu »Religion und Emotion« werden historische und aktuelle religionsdidaktische Konzepte zur Integration von Gefühlen in religiöse Bildungsprozesse skizziert. Ein Fokus liegt dabei auf den Konzepten der »Performativen Religionspädagogik«, einer Religionspädagogik des »Mitgefühls« sowie auf dem Verhältnis von emotionaler Bildung und Kompetenzbildung.

Schlagwörter: *Emotionale Bildung, religiöse Bildung, Mitgefühl, Performative Religionspädagogik*

14.1 Religion und Emotion

14.1.1 Zur Fundamentalität und Aktualität des Themas

In seinem Buch »Why We Need Religion. An Agnostic Celebration of Spiritual Emotions« arbeitet der Philosoph Stephen T. Asma (2018a) heraus, dass der Kern von Religion im therapeutischen Management von Emotionen besteht. Unsere Gefühle seien dabei genauso wichtig für unser Überleben wie unser Denken:

> »Unsere Spezies ist ausgestattet mit adaptiven Emotionen wie Angst, Wut, Lust usw. Religion war (und ist) das kulturelle System, das diese Gefühle und Verhaltensweisen hoch- oder herunterregelt. Wir sehen das deutlich, wenn wir uns die Mainstream-Religion anschauen statt schädliche Formen des Extremismus. Mainstream-Religion reduziert Ängstlichkeit, Stress und Depression. Sie liefert existenziellen Sinn und Hoffnung. Sie widmet sich der Aggression und Furcht gegenüber Feinden. Sie domestiziert Lust und stärkt menschliche Beziehungen.« (Asma, 2018b; Übersetzung: M. P.).

Asmas Theorie des Zusammenhangs zwischen Religion und Emotion ist nicht wirklich neu. Im Rahmen seines Forschungsbereichs »Geschichte der Gefühle« hat das Max-Planck-Institut für Bildungsforschung in Berlin zum Forschungsprojekt »Emotionen und Religion« programmatisch festgehalten:

»Von Praktiken der Frömmigkeit bis zur akademischen Theologie – auf dem Gebiet der Religion sind Emotionen allgegenwärtig und bedeutsam. In vielen historischen Kontexten zielen religiöse Rituale auf die Erzeugung eines bestimmten emotionalen Erlebnisses, bei dem bestimmte Arten des Fühlens als Beweis für den richtigen Glauben oder für eine Verbindung mit dem Göttlichen gelten.«[4]

Im Kontext des westlichen Christentums stellte z. B. der einflussreiche amerikanische Erweckungsprediger und Theologe Jonathan Edwards die Gefühle ins Zentrum seiner Theologie. Er war so überwältigt von der Wirkung religiöser Gefühle, wie er sie bei mehreren Erweckungsbewegungen miterlebte, dass er ihnen eine eigene Schrift widmete, »A Treatise Concerning Religious Affections« (1746). Dort heißt es: »The Holy Scriptures do everywhere place religion very much in the affections; such as fear, hope, love, hatred, desire, joy, sorrow, gratitude, compassion, and zeal« (S. 96).

Gut 50 Jahre später grenzte der deutsche evangelische Theologe Friedrich Schleiermacher, der auch als einer der ›Väter‹ der modernen (Religions-)Pädagogik gilt, in seinen berühmten »Reden über die Religion« Religion als »eigenständige Provinz im Gemüte« von Metaphysik und Moral ab, indem er sie in ihrem Wesen als »Anschauung und Gefühl« bestimmte (Schleiermacher, 1799). Der (Mit-)Begründer der wissenschaftlichen Psychologie, William James, betrachtete Gefühle als »tiefere Quelle der Religion«, während philosophische und theologische Formeln lediglich »sekundäre Produkte« seien, »like translations of a text into another tongue« (James, 1902, S. 431).

14.1.2 Drei Leitfragen zum Forschungsdiskurs um Religion und Emotion

Seit diesen oben aufgezeigten frühen Bestimmungen ist die Forschung um Religion(en) und Gefühl(e) enorm vielfältig, international und interdisziplinär geworden (vgl. Corrigan, 2008; Emmons, 2005; Tsai, Koopmann-Holm, Myasaki & Ochs, 2013). Roderich Barth und Christopher Zarnow (2015b) haben drei systematische Leitfragen vorgeschlagen, unter denen Forschung und Diskurs zum Themenfeld gebündelt werden können und die eine »Theologie der Gefühle« – ich ergänze: und eine Religionsdidaktik der Gefühle – zu bearbeiten hat.

1. Gibt es so etwas wie *(spezifische)* »*religiöse Gefühle*« oder gibt es lediglich Gefühle, die eben auch oder vielleicht überwiegend in religiösen Kontexten vorkommen? Der Religionswissenschaftler Rudolf Otto hat z. B. als Kernmomente der Erfahrung des Heiligen in den Religionen die Gefühle des *mysterium tremendum* (des Schauervoll-Unheimlichen) und des *mysterium fascinans* (des Faszinierend-Beglückenden) herausgearbeitet und diese als charakteristisch religiös reklamiert. Andere Ansätze sehen das Spezifische religiöser Gefühle in ihrer existenziellen Erlebnistiefe, in ihrer Feierlichkeit, Ernsthaftigkeit oder Intensität – wobei eben auch nichtreligiöse Gefühle existenziell tief, feierlich, ernsthaft und

---

4 Siehe https://www.mpib-berlin.mpg.de/de/forschung/geschichte-der-gefuehle/projekte/emotionen-und-religion.

intensiv sein können. Noch einmal anders ist die Sichtweise, nach der eine Religion typische Gefühlskonstellationen hervorruft, also bestimmte – allgemeinmenschlich anzutreffende – Gefühle hervorhebt und kombiniert. So seien etwa für das Christentum die Gefühle der Liebe, der Dankbarkeit und des Mitgefühls charakteristisch.

Als Ergebnis ihres differenzierten Versuchs einer systematischen Klärung des Begriffs »religiöse Gefühle« halten Sabine Döring und Anja Berninger (2013, S. 62) fest, dass religiöse Gefühle eine »heterogene Gruppe von Emotionen« bilden. Es gebe keine bestimmten Eigenschaften, die allen religiösen Gefühlen gemeinsam wären. Allerdings scheine es einige »Kriterien zu geben, die man als hinreichend für das Vorliegen einer religiösen Emotion werten« könne. Hierzu gehöre vor allem, dass eine Emotion durch eine religiöse Überzeugung wie z. B. den Glauben an Gott direkt oder indirekt verursacht worden ist oder umgekehrt eine Emotion eine religiöse Überzeugung verursacht bzw. wesentlich stützt.

Aus religionsdidaktischer Sicht bietet vor allem die Anknüpfung an allgemeinmenschliche Gefühle gute Chancen der verstehenden Erschließung von Religion, während besondere religiöse Gefühlserlebnisse nur begrenzt nachvollziehbar und in der Regel didaktisch nicht verfügbar sind.

2. Eine zweite Frage betrifft *das Verhältnis von Gefühl und Vernunft*. »Sind die Gefühle irrational und insofern das Andere der Vernunft? [...] Und liegt nicht darin schließlich auch ihre religiöse Potenz, so dass man den Umkehrschluss wagen kann: Weil Religion in ihrem Kern etwas Irrationales ist, sind Gefühle von elementarer Bedeutung für sie?« (Barth & Zarnow, 2015, S. 9 f.). Doch bereits in den religiösen Traditionen selbst sowie in der Geschichte abendländischer Vernunftkonzepte gibt es vielstimmigen Widerspruch gegen ein solches Auseinanderdividieren menschlicher Grundvermögen. Insbesondere im Licht der »kognitivistischen Wende« in der neueren Emotionsforschung, die v. a. mit den Namen von Antonio Damasio (1994) und Ronald de Sousa (1987) verbunden ist, erscheint eine solche Trennung unhaltbar – was auch Auswirkungen auf das Verständnis von Religion hat. Denn die Einsicht in die Verwobenheit der Gefühle mit der Kognition sowie in ihre kulturelle Geprägtheit unterstützt das theologische wie religionsdidaktische Bestreben, an der ›Ganzheitlichkeit‹ von Religion und religiösem Glauben festzuhalten und – entgegen einer einseitigen »Emotionalisierung« (Herbrik & Knoblauch, 2014) – die Emotionalität von Religion kognitiv zu verstehen und ethisch zu verantworten.

3. Dies führt zur dritten Leitfrage, wie mit der unübersehbaren *Ambivalenz von religiösen Gefühlen* am besten umgegangen werden kann. So sehr die oben herausgestellten ›christlichen‹ Gefühle der Liebe, der Dankbarkeit und des Mitgefühls zur Humanisierung menschlichen Zusammenlebens beigetragen haben und aktuell beitragen, so sehr haben Hass, Überheblichkeit und Intoleranz aus religiösen Motiven in Geschichte und Gegenwart unsägliches Leid verursacht. Insofern braucht es eine *Ethik und Pädagogik des religiösen Gefühls*. Dabei spielt das *innerreligiöse, theologische* Ringen um einen verantwortungsvollen Umgang mit religiösen Gefühlen eine wichtige Rolle. So hat sich etwa im Christentum ein Verständnis der biblischen Tradition durchgesetzt, das vom Zentrum der Christus-Botschaft – der Offenbarung des Gottes der Liebe, Barmherzigkeit und Ver-

söhnung – her auf die Einordnung, Kanalisierung und Überwindung von Aggression und Gewalt in der eigenen Tradition zielt. Die Kultivierung von Nächstenliebe und Mitgefühl kann heute als wichtiger christlicher Beitrag zu einer Kultur der Menschlichkeit und der Menschenrechte gelten, und eine »Theologie der Gefühle« (Barth & Zarnow, 2015) oder, bescheidener, »theologische Perspektiven einer Theorie der Emotionen« (Charbonnier, Mader & Weyel, 2013) können Konstruktives zum Verständnis der Bedeutung von Gefühlen für das Menschsein einbringen.

Zugleich – und hier ergänze ich die Sicht von Barth und Zarnow (2015) – ist deutlich, dass das Christentum bzw. die christlichen Kirchen immer wieder Anstöße von außen, z. B. aus der Philosophie, der Psychologie oder aus dem Menschenrechtsdiskurs gebraucht haben, um zu humaneren Formen des Glaubens zu finden. Eine theologische Ethik der Gefühle ist ebenso wie eine Religionsdidaktik der Gefühle auf den interdisziplinären und (welt-)gesellschaftlichen Diskurs im Raum der Öffentlichkeit angewiesen. Sie lässt sich am angemessensten im Rahmen einer Öffentlichen Theologie und Öffentlichen Religionspädagogik entfalten (vgl. Pirner, 2018).

14.2 Gefühle in Konzepten und Ansätzen der Religionspädagogik

Gefühle spielen in Konzepten und Ansätzen der Religionspädagogik seit jeher eine zentrale Rolle. Dabei beschränkt sich der Fokus allerdings auf theoretische Aspekte und Fragen sowie auf die Reflexion praktischer Unterrichtserfahrungen. Empirische Forschungen fehlen bislang hingegen weitestgehend, wie der nachfolgende Überblick verdeutlicht.

14.2.1 Historische Schlaglichter

So wie bereits in der biblischen Tradition eher lehrhafte und narrativ-emotionale Überlieferungen nebeneinander stehen, lässt sich auch durch die Geschichte christlich-religiöser Bildung hindurch ein Wechsel von lehrhaft-kognitiven und erlebnishaft-emotionalen Akzentuierungen beobachten. Dieser Wechsel kann exemplarisch an der Kirchenlieddidaktik besonders gut nachvollzogen werden, weil das geistliche Lied immer wieder als Träger und Vermittler von religiösen Gefühlen herangezogen wurde (vgl. Pirner, 1999). In der Neuzeit entstand die Bewegung des gefühls- und handlungsorientierten Pietismus sowie einer entsprechenden pietistischen Pädagogik (vgl. z. B. August Hermann Francke) als Reaktion auf die starke Betonung der »rechten Lehre« im nachreformatorischen Zeitalter. Als Gegenbewegung zur stark kognitiven Aufklärungstheologie und -pädagogik wurden in der Katechetik in der ersten Hälfte des 19. Jahrhunderts, mit dem Rückenwind der romantischen Bewegung, das Erzählen der biblischen Geschichten und die – gefühlvoll einzuführenden – Kirchenlieder in den Vordergrund gerückt.

Um die Wende zum 20. Jahrhundert wird dann in der spätherbartianischen und liberalen Religionspädagogik eine Hinwendung zum Gefühl greifbar, die sich gegen die häufig als mechanistisch und kognitiv-trocken empfundene herbartianische Didaktik wendet und von Schleiermacher sowie der sich entwickelnden Religionspsychologie beeinflusst ist. So ist für den Spätherbartianer Adolf Rude ein Hauptzweck des Religionsunterrichts und insbesondere des Kirchenlieds in ihm, »triebkräftige Gefühle [zu] wecken und [zu] vertiefen: Gefühle des Glaubens und Hoffens, des Vertrauens und der Dankbarkeit gegen Gott, Gefühle der Traurigkeit über die eigene Sünde u.s.w.« (Rude, 1893, S. 29; vgl. auch Pirner, 1999, S. 255). Dazu sollen biblische oder historische Geschichten in »lebendigen Scenen« erzählt und mit geistlichen Liedern verbunden werden, »ein lebensvolles Bild«, aus dem »ein reiches und tiefes, dem Liede entsprechendes Gemütsleben hervorströmt« (Rude, 1893, S. 30).

Religion als Gefühl und als Anlage in jedem Menschen bildete auch das Zentrum des einflussreichen Buches »Wie lehren wir Religion?« von Richard Kabisch (1. Aufl. 1910). Das Lehren von Religion bestand für ihn zu einem guten Teil in der Übertragung von Gefühlen, die durch eine »ansteckende« Persönlichkeit der Lehrkräfte möglich erschien: »die Kraft des Einzelfalls und die Eindringlichkeit, mit der er ausgenutzt wird, sind das eigentlich Wirkende. Zugleich die Gefühlstiefe des lehrenden Erwachsenen und die Fähigkeit sich auszudrücken, also die Befähigung zu suggestiver Wirkung.« (Kabisch, 1913, S. 107, zit. nach Naurath, 2008, S. 188). Zentrale Aufgabe des Religionsunterrichts ist es nach Kabisch, statt religiöser Lehren religiöse *Erfahrungen* zu vermitteln: »Der Unterricht schaffe Erlebnisse.« (Kabisch, 1910, S. 120) Dazu dienen neben lebendigen biblischen, historischen oder Alltagserzählungen vor allem die geistlichen Lieder. Musik und Poesie eines Liedes sind für Kabisch »Ausdruck gehobener Empfindungen« bzw. »erregter Gefühle«, und ein Lied sei nur dann recht verstanden, »wenn das Gefühl dadurch so erregt worden ist, wie es in dem Dichter lebendig war, als in ihm das Lied sich bildete« (Kabisch, 1910, S. 155).

Es fehlt hier der Platz, die weitere Entwicklung einer gefühls- und erlebnisorientierten religiösen Erziehung – und einer in vielem analogen »musischen« Erziehung – nachzuzeichnen. Erwähnt werden muss aber, dass sich beide Strömungen ausgezeichnet dafür eigneten, mit nationalistischer Ideologie durchtränkt und schließlich von den Nationalsozialisten funktionalisiert zu werden (genauer dazu: Pirner, 1999, S. 282–395). Bei der aktuellen Wiederentdeckung des Emotionalen und entsprechenden Bemühungen um eine emotionale Bildung müssen solche historischen Erfahrungen unbedingt berücksichtigt werden.

14.2.2 Aktuelle Konzepte I: Erfahrungsorientierte und performative Religionsdidaktik

In der gegenwärtigen religionsdidaktischen Forschung und Theoriebildung lässt sich eine merkwürdige Aporie feststellen. Einerseits würde wohl kaum jemand »die Bedeutung von Gefühlen für die religiöse Entwicklung im Kindes- und Jugendalter bestreiten«, und »der Vorwurf, dass eine religionspädagogische Darstellung oder Konzeption einseitig kognitiv ausgerichtet sei, stellt geradezu eine kritische Standardfrage dar«, so urteilt Friedrich Schweitzer (2013, S. 419). Andererseits fehlt es an grundlegender, modellbildender (empirischer) Forschung und Theorie zu Stellenwert und Bedeutung von Emotionen in religiösen Entwicklungs-, Sozialisations- und Bildungsprozessen. So wird etwa die entwicklungspsychologische Perspektive in der Religionspädagogik seit langer Zeit von kognitiven strukturgenetischen Entwicklungsmodellen (Oser-Gmünder; Fowler) dominiert, so dass Elisabeth Naurath (2017) von der »vergessene[n] emotionalen Dimension religiöser Entwicklung« spricht.

Dennoch gibt es einige Ausnahmen und impulsgebende religionspädagogische Arbeiten zum Thema Emotion bzw. emotionale Bildung, von denen im Folgenden nur die wichtigsten genannt werden können (weitere werden von Naurath [2008 und 2017] referiert).

Im Rahmen von erfahrungsorientierten Konzepten wie der Korrelations- oder Symboldidaktik spielen die emotionalen Aspekte von Erfahrungen und deren symbolische Ausdrucksformen eine durchaus wichtige Rolle. So sind wiederholt »Angst« und »Vertrauen« als menschliche Grunderfahrungen benannt worden, die sich zur korrelativen, wechselseitigen Erschließung von biblisch-christlicher Tradition und heutiger Situation bzw. Lebenswelt eignen (z. B. die Geschichte von Jesu Sturmstillung, Mk 4, 35–41, als »Anti-Angst-Geschichte« bzw. als »Vertrauensgeschichte«). Dazu haben auch tiefenpsychologische Ansätze der Bibelauslegung wie etwa der von Eugen Drewermann beigetragen.

Gegenwärtig ist es vor allem die »Performative Religionsdidaktik«, die seit nunmehr fast zwanzig Jahren konfessionsübergreifend wichtige Impulse zu einer Integration erlebnishafter, Gefühls- und Handlungsdimensionen einschließender Lernformen in den Religionsunterricht liefert (für eine aktuelle Übersicht über Entwicklungen in der performativen Religionsdidaktik mit weiterer Literatur vgl. aus kath. Sicht: Mendl, 2019, aus ev. Sicht: Dressler, 2015). In Weiterführung von symbol- und zeichendidaktischen Ansätzen ist ihr Ausgangspunkt die Einsicht, dass Religion nicht lediglich aus (kognitivem) Glauben und theologischen Inhalten besteht, sondern in erster Linie eine kulturelle und persönliche Praxis darstellt. Dies muss, gerade angesichts weiterhin zurückgehender religiöser Sozialisation, heutigen Kindern und Jugendlichen aber erst wieder erschlossen werden: *Religionsunterricht muss mehr sein als nur ein Reden über Religion.* So wenig authentische religiöse Praxis im schulischen Unterricht möglich und akzeptabel ist, so sehr bedarf es doch einer »szenischen und gestischen, leiblichen und räumlichen Darstellung« von Religion (Klie & Leonhard, 2003, S. 149), damit sie wirklich in ihrer Eigenart verstanden werden kann. Damit ist dann aber ein ›ganzheitliches‹ Erleben von Religion angestrebt, das emotionale Anteile konstitutiv beinhaltet (vgl. den programmatischen Buchtitel »Religion erleben« von Mendl, 2017, 1. Aufl. 2008).

Solche erlebnishaften Elemente hat Hans Mendl nicht nur in hilfreicher Weise kategorisiert, sondern die Überlegungen für den didaktischen Umgang mit ihnen auch in ein griffiges Konzept gebracht. Demnach sollte *im Vorfeld* mit den Schüler*innen besprochen werden, was die Lehrkraft vorstellen bzw. zum Miterleben anbieten möchte. Dabei sollte deutlich erläutert werden, welche Verhaltensmöglichkeiten die Lernenden haben. Dann kann die Lerngruppe diskutieren und gemeinsam beschließen, ob sie sich überhaupt auf das Erlebnisangebot einlassen will oder nicht. So könnte z. B. gemeinsam mit der Lerngruppe darüber diskutiert werden, ob zum Unterrichtsbeginn gebetet werden soll und wenn ja, in welcher Form, und wie sich dabei die nicht an Gott glaubenden oder auch die andersreligiösen Schüler*innen verhalten können. Gerade bei spirituellen Formen wie dem Gebet, der Meditation oder dem Singen religiöser Lieder ist für *alle* Lernenden *Freiwilligkeit* oberstes Gebot sowie die Möglichkeit, *selber zu entscheiden* »ob sie sich in die Teilnehmerrolle begeben wollen oder auf einer Beobachterebene bleiben wollen – und dazwischen gibt es noch viele weitere Schattierungen einer Bedeutungszuweisung« (Mendl, 2016, S. 18). Ebenso wichtig wie die Vorbesprechung ist eine *Nachreflexion* über das Erlebte, die den Schüler*innen die Gelegenheit gibt, eigene Empfindungen zu äußern und sich subjektiv zu positionieren. Sowohl in der Vorbesprechung als auch in der Nachreflexion sollte eine offene Atmosphäre herrschen, in der auch kritische oder das Erlebnisangebot ablehnende Lernende in keiner Weise diskriminiert werden.

14.2.3 Aktuelle Konzepte II: Mitgefühl/»Compassion« als zentrales Ziel religiös-ethischer Bildung

Im Rahmen seiner politischen Theologie hat der katholische Theologe Johann Baptist Metz in den 1990er Jahren seine zentrale These weiter ausgearbeitet, dass es die primäre Aufgabe des Christentums sei, die »gefährliche Erinnerung« wachzuhalten, dass Gott auf der Seite der Benachteiligten, Unterdrückten und Opfer der Geschichte steht. Ihr entspricht ein tätiges, aktiv-engagiertes Mitgefühl, eine »Empfindlichkeit für das Leid der anderen«, das Metz – auch um verkürzende Missverständnisse als ›Mitleid‹ zu vermeiden – mit dem Begriff »Compassion« bezeichnet hat (Metz, 1997). In der katholischen Religionspädagogik wurde dieser theologische Ansatz aufgegriffen und in ein Konzept des sozialen Lernens überführt, das zunächst an freien katholischen Schulen entwickelt und umgesetzt wurde, das aber auch darüber hinaus Impulse gesetzt hat (vgl. Kuld, 2016). Im Rahmen eines Sozialpraktikums »gehen die Schülerinnen und Schüler der Projektschulen während des Schuljahres in der Regel ein bis zwei Wochen lang in eine soziale Einrichtung: Altenheime, Krankenhäuser, Behinderteneinrichtungen, Obdachlosenheime, Kindergärten, Bahnhofsmissionen, Büros und Unterkünfte für Asylsuchende und Flüchtlinge. Die Lehrerinnen und Lehrer begleiten die Praktika in ihrem Fachunterricht, der informierend, reflektierend und bewertend auf Erfahrungen in den Praktika vorbereitet oder nachträglich darauf eingeht.«

(Kuld, 2016). Im Unterschied zur performativen Religionsdidaktik wurde dieses Konzept auch empirisch evaluiert, mit sehr positiven Ergebnissen (Kuld & Gönnheimer, 2000).

Weiter und grundsätzlicher ist die Habilitationsschrift von Elisabeth Naurath (2008) am Mitgefühl orientiert, was sich schon in ihrem Titel zeigt: »Mit Gefühl gegen Gewalt. Mitgefühl als Schlüssel ethischer Bildung in der Religionspädagogik«. Sie nimmt darin die aktuelle philosophische und erziehungswissenschaftliche Diskussion um die Bedeutung von Emotionen und emotionalem Lernen auf und macht sie für ethische, v. a. gewaltpräventive Bildungsaufgaben in verschiedenen religionspädagogischen Handlungsfeldern – u. a. auch im schulischen Religionsunterricht – fruchtbar. In ihrem jüngeren Lexikon-Artikel zur »emotionalen Bildung« benennt sie zusammenfassend und weiterführend folgende Aufgaben für den Religionsunterricht, um die Entwicklung einer »emotionalen Kompetenz« der Schüler*innen zu fördern:

- Förderung des Erlebens positiver Emotionen als Grundbedingung gelingender religiöser Bildungsprozesse;
- Wahrnehmung und Ausdruck von Emotionen als genuines Element religiöser Bildung;
- Schulung von Emotionsverständnis und Emotionswissen, insbesondere durch die Begegnung mit biblischen und anderen Erzählungen;
- Emotionsregulation als Aufgabe der seelsorgerlichen Dimension religiöser Bildung (Naurath, 2017; vgl. auch die ähnlichen Überlegungen von Kohler-Spiegel, 2015).

14.2.4 Kompetenzorientierung und Emotionen – eine Problemanzeige und ein Vorschlag

Sieht man sich die aktuellen Kompetenzmodelle zum Religionsunterricht an, so kann man feststellen, dass Gefühle und emotionales Lernen darin in der Regel nicht vorkommen (vgl. z. B. das Konsenspapier der EKD zu Kompetenzen und Standards für den Religionsunterricht in der Sekundarstufe I: Kirchenamt der EKD, 2010). Dies ist nicht überraschend, denn der Kompetenzbegriff, wie er sich in den bildungspolitischen Konzepten und Lehrplänen durchgesetzt hat, war von vornherein eher kognitiv und handlungsorientiert ausgerichtet, auch wenn er Haltungen und Einstellungen miteinschließen sollte. Bis heute ist, gerade auch in der Religionsdidaktik, umstritten, inwieweit Haltungen wie z. B. die in der Bayerischen Verfassung als Bildungsziele geforderten (Art. 131: »[...] Achtung vor religiöser Überzeugung und vor der Würde des Menschen, Selbstbeherrschung, Verantwortungsgefühl und Verantwortungsfreudigkeit, Hilfsbereitschaft, Aufgeschlossenheit für alles Wahre, Gute und Schöne [...]« in überprüfbare Kompetenzen gegossen werden können. Geht Bildung nicht über Kompetenz-Bildung hinaus, und gilt das nicht v. a. für religiöse und auch emotionale Bildung (vgl. Lenhard, Pirner & Zimmermann, 2018)?

Andererseits wird Kompetenzerwerb nur unter Mitwirkung von emotionalen und motivationalen Aspekten gelingen können (Gläser-Zikuda, Stuchlíková & Janík, 2013), was gegenwärtig zu wenig in der religionsdidaktischen Forschung und Diskussion berücksichtigt wird. Darüber hinaus kann die Fähigkeit, mit den eigenen Gefühlen und denen anderer umgehen zu können, als eigene, ungemein wichtige »emotionale Kompetenz« gefasst werden (Petermann & Wiedebusch, 2016, S. 13). Als eine der wenigen Religionspädagoginnen hat, wie oben gezeigt, Elisabeth Naurath die Diskussion um »emotionale Kompetenz« systematisch aufgenommen.

Zum Schluss soll hier noch ein m. E. interessanter Vorschlag von Carsten Gennerich (2015) zur Verbindung von Emotionen und religiöser Kompetenzbildung vorgestellt werden, der ähnlich, wenngleich sehr abgekürzt, bei Helga Kohler-Spiegel (2015) zu finden ist. Er setzt bei dem Grundsatz an, dass Kompetenzen sich auf typische Anforderungssituationen beziehen sollten. Diese sind, in den Worten von Kohler-Spiegel, »emotional besetzt und wollen gedeutet werden« (Kohler-Spiegel, 2015, S. 298). Kompetenzorientierter Religionsunterricht braucht – so verstanden – den Zugang über Emotionen und die Einbeziehung von Emotionen, um den Aufbau von religiösen Kompetenzen auszulösen und Lernen zu ermöglichen. An Emotionen wie Schuld, Scham, Angst, Furcht, Traurigkeit, Neid, Eifersucht, Ärger, Ekel/Abscheu, Hoffnung, Freude, Dankbarkeit, Mitleid, Liebe und Stolz entlang ließe sich, so Gennerich, eine Systematik der Anforderungssituationen sowie für den gezielten Aufbau religiöser Kompetenz entwickeln. Am Beispiel der Emotion des Neids zeigt Gennerich, wie Emotionen »Alltagswelt und religiöse Deutungsperspektiven lebensdienlich zusammen[zu]bringen« können, weil ihre Analyse vorhandene Deutungsmuster aufdecken und alternative Deutungsmuster ins Spiel bringen kann (Gennerich, 2015, S. 10). Wie immer man die Durchführbarkeit von Gennerichs Vorschlag beurteilen mag, macht er jedenfalls deutlich, dass es sich für die Religionsdidaktik lohnt, sich stärker und systematischer als bislang mit Emotionen und ihrer Erforschung zu beschäftigen – auch weil dies neue Möglichkeiten eröffnet, Kinder und Jugendliche als Subjekte in ihrer Mehrdimensionalität ernst zu nehmen.

14.3 Fazit: Empirische Forschung als Desiderat

Der Überblick hat gezeigt, dass Gefühle in dreifacher Weise für den Religionsunterricht relevant werden:

1. Gefühle gehören in besonderer Weise zum Gegenstand des Religionsunterrichts, der Religion.
2. Gefühle und der Umgang mit ihnen gehören zum Menschsein dazu; da der Religionsunterricht ein ›ganzheitliches‹, mehrdimensionales Verständnis von

Mensch und Bildung betont, zielt er auch in besonderer Weise auf die Förderung von emotionaler Bildung.
3. Gefühle begleiten unausweichlich alles menschliche Lernen und können dieses fördern, unterstützen – oder behindern.

Während die Aspekte 1 und 2 durchaus in religionsdidaktischen Ansätzen und Konzepten aufgegriffen und diskutiert werden, kommt Aspekt 3 bislang nur wenig im religionspädagogischen Diskurs vor. Für alle drei Aspekte gilt, dass ein eklatantes Defizit an empirischer Forschung besteht. Dabei liegen lohnenswerte Forschungsthemen auf der Hand: Mit Bezug auf Aspekt 1 könnte z. B. empirisch erhoben werden, welche Art didaktisch-erlebnishafter Präsentation von Religion welche Gefühle bei den Schüler*innen auslöst, wie tief und nachhaltig diese sind und wie sie die Reflexion solcher Gefühle im Religionsunterricht erleben. Im Sinne von Aspekt 2 könnte erforscht werden, wie gängiger Religionsunterricht zur emotionalen Bildung bzw. emotionalen Kompetenz der Lernenden beiträgt und wo hier Optimierungsmöglichkeiten bestehen. Schließlich wären mit Blick auf Aspekt 3 Forschungen hilfreich, die empirisch auf die Verknüpfungen zwischen Lernen und Emotionen im Religionsunterricht aufmerksam machen, z. B. indem die Gefühle der Lernenden bei bestimmten charakteristisch-religionsdidaktischen Lernformen oder Verhaltensmustern von Lehrpersonen erhoben werden bis hin zu ›Gefühlskurven‹ einer Unterrichtsstunde. Auch Interventionsstudien wären wünschenswert, die zeigen, welche lernförderlichen Effekte das bewusste didaktische Einbeziehen der Emotionen der Schüler*innen bewirken kann.

Weiterführende Literatur

Barth, R. & Zarnow, C. (Hrsg.) (2015a). Theologie der Gefühle. Berlin: de Gruyter.
Naurath, E. (2008). Mit Gefühl gegen Gewalt. Mitgefühl als Schlüssel ethischer Bildung in der Religionspädagogik (2. Aufl.). Neukirchen-Vluyn: Neukirchener.

Literatur

Asma, S. T. (2018a). Why We Need Religion: An Agnostic Celebration of Spiritual Emotions. New York: Oxford University Press.
Asma, S. T. (2018b). Religion is about emotion regulation, and it's very good at it. Aeon (digital magazine), 25. September 2018. Online: https://aeon.co/ideas/religion-is-about-emotion-regulation-and-its-very-good-at-it.
Barth, R. & Zarnow, C. (2015b). Das Projekt einer Theologie der Gefühle. In R. Barth & C. Zarnow (Hrsg.), Theologie der Gefühle (S. 1–19). Berlin: de Gruyter.
Charbonnier, L., Mader, M. & Weyel, B. (Hrsg.) (2013). Religion und Gefühl. Praktisch-theologische Perspektiven einer Theorie der Emotionen. Göttingen: Vandenhoeck & Ruprecht.

Corrigan, J. (Hrsg.) (2008). The Oxford Handbook of Religion and Emotion. New York: Oxford University Press.
Damasio, A. R. (1994/2004). Descartes' Error. Emotion, Reason and the Human Brain. New York: Vintage (dt. Descartes' Irrtum. Fühlen, Denken und das menschliche Gehirn. Berlin: List).
De Sousa, R. (1987/1997). The Rationality of Emotion. Cambridge: MIT Press (dt. Die Rationalität des Gefühls. Frankfurt a. M.: Suhrkamp).
Döring, S. & Berninger, A. (2013). Was sind religiöse Gefühle? Versuch einer Begriffsklärung. In L. Charbonnier, M. Mader & B. Weyel (Hrsg.), Religion und Gefühl. Praktisch-theologische Perspektiven einer Theorie der Emotionen (S. 49–64). Göttingen: Vandenhoeck & Ruprecht.
Dressler, B. (2015). Performativer Religionsunterricht – evangelisch. WiReLex (Wissenschaftlich-religionspädagogisches Lexikon). Online: https://www.bibelwissenschaft.de/stichwort/100017/.
Emmons, R. A. (2005). Emotion and Religion. In R. F. Paloutzian & C. L. Park (Hrsg.), Handbook of the Psychology of Religion (S. 235–252). New York: The Guilford Press.
Gennerich, C. (2015). Emotionen als Anforderungssituationen in einer kompetenzorientierten Religionsdidaktik. Theo-Web. Zeitschrift für Religionspädagogik, 14(1), 6–15.
Gläser-Zikuda, M., Stuchlíková, I. & Janík, T. (Hrsg.) (2013). Emotional aspects of learning and teaching – an overview and introduction. Orbis Scholae, Special Issue: Emotional aspects of learning and teaching, 7(2), 7–22.
Herbrik, R. & Knoblauch, H. (2014). Die Emotionalisierung der Religion. In G. Gebauer & M. Edler (Hrsg.), Sprachen der Emotion. Kultur, Kunst, Gesellschaft (S. 192–210). Frankfurt a. M.: Campus.
James, W. (1902/2002). The Varieties of Religious Experience (unabridged republication). Mineola, N. Y.: Dover Publications.
Kabisch, R. (1913). Wie lehren wir Religion? Versuch einer Methodik des evangelischen Religionsunterrichts für alle Schulen auf psychologischer Grundlage (3. Aufl). Göttingen: Vandenhoeck & Ruprecht.
Kirchenamt der EKD (Hrsg.) (2010). Kompetenzen und Standards für den Evangelischen Religionsunterricht in der Sekundarstufe I. Ein Orientierungsrahmen. Hannover: EKD.
Klie, T. & Leonhard, S. (Hrsg.) (2003). Schauplatz Religion. Grundzüge einer Performativen Religionspädagogik. Leipzig: Ev. Verlagsanstalt.
Kohler-Spiegel, H. (2015). Emotionales Lernen im Religionsunterricht. Münchner Theologische Zeitschrift, 66, 292–302.
Kuld, L. (2016). Art. Compassion. WiRelex (Wissenschaftlich-religionspädagogisches Lexikon). Online: https://www.bibelwissenschaft.de/stichwort/100124/.
Kuld, L. & Gönnheimer, S. (2000). Compassion – Sozialverpflichtetes Lernen und Handeln. Stuttgart: Kohlhammer.
Lenhard, H., Pirner, M. L. & Zimmermann, M. (2019). (Was) Hat der RU durch die Kompetenzorientierung gewonnen? Ein Schreibgespräch. Zeitschrift für Pädagogik und Theologie, 70(4), 339–346.
Mendl, H. (2016). Religion zeigen – Religion erleben – Religion verstehen. Stuttgart: Kohlhammer.
Mendl, H. (2017). Religion erleben. Ein Arbeitsbuch für den Religionsunterricht. 20 Praxisfelder (3. Aufl.). München: Kösel.
Mendl. H. (2019). Performativer Religionsunterricht – katholisch. WiReLex (Wissenschaftlich-religionspädagogisches Lexikon). Online: https://www.bibelwissenschaft.de/stichwort/200631/.
Metz, J. B. (1997). Die Autorität der Leidenden. Compassion – Vorschlag zu einem Weltprogramm des Christentums. Süddeutsche Zeitung, 24./25./26. Dezember 1997, Nr. 296.
Naurath, E. (2017). Emotionale Bildung. WiReLex (Wissenschaftlich-religionspädagogisches Lexikon). Online: https://www.bibelwissenschaft.de/stichwort/100187/.
Pirner, M. L. (1998). Musik und Religion in der Schule. Historisch-systematische Studien in religions- und musikpädagogischer Perspektive. Göttingen: Vandenhoeck & Ruprecht.

Pirner, M. L. (2018). Religionsunterricht zwischen politischer Abstinenz und Funktionalisierung. Perspektiven einer Öffentlichen Religionspädagogik. Die Gelbe 1/2018. Heilsbronn: RPZ, 43–69. Online: http://www.rpz-heilsbronn.de/nc/arbeitsbereiche/gymnasial paedagogische-materialstelle-gpm/die-gelbe/2018/03-pirner/.

Rude, A. (1893). Das Kirchenlied in der Volks= und Mittelschule. Ev. Schulblatt, 37, 25–34 u. 73–81.

Schleiermacher, F. (1799/2017). Über die Religion. Reden an die Gebildeten unter ihren Verächtern. Hamburg: Felix Meiner Verlag.

Schweitzer, F. (2013). Gefühl in der Religion von Kindern und Jugendlichen. Perspektiven einer religionspädagogischen Modellbildung. In L. Charbonnier, M. Mader & B. Weyel (Hrsg.), Religion und Gefühl. Praktisch-theologische Perspektiven einer Theorie der Emotionen (S. 419–432). Göttingen: Vandenhoeck & Ruprecht.

Tsai, J. L., Koopmann-Holm, B., Myasaki, M. & Ochs, C. (2013). The Religious Shaping of Feeling: Implications of Affect Valuation Theory. In R. F. Paloutzian & C. L. Park (Hrsg.), Handbook of the Psychology of Religion (2nd Ed.) (S. 274–291). New York: The Guilford Press.

15 Emotionen im Sportunterricht – eine sportdidaktische Perspektive

Mareike Ahns & Günter Amesberger

Kurzzusammenfassung

Bewegung und Sport ermöglichen Schüler*innen vielfältige emotionale Erfahrungen, die durch eine entsprechende Unterrichtsgestaltung zur Entwicklung ihrer sportlichen Handlungsfähigkeit und ihrer Persönlichkeit beitragen können. Der vorliegende Beitrag bietet vor dem Hintergrund emotionstheoretischer Konzepte und empirischer Befunde fachdidaktische Überlegungen an, wie Emotionen als Lerngegenstand im Sportunterricht aufgegriffen werden können. Empirische Befunde liegen zu Einflussfaktoren emotionalen Erlebens und zu spezifischen Emotionen (z. B. Freude, Angst) vor. Die Darstellung des aktuellen Forschungsstandes zeigt aber auch auf, dass es noch eine ganze Reihe fachdidaktischer Forschungsdesiderate gibt. Es wird verdeutlicht, dass je nach sportdidaktischem Verständnis unterschiedlichen Aspekten von Emotionen und von Emotionsregulation Bedeutung zukommt. Dazu wird ein kompetenzorientiertes Unterrichtsbeispiel zu ›Emotionaler Intelligenz‹ im Sportunterricht skizziert. Abschließend werden emotionsgeladene Situationen als Anlass didaktischen Handelns (Aufgreifen und Nutzen) im Sportunterricht reflektiert.

Schlagwörter: *Emotionales Erleben, Reflexion, Emotionale Intelligenz, Aufgreifen und Nutzen*

15.1 Zum Verständnis von Emotionen im Kontext ›Bewegung und Sport‹

Für die positive Entwicklung von Kindern sind Emotionen von besonderer Bedeutung. Zuweilen diskutierte Entwicklungsrisiken durch mangelnde emotionale Resonanz vor dem Hintergrund der Digitalisierung und reduzierter interaktionaler Primärerfahrungen (Bauer, 2006) legen nahe, im Sportunterricht, der zentral auf handelndes Erfahren ausgerichtet ist, der Entwicklung und Förderung von Emotionalität und ›Emotionaler Intelligenz‹ besondere Bedeutung beizumessen (Gerber, 2016).

Sportliches Handeln ist genuin auf die Überwindung künstlicher, meist selbstgewählter Hindernisse ausgerichtet, deren ›Bewältigungsakt‹ mit Motivation und Anstrengungsbereitschaft, aber auch mit Emotionalität verbunden ist. Im Sportunterricht erleben Schüler*innen spannende, unvorhergesehene, freudvolle, aber auch angsteinflößende oder beschämende Situationen. Diese Emotionen entstehen in einem transaktionalen Bezug, indem (sportliche) Bewegungen Emotionen auslösen. Emotionen ihrerseits verändern wiederum die Qualität von Bewegungshandlungen. Emotionen stellen ein zentrales Bindeglied zwischen den autonomen Reaktionen des Körpers und der Kognition dar. Wesentliche emotionale Reaktionen werden bereits vorsprachlich erworben und sind daher implizit an der Handlungsregulation beteiligt. Ganze Klassen von Situationen werden vor diesem Hintergrund etikettiert und mit dem gleichen Emotions- und Handlungsmuster beantwortet (Nitsch, 1986). Im Sportunterricht werden diese Muster sichtbar und bei entsprechender diagnostischer Kompetenz der Lehrperson auch nutzbar. Setzen sich Kinder mit ihren emotionalen Reaktionen nicht auseinander, werden diese Reaktionsmuster unreflektiert verfestigt. Eine entsprechende didaktische Herangehensweise kann die Bedeutung von Emotionen für das Kind – für sein Erleben und Handeln – entfalten, aber auch zu mehr positiven und funktionalen Emotionen im Sportunterricht und darüber hinaus im freizeitsportlichen Handeln führen (Gerber, 2016). Hierfür wird davon ausgegangen, dass Emotionen einen unmittelbaren Bewertungsprozess darstellen, in dem transaktional Aspekte der Persönlichkeit und der Situation ›verschmelzen‹.

Für das unterrichtliche Gegenstandsverständnis ist bedeutsam, dass Emotionen über eine subjektive Komponente des je spezifischen Erlebens, eine (neuro-) physiologische Komponente der Aktivierung, eine kognitive Komponente der Verarbeitung und Steuerung sowie eine motorische Komponente des Verhaltens und des Ausdrucks im Sinne einer Arbeitsdefinition beschreibbar sind (Barrett, Lewis & Haviland-Jones, 2016). Zusätzlich beinhalten Emotionen immer auch eine interaktionale Komponente, die die Abstimmung in sozialen Kontexten leistet (Geißler & Sassenfeld, 2013). Damit sind Lehrende im Unterrichtsgeschehen komplex herausgefordert, Vorgänge auf den unterschiedlichen Ebenen zu erkennen sowie unterrichtliche Maßnahmen zur Begleitung, Regulation und Reflexion des emotionalen Geschehens zu gestalten.

15.2 Forschungsstand zu Emotionen im Sportunterricht

Im sportunterrichtlichen Handeln erleben Schüler*innen eine große Bandbreite an Emotionen: Freude, Glück, Spaß, ›Adrenalinstoß‹, Leidenschaft, Zufriedenheit, Zeigelust, Erleichterung, Stolz, Vertrauen, Überlegenheit, Spannung, aber auch Trauer, Schwäche, Hilflosigkeit, (soziale) Angst und Körperangst, Enttäuschung, Unzufriedenheit, (negatives) Erstaunen, Scham, Demütigung, Wut, Aggression, Zorn, Feindseligkeit und Langeweile (u. a. Sawicki & Görner, 2018; Leisterer & Jekauc, 2018; Wiesche, 2016; Behrens, 2011). Wesentliche Einflussfaktoren auf das emotionale Erleben sind das Interesse an Bewegungsaufgaben und das Kompetenzerleben, welches eng mit Unterstützung, mit Feedback, mit Bewertung durch andere sowie mit motorischen und mentalen Fähigkeiten verbunden ist (Leisterer & Jekauc, 2018). Im Kontext der Selbstbestimmungstheorie (Ryan & Deci, 2007) konnte gezeigt werden, dass Autonomieerleben, insbesondere Wahlfreiheit, Variation und Neuheit (in) der Aufgabe, positive Emotionen begünstigen und zu intrinsisch motiviertem sportunterrichtlichem Handeln führen (Yoo, 2015). Auch Schüler*innen, die sich sozial eingebunden und zugehörig fühlen, erleben vermehrt positive Emotionen im Sportunterricht (Engels & Freund, 2018; Leisterer & Jekauc, 2018). Vor diesem Hintergrund werden didaktische Konzepte (Harnack, 2019; Ciotto & Gagnon, 2018) und Interventionsstudien zur Förderung emotional-sozialer Kompetenz (Freudenberg, Reidick, Pieter & Fröhlich, 2017) entwickelt.

Aufgabenorientierung (Nicholls, 1984) bewirkt ebenfalls positiv aktivierende affektive Reaktionen (Liukkonen, Barkoukis, Watt & Jaakkola, 2010). Aufgabenorientierung meint, dass Kompetenz und erfolgreiche Aufgabenbewältigung selbstreferenziell zugeschrieben werden (Roberts, 2001). Befunde weisen darauf hin, dass unabhängig vom Kompetenzniveau das Erreichen von Aufgabenzielen (*task goal orientation*) mit positiven Emotionen (Freude, Hoffnung, Stolz), mit selbstbestimmtem Handeln (Autonomie) sowie Motivation verbunden ist. Dies kann u. a. darauf zurückgeführt werden, dass aufgabenorientierte Schüler*innen überzeugt sind, ihre sportlichen Fähigkeiten durch Lern- und Übungsphasen verbessern zu können. Besser sein zu wollen als andere (*ego goal orientation*) ist mit Stolz, aber auch mit Angst, Ärger, Scham, Hoffnungslosigkeit und Langeweile verbunden (Mouratidis, Vansteenkiste, Lens & Auweele, 2009; Wang & Liu, 2007; Biddle, Wang, Kavussanu & Spray, 2003).

Die spezifischen Emotionen ›Freude‹ und ›Angst‹ werden differenziert in den Blick genommen. Weitestgehend motivationstheoretisch eingebettet, wird Freude im Sportunterricht sowohl didaktisch-konzeptionell begründet (Jakob & Kant, 2015; Geßmann, 2014) als auch empirisch untersucht. Kompetenzerleben, soziale Eingebundenheit und allgemeine Sportlichkeit heben die Sportfreude (Engels & Freund, 2018; Carroll & Loumidis, 2001). Lerngegenstände, die den Spielcharakter betonen, bereiten mehr Freude als Turnen oder Leichtathletik (Dzhambazova, 2017). Lohbeck (2018) untersucht die Emotion ›Freude‹ in Verbindung mit sportartspezifischen Selbstkonzepten sowie die von Schüler*innen wahrgenommene Fürsorglichkeit von Lehrpersonen. Freude korreliert positiv mit Selbstkonzeptfacetten in den Sportarten Fußball, Basketball, Leichtathletik, Schwimmen sowie mit der Fürsorglichkeit der Lehrpersonen. Nicht berücksichtigt wurden der Unterrichtsstil und die Lehr-Lernmethoden.

Unterschiedliche Aspekte des Angsterlebens stehen im Zentrum der Beforschung negativer Emotionen im Sportunterricht. Burrmann und Mutz (2016) untersuchen die kognitive (Besorgtheit) und somatische Facette (Aufgeregtheit) der Zustandsangst (Furcht). Mädchen beschreiben sich als ängstlicher als Jungen. Dies wird durch die Lerninhalte und das Verhalten der Lehrperson moderiert. Die Besorgtheit (kognitive Angst) von Schülerinnen bezieht sich vor allem auf die Erfüllung der sportunterrichtlichen Anforderungen und betrifft insbesondere Schülerinnen mit (türkischem) Migrationshintergrund. Ihre (religiöse) Erziehung und damit verbundene körperbezogene Normen werden dafür in Betracht gezogen. Generell beschreiben Jungen und Mädchen ohne Migrationshintergrund weniger Sorgen als solche mit Migrationshintergrund. Bezüglich der Lehrkraftmerkmale scheint soziale Bezugsnormorientierung die Besorgtheit und Aufgeregtheit bei Schüler*innen deutlich zu erhöhen, wobei die somatische Angst (Aufgeregtheit) bei Mädchen stärker ausgeprägt ist als bei Jungen. Hingegen beschreiben Jungen höhere Besorgtheit bei ästhetisch-kompositorischen Inhalten wie Gymnastik, Turnen und Tanz. Weitere Untersuchungen beleuchten das Beziehungsgeflecht von Freude, Motivationsregulation und sozialer Körperangst (Cox, Ullrich-French & Sabiston, 2013). Das Konstrukt ›social physique anxiety‹ (soziale Körperangst) ist eine Unterkategorie der sozialen Angst und beschreibt das Gefühl der Bedrängnis, das mit der zwischenmenschlichen Bewertung des eigenen Körpers verbunden ist (Hart, Leary & Rejeski, 1989). Hier zeigt sich, dass ausgeprägte soziale Körperangst in Verbindung mit externer Motivationsregulierung nachteilig auf die Freude und die Anstrengungsbereitschaft im Sportunterricht wirken, während Schüler*innen mit hoher sozialer Körperangst in Verbindung mit intrinsischer Motivationsregulierung vornehmlich positive Emotionen zu erleben scheinen. Der didaktischen Inszenierung der Motivationsregulation (autonome vs. kontrollierende Regulierung) kann somit ›wirksames‹ Potenzial in der Mediation der Beziehung zwischen sozialer Körperangst und sportunterrichtlicher Aktivität zukommen (Cox et al., 2013).

Forschungsdesiderate bestehen im Bereich empirisch geprüfter didaktischer Ansätze zum emotionalen Erleben im Sportunterricht. So fehlen beispielsweise gesicherte didaktische Empfehlungen zur Förderung spezifischer Emotionen, die auf einschlägige sportpädagogisch-didaktische Diskurse Bezug nehmen. Zudem beziehen sich vorliegende Konzepte auf positive Emotionen. Das Erleben und Reflektieren negativer Emotionen könnte ebenfalls wesentlich zur Kompetenz- und Persönlichkeitsentwicklung beitragen und sollte vor dem Hintergrund fachimmanenter Bildungsziele in didaktischen Konzepten verstärkt Berücksichtigung finden. Dem Konstrukt ›Emotionale Intelligenz‹ wird im Feld Bewegung und Sport hohe Bedeutsamkeit beigemessen (Gerber, 2015). Sein Potenzial für den Sportunterricht wird bis dato aber nur vereinzelt aufgegriffen (Siskos, Proios & Lykesas, 2012). Auch über die wechselseitige emotionale Einflussnahme im sportunterrichtlichen Handeln, z. B. in Form ›emotionaler Ansteckung‹, ist wenig bekannt.

Im Kontext der Professionalisierung der Sportlehrenden fehlen hochschuldidaktische Ansätze zur Entwicklung von Fach-, Selbst- und Sozialkompetenz, die zur Gestaltung entsprechender (Bewegungs-)Aufgaben, Reflexionszugänge und Rahmenbedingungen mit dem Lerngegenstand Emotionen befähigen. Ebenfalls finden diagnostische Kompetenzen, die im Wesentlichen die situative, anlassbezogene Didaktisierung emotionalen Schüler*innenerlebens unterstützen, keine explizite Erwähnung.

15.3 Relevanz für das sportunterrichtliche Lernen und Lehren

Didaktische Implikationen für das *Wie* des Unterrichtens können aus den zentralen Erkenntnissen zur Bedeutung von hoher Unterrichtsqualität, Kompetenz- und Autonomieerleben, dem Erleben von sozialer Zugehörigkeit sowie spezifischen Lehrkraftmerkmalen auf positive Emotionen abgeleitet werden. Eine interessensorientierte, alternative und neue Aufgaben einbindende Aufgabenkultur unterstützt (positives) emotionales Erleben. Aufgabenformate, die »individuelle Kompetenz- und Autonomieerfahrungen« (Burrmann & Mutz, 2016, S. 112) ermöglichen, können das freudvolle Erleben, die Anstrengungsbereitschaft sowie langfristig die Motivation im Sportunterricht und im freizeitlichen Sporttreiben fördern. Ein kompetenzförderliches Lernen im Sportunterricht zeichnet sich durch kognitive und motorische (Selbst-)Aktivität und Selbstverantwortung aus.

Legen Lehrpersonen soziale Bezugsnormen an, können damit (soziale) Ängste geschürt werden (Burrmann & Mutz, 2014). Um Ängste zu reduzieren und das Passungsverhältnis sportunterrichtlicher Anforderungen den individuellen Voraussetzungen der Schüler*innen anzugleichen, wird die Orientierung an individuellen Bezugsnormen empfohlen. Neben der Aufgabenschwierigkeit sollten auch die angelegten Gütemaßstäbe von den Lernenden mitbestimmt werden können, um im Sinne selbstkonkordanter Zielsetzungen ›echte‹ Erfolgserlebnisse zu ermöglichen.

Hinsichtlich der Lernumgebung sollen ein kooperatives, soziales Klima und das subjektive Empfinden sozialer Eingebundenheit einen mehrfachen Nutzen für das emotionale Erleben der Schüler*innen haben (u. a. Engels & Freund, 2018). Dazu bieten didaktische Anregungen zum sozialen Miteinander (u. a. Wibowo & Bähr, 2018) wichtige Impulse, denen neben der Stärkung der sozialen Zugehörigkeit auch freudevermittelndes und motivationsförderndes Potenzial (Leisterer & Jekauc, 2018) sowie die Chance zur Förderung damit verbundener Aspekte der Selbstentwicklung zugeschrieben werden. Daran knüpfen didaktische Überlegungen zur Demokratiebildung im Sportunterricht an, die leibliches Bewegungshandeln im Kontext des Gesamtgefüges fokussieren und zur Auseinandersetzung und Konsensfindung unter demokratischen Wert- und Normvorstellungen anregen (Ahns & Amesberger, 2020).

15.4 Überlegungen zum Gegenstandsverständnis von Emotionen im Sportunterricht

Neben fachlichen, sozialen und personalen Kompetenzen, insbesondere dem diagnostischen ›Gespür‹ für emotionsgeladene unterrichtliche Anlässe, ist die didaktische ›Ausrichtung‹ von Sportlehrenden entscheidend für das Gegenstandsverständnis von Emotionen. Denn welches Verständnis im Umgang mit Emotionen an die sportunterrichtliche Praxis herangetragen wird, wird von der eingenommenen didaktischen Perspektive mitbestimmt, die hinsichtlich Zielstellung, inhaltlicher Auslegung und methodischer Umsetzung differieren und deren Spektrum von einer geschlossen-deduktiven Vermittlung eines festen Kanons tradierter Sportarten bis zur offen-induktiven Auseinandersetzung mit der Vielfältigkeit von Bewegung und Sport reichen kann.

Geht es im Sportunterricht primär um die Erschließung des Kulturguts Sport und steht das Erlernen von Sportarten und motorischen Fertigkeiten im Mittelpunkt des didaktischen Auftrags (Söll, 2000), ist es bedeutsam, dass Lernende ihre Emotionen so zu regulieren lernen, dass Emotionen zur Handlungs- und Leistungsoptimierung beitragen. Didaktisch leitend und Ziel für die Schüler*innen ist demnach herauszufinden, welche Emotionen dysfunktional und welche funktional für die Leistungserbringung sind (Ruiz, Raglin & Hanin, 2017).

Wird die leibliche Bildung durch Körpererfahrung in das Zentrum des didaktischen Interesses gestellt (Funke-Wieneke, 2010), so wird der Wahrnehmung des leiblichen Ichs im Hier und Jetzt zentrale Bedeutung beigemessen. Emotionales Erleben im Fach Sport kann demnach als existenzielle und persönliche Erfahrung zur Entfaltung der »Bewegungsidentität« (Balz, 2009, S. 28) thematisiert werden.

Eine zentrale fachdidaktische Idee ist die (mehr-)perspektivische Auslegung von Sportunterricht, um u. a. Sinnmomente sportlichen Tuns anzusprechen (Kurz, 2004; 2000; Ehni, 1977) und Handlungs- und Entscheidungsfähigkeit im Feld Bewegung und Sport anzubahnen. Demnach können Schüler*innen ihre Aufmerksamkeit auf Emotionen und Befindlichkeiten vor dem Hintergrund unterschiedlicher pädagogischer Perspektiven (Leistung, Gesundheit, Miteinander, Wagnis, Eindruck, Ausdruck) legen und so emotional-motivationale (Unterschieds-)Erfahrungen reflektieren. Beispielsweise könnte eine Schülerin das ›Kribbeln‹ in einer Wettkampfsituation spüren, das diese herausfordernd macht (Eindruck), während bei Lauferfahrungen in der Natur ein Gefühl der Entspannung und Selbstzentrierung entstehen könnte (Gesundheit). Ein anderer Schüler könnte ›lähmende Starre‹ in einer exponierten Leistungssituation empfinden (Wagnis) und umgekehrt Freude und Begeisterung in einer gemeinsamen Spielaktion (Miteinander).

Kompetenztheoretische Überlegungen zur Ausgestaltung des Schulsports in Deutschland (Sygusch & Hapke, 2018; Gogoll, 2014) und Österreich (Oesterhelt & Amesberger, 2018; Amesberger & Stadler, 2014) greifen die Idee perspektivischer Auslegung von Sportunterricht in Verbindung mit den bildungspolitischen

Forderungen nach Outcome-Orientierung und kompetenzorientierter Aufgabenkultur auf. Der Umgang mit Emotionen wird dann als Kompetenz verstanden, der unterschiedliche Verhaltensindikatoren zugrunde liegen. Dazu ein Beispiel:

Der Schüler bzw. die Schülerin kann (im Wettkampfspiel, bei Raufspielen etc.)

- eigene Emotionen wahrnehmen,
- sich in das Erleben und Denken anderer einfühlen,
- Emotionen nutzen,
- latente Stimmungen und deren motivationale Wirkung in der Gruppe erkennen.

Übergeordnet können diese Kompetenzanteile im Wesentlichen der kognitions- und emotionsbezogenen Selbst- und Sozialkompetenz sowie pädagogischen Perspektiven (Eindruck, Ausdruck, Miteinander, etc.) zugeordnet werden (Amesberger & Stadler, 2014).

15.5 Ein kompetenzorientiertes Unterrichtsbeispiel zu ›Emotionaler Intelligenz‹

Das didaktische Beispiel zielt auf die Förderung ›Emotionaler Intelligenz‹ in wettkampforientierten Spielsituationen (Schulstufe 7/8). ›Emotionale Intelligenz‹ beschreibt die Fähigkeit, eigene Emotionen wahrnehmen, bewerten, regulieren und gezielt nutzen zu können sowie das Erleben anderer nachspüren und verstehen können (Empathie), um sozial handlungsfähig zu sein (Goleman, 2006; Mayer & Salovey, 1997). Ihre Bedeutung können Schüler*innen in Spielen mit wettkampforientiertem Charakter (z. B. Lauf-, Wurf-, Fang-, Parteiball-, Sportspiele), die unterschiedliche Emotionsqualitäten hervorrufen, erfahren und reflektieren (Laborde, Dosseville & Allen, 2016). Dazu lauten die anzubahnenden Kompetenzen:

Der Schüler, die Schülerin kann

- eigene Emotionen in Wettkampfspielen wahrnehmen, beschreiben und situativ einordnen.
- Einflüsse und Auswirkungen emotionalen Verhaltens in Wettkampfspielen auf das sportliche Handeln in der Mannschaft beschreiben.

Die Schüler*innen spielen eine wettkampforientierte Spielform (z. B. Fuß- oder Handball). Die Dokumentation ihrer spielbegleitenden Emotionen wird in einem ›Emotionsprotokoll‹, d. h. in Form einer tabellarischen Erfassung der Emotionen und des situativen Kontextes, vorgenommen. Das Protokoll wird während der Wartezeiten und anschließend an das Spiel bearbeitet. Mögliche Notizen lauten z. B.: »Ich ärgere mich, wenn wir hinten liegen«, »Ich freue mich, wenn ich den Ball bekomme«, »Ich bin unsicher, wenn ich angespielt werde.« Das ›Emotionsprotokoll‹ dient zur Bewusstmachung der das Bewegungshandeln begleitenden oder steuernden Emotionen und bildet das Fundament der anschließenden reflexiven Auseinandersetzung.

In einer internen Mannschaftsbesprechung beschreiben und reflektieren die Schüler*innen ihr emotionales Spielerleben. Dazu erhalten Sie einen Leitfaden, der den Erfahrungsaustausch strukturiert. Mögliche Fragen lauten z. B. »Wie hast du das Spiel erlebt und welche Emotionen sind bei dir aufgetreten?«, »In welchen konkreten Situationen sind die Emotionen bei dir aufgetreten und was war der Anlass?«, »Wie hat sich das angefühlt und auf dein Handeln ausgewirkt?«, »Welche (Spiel-)Situationen waren für dich besonders emotional?«. Die Schüler*innen beschreiben ihre Emotionen, sie kontextualisieren sie an ausgewählten Spielsituationen und analysieren mögliche Auslöser für und Auswirkungen auf ihr Spielverhalten und die Mannschaft (u. U. auch auf die Gegner). Die Resultate werden mannschaftsintern auf einem Flipchart festgehalten. Die Flipcharts dienen anschließend als Ausgangspunkt zur weiteren Auseinandersetzung mit dem Lerngegenstand ›Emotionale Intelligenz‹ (Nutzen der Emotionen im Wettkampfspiel).

Neben der Schiedsrichtertätigkeit begleitet und moderiert die Sportlehrkraft den Lernprozess. Nach Möglichkeit lässt er bzw. sie die Schüler*innen selbsttätig agieren, ist aber aufmerksam und sensibel für die Art und Weise, wie die Lernenden mit der Aufgabe umgehen und welche Stimmung herrscht, z. B.: Was wird benannt, was nicht? Wenn notwendig, unterstützt die Lehrkraft den Schüler bzw. die Schülerin z. B. durch zirkuläres Nachfragen zur differenzierten Beschreibung seiner bzw. ihrer Emotionalität, z. B. »Was bedeutet es für dich, wenn du sagst ›du ärgerst dich furchtbar‹?«, »Wohin richtet sich der Ärger?«, »Tritt diese Emotion auch in anderen Situationen auf?« Die Lehrperson bewertet die Emotionen nicht. Vielmehr gestatten die Beiträge der Lernenden einen Einblick hinsichtlich Qualität und Tiefe der Auseinandersetzung mit ihren Emotionen.

15.6 Emotionen anlassbezogen aufgreifen und didaktisch nutzen

Freude, Lust und Spaß an der Tätigkeit nehmen vor dem Hintergrund motivationaler Aspekte eine herausragende Bedeutung im Sportunterricht ein. Lehrpersonen können zum einen ihren Sportunterricht so didaktisieren, dass diese Emotionen vermehrt auftreten (Geßmann, 2014; Jakob & Kant, 2015). Umgekehrt ist es im Sinne der Individualisierung auch bedeutsam, Schüler*innen auf ihr emotionales Verhalten anzusprechen, um dieses bewusst zu machen und eine freudvolle Handlungsausrichtung zu verstärken: »Das hat dich offensichtlich begeistert, was war das Tolle an dieser Situation?«, »Was macht dir Freude an dieser Bewegung?«, »Welche Bewegungssituationen suchst du gerne auf?« oder »Was denkst du, könnte dir besonders gut gelingen?«

Treten intensive Emotionen auf, so ist eine häufige Reaktionstendenz, dass diese nicht sein sollten: »Sei nicht so wütend/ängstlich/launisch/...!« Hilfreicher ist in der Regel ein Begleiten der Emotion, das die Akzeptanz für diese erkennen lässt. »Jetzt bist du wohl ordentlich wütend geworden!«, »Wovor hast du Angst?« oder »Was könnte passieren?« Vor dem Hintergrund, dass Emotionen immer von einer ganzen Klasse von Reizen ausgelöst werden können und daher die emotionalen Reaktionen grundsätzlich sinnvoll sind, aber unter Umständen in einem ungünstigen Situationskontext aufkommen, können sich Probleme ergeben, wenn der Kontext und die gezeigte Emotion nicht zueinander passen. Hier ist Reframing eine mögliche didaktische Reaktion. Reframing geht davon aus, dass ein bestimmtes (emotionales) Verhalten grundsätzlich sinnvoll ist und eine Fähigkeit ausdrückt. Um diese Fähigkeit zur Wirkung zu bringen, muss diese in einen anderen Kontext gestellt werden. Einen Schüler, der sich beispielsweise wütend und lautstark über einen Schiedsrichterpfiff ärgert, könnte eine Lehrperson möglicherweise dadurch entlasten, dass sie kommentiert »Du wolltest jetzt wohl unbedingt das Tor erzielen! Dafür hast du eine Menge Energie eingesetzt.«

Der Umgang mit Emotionen im Sportunterricht ist für Lehrpersonen insbesondere dann herausfordernd, wenn eine emotionale Reaktion schwierig, unangenehm oder unangemessen erscheint. Lehrpersonen sollten in der Lage sein, Emotionen der Schüler*innen nicht eins zu eins auf sich zu beziehen, sondern als Reaktion in einem sozialen System zu betrachten, die einen bestimmten aktuellen Auslöser (innerer oder äußerer Stimulus), einen dahinterstehenden emotionalen Bedeutungskontext der Schüler*innen und eine Botschaft beinhaltet. Zudem ist eine klare Differenzierung zwischen der emotionalen Äußerung des Schülers bzw. der Schülerin und der eigenen emotionalen Resonanz hilfreich, z. B. Gegenübertragung, im Sinne der Auslösung eines alten emotionalen Musters bei der Lehrperson oder Konfluenz, wenn eine Lehrperson ärgerlich wird, weil eine Schülerin oder ein Schüler eine erwartete Leistung nicht erbringt.

15.7 Fazit

Als junges Thema im sportpädagogisch-didaktischen Diskurs bietet das Konstrukt ›Emotion‹ ein ›offenes‹ Forschungsfeld sowie umfassenden sportdidaktischen Nährboden. Der vorliegende Beitrag bietet, unter Bezugnahme auf unterschiedliche didaktische Perspektiven, erste grundlegende fachdidaktische Überlegungen, Emotionen im Sportunterricht zu thematisieren. Zur weiteren Berücksichtigung des Themas in der sportunterrichtlichen Praxis bietet sich einerseits die Nutzung zukünftiger empirischer Befunde für neue sportdidaktische Konzeptionen an. Andererseits können Handlungsempfehlungen zum situativen Umgang mit Emotionen abgeleitet werden, die das emotionale Erleben der Schüler und Schülerinnen begleiten und fördern.

In der hochschuldidaktischen Gestaltung der Sportlehrerbildung sollten entsprechende soziale und personale Kompetenzen vor dem Hintergrund von Fachwissen und diagnostischen Fähigkeiten ausgewiesen und angebahnt sowie in schulpraktischen Bezügen didaktisiert und reflektiert werden. Für Sportlehrende empfiehlt sich im Kontext der Thematik die eigenen personalen Kompetenzen durch Selbstreflexion und Super- bzw. Intervision zu stärken.

Weiterführende Literatur

Amesberger, G. (2021). Psychologie der Bewegung. In T. Bochdansky, K. Ammer & G. Ebenbichler (Hrsg.), Bewegung – Gesundheit – Medizin (S. 70-83). München: Elsevier.

Barrett, L. F., Lewis, M. & Haviland-Jones, J. M. (2016). Handbook of emotions. Guilford Publications.

Ekkekakis, P. & Brand, R. (2019). Affective responses to and automatic affective valuations of physical activity: Fifty years of progress on the seminal question in exercise psychology. Psychology of Sport and Exercise, 42, 130-137.

Literatur

Ahns, M. & Amesberger, G. (2020). Demokratiebildende Potenziale des Unterrichtsfaches Bewegung und Sport. In H. Ammerer, M. Geelhaar & R. Palmstorfer (Hrsg.), Demokratie lernen in der Schule. Politische Bildung als Aufgabe für alle Unterrichtsfächer. Münster: Waxmann, 202–216

Amesberger, G. & Stadler, R. (2014). Bildungsstandard für Bewegung und Sport. Handreichung für kompetenzorientiertes Lernen und Lehren. Salzburg, Wien: Interfakultärer Fachbereich (IFFB) für Sport- und Bewegungswissenschaft der Universität Salzburg, Bundesministerium für Unterricht, Kunst und Kultur (BMUKK).

Balz, E. (2009). Fachdidaktische Konzepte update oder: Woran soll sich der Schulsport orientieren? Sportpädagogik, 33(1), 25–32.

Balz, E., Bindel, T. & Frohn, J. (2017). Wie Kinder ihren Sportunterricht erleben. Studien zum Grundschulsport. Zeitschrift für sportpädagogische Forschung, 5(1), 45–66.

Barrett, L. F., Lewis, M. & Haviland-Jones, J. M. (2016). Handbook of emotions. Guilford Publications.

Bauer, J. (2006). Warum ich fühle, was du fühlst: intuitive Kommunikation und das Geheimnis der Spiegelneurone (10. Aufl.). Hamburg: Hoffmann und Campe.

Behrens, C. (2011). Zwischen Scham, Neid, Euphorie, Ärger und Zeigelust. Rekonstruktionen von Schülerperspektiven auf Bewegungsgestaltung. In B. Gröben, V. Kastrup & A. Müller (Hrsg.), Sportpädagogik als Erfahrungswissenschaft. Jahrestagung der dvs-Sektion Sportpädagogik vom 03.–05. Juni 2010 in Bielefeld (S. 288–293). Hamburg: Czwalina.

Biddle, S. J. H., Wang, C. K. J., Kavussanu, M. & Spray, C. M. (2003). Correlates of achievement goal orientations in physical activity: a systematic review of research. European Journal of Sport Sciences, 3, 1–20.

Burrmann, U. & Mutz, M. (2016). Selbstberichtete Angst im Sportunterricht. Eine Analyse unter besonderer Berücksichtigung des Geschlechts und der ethnischen Herkunft. Leipziger sportwissenschaftliche Beiträge 57, 95–119.

Carroll, B. & Loumidis, J. (2001). Children's Perceived Competence and Enjoyment in Physical Education and Physical Activity Outside School. European Physical Education Review, 7(1), 24–43.

Ciotto, C. M. & Gagnon, A. G. (2018). Promoting Social and Emotional Learning in Physical Education. JOPERD: The Journal of Physical Education, Recreation & Dance, 89(4), 27–33.

Conzelmann, A., Schmidt, M. & Valkanover, S. (2011). Persönlichkeitsentwicklung durch Schulsport. Theorie, Empirie und Praxisbausteine der Berner Interventionsstudie Schulsport (BISS). Bern: Huber.

Cox, A. E., Ullrich-French, S. & Sabiston, C. M. (2013). Using motivation regulations in a person-centered approach to examine the link between social physique anxiety in physical education and physical activity-related outcomes in adolescents. Psychology of Sport & Exercise, 14(4), 461–467.

Dzhambazova, E. (2017). School education and the joyful expierences of the students. Activities in Physical Education & Sport, 7(1), 119–122.

Ehni, H. (1977). Sport und Schulsport: Didaktische Analysen und Beispiele aus der schulischen Praxis. Schorndorf: Hofmann.

Engels, E. S. & Freund, P. A. (2018). Welche Faktoren beeinflussen das Erleben von Freude am Schulsport im Jugendalter? Zeitschrift für Sportpsychologie, 25(2), 68–78.

Freudenberg, K., Reidick, C., Pieter, A. & Fröhlich, M. (2017). Förderung der emotionalen Kompetenz im Schulsport. Eine explorative Feldstudie. Prävention und Gesundheitsförderung, 2(12), 118–124.

Funke-Wieneke, J. (2001). Körpererfahrung. In H. Haag & A. Hummel (Hrsg.), Handbuch Sportpädagogik (S. 314–322). Schorndorf: Hofmann.

Funke-Wieneke, J. (2010). Bewegungs- und Sportpädagogik: wissenschaftstheoretische Grundlagen, zentrale Ansätze, entwicklungspädagogische Konzeption (2., überarb. Aufl.). Baltmannsweiler: Schneider-Verl. Hohengehren.

Geißler, P. & Sassenfeld, A. (Hrsg.) (2013). Jenseits von Sprache und Denken. Implizite Dimensionen im psychotherapeutischen Geschehen. Gießen: Psychosozial-Verlag.

Gerber, M. (2016). Pädagogische Psychologie im Sportunterricht: Ein Lehrbuch in 14 Lektionen. Aachen/Wien: Meyer & Meyer Verlag.

Geßmann, R. (2014). Zum Auftrag des Schulsports. Sportunterricht – ohne Bewegungsfreude ist alles nichts! Sportunterricht, 63(7), 214–215.

Gogoll, A. (2014). Das Modell der sport- und bewegungskulturellen Kompetenz und seine Implikationen für die Aufgabenkultur im Sportunterricht. In M. Pfitzner (Hrsg.), Aufgabenkultur im Sportunterricht (S. 93–110). Wiesbaden: Springer VS.

Goleman, D. (2006). Emotional intelligence. New York: Bantam.

Harnack, F. (2019). Zusammenraufen durch zusammen raufen!? Sozial-emotionale Kompetenzentwicklung durch kämpferische Spiele und Taekwondo in der Schule. Journal of Martial Arts Research, 2(4), 1–6.

Hart, E. A., Leary, M. R. & Rejeski, W. J. (1989). The measurement of social physique anxiety. Journal of Sport & Exercise Psychology, 11, 94–104.

Jakob, M. & Kant, G. (2015). Bewegungsfreude. Annäherung an einen besonderen Begriff. Sportpädagogik, 39(6), 2–7.

Kurz, D. (2000). Die pädagogische Grundlegung des Schulsports in Nordrhein-Westfalen. In Landesministerium für Schule und Weiterbildung (Hrsg.), Erziehender Schulsport (S. 9–55). Bönen: Verl. für Schule und Weiterbildung Dr.-Verl. Kettler.

Kurz, D. (2004). Von der Vielfalt sportlichen Sinns zu den pädagogischen Perspektiven im Schulsport. In P. Neumann & E. Balz (Hrsg.), Mehrperspektivischer Sportunterricht. Orientierungen und Beispiele (S. 57–70). Schorndorf: Hofmann.

Laborde, S., Dosseville, F. & Allen, M. S. (2016). Emotional intelligence in sport and exercise: A systematic review. Scandinavian Journal of Medicine & Science in Sports, 26, 862–674.

Leisterer, S. & Jekauc, D. (2018). Student's Emotional Experiences in Physical Education – A Qualitative Study for Theoretical Insights. Sports, 7(10), 1–15.

Liukkonen, J., Barkoukis, V., Watt, A. & Jaakkola, T. (2010). Motivational Climate and Students' Emotional Experiences and Effort in Physical Education. The Journal of Educational Research, 103(5), 295–308.

Lodewyk, K. R. & Muir, A. (2017). High School Females' Emotions, Self-Efficacy, and Attributions During Soccer and Fitness Testing in Physical Education. Physical Educator, 74 (2), 269–295.

Lohbeck, A. (2018). Freude am Sportunterricht – Welche Rolle spielen sportartspezifische Selbstkonzepte und die wahrgenommene Lehrerfürsorglichkeit von Schülerinnen und Schülern? Zeitschrift für Pädagogische Psychologie, 32(1–2), 117–132.

Mayer, J. D. & Salovey, P. (1997). What is emotional intelligence? In P. Salovey & D. Sluyter (Eds.), Emotional Development and Emotional Intelligence: Implications for Educators (pp. 3–31). New York: Basic Books.

Mouratidis, A., Vansteenkiste, M., Lens, W. & Auweele, Y. V. (2009). Beyond positive and negative affect: Achievement goals and discrete emotions in the elementary physical education classroom. Psychology of Sport & Exercise, 10(3), 336–343.

Nicholls, J. (1984). Conceptions of ability and achievement motivation. In R. Ames & C. Ames (Eds.), Research on motivation in education: Student motivation Vol. I (pp. 39–73). New York: Academic Press.

Nitsch, J. R. (1986). Zur handlungstheoretischen Grundlegung der Sportpsychologie. In H. Gabler, J. R. Nitsch & R. Singer (Hrsg.), Einführung in die Sportpsychologie. Teil 1; Grundthemen (S. 188–270). Schorndorf: Hofmann.

Oesterhelt, V. & Amesberger, G. (2018). Unterrichtsbeispiele – Evaluationsaufgaben für den Bildungsstandard Bewegung und Sport. Wien, Salzburg: Bundesministerium für Unterricht, Kunst und Kultur, IFFB für Sport- und Bewegungswissenschaft der Universität Salzburg.

Roberts, G. C. (2001). Understanding the dynamics of motivation in physical activity: the influence of achievement goals on motivational processes. In G. Roberts (Ed.), Advances in motivation in sport and exercise (pp. 1–50). Champaign, IL: Human Kinetics.

Ruiz, M. C., Raglin, J. S. & Hanin, Y. L. (2017). The individual zones of optimal functioning (IZOF) model (1978–2014): Historical overview of its development and use. International Journal of Sport and Exercise Psychology, 15, 63.

Ryan, R. M. & Deci, E. L. (2007). Active human nature: self-determination theory and the promotion and maintenance of sport, exercise, and health. In M. S. Hagger & N. Chatzisarantis (Eds.), Intrinsic motivation and selfdetermination in exercise and sport (pp. 1–19). Champaign, IL: Human Kinetics.

Sawicki, Z. & Görner, K. (2018). Emotional states of German high school students during physical education classes – gender and age comparison. Journal of Physical Education & Sport, 18(4), 2338–2349.

Siskos, B., Proios, M. & Lykesas, G. (2012). Relationships between emotional intelligence and psychological factors in physical education. Studies in Physical Culture & Tourism, 19(3), 154–159.

Söll, W. (2000). Das Sportartenkonzept in Vergangenheit und Gegenwart. Sportunterricht, 49(1), 4–8.

Sygusch, R. & Hapke, J. (2018). »Vier gewinnt!«: Kompetenzorientiert Trainieren im Sportunterricht. Sportunterricht, 67(2), 64–69.

Wang, C. K. J. & Liu, W. C. (2007). Promoting enjoyment in girls' physical education: The impact of goals, beliefs, and self-determination. European physical education review, 13 (2), 145–164.

Wibowo, J. & Bähr, I. (2018). Kooperatives Lernen im Sportunterricht. Baltmannsweiler: Schneider Verlag.

Wiesche, D. (2016). Scham und Selbst im Sportunterricht. Dissertation, Ruhr-Universität Bochum.

Yoo, J. (2015). Perceived autonomy support and behavioral engagement in physical education: a conditional process model of positive emotion and autonomous motivation. Perceptual & Motor Skills: Exercise & Sport, 120(3), 731–746.

IV   Emotionen mit Blick auf (angehende) Lehrende

16 Emotionen und Emotionsregulation von Lehrpersonen im Unterricht

Gerda Hagenauer & Tina Hascher

> **Kurzzusammenfassung**
>
> Lehrpersonen erleben eine Vielzahl von Emotionen im Unterricht. Diese weisen eine hohe Bedeutung auf, denn sie beeinflussen das Unterrichtsverhalten (z. B. die Schülerzentrierung) und das berufliche Wohlbefinden (z. B. die emotionale Belastung). Wichtig ist, wie die erlebten Emotionen im Unterricht von den Lehrpersonen reguliert und kommuniziert werden, um guten Unterricht zu ermöglichen und dauerhaft berufliches Wohlbefinden zu fördern.
>
> Schlagwörter: *Lehreremotionen, Emotionsregulation, Emotionskommunikation, Unterrichtsgestaltung*

Das Unterrichten in der Schule wird von Hargreaves (1998, 2000) als »emotional practice« bezeichnet, und Emotionen bilden das »Herzstück des Unterrichtens« (siehe auch Hascher & Krapp, 2014; Sutton, Mudrey-Camino & Knight, 2009; Riley, 2011). Lehrpersonen erleben eine Vielzahl an Emotionen, z. B. positive Emotionen wie Freude, Zufriedenheit, Vergnügen, aber auch negative wie Angst, Ärger, Frustration, Traurigkeit, Schuldgefühle, Scham etc. (z. B. Demetriou & Winterbottom, 2009; Sutton & Wheatley, 2003). Wie kommt es, dass sich die Tätigkeit des Unterrichtens für Lehrpersonen als so emotional gestaltet? Im Lehrberuf bringen sich Lehrpersonen mit ihrer ganzen Persönlichkeit ein und soziale Interaktionen sind sehr wichtig. Entsprechend wurde herausgefunden, dass vor allem die Schüler*innen und die Interaktion mit ihnen zentrale Quellen des Emotionserlebens von Lehrpersonen darstellen (Harmsen, Helms-Lorenz, Maulwana & van Veen, 2018; O'Connor, 2008). Ebenso bekannt ist aus der Forschung, dass die Hauptursache des Stresses von Lehrpersonen im undisziplinierten Verhalten von Schüler*innen liegt (z. B. Abel & Sewell, 1999). Besonders die Kontakte und Beziehungen mit den Schüler*innen beeinflussen demnach die Emotionen von Lehrpersonen und in einem weiteren Schritt auch ihre Unterrichtsgestaltung (Hargreaves, 1998, 2005a). Lehrer*in zu sein, lässt einen also nicht »kalt«. Dies gilt für jede Form des Unterrichts, also vom Unterricht in Vorschulstufe und Kindergarten (Brown, Vesely & Visconti 2018) bis hin zum Unterricht in Hochschule und Erwachsenenbildung (Hagenauer & Volet, 2014).

16.1 Ein appraisal-theoretisches Modell der Entstehung von Lehrer*innenemotionen und ihren Funktionen

Die Entstehung von Emotionen kann auf Basis unterschiedlichster Theorien erklärt werden (Brandstätter & Otto, 2009). In der aktuellen empirischen Emotionsforschung zu Lehrer*innenemotionen haben sich insbesondere Bewertungstheorien (sog. Appraisal-Theorien) etabliert, die das Entstehen von Emotionen auf Basis von bewussten und unbewussten Bewertungsprozessen erklären (z. B. Brosch & Scherer, 2009). Die Qualität der ausgelösten Emotion hängt von diesen Bewertungen ab. Dies erklärt auch, warum dieselbe Situation bei unterschiedlichen Personen unterschiedliche Emotionen auslösen kann. Emotionen sind folglich Phänomene, die aus einer Person-Umwelt-Interaktion entstehen (Schutz et al., 2011).

Nach Lazarus (1999) unterscheidet man die primäre und die sekundäre Bewertung (*primary & secondary appraisal*). Bei der primären Bewertung werden die Relevanz einer Situation für die individuellen Ziele und die Zielkongruenz (*goal relevance; goal congruence*) beurteilt, z. B. ob die aktuelle Motivationslage der Schüler*innen für die Ziele der Lehrperson relevant ist. In der sekundären Bewertung wird eingeschätzt, inwieweit man die aktuelle Situation bewältigen kann (*coping potential*), z. B. ob es gelingen kann, die Schüler*innen für das Thema zu begeistern. Positive Emotionen müssten entsprechend dieser Bewertungsprozesse vor allem dann entstehen, wenn die Situation relevant erscheint, sie mit den verfolgten Zielen übereinstimmt und wenn davon ausgegangen werden kann, dass man die Situation erfolgreich meistern kann, wodurch im Endeffekt eine erfolgreiche Zielerreichung erwartet werden kann. Schutz et al. (2011, S. 202) fassen die appraisaltheoretische Sicht bezogen auf Lehrer*innen folgendermaßen zusammen:

»(…) as teachers attempt to attain their goals (e. g., teaching goals, life goals) or maintain their standards (e. g., social or individual norms, values, beliefs), they make judgements (e. g., appraisal, attributions) comparing what they would like to see happen (i. e. goals and standards) and what they perceive to be happening.«

Fallbeispiel 1a zur Entstehung von Lehrer*innenangst

Zwei Schüler*innen stören durch Schwätzen den Unterricht, wodurch es der Lehrperson nicht weiter möglich ist, den Unterricht ohne Intervention weiterzuführen. Lehrperson A erlebt Angst, weil sie den Unterrichtserfolg als gefährdet ansieht *(hohe Zielrelevanz, jedoch geringe Zielkongruenz)* und nicht so recht weiß, wie sie diese Situation unter Kontrolle bringen könnte *(fehlendes Coping-Potenzial)*, weil ihre bisherigen Disziplinmaßnahmen wirkungslos geblieben sind.

Fallbeispiel 1b zur Entstehung von Lehrer*innenärger

In einer anderen Klasse tritt eine sehr ähnliche Situation auf. Lehrperson B empfindet keine Angst, sondern Ärger. Sie sieht sich im Erreichen der Unterrichtsziele eingeschränkt *(hohe Zielrelevanz, geringe Zielkongruenz)*, kennt jedoch mehrere Maßnahmen, um mit dieser Situation erfolgreich umzugehen, und wendet diese in der Regel erfolgreich an *(hohes Coping-Potenzial)*.

Die Emotionen von Lehrpersonen entstehen demnach auf Basis eines Zusammenspiels aus den grundlegenden Zielen und Standards, die verfolgt werden, und der jeweiligen Situationsbewertung. Diese Bewertungen sind in einen breiteren *soziohistorischen* Kontext eingebettet (Schutz, 2014), der mitberücksichtigt werden sollte, wenn man das Emotionserleben von Lehrkräften umfassend verstehen will. So können aktuelle bildungspolitische Entwicklungen – beispielsweise nationale Standardtestungen, Inklusionsbemühungen oder Veränderungen im Schulsystem – Klassenkontexte und Zielsetzungen von Lehrpersonen verändern und zum Teil auch zu widersprüchlichen Zielsetzungen führen, die wiederum das Emotionserleben in der jeweiligen Situation bestimmen. Zudem sind neben der emotionsauslösenden Situation (»*emotional episode*«) weitere individuelle Einflussfaktoren zu beachten, etwa, dass alle Menschen bestimmte *emotionale Dispositionen* (»*affective tendencies*«) aufweisen oder dass dem Emotionserleben von Personen in Situationen ein allgemeines Stimmungsmuster zugrunde liegt (»*core affect*«) (Schutz, Aultman & Williams-Johnson, 2011). So ist es z. B. wahrscheinlicher, dass Lehrpersonen mit einer generellen Tendenz zur Ängstlichkeit eher auf Angst bei Unterrichtsstörungen reagieren als Lehrpersonen mit einer geringen Ängstlichkeit. Die Auslösung von Angst oder Ärger ist noch wahrscheinlicher, wenn die Lehrperson ohnehin bereits negativ gestimmt ist, also ein negativer »core-affect« vorliegt.

Die Emotionen prägen das Unterrichtsverhalten der Lehrkräfte und ihr berufliches Wohlbefinden. Sie sind auch bedeutsam für die Professionalisierung und die Entwicklung der Lehrer*innenidentität. Frenzel (2014; siehe auch Frenzel et al., 2011) hat ein appraisal-orientiertes Modell der Lehrer*innenemotionen entwickelt, das die soeben skizzierten Prozesse zusammenfasst. Abbildung 16.1 stellt dieses Modell dar, bezieht aber zusätzlich die systemische Perspektive, wie sie von Schutz (2014) postuliert wird, mit ein und berücksichtigt zudem die Effekte von Emotionen auf das Wohlbefinden und die Beanspruchung von Lehrpersonen. Die dargestellten Effekte sind reziprok, d. h., die erlebten Emotionen und das Unterrichtsverhalten wirken wiederum auf die Schüler*innen und deren Erleben und Verhalten. Zudem ist davon auszugehen, dass das berufliche Wohlbefinden Konsequenzen auf die Zielsetzungen hat und auch das Schüler*innenverhalten beeinflusst (▶ Abb. 16.1).

Die nun folgenden Fallbeispiele zeigen auf, wie sich das Schüler*innenverhalten und das Lehrpersonenverhalten wechselseitig beeinflussen und wie – je nach Qualität des Verhaltens – entweder Positiv- oder Negativkreisläufe entstehen können.

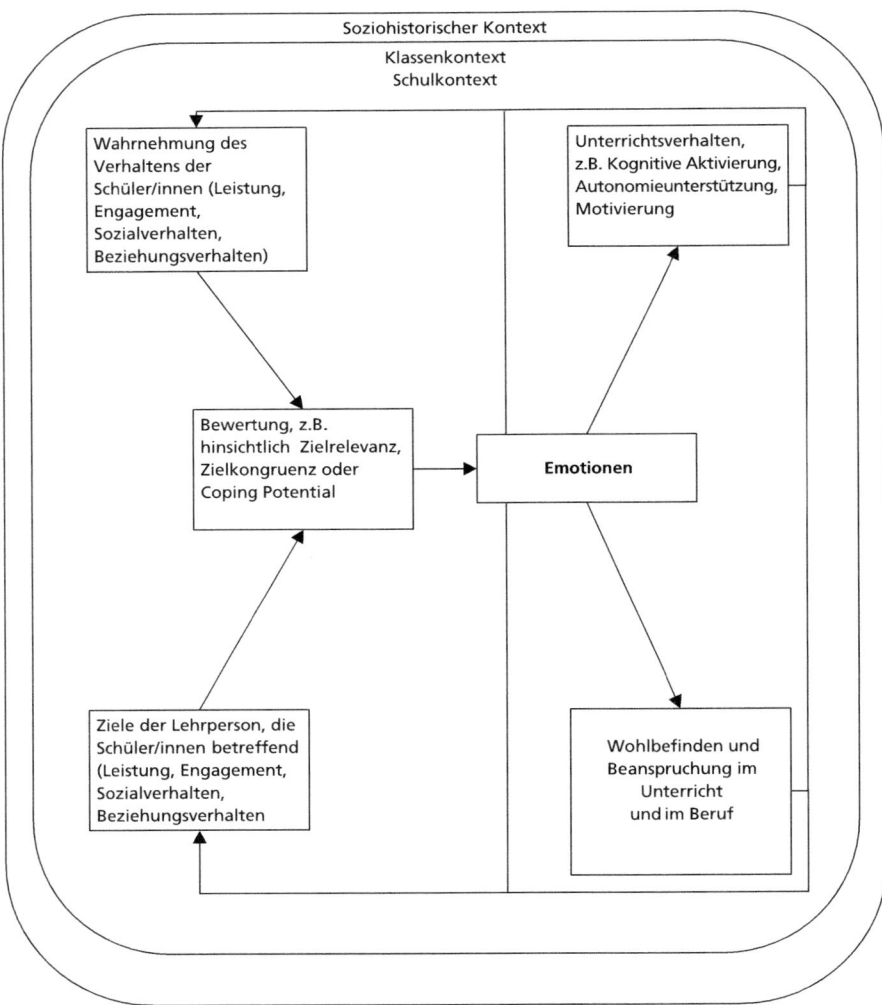

Abb. 16.1: Appraisaltheoretisches Modell der Lehrer*innenemotionen

Fallbeispiel 2a: Positivkreislauf

Die Schüler*innen einer Klasse arbeiten im Englischunterricht engagiert mit und lösen die gestellten Aufgaben gut. Sie helfen sich gegenseitig, wenn jemand bei einer Aufgabenstellung nicht mehr vorankommt. Der Lehrperson begegnen sie respektvoll. Die Lehrperson freut sich über die positiv wahrgenommene Lehr-Lernsituation. Sie fühlt sich wohl in der Klasse. Auf Fragen der Schüler*innen reagiert sie wohlwollend und unterstützend. Sie lässt den Schüler*innen zudem viele Freiheiten im Hinblick auf die Aufgabenwahl und

Sozialform. Dies motiviert die Schüler*innen und sie arbeiten weiterhin engagiert mit. In der Klassenarbeit erreichen sie insgesamt betrachtet gute bis sehr gute Noten.

Fallbeispiel 2b: Negativkreislauf

Ein Schüler äußert laut in der Klasse, dass er keine Lust auf den Englischunterricht habe und die Themen für ihn langweilig seien. Er stört in der Freiarbeitsphase die Mitschüler*innen, auf die Interventionen der Lehrperson reagiert er unwillig und unfreundlich. Die Lehrperson ärgert sich sehr über den Schüler. Sie beschließt, die Freiräume einzugrenzen und den Unterricht stärker zu strukturieren: Der Schüler darf die Aufgaben nicht mehr frei wählen und muss sie außerdem in Einzelarbeit lösen. Schüler X fühlt sich bestätigt in seinen negativ geprägten Vorannahmen über den Englischunterricht und die Englischlehrperson. Er ärgert sich ebenfalls. Seine Motivation und sein Engagement sinken weiter. Die Interaktionsversuche der Lehrperson wehrt er unwillig ab.

Die Beispiele illustrieren die Notwendigkeit, dass sich Lehrpersonen der verhaltenssteuernden Funktion von Emotionen bewusst sind, z. B., dass man bei negativen Emotionen eher dazu neigt, die Autonomie von Schüler*innen einzuschränken. Für die Unterrichtsqualität ist wichtig, ob sie sich darum bemühen, Negativkreisläufe zu verhindern und Positivkreisläufe zu unterstützen.

16.2 Empirischer Forschungsstand

Emotionen von Lehrpersonen können ganz unterschiedliche Auswirkungen haben. Entscheidend ist neben der Intensität und Dauer die Valenz einer Emotion: ob diese als angenehm, positiv oder als unangenehm, negativ erlebt wird.

Lehrer*innenemotionen, Unterrichtsqualität und das Erleben der Schüler*innen

Gemäß der Broaden-and-build-Theory (Fredrickson, 2001) erweitern positive Emotionen das Denken und den Handlungsspielraum eines Menschen. Wer mit Freude unterrichtet, sollte also z. B. den Unterricht methodisch eher vielseitig gestalten. Ergebnisse aus der Stimmungsforschung zeigen des Weiteren, dass negative Emotionen bzw. negative Stimmung zu einem rigideren Denkstil führen (im Überblick siehe Edlinger & Hascher, 2008), woraus ein weniger flexibles Handlungsspektrum und z. B. eine engere Unterrichtsführung resultieren. Emotionen wird auch eine motivationale Wirkung zugeschrieben: Positive Emotionen erzeugen üblicherweise ein Annäherungsmotiv, negative Emotionen ein Vermeidungsmotiv, was sich direkt auf die Interaktionen mit Schüler*innen auswirken kann. Daher kann vermutet werden, dass Lehrer*innenemotionen ihr Unterrichtshandeln beeinflussen. Die bisherigen empirischen Studien untermauern diese Annahme, auch wenn die Forschungslage insgesamt betrachtet noch eher gering ist.

Frenzel et al. (2011, S. 146) konnten für Sekundarschulen in Deutschland zeigen, dass das Unterrichtsverhalten von Mathematik-Lehrpersonen, die von einer höheren Freude berichteten, von den Schüler*innen positiver eingeschätzt wurde (z. B. der Einsatz von erhöhter Elaboration beim Unterrichten, die Gewährung einer erhöhten Autonomieunterstützung sowie eine höhere Verständlichkeit der Erklärungen). Bei Angst und Ärger kehrte sich dieser Effekt um. Dies bestätigte sich auch in einer Folgeuntersuchung in Deutschland und Kanada: Wenn Lehrpersonen von hoher Freude und geringem Ärger berichteten, wurde der Unterricht von den Schüler*innen als abwechslungsreicher, das Unterrichtstempo als angemessener erlebt und auch die Fürsorglichkeit der Lehrperson wurde höher eingeschätzt. Lediglich zwischen der Angst und dem Unterrichtsverhalten konnten keine Zusammenhänge belegt werden – mit Ausnahme der Fehlertoleranz: Je höher die Angst der Lehrpersonen war, desto geringer war die Fehlertoleranz aus der Sicht der Schüler*innen (Frenzel et al., 2016). In der Studie von Hagenauer und Hascher (2018) an Gymnasien in Österreich konnte der Zusammenhang zwischen Emotionen und Autonomieunterstützung ebenfalls belegt werden; allerdings löste sich dieser überwiegend auf, wenn die Lehrer*innenselbstwirksamkeit als Kontrollvariable einbezogen wurde. Chen (2019) belegte für den Unterricht in chinesischen Grundschulen des Weiteren einen positiven Zusammenhang zwischen Freude und »Love« (Passion) und schülerzentriertem Unterrichtsverhalten, während Ärger und Angst eher mit Wissenstransmission (also eher direktivem Unterricht) verbunden waren und negativ mit Schülerzentrierung korrelierten. Auch Traurigkeit hing mit lehrergesteuerter Wissensvermittlung zusammen. Ähnliche Befunde zeigten sich bei Harmsen, Helms-Lorenz, Maulana und van Veen (2018), die Berufsanfänger*innen untersuchten: Berichteten Lehrpersonen über negative Emotionen, so wandten sie seltener aktivierende Methoden an. Des Weiteren wurde das Lernklima als negativer eingeschätzt, das Klassenmanagement als weniger effizient erlebt, die Instruktion als weniger klar bewertet, und es wurden auch weniger häufig Lernstrategien vermittelt. Das Unterrichtshandeln wurde dabei von externen Beobachter*innen eingeschätzt.

Wie wirkt ein von Emotionen beeinflusstes Lehrer*innenverhalten auf Schüler*innen? Becker, Götz, Morger und Ranellucci (2014) fanden heraus, dass das Unterrichtsverhalten der Lehrpersonen das Emotionserleben der Schüler*innen bestimmt und sich die Schüler*innen z. B. im lehrerzentrierten Unterricht eher schlechter fühlten. Sie konnten zudem direkte Übertragungseffekte belegen: Lehrer*innenemotionen korrelieren signifikant mit Schüler*innenemotionen. Bereits Frenzel, Götz, Lüdtke, Pekrun und Sutton (2009) zeigten, dass sich das Freudeerleben der Lehrpersonen auf das Freudempfinden der Schüler*innen überträgt. Ein Teil dieses Effektes wurde dabei über den beobachteten Enthusiasmus der Lehrperson – also die verhaltensbezogene Komponente des Freudeerlebens im Unterricht (z. B. Humor, beobachtbare Begeisterung etc.; Keller et al., 2016) – mediiert. Keller, Becker, Frenzel und Taxer (2018) konnten zudem nachweisen, dass die Übertragungseffekte des Lehrerenthusiasmus vor allem dann hoch waren, wenn dieser als authentisch erlebt und auch kommuniziert wurde. Dahingegen war die Freude der Schüler*innen deutlich niedriger, wenn die Lehrperson zwar enthusiastische Verhaltensweisen im Unterricht zeigte, den Enthusiasmus für sich selbst aber nicht fühlte. Die Autorinnen schließen daraus, dass die erlebens- und verhaltensbezogene Facette des Enthusiasmus nicht notwendigerweise zusammenhängen müssen (also Lehrpersonen Enthusiasmus vorspielen können, etwa weil von ihnen erwartet wird, dass sie Begeisterung zeigen; siehe Hochschild, 1983), die positivsten Effekte für den Unterricht und das Erleben der Schüler*innen jedoch in seiner authentischen Form zu erwarten sind.

Emotionen spielen auch eine Rolle, wenn es um die kontinuierliche Weiterentwicklung professioneller Kompetenzen geht. Dies stellt eine wesentliche Entwicklungsaufgabe von Lehrpersonen dar. Zum einen beeinflussen sie die Bereitschaft zum berufsbegleitenden Lernen (Hascher & Krapp, 2009) und Veränderungsprozesse, wie beispielsweise die Implementation von neuen Unterrichtskonzepten/Unterrichtsmaßnahmen in den eigenen Unterricht (Gaines, Osman, Warner, Freeman & Schallert, 2019; Scott & Sutton, 2009). Zum anderen lösen Reformmaßnahmen (z. B. die Umsetzung eines neuen Curriculums) und Weiterbildungsprogramme im Allgemeinen (häufig negative) Emotionen bei Lehrpersonen aus (Reio, 2005), da diese Veränderungen die Identität der Lehrpersonen betreffen: Häufig müssen Überzeugungen hinterfragt und Handlungsroutinen aufgebrochen und weiterentwickelt werden. Dies kann zu emotionalen Widerständen führen. Ob die Implementation von Reformen erfolgreich ist, hängt deshalb auch davon ab, inwieweit es gelingt, diese (emotionalen) Widerstände zu überwinden und positive Emotionen der Lehrpersonen gegenüber diesen Neuerungen zu fördern (z. B. Hargreaves, 2005a, b; Ittner, Hagenauer & Hascher, 2018).

Emotionsregulation und Emotionskommunikation

Von Lehrpersonen wird erwartet, dass sie ihre Emotionen regulieren (Hochschild, 1983). Unter Emotionsregulation wird die Fähigkeit verstanden, die eigenen Gefühlsäußerungen nach außen hin angemessen zu kommunizieren, sowie die Fähigkeit, das Emotionsaufkommen in Bezug auf die Intensität und die Dauer zu steuern (Gross, 2002). Bezogen auf die Emotion Ärger unterscheiden McPherson, Kearney und Plax (2003) beispielsweise normverletzende und normentsprechende Formen des Ärgerausdrucks. Wenn eine Lehrperson z. B. Schimpfwörter benutzt, die Schüler*innen anschreit und ihnen droht, entspricht das einer normverletzenden Form der Ärgerkommunikation. Spricht eine Lehrperson allerdings ihren Ärger an, diskutiert mit dem Schüler/der Schülerin die ärgerauslösende Situation und versucht, auch die Perspektive des Schülers/der Schülerin miteinzubeziehen, so wird der Ärger normentsprechend geäußert. Eine angebrachte Emotionsregulation bedeutet somit nicht, dass Lehrpersonen ihre Gefühle verheimlichen sollten, sondern diese in einer für das Gegenüber akzeptablen Form zu äußern. Gemäß Sutton, Mudrey-Camino und Knight (2009) versuchen Lehrkräfte im Unterricht, negative Emotionen zu reduzieren. Durch eine angemessene interne Emotionsregulation, die wiederum eine geeignete Emotionskommunikation ermöglicht, werden sowohl die erfolgreiche Durchführung des Unterrichts als auch der Aufbau positiver Beziehungen zu den Schüler*innen erleichtert. Nicht-regulierter Ärger hingegen führt zu Ablenkung vom Unterricht und zu fehlender Konzentration bei den Lehrpersonen (Sutton, 2007). Auch Aultmann, Williams-Johnson und Schutz (2009) untermauern diesen Zusammenhang: Durch die adäquate Emotionsregulation (unter Anwendung verschiedener Strategien, wie z. B. Neubewertung oder Neugestaltung der Situation etc.) wird die Fortsetzung des Unterrichts ermöglicht und durch das Ausleben prosozialer positiver Emotionen gleichzeitig die Beziehung gestärkt.

Bisherige Forschung zur Emotionsregulation hat die kognitive Neubewertung (Reappraisal) als effektive Strategie der Emotionsbewältigung in verschiedensten Kontexten identifiziert, während Emotionsunterdrückung meist negative Auswirkungen hat (Sutton, 2007). Unterricht gelingt also besser, wenn Lehrpersonen die Unruhe oder das Schwätzen von Schüler*innen zu Beginn einer Gruppenarbeit nicht als persönliche Provokation oder als Arbeitsverweigerung, sondern beispielsweise als Indikator für eine unklare Aufgabenstellung interpretieren (respektive kognitiv bewerten). Dennoch muss Emotionsunterdrückung nicht per se unangebracht sein, denn eine Studie von McPhearson et al. (2003) hat beispielsweise gezeigt, dass Studierende insbesondere zu Beginn der Beziehungsentwicklung, also wenn sie eine Lehrperson noch nicht lange kennen, besonders sensibel gegenüber deren negativen Emotionsäußerungen sind. Ärger von Lehrpersonen wird in diesem Stadium der Beziehungsgestaltung weniger gut verkraftet als zu einem späteren Zeitpunkt. Sekundarschullehrkräfte aus einer Studie von Sutton (2004, S. 387) berichteten davon, dass das Klassenzimmer nicht »zu heiß vor Ärger« und »nicht zu kalt ohne Zuneigung« sein sollte. Ab wann dieser emotionale Balanceakt als gelungen betrachtet werden kann, lässt sich nur durch die Beachtung der in der jeweiligen Kultur vorherrschenden »display rules« (z. B. Zembylas, 2003; Hagenauer et al., 2016) beantworten. So argumentieren Suh et al. (1998), dass das Zeigen und Ausleben von Gefühlen in kollektivistischen Kulturen als egoistisch und als Zeichen von »Unreife« bewertet wird. Dementsprechend werden negative Gefühle in kollektivistischen Kulturen stärker unterdrückt, um die Harmonie in den Beziehungen aufrechtzuerhalten (Leung, 1998). Die angewandten Strategien zur Emotionsregulation können zudem je nach situativem Kontext unterschiedlich passend sein: Eine Strategie zur Ärgerregulierung stellt beispielsweise die Aufmerksamkeitslenkung dar (z. B. Weggehen, um nicht vor Wut zu platzen). Diese Strategie mag im privaten Kontext der Ärgerregulierung erfolgreich sein, ist jedoch im Unterricht nur begrenzt einsetzbar, da Lehrpersonen den Unterricht nicht nach Belieben verlassen können – sie können lediglich ihre Position im Klassenraum verändern. Sutton (2007, S. 271) fasst dementsprechend zusammen: »The amount of emotion regulation that is desirable is situated, varying by grade level, subject matter, and sociohistorical context«.

Kontextsensitive Emotionsregulation ist somit Teil der professionellen Handlungskompetenz von Lehrpersonen. Diese Aufgabe kann allerdings als belastend erlebt werden und zur so genannten emotionalen Arbeit (»emotional labour« nach Hochschild, 1983) führen. Personen, die »emotionale Arbeit« leisten, fühlen und zeigen die einer jeweilige Berufsrolle zugeschriebenen Emotionen, um den beruflichen Anforderungen gerecht zu werden. Von Lehrpersonen erwartet man beispielsweise, dass sie stets freundlich sind, enthusiastisch unterrichten und negative Emotionen, wie z. B. Wut, angemessen regulieren und unterdrücken (z. B. Schutz et al., 2007). Die vielfältigen und zum Teil deutlich von diesen Erwartungen abweichenden Emotionen, die durch den Umgang mit Schüler*innen in der Klasse erlebt werden, müssen folglich in rollenkonformer bzw. sozial erwünschter Weise reguliert und mitunter unterdrückt werden. Für einen bestimmten Zeitraum (z. B. zu Schuljahresbeginn) oder in spezifischen Situationen (wenn z. B. die Beziehung zu einem Schüler/einer Schülerin bereits sehr belastet ist, oder in Prüfungssituationen), kann dies durchaus sinnvoll sein. Wenn diese Regulierung auf Dauer jedoch nur an der Oberfläche gelingt – man spricht in diesem Zusammenhang auch von »surface acting« (Hochschild, 1983) (z. B. wenn nicht empfundene Emotionen vorgetäuscht oder empfundene Emotionen unterdrückt werden) – kann dieses anhaltende »Masken-Tragen« und die damit verbundene emotionale Dissonanz zwischen Erleben und Ausdruck zu emotionalen Belastungen, zu einer Reduktion des Wohlbefindens und zu einem Anstieg der emotionalen Erschöpfung von Lehrpersonen führen (z. B. Näring, Briet & Brouwers, 2006; Philipp & Schüpbach, 2010; Taxer & Frenzel, 2015; Taxer & Frenzel, 2017). Keller, Chang, Becker, Götz und Frenzel (2014) belegten, dass insbesondere Ärger eng mit emotionaler Arbeit im Sinne von Surface Acting korreliert. Anzustreben wäre das so genannte »deep acting«, also das Modifizieren der eigenen Emotionen, wodurch im Endeffekt ehrlicher Emotionsausdruck, etwa ein abgeschwächter Ärger oder eine reduzierte Enttäuschung, ermöglicht wird. Entsprechend den Befunden von Taxer und Frenzel (2015) zeigen vor allem hoch selbstwirksame Lehrpersonen ihre Emotionen rollenangemessen und in authentischer Weise (siehe auch Lee & van Vlack, 2018).

16.3 Pädagogische Implikationen

Was lässt sich aus den Erkenntnissen der Lehreremotionsforschung für den Schulalltag und die Lehrer*innenbildung ableiten? Zwei Implikationen sollen an dieser Stelle besonders hervorgehoben werden:

- Wie im appraisaltheoretischen Modell der Lehrer*innenemotionen dargestellt, ist das Erreichen der Ziele, die eine Lehrperson im Unterricht verfolgt, wichtig für die Bewertung der Unterrichtssituation und des Schüler*innenhandelns und in weiterer Folge zentral für die Entstehung von Emotionen. Allerdings sind diese Ziele oftmals nicht transparent, wie Wahl (2006) im Kontext der Gestaltung wirksamer Lernumgebungen feststellt. Er bezeichnet Lehr-Lernumgebungen, in denen Schüler*innen nach den Zielen, die eine Lehrperson verfolgt, »suchen« müssen, als »Osterhasendidaktik«. Negative Lehrer*innenemotionen könnten vermieden oder reduziert werden, indem die Diskrepanz zwischen Zielen und Zielerreichung verringert wird. Eine Möglichkeit dazu wäre, dass Lehrpersonen ihre Ziele noch bewusster formulieren, den Schüler*innen noch besser mitteilen und sie in die Zielerreichung expliziter einbeziehen. Die Explikation von Zielen entspricht laut dem Feedback-Modell von Hattie und Timperley (2007) dem *Feed-up* (Was ist mein Ziel?). Diese Information muss im Zuge des Prozesses der Zielerreichung und der daran anschließenden Zielsetzung um das *Feed-back* (Wie geht es voran?) und das *Feed-Forward* (Was kommt als nächstes?) ergänzt werden. Wenn Lehrende und Lernende die gleichen Ziele anstreben und gemeinsam zur Umsetzung beitragen, erhöht sich die Wahrscheinlichkeit der Zielerreichung und damit die Quelle von positiven Emotionen sowohl für Lehrpersonen als auch Schüler*innen.

- Im Hinblick auf Zielsetzungen ist es zudem bedeutsam, dass sich Lehrpersonen realistische Ziele setzen. Negative emotionale Beanspruchungen, die über einen längeren Zeitraum auch zu Burn-Out führen können, werden unter anderem von zu idealistischen und unrealistischen Zielsetzungen ausgelöst, die im Endeffekt nicht erreicht werden können.
- In der Aus- und Weiterbildung von Lehrpersonen werden Emotionen und Emotionsregulation bisher kaum thematisiert. Ein angemessener Umgang mit negativen Emotionen, der nicht auf eine stete Unterdrückung hinausläuft, sondern als eine Chance zur Veränderung der Situation angesehen und von den Schüler*innen nachvollzogen werden kann, sollte jedoch ein Bildungsziel darstellen. Zugleich sollten die Kompetenzen von Lehrpersonen in Bezug auf die Frage, wie sie ihrer Freude am Unterrichten und am Umgang mit Schüler*innen noch besser Ausdruck verleihen können, gestärkt werden. Wenn Lehrpersonen bewusst erkennen, dass von ihnen nicht Emotionsneutralität erwartet wird, sondern ihre positiven Emotionen hilfreich für die Unterrichtsgestaltung sind, dann trägt dies auch zu ihrem Wohlbefinden bei. Bisher wurde vor allem Achtsamkeitstraining zur Regulation von Emotionen von Lehrpersonen und Lehramtsstudierenden empirisch auf seine Wirksamkeit getestet. Diese war in der überwiegenden Anzahl der Studien gegeben (z. B. Reduktion von Angst und Stress; Verbesserung der Emotionsregulation; Kerr et al., 2017; Zarate, Maggin & Passmore, 2019). Im Bereich der Förderung der sozial-emotionalen Kompetenz entwickelten Forscher*innen aus Deutschland ein spezifisches Training für Lehramtsstudierende (Carstensen, Köller & Klusmann, 2019), das sich ebenso in zentralen Indikatoren (z. B. in der kognitiven Neubewertung von Situationen) als effektiv erwies. Sehr bekannt im deutschsprachigen Raum ist des Weiteren das Training zur Förderung emotionaler Kompetenzen von Lehrkräften, entwickelt von Sieland und Kolleg*innen (siehe z. B. Sieland, 2008). Insgesamt betrachtet liegen allerdings wenige Interventionsstudien in diesem Bereich vor, die verlässliche Aussagen zur kurz- und langfristigen Wirkung der Trainings zulassen. Die Interventionsforschung im Bereich der Emotionskom-

munikation und Emotionsregulation von (angehenden) Lehrkräften sollte folglich intensiviert werden.

> **Weiterführende Literatur**
>
> Frenzel, A. C. & Stephens, E. J. (2015). Emotionen von Lehrpersonen. In T. Götz (Hrsg.), Emotion, Motivation und selbstreguliertes Lernen (2. Aufl.) (S. 16–77). Paderborn: Schöningh UTB.
> Hagenauer, G. & Hascher, T. (2018). Emotionen und Emotionsregulation in Schule und Hochschule. Münster: Waxmann.
> Hascher, T. & Krapp, A. (2015). Forschung zu Lehreremotionen. In E. Terhart, H. Bennewitz & M. Rothland (Hrsg.), Handbuch der Forschung zum Lehrerberuf (2. Aufl.) (S. 511–526). Münster. Waxmann.

Literatur

Abel, M. H. & Sewell, J. (1999). Stress and burnout in rural and urban secondary school teachers. The Journal of Educational Research, 92(5), 287–293.
Aultmann, L. P., Williams-Johnson, M. R. & Schutz, P. A. (2009). Boundary dilemmas in teacher-student relationships: Struggling with »the line«. Teaching and Teacher Education, 25, 636–646.
Becker, E. S., Götz, T., Morger, V. & Ranellucci, J. (2014). The importance of teachers‹ emotions and instructional behavior for their students' emotions. Teaching and Teacher Education, 43, 15–26.
Brandstätter, V. & Otto, J. H. (Hrsg.). (2009). Handbuch der Allgemeinen Psychologie: Motivation und Emotion (2. Aufl.). Göttingen: Hogrefe.
Brosch, T. & Scherer, K. R. (2009). Komponenten-Prozess-Modell – ein integratives Emotionsmodell. In V. Brandstätter & J. H. Otto (Hrsg.), Handbuch der Allgemeinen Psychologie – Motivation und Emotion (Bd. 11) (S. 446–456). Göttingen: Hogrefe.
Brown, E. L., Vesely, C. K., Mahatmya, D. & Visconti, K. J. (2018). Emotions matter: the moderating role of emotional labour on preschool teacher and children interactions. Early Child Development and Care, 188(12), 1773–1787.
Carstensen, B., Köller, M. & Klusmann, U. (2019). Förderung sozial-emotionaler Kompetenz von angehenden Lehrkräften. Zeitschrift für Entwicklungspsychologie und Pädagogische Psychologie, 51(1), 1–15.
Chen, J. (2019). Exploring the impact of teacher emotions on their approaches to teaching: A structural equation modelling approach. British Journal of Educational Psychology, 89, 57–74.
Demetriou, H., Wilson, E. & Winterbottom, M. (2009). The role of emotion in teaching: are there differences between male and female newly qualified teachers' approaches to teaching? Educational Studies, 35(4), 449–473.
Edlinger, H. & Hascher, T. (2008). Von der Stimmungs- zur Unterrichtsforschung: Überlegungen zur Wirkung von Emotionen auf schulisches Lernen und Leisten. Unterrichtswissenschaft, 36(1), 55–70.
Fredrickson, B. L. (2001). The role of positive emotions in positive psychology: The broaden-and-build theory of positive emotions. American Psychologist, 56, 218–226.

Frenzel, A. C. (2014). Teacher emotions. In R. Pekrun & L. Linnenbrink-Garcia (Eds.), International handbook of emotions in education (pp. 494–519). New York: Routledge.

Frenzel, A. C., Goetz, T., Luedtke, O., Pekrun, R. & Sutton, R. (2009). Emotional transmission in the classroom: exploring the relationship between teacher and student enjoyment. Journal of Educational Psychology, 101(3), 705–716.

Frenzel, A. C., Goetz, T., Stephens, E. J. & Jacob, B. (2011). Antecedents and effects of teachers' emotional experiences: an integrated perspective and empirical test. In P. A. Schutz & M. Zembylas (Eds.), Advances in teacher emotion research (pp. 129–151). Heidelberg: Springer.

Frenzel, A. C., Pekrun, R., Goetz, T., Daniels, L. M., Durksen, T. L., Becker-Kurz, B. & Klassen, R. M. (2016). Measuring teachers' enjoyment, anger, and anxiety: The teacher emotions scales (TES). Contemporary Educational Psychology, 46, 148–163.

Gaines, R. E., Osman, D. J., Maddocks, D. L. S., Warner, J. R., Freeman, J. L. & Schallert, D. L. (2019). Teachers' emotional experiences in professional development: Where they come from and what they can mean. Teaching and Teacher Education, 77, 53–65.

Gross, J. J. (2002). Emotion regulation: Affective, cognitive, and social consequences. Psychophysiology, 39(3), 281–291.

Hagenauer, G., Gläser-Zikuda, M. & Volet, S. E. (2016). University teachers' perceptions of appropriate emotion display and high-quality teacher-student relationship: Similarities and differences across cultural-educational contexts. Frontline Learning Research, 4(3), 44–74.

Hagenauer, G. & Hascher, T. (2018). Bedingungsfaktoren und Funktionen von Emotionen von Lehrpersonen im Unterricht. Unterrichtswissenschaft, 46(2), 141–164.

Hagenauer, G. & Volet, S. (2014). 'I don't think I could, you know, just teach without any emotion': exploring the nature and origin of university teachers' emotions. Research Papers in Education, 29(2), 240–262.

Hargreaves, A. (1998). The emotional practice of teaching. Teaching and Teacher Education, 14(8), 835–854.

Hargreaves, A. (2000). Mixed emotions: teachers' perceptions of their interactions with students. Teaching and Teacher Education, 16(8), 811–826.

Hargreaves, A. (2005a). The emotions of teaching and educational change. In A. Hargreaves (Ed.), Extending Educational Change. International Handbook of Educational Change (pp. 278–295). Dordrecht, The Netherlands: Springer.

Hargreaves, A. (2005b). Educational change takes ages: Life, career and generational factors in teachers' emotional responses to educational change. Teaching and Teacher Education, 21, 967–983.

Harmsen, R., Helms-Lorenz, M., Maulwana, R. & van Veen, K. (2018). The relationship between beginning teachers stress causes, stress responses, teaching behaviour and attrition. Teachers and Teaching. Theory and Practice, 24(6), 626–643.

Hascher, T. & Krapp, A. (2009). Emotionale Voraussetzungen der Entwicklung der Professionalität von Lehrenden. In O. Zlatkin-Troitschanskaia, K. Beck, D. Sembill, R. Nickolaus & R. Mulder (Hrsg.), Lehrprofessionalität – Bedingungen, Genese, Wirkungen und ihre Messung (S. 365–375). Weinheim: Beltz.

Hascher, T. & Krapp, A. (2015). Forschung zu Emotionen von Lehrerinnen und Lehrern. In E. Terhart, H. Bennewitz & M. Rothland (Hrsg.), Handbuch der Forschung zum Lehrerberuf (2. Aufl.) (S. 511–526). Münster: Waxmann.

Hattie, J. & Timperley, H. (2007). The power of feedback. Review of Educational Research, 77(1), 81–112.

Hochschild, A. R. (1983). The Managed Heart: Commercialization of Human Feelings. Berkeley: University of California Press.

Ittner, D., Hagenauer, G. & Hascher, T. (2019). Swiss principals' emotions, needs satisfaction and readiness for change during curriculum reform. Journal of Educational Change, 20(2), 165–192.

Keller, M. M., Becker, E. S., Frenzel, A. C. & Taxer, J. L. (2018). When teacher enthusiasm is authentic or inauthentic: lesson profiles of teacher enthusiasm and relations to students' emotions. AERA Open, 4(4), 1–16.

Keller, M. M., Chang, M.-L., Becker, E. S., Götz, T. & Frenzel, A. C. (2014). Teachers' emotional experiences and exhaustion as predictors of emotional labor in the classroom: an experience sampling study. Frontiers in Psychology. doi: 10.3389/fpsyg.2014.01442.

Keller, M. M., Woolfolk Hoy, A. E., Goetz, T. & Frenzel, A. C. (2016). Teacher enthusiasm: Reviewing and redefining a complex construct. Educational Psychology Review, 28, 743–768.

Kerr, S. L., Lucas, L. J., Di Domenico, G. E., Mishra, V., Stanton, B. J., Shivde, G., Pero, A. N, Runyen, M. E. & Terry, G. M. (2017). Is mindfulness training useful for pre-service teachers? An exploratory investigation. Teaching Education, 28(4), 349–359.

Lazarus, R. S. (1999). Stress and emotion. A new synthesis. London: Free Association Books.

Lee, M. & van Vlack, S. (2018). Teachers' emotional labour, discrete emotions, and classroom management self-efficacy. Educational Psychology, 38(5), 669–686.

Leung, J. P. (1998). Emotions and mental health in Chinese people. Journal of Child and Family Studies, 7(2), 115–128.

McPherson, M. B., Kearney, P. & Plax, T. G. (2003). The dark side of instruction: teacher anger as classroom norm violation. Journal of Applied Communication Research, 31(1), 76–90.

Nähring, G., Briet, M. & Brouwers, A. (2006). Beyond demand-control: Emotional labor and symptoms of burnout in teachers. Work & Stress, 20, 303–315.

O'Connor, K. E. (2008). »You choose to care«: Teachers, emotions and professional identity. Teaching and Teacher Education, 24(1), 117–126.

Philipp, A. & Schüpbach, H. (2010). Longitudinal effects of emotional labor on emotional exhaustion and dedication of teachers. Journal of Occupational Health Psychology, 15 (4), 494–504.

Reio, T. G. (2005). Emotions as a lens to explore teacher identity and change: A commentary. Teaching and Teacher Education, 21(8), 985–993.

Riley, P. (2011). Attachment theory and the teacher-student relationship. London & New York: Routledge.

Schutz, P. A. (2014). Inquiry on teachers‹ emotions. Educational Psychologist, 49(1), 1–12.

Schutz, P. A., Aultman, L. P. & Williams-Johnson, M. R. (2011). Educational psychology perspectives on teachers‹ emotions. In P. A. Schutz & M. Zembylas (Eds.), Advances in teacher emotion research (pp. 195–212). Heidelberg: Springer.

Schutz, P. A., Cross, D. I., Hong, J. Y. & Osbon, J. N. (2007). Teacher identities, beliefs, and goals related to emotions. In P. A. Schutz & R. Pekrun (Eds.), Emotions in education (pp. 223–242). London: Elsevier.

Scott, C. & Sutton, R. E. (2009). Emotions and change during professional development for teachers: A mixed methods study. Journal of Mixed Methods Research, 3(2), 151–171.

Sieland, B. (2008). Lehrkräfte als Experten für die eigene Lern- und Emotionsarbeit. In M. K. W. Schweer (Hrsg.), Lehrer-Schüler-Interaktion: Inhaltsfelder, Forschungsperspektiven und methodische Zugänge (S. 101–126). Wiesbaden: VS.

Sutton, R. E. (2004). Emotional regulation goals and strategies of teachers. Social Psychology of Education, 7(4), 379–398.

Sutton, R. E. (2007). Teachers' anger, frustration, and self-regulation. In P. A. Schutz & R. Pekrun (Eds.), Emotions in Education (pp. 259–274). Amsterdam: Elsevier.

Sutton, R. E., Mudrey-Camino, R. & Knight, C. (2009). Teachers' emotion regulation and classroom management. Theory into Practice, 48(2), 130–137.

Sutton, R. E. & Wheatley, K. F. (2003). Teachers' emotions and teaching: a review of the literature and directions for future research. Educational Psychology Review, 15(4), 327–358.

Taxer, J. L. & Frenzel, A. C. (2015). Facets of teachers' emotional lives: A quantitative investigation of teachers' genuine, faked, and hidden emotions. Teaching and Teacher Education, 49, 78–88.

Taxer, J. L. & Frenzel, A. C. (2018). Inauthentic expressions of enthusiasm: Exploring the cost of emotional dissonance in teachers. Learning and Instruction, 53, 74–88.

Zarate, K, Maggin, D. M. & Passmore, A. (2019). Meta-analysis of mindfulness training on teacher well-being. Psychology in the Schools, 56(10), 1700–1715.

Zembylas, M. (2003). Caring for teacher emotion: reflections on teacher self-development. Studies in Philosophy and Education, 22(2), 103–125.

17 Emotionen von Lehrkräften in unterrichtsvideobasierten Fortbildungen

Marc Kleinknecht

Kurzzusammenfassung

Unterrichtsvideos werden in der Lehrer*innenbildung eingesetzt, um vor allem die professionelle Wahrnehmung von Lehrkräften zu fördern. Obwohl davon ausgegangen wird, dass Emotionen das videobasierte Lernen beeinflussen, liegen bislang kaum Studien hierzu vor. Im Artikel werden Konzepte und Befunde zu Emotionen beim videobasierten Lernen präsentiert und Konsequenzen für die Fortbildungspraxis abgeleitet.

Schlagwörter: *Unterrichtsvideos, Lehrkräftefortbildung, professionelle Wahrnehmung, Emotionen*

Einleitung

Seit etwa fünfzehn Jahren werden Unterrichtsvideos wieder verstärkt in der Aus- und Fortbildung von Lehrkräften eingesetzt. Die videobasierte Lehrkräfteaus- und -fortbildung kann als internationaler Trend gewertet werden, der seinen Ausgangspunkt im Bereich der Fortbildung von Lehrkräften in den mathematisch-naturwissenschaftlichen Fächern hatte (u. a. Borko et al., 2008; Krammer et al., 2006; Sherin & van Es, 2009). Mittlerweile ist das videobasierte Lehren und Lernen auch im Ausbildungskontext und in den verschiedenen Fachdidaktiken und der Pädagogik bzw. Psychologie etabliert (Steffensky & Kleinknecht, 2016). Zudem bestehen Videoplattformen, auf denen Unterrichtsvideos zur Aus- und Weiterbildung zur Verfügung gestellt werden (Petko, Prasse & Reusser, 2014).

Die aktuellen Ansätze videobasierten Lehrens und Lernens in der Lehrkräftebildung können vor dem Hintergrund von Theorien des situierten Lernens und auch von sozio-konstruktivistischen Lerntheorien erklärt und bewertet werden (Derry, Sherin & Sherin, 2014). In den bestehenden Projekten werden bislang vorwiegend die Kognitionen von Lehrkräften untersucht. Die Mehrzahl der Projekte verfolgt das Ziel, die situationsspezifischen Fähigkeiten des Wahrnehmens und Interpretierens von Lehrkräften zu fördern (Steffensky & Kleinknecht, 2016).

Dagegen wurden Emotionen, die Lehrkräfte beim Lernen mit Videos empfinden, bislang deutlich weniger in den Blick genommen. In zwei aktuellen Literaturübersichten (Gaudin & Chaliès, 2015; Major & Watson, 2018) zur videobasierten Lehrkräfteaus- und -fortbildung finden sich lediglich drei Beiträge (Kleinknecht & Schneider, 2013; Seidel et al., 2011; Zhang et al., 2011), die emotional-motivationale Aspekte bei der Videobeobachtung und -analyse empirisch untersuchen. Dabei handelt es sich um Studien in der Lehrkräftefortbildung, die durch Befragung oder Beobachtung ermittelten, was Lehrkräfte empfinden, wenn sie individuell oder in der Gruppe mit bekannten und ihnen fremden Kolleg*innen ihr eigenes Video oder ein Video einer anderen Lehrkraft beobachten und analysieren.

In diesem Beitrag soll zunächst auf die empirische Forschung zum Lernen mit Unterrichtsvideos und deren theoretische Grundlagen eingegangen werden. Im Anschluss daran werden empirische Studien dargestellt, die sich mit Emotionen von Lehrkräften beim Lernen mit Unterrichtsvideos beschäftigen. Basierend auf Theorien zu Lern- und Leistungsemotionen (z. B. Kontroll-Wert-Ansatz zu Leistungsemotionen, Pekrun, 2006) werden die Befunde interpretiert und Perspektiven für die Forschung zu Emotionen beim Lernen mit Unterrichtsvideos aufgezeigt. Schließlich beschäftigt sich das letzte Kapitel mit der Frage nach der Relevanz der bisherigen Befunde für die videobasierte Fortbildung von Lehrkräften.

17.1 Allgemeines und Definitionen: Lernen mit Unterrichtsvideos

Der Vorteil der Video-Beobachtung gegenüber der In-Vivo-Beobachtung wird darin gesehen, dass beobachtende Sequenzen des Unterrichts wiederholt und unter Einbezug verschiedener theoretischer Perspektiven reflektiert werden können (Le Fevre, 2004). Die videobasierte Selbstreflexion ermöglicht insbesondere eine Reflexion ohne Handlungsdruck und damit eine kritisch distanzierte Analyse eigenen oder fremden Handelns (Sherin & van Es, 2009). Zudem kann Videofeedback sehr systematisch erfolgen und die Selbstreflexion gezielt unterstützen (Prilop, Weber & Kleinknecht, 2020).

Überblicksarbeiten zur videobasierten Lehrkräftefortbildung zeigen, dass videobasierte Aus- und Fortbildungsformate ein fallbezogenes, situiertes Lernen ermöglichen und primär die Kompetenz von Lehrkräften fördern können, Unterrichtssituationen systematisch zu analysieren (Blomberg et al., 2013; Gaudin & Chaliès, 2015; Major & Watson, 2018). Es wird davon ausgegangen, dass Unterrichtsvideos als Medien oder Werkzeuge nicht per se lernwirksam sind, sondern vielmehr die Qualität der Lernumgebungen entscheidend ist für das Lernen der Lehrkräfte (Brophy, 2004).

Gaudin und Chaliès (2015) konnten in ihrer Literaturübersicht zur videobasierten Aus- und Fortbildung feststellen, dass die meisten Interventionen das Ziel verfolgten, die Analyse- und Reflexionsfähigkeit von (angehenden) Lehrkräften zu fördern. Dagegen zielen deutlich weniger Projekte darauf, das Handeln der Lehrkräfte, etwa durch das Vorführen von Best-Practice-Beispielen, direkt zu verbessern. Lerntheoretisch sind die existierenden Ansätze im Rahmen einer Theorie des situierten Lernens zu verorten (Lave & Wenger, 1991; Putnam & Borko, 2000). Ein zentrales Prinzip einer auf unmittelbare Praxis der Lehrkräfte bezogene Aus- und Fortbildung stellt die Gestaltung authentischer, artefakt- und fallbasierter Lerngelegenheiten dar (u. a. Gaudin & Chaliès, 2015).

Zentrale situationsspezifische Fähigkeiten (Blömeke et al., 2015), die durch videobasierte Seminare und Trainings in der Aus- und Fortbildung von Lehrkräften angeregt werden sollen, sind das wissensbasierte Erkennen bzw. Wahrnehmen (im Englischen *selective attention*) und Interpretieren (*reasoning*) relevanter Unterrichtssituationen (Gaudin & Chaliès, 2015; Steffensky & Kleinknecht, 2016). Erkennen bzw. Wahrnehmen bedeutet zunächst, die Aufmerksamkeit vor theoretischem Hintergrund auf Situationen zu richten, die für das Lernen der Schüler*innen bedeutsam sind. Diese Ereignisse werden dann auf der Grundlage des professionellen Wissens zum unterrichtlichen Lehren und Lernen, etwa zur Klassenführung oder zum kognitiv-aktivierenden Unterrichtsgespräch, eingeordnet und interpretiert (Seidel & Stürmer, 2014). Zur Interpretation wird in einigen Ansätzen auch das Reflektieren über mögliche didaktische Alternativen gerechnet, da es ebenfalls auf theoretischem Wissen zu Lehr-Lernprozessen basiert und die Überlegungen zu potenziellen Lernwirkungen miteinschließt (u. a. Kersting et al., 2012). In der videobasierten Lehrkräftebildung werden diese kognitiven Prozesse unter den Begriffen »Analysefähigkeit« bzw. »Reflexion« (Santagata & Guarino, 2011; Tripp & Rich, 2012) oder »professionelle Wahrnehmung« (im Englischen *Professional Vision* oder *Noticing*, Seidel & Stürmer, 2014; Sherin & van Es, 2009) gefasst. Die Förderung dieser Fähigkeiten wird als zentral für das unterrichtliche Handeln und schließlich das Lernen von Schüler*innen im Unterricht angesehen (Gaudin & Chaliès, 2015). Einige empirische Studien können diesen Zusammenhang zwischen Wahrnehmungs- bzw. Analysefähigkeit und Unterrichtsqualität bzw. Lernen von Schüler*innen nachweisen (Kersting et al., 2012; Roth et al., 2011).

Die meisten Ansätze der videobasierten Lehrkräfteaus- und -fortbildung dürften sich explizit oder implizit an soziokulturellen oder soziokonstruktivistischen Lerntheorien orientieren. Aus dieser Perspektive wird betont, dass Lernen in professionelle Lerngemeinschaften eingebunden und als eine Kultur der kollaborativen Problemlösung zu verstehen ist (Derry, Sherin & Sherin, 2014). In den international bekanntesten Ansätzen des »Videoclubs« (Sherin & van Es, 2009), der »Lesson Studies« (Lewis, Perry & Murata, 2006) oder des »Problem-Based-Cycle« (Borko et al., 2008) kommt der gemeinsamen, ko-konstruktiven Analyse von eigenen und fremden Videos eine hervorgehobene Bedeutung zu (Derry et al., 2014).

Es kann davon ausgegangen werden, dass die kognitiven Prozesse des Wahrnehmens und Interpretierens in individuellen und kollaborativen Lernsettings auch emotionale bzw. motivationale Prozesse umfassen. Angelehnt an ein Angebot-Nutzung-Modell, das unterrichtliches Lehren und Lernen konzeptionell fasst, ist die Nutzung des Lehrangebots durch die Lernenden als ein Wechselspiel von Kognitionen, Emotionen und Motivation zu verstehen (Vieluf et al., 2020). Kognitive Bewertungsprozesse von Situationen, Tätigkeiten oder der eigenen Person führen zu unterschiedlichen Emotionen, die dann wiederum die kognitiven Prozesse beeinflussen (u. a. Pekrun, 2006). Emotionen können also auch für das Lernen von Lehrkräften mit Unterrichtsvideos als kritischer Mediator gelten (Chang et al., 2018).

Allerdings wird bislang nur in wenigen Arbeiten auf die Bedeutung von Emotionen für das Lernen mit Videos in unterschiedlichen Erwachsenenbildungskontexten eingegangen (Gartmeier & Hascher, 2016; Kleinknecht & Schneider, 2013; Koehler et al., 2005; Seidel et al., 2011; Yadav et al., 2011). Für die Lehrkräftefortbildung dürfte dieses Forschungsdefizit auch darin begründet liegen, dass bislang insgesamt nur sehr wenige Studien zu Emotionen von Lehrkräften vorliegen und es sich um ein sehr junges Forschungsfeld handelt (u. a. Frenzel, 2014; Sutton & Wheatley, 2003). Im Folgenden werden die bislang vorliegenden Befunde aus empirischen Studien zu Emotionen beim Lernen mit Unterrichtsvideos in der Lehrkräftefortbildung vorgestellt.

17.2 Forschungsstand: Emotionen beim Lernen mit Unterrichtsvideos in der Lehrkräftefortbildung

In mehreren Artikeln zur videobasierten Lehrkräftefortbildung wird darauf eingegangen, dass insbesondere die videobasierte Selbstreflexion in einer Gruppe eine hohe Herausforderung an die teilnehmenden Lehrkräfte stellt (Borko et al., 2008; Gröschner et al., 2014). Es werden negative Effekte auf Lernaktivitäten vor allem dann erwartet, wenn sich Lehrkräfte in einer Gruppe beim Analysieren ihres eigenen Videos vorgeführt oder selbstentblößt vorkommen. Chang et al. (2018) vermuten, dass die Teilnahme an videobasierten Trainings ein positives Selbstkonzept und/oder Selbstwertgefühl erfordert und sich die niedrigen Teilnahmeraten an solchen Trainings durch weniger positive Einstellungen zur Reflexion eigenen Unterrichts erklären lassen. Bereits das Aufnehmen des eigenen Unterrichts dürfte für viele Lehrkräfte eine emotional-motivationale Hürde darstellen. In der videobasierten Unterrichtsforschung wird davon ausgegangen, dass sich vorwiegend Lehrkräfte aufnehmen lassen, die ein hohes unterrichtliches Selbstkonzept haben und ihre Beziehungen zu den Schüler*innen in der aufzunehmenden Klasse als positiv einschätzen (u. a. Petko et al. 2003, S. 268). Den Fortbildner*innen wird vor diesem Hintergrund eine hohe Bedeutung für das Gelingen videobasierter Fortbildung zugeschrieben (Borko et al., 2008; Gröschner et al., 2014; Zhang et al., 2011). Sie sollten eine positive Diskussionskultur gewährleisten, bei der negatives Feedback zur Person vermieden und vorher vereinbarte Gesprächsregeln eingehalten werden (Chang et al., 2018; Alles et al., 2018). In einigen Projekten wird zudem für die Analyse vorgegeben, dass die Unterrichtssituationen zunächst nicht wertend beschrieben und dann sehr vorsichtig und abwägend bewertet werden sollten. Gleichzeitig sollte auch eine zu unkritische Analyse vermieden werden und konstruktiv-kollaborativ nach Alternativen für negativ eingeschätzte Situationen gesucht werden. Für lernwirksame Fortbildungen scheint es besonders bedeutend zu sein, dass sich Lehrkräfte kognitiv-aktiviert in Lehr-Lernsituationen eindenken können, dabei mit anderen Perspektiven auf diese Situationen konfrontiert werden und eigene subjektive Überzeugungen zum Unterricht überdenken können (Kennedy, 2016).

Insbesondere die Analyse von eigenen Videos scheint eine höhere kognitive Aktivierung und emotionale Beteiligung zu evozieren (Borko et al., 2008). Von der Analyse des eigenen Videos lässt sich theoretisch annehmen, dass sie sich im Vergleich zur Analyse fremder Videos besser dazu eignet, Erfahrungen und Vorwissen bezogen auf die Unterrichtssituation zu aktivieren. Die beobachtende Person ist bei Betrachten ihres eigenen Unterrichts vermutlich eher in der Lage, sich in die Situationen einzudenken und sich gleichfalls emotional zu beteiligen. Sie kann außerdem Informationen über die Klasse und über einzelne Lernende sowie eigene Unterrichtskonzepte und -prinzipien in die Analyse einbeziehen (Borko et al., 2008).

Nur wenige Studien untersuchten bislang emotional-motivationale Prozesse beim Einsatz von eigenen und fremden Videos in der Lehrkräftefortbildung. Seidel et al. (2011) und Kleinknecht & Schneider (2013) bzw. Kleinknecht & Poschinsky (2014) fokussierten die individuelle Analyse, Zhang et al. (2011) die kollaborative Analyse von eigenen und fremden Videos. Lediglich die Studie von Kleinknecht & Schneider (2013) bzw. Kleinknecht & Poschinsky (2014) untersuchte gezielt Emotionen, die in offener und standardisierter Form als Selbstauskunft erhoben wurden. Eine weitere Studie wurde in einem nicht-experimentellen Design ausschließlich im Kontext der kollaborativen Videoanalyse von eigenen und fremden Videos durchgeführt (Chang et al., 2008). Hierbei wurden Emotionen durch Beobachtung von gestisch-mimischem Verhalten erschlossen.

In der Studie von Kleinknecht & Schneider (2013) wurden fünf Lehrkräfte in einem individuellen, computerbasierten Setting dazu aufgefordert, parallel zur Kommentierung ihres eigenen Unterrichtsvideos über ihre Emotionen zu berichten (Gruppe »eigenes Video«). Eine weitere Gruppe von fünf Lehrkräften führte die Analyse identisch durch, wobei sie das Verhalten einer ihnen fremden Lehrkraft bewerten mussten (Gruppe »fremdes Video«). Die inhaltsanalytischen Auswertungen der schriftlichen Berichte zeigte, dass die Lehrkräfte der Gruppe »fremdes Video« deutlich mehr negative Emotionen und etwas mehr positive Emotionen äußerten als die Lehrkräfte der Gruppe »eigenes Video«. Weitere Analysen offenbarten starke Unterschiede in der Kategorie *Enttäuschung*, die bei der Gruppe »fremdes Video« häufiger auftrat als bei der Gruppe »eigenes Video« (Kleinknecht & Schneider, 2013). Die Ergebnisse zu den emotionalen Prozessen widersprachen den Annahmen auf Basis der bisherigen Studien (Seidel et al., 2011; Zhang et al., 2011), wonach Lehrkräfte, die ihr eigenes Video analysieren, grundsätzlich emotional stärker als Fremdbeobachtende an Situationen beteiligt sind und sich intensiver in die handelnden Personen einfühlen können. Hinsichtlich der Zusammenhänge von Emotionen und Reflexionsprozessen ließen die Analysen vermuten, dass die negative Emotion *Enttäuschung* mit einer vertieften Reflexion fremder Videos einhergeht, das heißt, es wurden in sehr konstruktiver Weise Handlungsalternativen für kritisch bewertete Situationen entwickelt. Diese negative Emotion scheint den vertieften Analyseprozess zu begünstigen und in einem positiven Zusammenhang mit einer zusätzlichen Reflexionsbereitschaft zu stehen. Beim Auftreten negativer Emotionen in der Bedingung »eigene Videos« zeigte sich dagegen, dass negative Emotionen mit Abwehrhaltungen und Rechtfertigungsäußerungen einhergehen, also mit dem Verteidigen des Verhaltens und dem Verwerfen von Handlungsalternativen (Kleinknecht & Poschinski, 2014).

In der Studie von Chang et al. (2018) wurde emotionsbezogenes Verhalten anhand der nonverbalen Kommunikation von sechs Lehrkräften im Rahmen von fünf von neun Workshops einer videobasierten Lehrkräftefortbildung untersucht. Die Workshops zum Thema dialogisches Unterrichtsgespräch (*classroom dialog*) orientierten sich am Aufbau des »Problem-Based-Cycles« (Borko et al., 2008), der vorsieht, dass Lehrkräfte sich selbst im Unterricht aufnehmen und die bzw. der Fortbildner*in für sie relevante videografierte Situationen auswählt, um sie im Workshop zur Diskussion zu stellen. Aufgrund der Beobachtung von Körperbewegung, Gesichtsausdruck und Augenkontakt der videoanalysierenden Lehrkräfte konnten die Forscher*innen darauf schließen, wie intensiv die negativen Emotionen Scham, Abwehrhaltung und Ablenkung sowie die positiven Emotionen Lachen und Überraschung auftraten. Die Ergebnisse zeigten, dass die drei negativen Emotionen viel häufiger zu erkennen sind als die zwei positiven. Zudem sind die negativen Emotionen konstant über die gesamte Dauer der vier Workshops vorzufinden und treten nicht, wie erwartet, am Ende weniger auf. Scham und Abwehrhaltung sind öfter zu beobachten als Ablenkung, wobei die Autorinnen und Autoren für die Abwehrhaltung vermuten, dass Ärger und Selbstschutz die Gründe für dieses emotional nonverbale Verhalten sind. Die Emotionen traten insgesamt häufiger bei Lehrkräften auf, die fremde Videos analysierten. Dies ist auch damit zu erklären, dass die Fremdbeobachtung in der Gruppe mit sieben Lehrkräften, bei der jeweils ein Video einer Lehrkraft analysiert wird, häufiger vorkommt als die Eigenbeobachtung. Zudem werden fremde Videos im Verlauf des Workshops zunehmend zu Videos von Kolleg*innen, was von einigen Autorinnen und Autoren als dritter Videotypus neben eigenen und fremden bzw. publizierten Videos erachtet wird (Zhang et al., 2011).

In beiden Studien konnte gezeigt werden, dass Emotionen beim Lernen mit Unterrichtsvideos auftreten und als Mediator für Lernprozesse gelten können. Insgesamt können häufig auftretende Emotionen als Hinweis darauf gesehen werden, dass Lehrkräfte sich in eine Situation hineinversetzen und die Rolle der Lehrkraft einnehmen (Gartmeier & Hascher, 2016). Während die Fähigkeit der Perspektivenübernahme als kognitiver Prozess gelten kann, beinhaltet Empathie auch eine emotionale Komponente (Gibbons, 2011). Es ist zu vermuten, dass Lehrkräfte sich bei der Videoanalyse nicht nur in Situationen hineindenken, sondern auch emotional in andere Personen einfühlen (Gartmeier & Hascher, 2016).

Beim Lernen mit fremden Videos könnten negative Emotionen wesentlicher Teil einer produktiven und kognitiv-aktivierenden Irritation sein, die insbesondere dann auftritt, wenn sich Lehrkräfte zum ersten Mal und systematisch mit Unterrichtssituationen auseinandersetzen. Chang et al. (2018) werten es als pro-soziales Verhalten, wenn Lehrkräfte ihre negativen Emotionen in fortbildungsöffentlichen Situationen zeigen. Sie könnten damit ihr Vertrauen gegenüber Kolleg*innen sowie der Fortbildungsleitung ausdrücken und ihren spezifischen Wunsch nach Feedback auch emotional äußern. Da nicht nur in kollaborativen Settings, sondern auch in einem individuellen Setting negative Emotionen beim Lernen mit fremden Unterrichtsvideos auftreten, könnten negative Emotionen generell mit der kritisch-konstruktiven Videoanalyse einhergehen. Folgt man Überlegungen der Kontroll-Wert-Theorie (Pekrun, 2006), dann müsste für einen erfolgreichen Lernprozess vor allem entscheidend sein, dass Lehrkräfte ihr Analyseverhalten selbst steuern bzw. kontrollieren und die Analyse als wertvoll für sich erachten können, etwa hinsichtlich des eigenen Kompetenzerlebens.

Beim Lernen mit eigenen Videos sollte dagegen öfter als beim Lernen mit fremden Videos die Situation auftreten, dass Aktivitäten nicht als kontrollierbar erfahren werden, etwa, wenn im Rahmen einer Fortbildung von der Leitung Videoszenen ausgewählt und der Gruppe zur Analyse angeboten werden. Die Studie von Kleinknecht & Poschinsky (2014) zeigt, dass bereits das Beobachten des eigenen Videos in einem computerbasierten Setting ohne soziale Kontakte zu negativen Emotionen und Abwehr bzw. Rechtfertigung und kaum zu kritisch-konstruktiver Auseinandersetzung mit dem eigenen Handeln führt. Es ist zu vermuten, dass diese negativen Prozesse in kollaborativen Settings verstärkt dann auftreten, wenn Kolleg*innen bzw. die Fortbildungsleitung die negative Wahrnehmung der eigenen Person verstärken und der positive Wert von (Video-)Feedback für die sich selbst reflektierende Lehrkraft nicht deutlich wird.

Angesichts der wenigen, bislang lediglich explorativ angelehnten Studien werfen die bisherigen Befunde weitere Forschungsfragen auf. So wäre zu untersuchen, unter welchen Bedingungen videobasierter Lehrkräftefortbildung positive und negative Emotionen verstärkt auftreten und wie diese in Verbindung mit Prozessen des selektiven Wahrnehmens und der Interpretation von Unterrichtssituationen stehen. Insbesondere die Rolle von positiven Emotionen, etwa Freude, sollte noch besser geklärt werden. Analog zu Befunden der Forschung zu Emotionen von Lehrkräften beim Unterrichten wäre zu erwarten, dass Freude mit Lernmotivation und Lernerfolg positiv zusammenhängt (Frenzel et al., 2018). Insbesondere quasi-experimentelle Studien mit größeren als bislang vorhandenen Stichproben sollten die Wirkung von unterschiedlichen Fortbildungsbedingungen auf emotionale und kognitive Prozesse noch systematischer als bislang untersuchen.

17.3 Relevanz von Emotionen für die Gestaltung von videobasierten Fortbildungen

Zieht man nun Schlussfolgerungen aus den bisherigen Ausführungen zu videobasierten Fortbildungen für die Fortbildungspraxis, ist zu bedenken, dass bislang nur sehr wenige Befunde zur Relevanz von Emotionen für das videobasierte Lernen in einem computerbasierten, individuellen und kollektiven Fortbildungssetting vorliegen. In der Praxis ist eine Vielfalt videobasierter Formate vorzufinden, wobei etwa das individuelle Beobachten nur ein mögliches Setting darstellt, das oftmals mit anderen Formen kombiniert wird.

Beim Beobachten des eigenen Unterrichts ist mit selbstwertbezogenen negativen Emotionen zu rechnen, die eine vertiefte Auseinandersetzung mit dem Unterricht beeinträchtigen können. Kasten 17.1 zeigt die Maßnahmen zur Lernunterstützung, die auch auf Emotionen beim Lernen zielen und die Qualität videobasierter Formate erhöhen sollten.

Die bisherigen Befunde zu Emotionen beim Lernen mit Unterrichtsvideos unterstreichen die Bedeutung von Maßnahmen, die darauf zielen, Vertrauen in einer Fortbildungsgruppe aufzubauen (Borko et al., 2008; Zhang et al., 2011). Neben der Etablierung von Gesprächs- und Diskussionsregeln und der Schaffung einer kritisch-konstruktiven Lernatmosphäre könnte es ebenfalls lernförderlich sein, den Einfluss von Emotionen auf die Analyse von Videos zu Beginn der Fortbildung zu thematisieren. Letztlich sollte eine Moderation Wert darauf legen, die Ziele der Fortbildung mit den Teilnehmenden festzulegen und dabei auch emotional-motivationale Ziele ansprechen (z. B. wäre ein solches Lernziel: »Ich möchte mit Freude und hoher Motivation mein Klassenführungsverhalten analysieren und dazu Feedback erhalten«).

Hinweise für Fortbildner*innen zur Planung und Durchführung videobasierter Seminare und Trainings

Moderation

- Festlegen und Etablieren von Gesprächsregeln
- Thematisieren von möglichen positiven und negativen Emotionen bei der Videoanalyse
- Gemeinsames Festlegen kognitiver und emotional-motivationaler Lernziele

Auswahl des Videomaterials

- Erklären des Lernzielbezugs bei der Auswahl der Videosequenzen
- Ermutigen zur Auswahl kritischer Szenen
- Einbeziehen von Emotionen der Teilnehmenden bei der Auswahl der Videosequenzen

Aufgaben zur Analyse

- Festlegen eines Analysefokus mit Analysekriterien
- Erklären und Etablieren einer analytischen, theoriebasierten Perspektive auf Unterricht
- Vermeiden von oberflächlichen, nicht begründeten Wertungen

Feedback

- Erklären und Etablieren von wertschätzendem, selbstwertförderlichem Feedback
- Bewusster Einsatz positiven Feedbacks und affektiv-emotionaler Kommentare
- Vermeiden von personenbezogenem Feedback (Lob, Tadel)

Kasten 17.1: Emotionen beim Lernen berücksichtigen. Mögliche Maßnahmen der Lernunterstützung in videobasierten Lehrkräftefortbildungen.

Beim Filmen des Unterrichts und der Auswahl der Sequenzen sollten Fortbildner*innen die Teilnehmenden beraten und unterstützen, um letztlich lernzielpassende Sequenzen in der Fortbildung diskutieren zu können. In vielen Fällen wird es vermutlich darum gehen, die Teilnehmenden zu ermutigen, auch für sie kritische Szenen zu zeigen und den möglichen Lerngewinn durch Analysen und Feedback in der Gruppe anzusprechen. Insbesondere bei der Auswahl kritischer Szenen sollte bedacht werden, dass die Analyse eigener Videos mit selbstwertbedrohlichen Emotionen einhergehen und zu Rechtfertigung und Abwehrhaltung führen kann. Eine Mitbestimmung oder mindestens ein Veto-Recht bei der Auswahl der Unterrichtssequenz könnte den Lehrkräften vermitteln, dass sie die Analysesituation beeinflussen und kontrollieren können und zu starke, negative Emotionen vermeiden.

Bisherige Konzepte der videobasierten Lehrkräftefortbildung zeigen, dass Aufgaben und Lernhilfen maßgeblich das Lernen und den Lernerfolg beeinflussen (u.a. Derry et al., 2014). In vielen Konzepten wird darauf hingewiesen, dass Lehrkräfte aufgabengeleitet lernen müssen, einen spezifischen Fokus auf Unterricht zu richten und ihr Urteil vorsichtig, kriterienorientiert und theoretisch bzw. evidenzbasiert begründend zu formulieren. Hierzu helfen Hinweise, die auf erarbeitete Kriterien zur Beobachtung etwa der Klassenführung (Weber et al., 2018), der kognitiven Aktivierung (Kleinknecht & Schneider, 2013) oder einer dialogorientierten Gesprächsführung (Alles et al., 2018) erinnern. Zudem werden oftmals die Schritte einer systematischen Analyse vorgegeben. Die Teilnehmenden werden auf diese Weise ermutigt, Unterrichtsszenen zunächst zu beschreiben, die Situationen theoretisch mit Bezug zum Analysefokus zu erklären und eine Bewertung vorsichtig zu formulieren sowie schließlich alternative Lehrhandlungen in konkreter und konstruktiver Weise zu entwerfen (u.a. Alles et al., 2018; Weber et al., 2018). Diese Vorgehensweisen sollten dazu führen, dass eigene und fremde Videos nicht oberflächlich, sondern auf Basis von festgelegten, theoretisch begründeten Kriterien bewertet werden. Bisherige Befunde lassen vermuten, dass insbesondere globale, nicht begründete Urteile (z. B.: »Das ist ganz schlechter Unterricht und es wird noch viel schlimmer.«) negative Emotionen erzeugen, die eine vertiefte Auseinandersetzung mit Lehr- und Lernsituationen verhindern.

Schließlich können Emotionen in videobasierten Lehrkräftefortbildungen wesentlich durch die Qualität des Feedbacks beeinflusst werden. Während für das unterrichtliche Lehren und Lernen viele Befunde zur Wirkung von Feedback vorliegen, fehlen für das Lernen von Lehrkräften noch empirische Studien zur Wirkung von Unterrichtsfeedback (Prilop et al., 2020). Nach dem Modell von Prilop et al. (2019a, 2020), das auf kognitionspsychologischen Forschungen beruht (u. a. Narciss, 2013), sollte das Feedback immer konstruktiv (z. B. Alternativen formulieren), wertschätzend (z. B. positive und kritische Urteile gleichgewichten) und aktivierend (z. B. Schlussfolgerungen der Feedbacknehmerin/des Feedbacknehmers erfragen) sein. Die Lernwirkung des Feedbacks wird allerdings entscheidend davon abhängen, wie sich das Feedback adaptiv an personalen und situationalen Bedingungen orientiert. Als wichtige personale Bedingungen können State-Emotionen gelten und als situationale Bedingungen die Trait-Emotionen beim Bewerten der Situation. Das Feedback durch eine*n Fortbildner*in oder das kollegiale Feedback kann die Selbstwirksamkeit stärken bzw. schwächen und auch die Emotionen während des Lernens beeinflussen. Feedbackgeberinnen und -geber sind gerade dann gefordert, wenn die Selbstwirksamkeit einer Lehrkraft gering ist, sie grundsätzlich mit negativen, wenig aktivierenden Emotionen Unterricht reflektiert und die zu analysierende eigene Videosequenz vorwiegend als negativ einschätzt. Basierend auf Vorschlägen von Bandura (1994) zur Förderung von Selbstwirksamkeit sollte Feedback in solchen Fällen positiv bewerten und dabei auf konkretes Verhalten zielen (kein allgemeines Lob). Zudem sollten affektiv-emotionale Hinweise erfolgen, die Anteilnahme und Verstehen signalisieren und gleichzeitig positiv ermutigen (z. B.: »Ich bin sehr beeindruckt, wie du am Schluss der Einführung den Arbeitsauftrag formuliert hast. Das würde ich selbst einmal gerne in dieser Form schaffen. Toll!«). Befunde zum Videofeedback in der Ausbildung von Lehrkräften zeigen, dass adaptives Expertenfeedback Beliefs und Selbstkonzept von Studierenden positiv beeinflussen kann (Prilop, Weber & Kleinknecht, 2019b).

Die bisherigen Studien zu Emotionen beim videobasierten Lernen von Lehrkräften tragen dazu bei, den Zusammenhang von kognitiven und emotional-motivationalen Prozessen des Lehrens und Lernens im Rahmen videobasierter Fortbildungen noch besser zu verstehen. Für die Fortbildungspraxis liefern solche Studien weitere Erkenntnisse dazu, wie das Lernen von Lehrkräften unterstützt und Fortbildungen wirksam gestaltet werden können.

Weiterführende Literatur

Kleinknecht, M. & Poschinski, N. (2014). Eigene und fremde Videos in der Lehrerfortbildung. Eine Fallanalyse zu kognitiven und emotionalen Prozessen beim Beobachten zweier unterschiedlicher Videotypen. Zeitschrift für Pädagogik, 60(3), 471–490.

Steffensky, M. & Kleinknecht, M. (2016). Wirkungen videobasierter Lernumgebungen auf die professionelle Kompetenz und das Handeln (angehender) Lehrpersonen – Ein Überblick zu Ergebnissen aus aktuellen (quasi-)experimentellen Studien. Unterrichtswissenschaft, 44(4), 305–321.

Literatur

Alles, M., Seidel, T. & Gröschner, A. (2018). Establishing a positive learning atmosphere and conversation culture in the context of a video-based teacher learning community. Professional Development in Education, 45(1), 1-14. Advance online publication.

Bandura, A. (1994). Self-efficacy. In V. S. Ramachaudran (Vol. Ed.), Encyclopedia of human behavior: Vol. 4 (pp. 71–81). New York: Academic Press.

Blomberg, G., Renkl, A., Sherin, M., Borko, H. & Seidel, T. (2013). Five research-based heuristics for using video in pre-service teacher education. Journal of Educational Research Online 5(1), 90–114.

Blömeke, S., Gustafsson, J.-E. & Shavelson, R. (2015). Beyond dichotomies: Competence viewed as a continuum. Zeitschrift für Psychologie, 223, 3–13.

Borko, H., Jacobs, J. K., Eiteljorg, E. & Pittman, M. E. (2008). Video as a tool for fostering productive discussions in mathematics professional development. Teaching and Teacher Education, 24(2), 417–436.

Brophy, J. (2004). Using video in teacher education. Oxford, UK: Elsevier.

Chang, Ch.-F., Gröschner, A., Hall, N. C., Alles, M. & Seidel, T. (2018). Exploring Teachers' Emotions Via Nonverbal Behavior during Video-based Teacher Professional Development. AERA Open, 4(4), 1–15.

Derry, S. J., Sherin, M. G. & Sherin, B. L. (2014). Multimedia learning with video. In R. E. Mayer (Ed.), Cambridge handbooks in psychology. The Cambridge handbook of multimedia learning (pp. 785–812). New York, NY: Cambridge University Press.

Frenzel, A. C. (2014). Teacher emotions. In R. Pekrun & L. Linnenbrink-Garcia (Eds.), International handbook of emotions in education (pp. 494–519). New York, NY: Routledge.

Frenzel, A. C., Becker-Kurz, B., Pekrun, R, Goetz, T. & Lüdtke, O. (2018). Emotion transmission in the classroom revisited: A reciprocal effects model of teacher and student enjoyment. Journal of Educational Psychology, 110(5), 628–639.

Gartmeier, M. & Hascher, T. (2016). Emotions in learning with video cases. In S. Y. Tettegah & M. P. McCreery (Eds.), Emotions, technology, and learning (pp. 119–133). San Diego, CA: Academic Press.

Gaudin, C. & Chaliès, S. (2015). Video viewing in teacher education and professional development: a literature review. Educational Research Review, 16, 41–67.

Gibbons, S. B. (2011). Understanding Empathy as a Complex Construct: A Review of the Literature. Clinical Social Work Journal, 39(3), 243–252.

Gröschner, A., Seidel, T., Pehmer, A.-K. & Kiemer, K. (2014). Facilitating collaborative teacher learning: The role of »mindfulness« in video-based teacher professional development programs. Gruppendynamik und Organisationsberatung, 45(3), 273–290.

Kennedy, M. (2016). How Does Professional Development Improve Teaching? Review of Educational Research, 86(4), 945–980.

Kersting, N. B., Givvin, K. B., Thompson, B. J., Santagata, R. & Stigler, J. (2012). Measuring usable knowledge: Teachers' analyses of mathematics classroom videos predict teaching quality and student learning. American Educational Research Journal, 49, 568–589.

Kleinknecht, M. & Poschinski, N. (2014). Eigene und fremde Videos in der Lehrerfortbildung. Eine Fallanalyse zu kognitiven und emotionalen Prozessen beim Beobachten zweier unterschiedlicher Videotypen. Zeitschrift für Pädagogik, 60(3), 471–490.

Kleinknecht, M. & Schneider, J. (2013). What do teachers think and how do they feel when they analyze videos of themselves teaching and of other teachers teaching? Teaching and Teacher Education, 33, 13–23.

Koehler, M. J., Yadav, A., Phillips, M. M. & Cavazos-Kottke, S. C. (2005). What is video good for? Examining how media and story genre interact. Journal of Educational Multimedia and Hypermedia, 14(3), 249–272.

Krammer, K., Ratzka, N., Klieme, E., Lipowsky, F., Pauli, C. & Reusser, K. (2006). Learning with classroom videos: Conception and first results of an online teacher learning project. ZDM, 38(5), 422–432.

Lave, J. & Wenger, E. (1991). Situated learning: Legitimate peripheral participation. Cambridge, UK: Cambridge University Press.

LeFevre, D. M. (2004). Designing for teacher learning: Video-based curriculum design. In J. Brophy (Ed.), Using video in teacher education (Advances in Research on Teaching, Vol. 10) (pp. 235–258). Amsterdam: Elsevier.

Lewis, C., Perry, R. & Murata, A. (2006). What is the role of the research in an emerging innovation: The case of lesson study. Educational Researcher, 35(3), 3–14.

Major, L. & Watson, S. (2018). Using video to support in-service teacher professional development: the state of the field, limitations and possibilities. Technology Pedagogy and Education, 27(1), 49–68.

Narciss, S. (2013). Designing and evaluating tutoring feedback strategies for digital learning environments on the basis of the Interactive Tutoring Feedback Model. Digital Education Review, 23, 7–26.

Pekrun, R. (2006). The control-value theory of achievement emotions: Assumptions, corollaries, and implications for educational research and practice. Educational Psychology Review, 18(4), 315–341.

Petko, D., Prasse, D. & Reusser, K. (2014). Online-Plattformen für die Arbeit mit Unterrichtsvideos: Eine Übersicht. Beiträge zur Lehrerinnen- und Lehrerbildung, 32(2), 247–261.

Petko, D., Waldis, M., Pauli, C. & Reusser, K. (2003). Methodologische Überlegungen zur videogestützten Forschung in der Mathematikdidaktik. Ansätze der TIMSS 1999 Video Studie und ihrer schweizerischen Erweiterung. ZDM Mathematics Education 35(6), 265–280.

Prilop, C. N., Weber, K. E. & Kleinknecht, M. (2019a). Entwicklung eines videobasierten Instruments zur Messung kollegialer Feedbackkompetenz von Lehrkräften. In T. Ehmke, P. Kuhl & M. Pietsch (Hrsg.), Lehrer. Bildung. Gestalten. Beiträge zur empirischen Forschung in der Lehrerbildung (S. 153–163). Weinheim, Basel: Beltz.

Prilop, C. N., Weber, K. E. & Kleinknecht, M. (2019b). How digital reflection and feedback environments contribute to pre-service teachers' beliefs about teaching and learning and self-efficacy during a school practicum. Studies in Educational Evaluation, 62, 158–170.

Prilop, C. N., Weber, K. E. & Kleinknecht, M. (2020). Effects of digital video-based feedback environments on pre-service teachers' feedback competence. Computers in Human Behavior, 102, 120–131.

Putnam, R. T. & Borko, H. (2000). What do new views of knowledge and thinking have to say about research on teacher learning? Educational Researcher, 29(1), 4–15.

Roth, K. J., Garnier, H. E., Chen, C., Lemmens, M., Schwille, K. & Wickler, N. I. (2011). Videobased lesson analysis: Effective science PD for teacher and student learning. Journal of Research in Science Teaching, 48, 117–148.

Santagata, R. & Guarino, J. (2011). Using video to teach future teachers to learn from teaching. ZDM, 43, 133–145.

Seidel, T. & Stürmer, K. (2014). Modelling and measuring the structure of professional vision in pre-service teachers. American Educational Research Journal, 51(4), 739–771.

Seidel, T., Stürmer, K., Blomberg, G., Kobarg, M. & Schwindt, K. (2011). Teacher learning from analysis of videotaped classroom situations: Does it make a difference whether teachers observe their own teaching or that of others? Teaching and Teacher Education, 27 (2), 259–267.

Sherin, M. G. & van Es, E. A. (2009). Effects of video club participation on teachers' professional vision. Journal of Teacher Education, 60, 20–37.

Steffensky, M. & Kleinknecht, M. (2016). Wirkungen videobasierter Lernumgebungen auf die professionelle Kompetenz und das Handeln (angehender) Lehrpersonen – Ein Überblick zu Ergebnissen aus aktuellen (quasi-)experimentellen Studien. Unterrichtswissenschaft, 44(4), 305–321.

Sutton, R. E. & Wheatley, K. F. (2003). Teachers' emotions and teaching: A review of the literature and directions for future research. Educational Psychology Review, 15(4), 327–358.

Tripp, T. R. & Rich, P. J. (2012). The influence of video analysis on the process of teacher change. Teaching and Teacher Education, 28, 728–739.

Vieluf, S., Praetorius, A.-K., Rakoczy, K., Kleinknecht, M. & Pietsch, M. (2020). Angebots-Nutzungsmodelle der Wirkweise des Unterrichts: eine kritische Auseinandersetzung mit ihrer theoretischen Konzeption. Zeitschrift für Pädagogik, 66, 63–80.

Weber, K. E., Gold, B., Prilop, C. N. & Kleinknecht, M. (2018). Promoting pre-service teachers' professional vision of classroom management during practical school training: Effects of a structured online- and video-based self-reflection and feedback intervention. Teaching and Teacher Education, 76, 39–49.

Yadav, A., Phillips, M., Lundeberg, M., Koehler, M., Hilden, K. & Dirkin, K. H. (2011). If a picture is worth a thousand words is video worth a million? Differences in affective and cognitive processing of video and text cases. Journal of Computing in Higher Education, 23(1), 15–37.

Zhang, M., Lundeberg, M., Koehler, M. J. & Eberhardt, J. (2011). Understanding affordances and challenges of three types of video for teacher professional development. Teaching and Teacher Education, 27, 454–462.

18 Lern- und Leistungsemotionen von Lehramtsstudierenden in autonomieunterstützenden Lehr-Lernumgebungen

Stefan Markus, Katharina Fuchs, Florian Hofmann, Barbara Jacob, Melanie Stephan & Michaela Gläser-Zikuda

Kurzzusammenfassung

Emotionen spielen nicht nur in schulischen Lehr-Lernumgebungen, sondern auch an Hochschulen eine wichtige Rolle. Als besonders emotionsförderlich hat sich Autonomieunterstützung von Lernenden gezeigt. Im vorliegenden Beitrag werden empirische Befunde zu Lern- und Leistungsemotionen von Lehramtsstudierenden in autonomieunterstützenden Lehr-Lernumgebungen berichtet und mit Blick auf hochschuldidaktische Implikationen diskutiert.

Schlagwörter: *Lern- und Leistungsemotionen, Autonomieunterstützung, Hochschuldidaktik*

18.1 Lern- und Leistungsemotionen

Nicht nur in der Schule, sondern auch im Hochschulkontext sind Emotionen von Lernenden allgegenwärtig (Hagenauer & Hascher, 2018). Insbesondere die auf Lernen und Leistung fokussierten Emotionen spielen neben sozialen, epistemischen und themenbezogenen Emotionen eine wichtige Rolle für die Erklärung von Reaktionen auf die vielfältigen Herausforderungen des Hochschulalltags (Pekrun & Linnenbrink-Garcia, 2014). Sowohl situative (State-) als auch habitualisierte (Trait-)Emotionen beeinflussen motivationale Komponenten des Lernens (z. B. Engagement), das konkrete Lernverhalten (z. B. Mitarbeit in Seminaren, Vorbereitung auf Klausuren) sowie die Qualität der kognitiven Verarbeitungsprozesse (z. B. Erinnerungsleistung, flexible Anwendung des Wissens) von Studierenden (Linnenbrink-Garcia & Pekrun, 2011). Somit wirken sich Lern- und Leistungsemotionen in Wechselwirkung mit Kognitionen und Motivation auf die Leistungen (Abele, 1995), das Wohlbefinden (Hascher, 2004) und folglich auf den gesamten Bildungsverlauf während und nach der Hochschule aus (Pekrun & Linnenbrink-Garcia, 2014). Positive Emotionen helfen dabei, sich Ziele zu vergegenwärtigen und Herausforderungen anzugehen, den Blick für kreative Problemlösungen zu öffnen und Resilienz zu fördern und sind wesentlich für selbstreguliertes Lernen (Boekaerts, 1999). Um Studierenden positive emotionale Erfahrungen im Hinblick auf Lehr-Lerninhalte, die Lernumgebung sowie Lehr-Lernprozesse zu ermöglichen, sind hochschuldidaktische Ansätze nicht nur auf kognitive, sondern auch auf emotionale Aspekte hin zu gestalten.

18.1.1 Definition

Emotionen können als affektive Reaktion auf ein subjektiv relevantes Ereignis oder Objekt definiert werden, die mit zeitlich befristeten Veränderungen des Erlebens, Verhaltens sowie der Kognition und Motivation einhergeht (Eder & Brosch, 2017). Zentral ist ihr individuell erlebter positiver oder negativer *Gefühlscharakter* (Russell, 1991). *Emotionale Zustände (States)* beziehen sich auf einzelne, spezifische Situationen und sind somit aktuelle, temporäre Affekte. *Habituelle Emotionen (Traits)* hingegen basieren auf prozeduraler Schemata, sind somit von eher genereller Natur und stellen eine gewohnheitsmäßige oder persönlichkeitsbasierte, zeitstabile Neigung zum Erleben bestimmter Emotionen dar (Cattell & Scheier, 1958). Da habituelle Emotionen aber ebenso wie temporäre emotionale Zustände als Reaktionen auf Aspekte der Lebensumwelt zu verstehen sind, ist zu betonen, dass auch habituelle Emotionen trotz ihrer relativen Zeitstabilität veränderbar sein können (Sprangler & Zimmermann, 1999).

Lern- und Leistungsemotionen (engl. *achievement emotions*) können sich sowohl auf die Aktivitäten als auch auf die Ergebnisse des Lernens richten (Pekrun, 2006) und beziehen sich im Hochschulkontext somit auf alle Handlungen und Handlungsergebnisse, die von Studierenden selbst oder von anderen Personen (z. B. Mitstudierenden, Hochschuldozent*innen, Eltern) hinsichtlich eines Qualitätsstandards bewertet werden (Pekrun, Frenzel, Goetz & Perry, 2007). Lernemotionen (*activity emotions*) treten im Gegensatz zu Leistungsemotionen (*outcome emotions*) in Situationen des Lernens auf, die weitgehend frei von Leistungsbewertungen sind, d. h. in Situationen, in denen der Wissens- oder Fähigkeitserwerb an sich im Vordergrund steht (z. B. selbstorganisierte Lernzeiten, Tutorien). Emotionen stellen ein vielfältiges Konstrukt dar, das hinsichtlich Valenz, Dauer bzw. Stabilität, Intensität und Situationsbezug differenziert werden muss (Frenzel et al., 2015).

18.1.2 Die Kontroll-Wert-Theorie der Lern- und Leistungsemotionen

Wie Emotionen ausgelöst werden, lässt sich beispielsweise über sogenannte »Appraisaltheorien« erklären (Arnold, 1960; Lazarus, 1991). Nicht die objektiven Eigenschaften eines Ereignisses oder Objekts rufen eine Emotion hervor, sondern die subjektive *Einschätzung* (engl. *appraisal*) der Handlungen bzw. Handlungsergebnisse im Hinblick auf bestimmte Kriterien. Einen speziell auf den Lern- und Leistungskontext fokussierten Appraisal-Ansatz zur Entstehung von Emotionen hat Pekrun (2006) mit der *Kontroll–Wert-Theorie* entwickelt. Dieses Rahmenmodell zur Bedingungs- und Wirkanalyse von Lern- und Leistungsemotionen rückt die Kontroll- und Wertappraisals in den Mittelpunkt der Emotionsentstehung. Ebenso wie die daraus resultierenden Emotionen sind Appraisals domänen- und situationsspezifisch organisiert, d. h. sie treten situations- und fachspezifisch auf.

Subjektive Kontrolle

Das Appraisal der *subjektiven Kontrolle* umfasst Bewertungen der Kontrolle über Handlungen und deren Ergebnisse (*controllability*), Einschätzungen darüber, ob internale oder externale Faktoren dieser Kontrolle zugrunde liegen (*agency*), sowie die Beurteilung der subjektiven Wahrscheinlichkeit, die angestrebten Leistungen zu erreichen (*probability*; Pekrun & Perry, 2014).

Kontrolleinschätzungen stehen dem Konzept der *Selbstwirksamkeitserwartungen* (Bandura, 1994) sehr nahe. Auch das *Fähigkeitsselbstkonzept* der Studierenden steht in engem Zusammenhang mit der subjektiven Einschätzung der Kontrolle. Hiermit ist die Gesamtheit aller kognitiver Repräsentationen eigener Fähigkeiten bezüglich akademischer Leistungen gemeint (Pekrun, 1983). Ähnlich wie Selbstwirksamkeitserwartungen stellt auch das Fähigkeitsselbstkonzept eine Kognition in Bezug auf die eigene Leistungsfähigkeit dar, allerdings ist es etwas stärker an der Evaluation bisheriger (Miss-)Erfolge orientiert, während Selbstwirksamkeitserwartungen eher Erwartungen an die künftige Leistungsfähigkeit der eigenen Person umfassen (vgl. Feng, Wang & Rost, 2018). Ein hohes Fähigkeitsselbstkonzept sowie eine hohe subjektive Kontrolle gehen mit positiven Emotionen einher und mindern negative Emotionen (Goetz, Frenzel, Hall & Pekrun, 2008; Pekrun, Goetz, Frenzel, Barchfeld & Perry, 2011).

Subjektiver Wert

Mit dem Appraisal des *subjektiven Werts* ist die persönliche Bedeutsamkeit der Lernaktivität bzw. des Leistungsergebnisses gemeint. Der *intrinsische Wert* bezieht sich auf inhärente Eigenschaften der Lernaktivität oder der Leistung per se, unabhängig von dem daraus resultierenden Ergebnis. Der Tätigkeitsanreiz liegt somit im Wissenszuwachs, in einer (herausfordernden, spannenden) Aufgabenstellung sowie im Interesse an einem bestimmten Fachgebiet (Krapp, 2002). Die *extrinsische Leistungsvalenz* hingegen betrifft die subjektive Wichtigkeit von guten Leistungen oder erfolgreichem Lernen (*attainment value*), aber auch die instrumentelle Nützlichkeit (*utility value*) des Lernens bzw. der Leistungen für die Erlangung anderer Ziele, z. B. Berufszugang durch abgeschlossenes Studium oder positive Fremdbewertungen (Wigfield & Eccles, 2000). Studien, die den subjektiven Wert differenziert erfassen, deuten darauf hin, dass extrinsische Leistungsvalenz mit Angst, Scham und Lernfreude positiv korreliert, mit Ärger und Langeweile dagegen weniger stark positiv oder sogar negativ (Frenzel, Pekrun & Goetz, 2007; Götz, 2004). Der subjektive Gesamtwert (*overall outcome value*) korreliert positiv sowohl mit positiven als auch mit negativen Lern- und Leistungsemotionen.

Die Interaktion von Kontroll- und Wert-Appraisals übt einen Effekt auf die Entstehung von Lern- und Leistungsemotionen aus, wobei die subjektive Kontrolle beeinflusst, welche Emotionen erlebt werden (Emotionsqualität), während der subjektive Wert die Intensität der erlebten Emotionen bestimmt (Frenzel, Götz & Pekrun, 2015). Appraisals wiederum werden von proximalen und distalen Bedingungsfaktoren beeinflusst, z. B. durch generalisierte Überzeugungen und Geschlecht (individuelle Faktoren) oder situationsspezifische Faktoren, wie etwa den Charakteristika der Aufgaben und Leistungssituationen (Pekrun & Perry, 2014).

18.2 Autonomieunterstützung als Bedingungsfaktoren der Sozialumwelt

Unter einer sozial-kognitiven Perspektive ist anzunehmen, dass situationsspezifische Appraisals und generalisierte Überzeugungen von Personen immer in Auseinandersetzung mit ihrer Sozialumwelt entstehen. Die Appraisals Kontrolle und Wert fungieren dabei als Mediatoren beim Einfluss der Sozialumwelt auf Lern- und Leistungsemotionen. Insbesondere die proximale Sozialumwelt, d. h. im Hochschulkontext die Dozierenden sowie die Peergroup, vermag Kontroll- und Wertüberzeugungen zu beeinflussen. Einer der in der Kontroll-Wert-Theorie explizit genannten Faktoren ist der Grad an Autonomieunterstützung.

Die Gestaltung der Lehr-Lernumgebung, Aufgabenstellungen und soziale Beziehungen, welche das Autonomieempfinden von Studierenden unterstützen, erfüllen laut der Selbstbestimmungstheorie (Ryan & Deci, 2017) ein psychologisches Grundbedürfnis (Reeve, 2016). Autonomie meint dabei das Bestreben, sich selbst als Verursacher*in eigener Handlungen zu erleben, aus eigenen Werten und Interessen heraus zu handeln und über eigene Tätigkeiten bestimmen zu können. Die von Lernenden wahrgenommene Autonomie ist entscheidend für die Übernahme von Werten und Handlungszielen, sie steht somit in engem Zusammenhang mit intrinsischer Motivation und Interesse (Ryan & Deci, 2017). Studierende können ihr eigenes Handeln nur erproben und entwickeln, wenn ihnen Handlungsspielräume und Möglichkeiten der Selbstbestimmung gewährt werden. Erfolgreiche, selbstgesteuerte Handlungen tragen wiederum zur Ausbildung positiver Kontrollüberzeugungen bei (Frenzel et al., 2015).

Im akademischen Kontext bedeutet Autonomie jedoch nicht, den Studierenden völlige Freiheit in allen Belangen zu lassen, sondern sie dabei zu unterstützen, eine internale Handlungsverursachung (intrinsisch motivierte Handlungen), psychologische Freiheit (hohe Flexibilität bzw. geringen Druck während der Handlung) sowie Wahlmöglichkeiten (freie Wahl eigener Handlungen) wahrzunehmen. Sind diese drei Aspekte erfüllt, erleben die Studierenden Selbstbestimmung (Ryan & Deci, 2017).

Über den positiven Einfluss von Autonomieempfinden auf die Kontroll- und Werteinschätzungen sollte sich Autonomieunterstützung positiv auf die Lern- und Leistungsemotionen von Studierenden auswirken. Diese positiven Effekte hängen einerseits jedoch von der Passung zwischen den individuellen Kompetenzen und dem Bedürfnis nach Autonomie, andererseits vom Anforderungsniveau der Aufgabe ab. Wenn die Aufgabenstellung zu hohe Anforderungen bei niedrig ausgeprägten Selbstregulationsfähigkeiten der Studierenden stellt, kann dies zu einem Kontrollverlust und damit zu negativen Emotionen führen. Hat ein*e Student*in beispielsweise Schwierigkeiten in der adäquaten Planung und Aufrechterhaltung des eigenen Lernvorgangs und erfährt nicht genügend Unterstützung, so wird die betreffende Person Hoffnungslosigkeit oder Angst entwickeln, die eigenen Lern- bzw. Leistungsziele nicht zu erreichen (Pekrun & Perry, 2014).

Die Zusammenhänge von Autonomieunterstützung mit Lern- und Leistungsemotionen hängen von einigen Faktoren des Individuums sowie Merkmalen der Sozialumwelt ab. Empirisch zeigen sich vermutlich auch deswegen nur mäßige Korrelationen zwischen Selbstbestimmung bzw. Selbstregulation, die als Folge eines autonomieunterstützenden Lehr-Lernsettings verstanden werden kann, und emotionalem Befinden. So finden sich bei Titz (2001), Pekrun, Goetz, Titz und Perry (2002) sowie Pekrun et al. (2011) für die Lehrveranstaltungsemotionen Freude, Hoffnung, Stolz, Hoffnungslosigkeit und Scham durchgängig signifikante positive Korrelationen von schwacher bis mittlerer Stärke. Teils widersprüchlich sind die Ergebnisse für die Emotionen Angst, Ärger und Langeweile. Während bei Pekrun et al. (2011) die negativen Korrelationen von selbstreguliertem Lernen mit Ärger, Angst und Langeweile ein hohes Signifikanzniveau erreichen, sind bei Titz (2001) die Zusammenhänge mit selbstreguliertem Lernen hier äußerst schwach und nicht signifikant. Bei Pekrun et al. (2002) korrelieren Angst und Langeweile signifikant negativ mit der Selbstregulation des Lernens, Ärger hingegen nicht.

Während sich also durchweg positive Zusammenhänge zwischen selbstbestimmtem bzw. selbstreguliertem Lernen und positiven Emotionen feststellen lassen, sind die Ergebnisse bei den negativen Emotionen uneinheitlich und weniger stark ausgeprägt. Auch in schulischen Interventionsstudien, die über die Gestaltung autonomiefördernder Lernumgebungen auf die Förderung positiver und die Reduzierung negativer Lern- und Leistungsemotionen abzielten, konnten nur schwache Effekte für einzelne Emotionen nachgewiesen werden (Gläser-Zikuda et al., 2005).

18.3 Exemplarische Studie zu den Effekten von Autonomieunterstützung auf Lern- und Leistungsemotionen von Studierenden

Nachfolgend soll zur Illustrierung eine empirische Studie zur Förderung positiver Lern- und Leistungsemotionen von Lehramtsstudierenden vorgestellt werden.

Jacob et al. (2019) führten mit einer Gruppe von 217 Lehramtsstudierenden (überwiegend Studierende des ersten bzw. zweiten Fachsemesters aus Lehramtsstudiengängen des Primar- und Sekundarschulbereichs) an einer deutschen Universität eine vergleichende Studie durch, bei der über vier Wochen die Seminarsitzungen im Fachbereich Schulpädagogik abwechselnd in einem dozierendenzentrierten und einem autonomieunterstützenden bzw. studierendenorientierten Setting gestaltet wurden (▶ Tab. 18.1). Im dozierendenzentrierten Setting nahmen die Dozierenden eine aktive, stark lenkende Rolle ein und stellten die Inhalte der Sitzungen ausführlich dar, stellten Fragen an das Plenum, um das Vorwissen der Studierenden zu aktivieren, und regten zur Diskussion an. Die Studierenden hatten jederzeit die Möglichkeit Fragen zu stellen. Im studierendenorientierten Setting hatten die Studierenden nach einer kurzen Einführung durch die Dozierenden Wahlmöglichkeiten zwischen verschiedenen Aufgabenstellungen und -methoden. Sie arbeiteten autonom in Kleingruppen und präsentierten bzw. diskutierten ihre Ergebnisse am Ende im Plenum. Die Hochschullehrenden unterstützten bei Bedarf in Form von weiterführenden Hinweisen.

Die Studierenden wurden jeweils zu Beginn und am Ende der Veranstaltungen gebeten, einen standardisierten Kurzfragebogen zu State-Emotionen auszufüllen. Am Ende der Sitzungen wurde zudem die Wahrnehmung der Veranstaltung in Bezug auf Autonomiegewährung und Partizipationsmöglichkeiten erfasst. Eine Woche vor Beginn der gesamten Studie beantworteten die Studierenden darüber hinaus einen Pretest-Fragebogen mit Fragen zu individuellen Aspekten (Alter, Geschlecht, seminarbezogene Wertkognitionen, Studieninteresse, Motivation etc.), ihren Trait-Emotionen sowie zur generellen Wahrnehmung des Seminars. Die Studie fand in der zweiten Hälfte des Wintersemesters 2017/18 statt.

Die Ergebnisse des Pretests zeigen, dass die Studierenden das Seminar von der Differenzierung in dozierenden- und studierendenorientierte Settings her prinzipiell als mäßig autonomieunterstützend empfanden. Hinsichtlich der auf die Lehrveranstaltung bezogenen negativen Emotionen war das Niveau an Ärger, Angst, Scham, Hoffnungslosigkeit und Langeweile insgesamt sehr niedrig. Demgegenüber wurde das Erleben von Freude und Stolz deutlich höher angegeben. Korrelationsanalysen ergaben erwartungsgemäß signifikant negative Zusammenhänge zwischen den negativen Trait-Emotionen und der prinzipiellen Einschätzung der Autonomieunterstützung im Kontext der Veranstaltung. Dies bedeutet: Je stärker die Studierenden Autonomieunterstützung im Rahmen des Seminars wahrgenommen haben, desto niedriger schätzten sie ihre negativen Trait-Emotionen ein. Obwohl ein derartiger Zusammenhang nicht für Freude und Stolz gefunden werden konnte, unterstützen die Ergebnisse des Pretests zunächst die Annahme eines positiven Effekts von Autonomieunterstützung auf das emotionale Erleben.

Allerdings ließen sich in Bezug auf den Vergleich der beiden Lehrsettings keine weiteren Hinweise auf mögliche positive Effekte einer stärkeren Autonomieunterstützung durch eine Studierendenorientierung in der Lehrveranstaltung finden. Die Teilnehmer*innen nahmen zwar im studierendenorientierten Setting im Vergleich zum dozierendenzentrierten Setting erwartungsgemäß mehr Auto-

Tab. 18.1: Design der Studie »Autonomieunterstützende Lernsettings bei Lehramtsstudierenden«
KE = Kurzerhebung; SE = State-Emotionen; LOR = lernendenorientiert; LZE = lehrendenzentriert

	Experimentalgruppe A	Experimentalgruppe B	
	Zufällige Zuordnung von Lehramtsstudierenden in Basisseminare Schulpädagogik		
Vorbereitungsphase	Seminarorganisation, Themenvorstellung, Einführung Schulpädagogik	Seminarorganisation, Themenvorstellung, Einführung Schulpädagogik	Vorbereitungsphase
Pretest	u. a. seminarbezogene Wertkognition, Studieninteresse, Motivation	u. a. seminarbezogene Wertkognition, Studieninteresse, Motivation	Pretest
Interventionsphase 1	KE SE – Thema A LOR – KE SE	KE SE – Thema B LZE – KE SE	Interventionsphase 1
Interventionsphase 2	KE SE – Thema A LZE – KE SE	KE SE – Thema B LOR – KE SE	Interventionsphase 2
Interventionsphase 3	KE SE – Thema B LOR – KE SE	KE SE – Thema A LZE – KE SE	Interventionsphase 3
Interventionsphase 4	KE SE – Thema B LZE – KE SE	KE SE – Thema A LOR – KE SE	Interventionsphase 4
Abschlussphase	Aussprache, Vorstellung erster Ergebnisse, Fragen	Aussprache, Vorstellung erster Ergebnisse, Fragen	Abschlussphase

nomie und Mitbestimmungsmöglichkeiten wahr, so dass von einer erfolgreichen Implementation der hochschuldidaktischen Settings ausgegangen werden kann. Im direkten Vergleich der State-Emotionen vor und nach den Seminarsitzungen zeigte sich jedoch in den dozierendenzentrierten Lehrveranstaltungen eine relativ deutliche und zum Teil auch statistisch signifikante Zunahme positiver Emotionen und eine Abnahme negativer Emotionen. Bei den studierendenorientierten Sitzungen war zwar ein ähnlicher Trend zu erkennen, dieser fiel jedoch deutlich geringer aus. Bei den Emotionen Stolz und Scham wurden nur äußerst geringe Veränderungen im Verlauf der studierendenorientierten Seminarsitzungen berichtet. Mit Ausnahme von Langeweile, die in beiden didaktischen Settings im Vorher-Nachher-Vergleich etwa vergleichbar abnahm, veränderten sich die Emotionen in den dozierendenzentrierten Settings damit stärker in eine positive Richtung. Dieser Befund blieb auch unter Kontrolle weiterführender Aspekte (Wertkognitionen, Studieninteresse, Motivation) stabil.

18.4 Diskussion

Die in diesem Beitrag vorgestellte Studie zeigt damit exemplarisch auf, dass die wahrgenommene Autonomieunterstützung in einer hochschulischen Lehr-Lernumgebung allein nicht ausreicht, um Lern- und Leistungsemotionen von Studierenden positiv zu beeinflussen.

Die Kontroll-Wert-Theorie (Pekrun & Perry, 2014) geht zwar davon aus, dass Autonomieunterstützung – als einer von fünf Faktoren – sich positiv auf das emotionale Erleben auswirkt. Dass dieser Zusammenhang weit weniger stark ausfällt, als theoretisch vielleicht angenommen werden könnte, zeigen die vorliegende wie auch andere empirische Studien.

Zum einen muss prinzipiell kritisch hinterfragt werden, ob Autonomieunterstützung bzw. Selbstbestimmung valide operationalisiert werden kann; so zeigt sich z. B., dass eine eindimensionale Erfassung des Konstrukts sich als nicht ausreichend erweist (Aelterman et al., 2019; Markus, 2019; Reeve, Nix & Hamm, 2003). Zum anderen kann angenommen werden, dass Autonomieunterstützung nicht per se emotionsförderlich wirkt, sondern weitere Faktoren auf Seiten des Individuums und der Sozialumwelt Einfluss nehmen.

Auf Seiten der Studierenden spielt die Vorerfahrung mit selbstbestimmten Lernarrangements eine wichtige Rolle. Studierende, die (aus ihrer Schulzeit) einen eher traditionellen, dozierendenzentrierten Lehrstil gewohnt sind, reagieren verunsichert oder gar verängstigt, wenn sie im Studium nun erstmals die Verantwortung für ihr eigenes Lernen übernehmen sollen (Benson, 2008). Laut Voller (1997) sollte demzufolge das Kontrollerleben der Studierenden in Lehr-Lernumgebungen gefördert werden, damit sie diese Autonomie bezogen auf ihren Lernprozess letztendlich emotional positiv erleben können.

Um Autonomie im Studium bestmöglich nutzen zu können, sind adäquate Emotionsregulationsstrategien und kognitive Lernstrategien zu entwickeln (Lohbeck, Schlesier, Wagener & Moschner, 2018). Ebenso müssen ausreichende selbstregulatorische Kompetenzen vorhanden sein (Pekrun & Perry, 2014). In ähnlicher Weise ist das fachliche Kompetenzniveau eine mögliche Moderatorvariable zwischen Autonomieunterstützung und Emotionen. Die Lern- und Leistungsemotionen von Studierenden mit hohen fachlichen und selbstregulatorischen Kompetenzen sollten demnach positiver sein, wenn sie in Lehrveranstaltungen viel Autonomie erfahren, weil im Sinne einer optimalen Aptitude-Treatment-Interaction (ATI; Snow, 1989) eine hohe Passung zwischen ihren Fähigkeiten bzw. Kompetenzen, Bedürfnissen und dem Lernarrangement besteht. Studierende mit niedrigen Kompetenzen – z. B. zu Beginn des Studiums – sollten dagegen einen kontrollierenden Lehrstil bzw. eine dozierendenorientierte Lehrveranstaltungskonzeption emotional positiver erleben (Reeve, 2002). Die Ausbildung selbstregulatorischer Kompetenzen ist daher mehr in den Fokus zu rücken. Zeitnahes, informatives und konstruktives Feedback (Hattie & Timperley, 2007) durch Dozierende, Tutor*innen und Peers sollte selbstbestimmte Lernphasen stets begleiten, um den Studierenden einen sicheren Rahmen für ihre Entscheidungen und Lernhandlungen zu bieten (Mouratidis, Vansteenkiste, Lens & Sideridis, 2008).

Durch das Angebot von Unterstützung und gezielter Lernbegleitung (*scaffolding*) können sich Studierende kompetent fühlen, ihre Lernaufgaben zu bewältigen (Vansteenkiste et al., 2012). Diese Facette von Struktur im Kontext von Selbstbestimmung bezeichnen Aelterman et al. (2019) als »Führung« (*guiding component of structure*). Auch die Kommunikation klarer Erwartungen erwünschten (z. B. kooperativen) und unerwünschten (z. B. die Arbeitsatmosphäre störenden) Verhaltens, Transparenz von Leistungserwartungen, Advanced Organizers (Ausubel, 1960) sowie eine formative Evaluation des Lernfortschritts (*formative assessment*; Sadler, 1989) tragen zur Klarheit der Lehrveranstaltung bei und sind wichtige Bestandteile von Struktur (*clarifying component of structure*; Aelterman et al., 2019). Autonomieunterstützung und Struktur sind somit keineswegs eindimensionale Gegensätze, sondern zwei unabhängige Umweltvariablen, die sich aufeinander beziehen, sich gegenseitig ergänzen und unterstützen können. Trotz aller Bestrebungen nach Autonomie im Lehr-Lernkontext benötigen Studierende immer auch Instruktion, Beratung und Anleitung.

Hinsichtlich der Gestaltung von Lehr-Lernumgebungen ist somit davon auszugehen, dass Autonomieunterstützung allein nicht ausreicht, um Emotionen positiv zu beeinflussen. Einige Studien haben im Hochschulkontext die Beziehungen zwischen Lehren, Lernen und dem emotionalen Erleben von Studierenden untersucht (Pekrun et al., 2002; Stephanou & Kyridis, 2012). So konnten beispielsweise Hagenauer, Gläser-Zikuda und Moschner (2017) zeigen, dass die wahrgenommene Relevanz des Studienmaterials der stärkste Prädiktor der Lern- und Leistungsemotionen von Studierenden ist. Weitere Bedingungsfaktoren der Sozialumwelt sind relevant; so spielen die kognitive sowie motivationale Qualität der Instruktion und Aufgaben (z. B. Struktur und Klarheit, Transparenz, kognitive Aktivierung, Wertinduktion), Erwartungen und Zielstrukturen (z. B. Angemessenheit der Leistungs- und Verhaltenserwartungen, Bezugsnormorientierung) sowie Leistungsrückmeldungen und Konsequenzen (z. B. Attributionsmuster, Konditionierung) eine Rolle für das emotionale Erleben (Pekrun & Perry, 2014). Zusammenfassend lässt sich festhalten, dass sich positive Lern- und Leistungsemotionen von Studierenden durch pädagogische und hochschuldidaktische Maßnahmen fördern lassen, welche den subjektiv erlebten Wert sowie die Kontrollüberzeugungen der Studierenden bezogen auf ihren Lernprozess positiv beeinflussen. Autonomieunterstützung kann bei entsprechender Passung zu den Lernvoraussetzungen der Studierenden ein emotionsförderlicher Faktor im Hochschulkontext sein, ist aber sicherlich nicht der einzige Aspekt.

Weiterführende Literatur

Hagenauer, G. & Hascher, T. (Hrsg.) (2018). Emotionen und Emotionsregulation in Schule und Hochschule. Münster: Waxmann.
Reeve, J. (2016). Autonomy-supportive teaching: What it is, how to do it. In W. C. Liu, J. C. K. Wang & R. M. Ryan (Hrsg.), Building autonomous learners. Perspectives from research and practice using self-determination theory (S. 129–152). Singapore: Springer.
Ryan, R. M. & Deci, E. L. (2017). Self-determination theory. Basic psychological needs in motivation development and wellness. New York: The Guilford Press.

Literatur

Abele, A. (1995). Stimmung und Leistung. Allgemein- und sozialpsychologische Perspektive (Schriftenreihe Lehr- und Forschungstexte Psychologie). Göttingen: Hogrefe.
Aelterman, N., Vansteenkiste, M., Haerens, L., Soenens, B., Fontaine, J. R. J. & Reeve, J. (2019). Toward an integrative and fine-grained insight in motivating and demotivating teaching styles. The merits of a circumplex approach. Journal of Educational Psychology, 111(3), 497–521.
Arnold, M. B. (1960). Emotion and personality. New York: Columbia Univ. Press.
Ausubel, D. P. (1960). The use of advance organizers in the learning and retention of meaningful verbal material. Journal of Educational Psychology, 51, 267–272.
Bandura, A. (1994). Self-efficacy. The exercise of control. New York: Freeman.
Benson, P. (2008). Teachers' and learners' perspectives on autonomy. In T. Lamb & H. Reinders (Eds.), Learner and teacher autonomy. Concepts, realities, and responses (pp. 15–32). Amsterdam: John Benjamins Pub. Company.
Boekaerts, M. (1999). Self-regulated learning. Where we are today. International Journal of Educational Research, 31, 445–475.
Cattell, R. B. & Scheier, I. H. (1958). The nature of anxiety: A review of thirteen multivariate analyses comprising 814 variables. Psychological Reports, 351–388.
Eder, A. B. & Brosch, T. (2017). Emotion. In J. Müsseler & M. Rieger (Hrsg.), Allgemeine Psychologie (3. Aufl.) (S. 185–222). Berlin: Springer.
Feng, X., Wang, J. & Rost, D. (2018). Akademische Selbstkonzepte und akademische Selbstwirksamkeiten: Interdependenzen und Beziehungen zu schulischen Leistungen. Zeitschrift für Pädagogische Psychologie, 32(1–2), 23–38.

Frenzel, A. C., Götz, T. & Pekrun, R. (2015). Emotionen. In E. Wild & J. Möller (Hrsg.), Pädagogische Psychologie (S. 201–224). Berlin, Heidelberg: Springer.

Frenzel, A. C., Pekrun, R. & Goetz, T. (2007). Girls and mathematics – A »hopeless« issue? A control-value approach to gender differences in emotions towards mathematics. European Journal of Psychology of Education, 22(4), 497–514.

Gläser-Zikuda, M.; Fuß, S.; Laukenmann, M.; Metz, K. (2005). Promoting students' emotions and achievement – instructional design and evaluation of the ECOLE-approach. Learning and Instruction, 15(5), 481–495.

Goetz, T., Frenzel, A. C., Hall, N. C. & Pekrun, R. (2008). Antecedents of academic emotions. Testing the internal/external frame of reference model for academic enjoyment. Contemporary Educational Psychology, 33(1), 9–33.

Götz, T. (2004). Emotionales Erleben und selbstreguliertes Lernen bei Schülern im Fach Mathematik (Psychologie, Bd. 20). München: Utz.

Hagenauer, G., Gläser-Zikuda, M. & Moschner, B. (2017). University students' emotions, life-satisfaction and study commitment. A self-determination theoretical perspective. Journal of Further and Higher Education, 42(6), 808–826.

Hagenauer, G. & Hascher, T. (2018). Editorial. In G. Hagenauer & T. Hascher (Hrsg.), Emotionen und Emotionsregulation in Schule und Hochschule (S. 9–11). Münster: Waxmann.

Hascher, T. (2004). Wohlbefinden in der Schule (Pädagogische Psychologie und Entwicklungspsychologie, Bd. 40). Münster: Waxmann.

Hattie, J. & Timperley, H. (2007). The power of feedback. Review of Educational Research, 77(1), 81–112.

Jacob, B., Hofmann, F., Stephan, M., Fuchs, K., Markus, S. & Gläser-Zikuda, M. (2019). Students' achievement emotions in university courses – does the teaching approach matter? Studies in Higher Education, 44(10), 1768–1780.

Krapp, A. (2002). An educational-psychological theory of interest and its relation to SDT. In E. L. Deci & R. M. Ryan (Hrsg.), Handbook of self-determination research (S. 405–429). Rochester, NY: Univ. of Rochester Press.

Lazarus, R. S. (1991). Emotion and adaptation. New York: Oxford University Press.

Linnenbrink-Garcia, L. & Pekrun, R. (2011). Students' emotions and academic engagement. Introduction to the special issue. Contemporary Educational Psychology, 36(1), 1–3.

Markus, S. (2019). Autonomieunterstützung und emotionales Erleben in der Sekundarstufe. Effekte der Öffnung von Unterricht auf Lern- und Leistungsemotionen. Dissertation. FAU Erlangen-Nürnberg.

Mouratidis, A., Vansteenkiste, M., Lens, W. & Sideridis, G. (2008). The motivating role of positive feedback in sport and physical education. Evidence for a motivational model. Journal of Sport and Exercise Psychology, 30(2), 240–268.

Pekrun, R. (1983). Schulische Persönlichkeitsentwicklung. Theorienentwicklungen und empirische Erhebungen zur Persönlichkeitsentwicklung von Schülern der 5. bis 10. Klassenstufe (Europäische Hochschulschriften, Reihe 06, Bd. 121). Frankfurt a. M. u. a.: Lang.

Pekrun, R. (2006). The control-value theory of achievement emotions: Assumptions, corollaries, and implications for educational research and practice. Educational Psychology Review, 18(4), 315–341.

Pekrun, R., Frenzel, A. C., Goetz, T. & Perry, R. P. (2007). The control-value theory of achievement emotions: An integrative approach to emotions in education. In P. A. Schutz & R. Pekrun (Hrsg.), Emotions in education (S. 13–36). Amsterdam: Academic Press.

Pekrun, R., Goetz, T., Frenzel, A. C., Barchfeld, P. & Perry, R. P. (2011). Measuring emotions in students' learning and performance: The achievement emotions questionnaire (AEQ). Contemporary Educational Psychology, 36(1), 36–48.

Pekrun, R., Goetz, T., Titz, W. & Perry, R. P. (2002). Academic emotions in students' self-regulated learning and achievement: A program of qualitative and quantitative research. Educational Psychologist, 37(2), 91–105.

Pekrun, R. & Linnenbrink-Garcia, L. (2014). Introduction to emotions in education. In R. Pekrun & L. Linnenbrink Garcia (Hrsg.), Handbook of emotions and education (Educational psychology handbook, S. 1–10). New York: Routledge.

Pekrun, R. & Perry, R. P. (2014). Control-value theory of achievement emotions. In R. Pekrun & L. Linnenbrink-Garcia (Hrsg.), International handbook of emotions in education (S. 120–141). New York: Routledge.

Reeve, J. (2002). Self-determination theory applied to educational settings. In E. L. Deci & R. M. Ryan (Hrsg.), Handbook of self-determination research (S. 183–203). Rochester, NY: Univ. of Rochester Press.

Reeve, J., Nix, G. & Hamm, D. (2003). Testing models of the experience of self-determination in intrinsic motivation and the conundrum of choice. Journal of Educational Psychology, 95(2), 375–392.

Russell, J. A. (1991). Culture and the categorization of emotions. Psychological Bulletin, 110(3), 426–450.

Ryan, R. M. & Deci, E. L. (2017). Self-determination theory. Basic psychological needs in motivation development and wellness. New York: The Guilford Press.

Sadler, D. R. (1989). Formative assessment and the design of instructional systems. Instructional Science, 18, 119–144.

Snow, R. E. (1989). Aptitude-treatment interaction as a framework of research in individual differences in learning. In P. L. Ackerman, R. J. Sternberg & R. Glaser (Hrsg.), Learning and individual differences. Advances in theory and research (S. 13–59). New York: Freeman.

Sprangler, G. & Zimmermann, P. (1999). Emotion, Motivation und Leistung aus entwicklungs- und persönlichkeitspsychologischer Perspektive. In M. Jerusalem & R. Pekrun (Hrsg.), Emotion, Motivation und Leistung (S. 85–104). Göttingen: Hogrefe.

Stephanou, G. & Kyridis, A. (2012). University students' perceptions of teacher effectiveness and emotions in lectures. The role of socio-cognitive factors, and academic performance. International Education Studies, 5(2), 58–79.

Vansteenkiste, M., Sierens, E., Goossens, L., Soenens, B., Dochy, F., Mouratidis, A., Aelterman, N., Haerens, L. & Beyers, W. (2012). Identifying configurations of perceived teacher autonomy support and structure. Associations with self-regulated learning, motivation and problem behavior. Learning and Instruction, 22(6), 431–439.

Voller, P. (1997). Does the teacher have a role in autonomous language learning? In P. Benson & P. Voller (Hrsg.), Autonomy and Independence in Language Learning (S. 98–113). London: Longman.

Wigfield, A. & Eccles, J. (2000). Expectancy-value theory of achievement motivation. Contemporary Educational Psychology, 25(1), 68–81.

19 Emotionen und Literatur. Wie Lehramtsstudierende Hör- und Printtexte emotional erleben und verstehen

Silvia Hasenstab

Kurzzusammenfassung

Im Zentrum der nachfolgenden Ausführungen stehen empirische Erhebungen zur Bedeutung *emotionalen Erlebens* im Umgang mit literarischen Print- und Hörtexten und zum Einfluss, den persönliche Dispositionen und Interessen von *Lehramtsstudierenden* in diesem Zusammenhang besitzen. Zunächst soll der theoretische und methodische Kontext erläutert werden, in dem das Forschungsprojekt angesiedelt ist. Daran schließt sich die Erläuterung des Erhebungsdesigns und ausgewählter Ergebnisse an. Auf dieser Basis werden die Befunde diskutiert.

19.1 Der Forschungskontext

In Literaturwissenschaft und Literaturdidaktik wird dem emotionalen Erleben im Umgang mit fiktionalen Texten eine besondere Bedeutung zugesprochen (vgl. Winko, 2003). Empirisch erforscht wird dieser Bereich allerdings erst seit wenigen Jahren (vgl. Frederking et al., 2017). Im Zuge der Kompetenzorientierung standen zunächst kognitive Dimensionen literarischen Verstehens im Vordergrund und die in der Literaturdidaktik durchaus kontrovers diskutierte Frage, ob sich literarisches Verstehen überhaupt kompetenztheoretisch modellieren und empirisch erheben lässt. Erst die Ergebnisse des DFG-Forschungsprojekts *LUK* zur literarischen Urteils- und Verstehenskompetenz (vgl. Frederking, Brüggemann & Hirsch, 2016; Meier, Roick, Henschel, Brüggemann, Frederking, Rieder, Gerner & Stanat, 2017) lieferten empirische Hinweise auf die Struktur von Dimensionen literarischer Verstehenskompetenz (▶ Kap. 19.1.2). Auf dieser Basis war eine Erweiterung um *emotionale und personale* Aspekte sinnvoll. Unter Einbezug von Erhebungsformaten und -instrumenten aus LUK wurden in Forschungen zur *ästhetischen Kommunikation im Literaturunterricht* (ÄSKIL) und zu *literarisch stimulierter Emotionalität* (LisE) differenzierte Beobachtungen des Zusammenhangs zwischen emotionalem Erleben und literarischem Verstehen möglich (▶ Kap. 9). Die vorliegende Studie knüpft an diese Vorarbeiten in spezifischer Weise an.

19.1.1 Emotionen in literarischen Print- und Hörtexten – ein Vergleich

Während das emotionale Wirkungspotenzial von Literatur in ersten Ansätzen empirisch untersucht worden ist (vgl. Frederking et al., 2017), fehlen solche Forschungen im inter- bzw. symmedialen Kontext, d. h. im Hinblick auf den Zusammenhang und den Einfluss unterschiedlicher medialer Präsentations- bzw. Rezeptionsformen (Frederking, 2013). Angestrebt ist in der von mir durchgeführten Studie folglich ein Vergleich von Print- und Hörtexten, um zu prüfen, inwieweit das Spektrum und die Intensität emotionaler Wirkung eines literarischen Textes durch akustische Stimuli potenziell verändert bzw. erweitert werden. Ein skizzenhafter Vergleich der emotionalen Qualitäten von Literatur, Prosodie und Musik kann diese These besser nachvollziehbar machen: Analog zu dem Interpretationsmodell semiotischer Ästhetik, das zwischen der Intention des Autors, des Lesers und des literarischen Textes unterscheidet, haben sich für einen literarischen Text *drei Emotionstypen* theoretisch und empirisch unterscheiden lassen (vgl. Frederking, Brüggemann, Albrecht, Henschel & Gölitz, 2015): a) *Präsentierte* Emotionen, d. h. Emotionen, die im Text dargestellt werden, b) *intendierte* Emotionen, d. h. Emotionen, die beim (Modell-)Leser ausgelöst werden sollen, und c) *evozierte* Emotionen, d. h. Emotionen, die ein Leser während oder nach der Lektüre real erlebt. Diese drei Emotionstypen lassen sich, so eine heuristische Grundannahme der nachfolgend vorgestellten Studie, für akustische Stimuli wie Stimme, Prosodie und Musik in Teilen adaptieren. Den Platz des lesenden Rezipienten nimmt nun der Hörer ein; auch dessen emotionaler Eindruck muss nicht mit den im musikalischen Werk präsentierten und intendierten Emotionen übereinstimmen. Berücksichtigt man die interpretierenden Künstler (d. h. Musiker*innen oder professionelle Sprecher*innen), verlangt das Modell jedoch Ergänzungen. So bleiben alle in Musik und Prosodie wahrnehmbaren Emotionen weitgehend implizit, da akustische Mittel auf semantische Inhalte verweisen, ohne sie explizit zu benennen. Selbst für Programmmusik als intermedialem Grundtypus eines Wechsels von Literatur in Musik ist »das literarische Programm nicht mehr als identifizierbarer Inhalt zu entdecken« (Gess & Honold, 2017, S. 6). Entsprechend konstatiert Schmidt (2018, S. 114): »Musik ist es [...] nicht möglich, Sprache zu imitieren, Denken zu repräsentieren, Handlungen zu erzählen, logische Relationen auszudrücken«. Andererseits lassen sich semantische Inhalte durch Musik sehr wohl inszenieren. So betont Neubauer (1997, S. 117): »though instrumental music is incapable of narrating, it can enact stories: it can show even if it cannot tell, it can suggest plots«. Genauso können prosodische Mittel die kognitive oder affektive Bedeutung einer bestimmten Äußerung ändern oder Informationen hinzufügen (vgl. Behrens & Weirich, 2019, S. 4). Das heißt, Prosodie, Literatur und Musik (analog literarische Print- und Hörtexte) können in einem emotionalen Bezug stehen. Darüber hinaus scheinen akustische Signaturen stimmlichen und instrumentalen Ausdrucks in dieser Hinsicht vergleichbar zu sein. Dazu Egermann (2013, S. 261): »Musik klingt womöglich nur deshalb so emotional, weil sie zum Ausdruck von Emotionen ähnliche Parameter wie die Sprechstimme verwendet, nicht aufgrund spezifisch musikalischer Merkmale wie Timing, Lautstärke, Klangfarbe, Tonhöhe«. Diese These findet in einer Studie zur poetischen Sprachmelodie ihre Entsprechung, insofern sich hier zwischen Sprachmelodie und musikalischer Melodik eine hohe Übereinstimmung zeigt (vgl. Menninghaus, Wagner, Knoop & Scharinger, 2018).

19.1.2 Befunde zu emotionalen Facetten des literarischen Textverstehens

Interessant werden die oben skizzierten Überlegungen zum Zusammenhang von auditiver und literaler Ebene aus deutschdidaktischer Sicht vor allem in Kenntnis aktueller Befunde zum emotionalen Erleben und Verstehen von Literatur (vgl. Frederking, Brüggemann, Gölitz, Hasenstab & Stark, 2017). Ausgangspunkt sind hier Forschungen zur literarischen Verstehens- und Urteilskompetenz (LUK), die zwischen 2007 und 2013 von der DFG in drei Projektphasen gefördert wurden (vgl. Frederking, Brüggemann & Hirsch, 2016; Meier et al., 2017). Während in den ersten beiden LUK-Studien zunächst die Teildimensionen semantisches, idiolektales und kontextuelles Textverstehen überprüft wurden, fanden literarisches Fachwissen, ästhetische Aufmerksamkeit und alle in Kapitel 19.1.1 besprochenen emotionalen Dimensionen (präsentierte, intendierte, evozierte Emotionen) erstmals in LUK III Berücksichtigung. Allerdings wurde hier noch nicht erfasst, ob emotionales Erleben auch das literarische Verstehen beeinflusst. Die Frage, inwiefern sich evozierte Emotionen auf die literarische Verstehenskompetenz und die Entfaltung von Empathie auswirken, ist erst in zwei Folgeprojekten, der ÄSKIL-Studie zur ›Ästhetischen Kommunikation im Literaturunterricht‹ (Frederking & Albrecht, 2016) und der LisE-Studie zur literarisch stimulierten Emotionalität, systematisch untersucht worden (vgl. Frederking et al., 2017). Die Ermittlung präsentierter, textseitig intendierter und evozierter Emotionen erfolgte in der LisE-Studie über Expertenratings auf der Grundlage des theoretischen Modells zur semiotischen Ästhetik nach Umberto Eco. Dabei erweist sich ein zentraler Befund aus LisE für das nachfolgend vorgestellte Forschungsprojekt als richtungsweisend: Am häufigsten erlebten Schüler*innen die in Kurt Tucholskys Gedicht ›Aus!‹ nach Expertenurteil intendierte Emotion ›Betroffenheit‹ (62 %), während am wenigsten häufig (4 %) die vom Text nicht intendierte Emotion ›Schadenfreude‹ empfunden wurde. Damit gingen entsprechende Verstehensleistungen einher: Wenn auch nur mit einem kleinen Effekt (r = .22) zeigt sich in LisE ein positiver Zusammenhang zwischen emotionalem Erleben textseitig intendierter Emotionen und dem literarischen Textverstehen (semantisches und idiolektales Textverstehen) sowie dem Interesse am Text (r = .51, Brüggemann & Frederking, 2017).

Dieses Ergebnis legt die Frage nahe, ob und wie sich emotionales Erleben (insbesondere das intendierter Emotionen) intensivieren lässt und inwieweit es literarisches Textverstehen beeinflusst. In der von mir durchgeführten Studie ist diese Frage unter Einbeziehung akustischer Stimuli untersucht worden. Erhebungsdesign, Forschungsfragen und erste Ergebnisse sollen nachfolgend erläutert werden.

19.2 Effekte auditiver Wahrnehmung auf emotionale Facetten von Literatur. Ein Forschungsbericht

Im Mittelpunkt dieser Studie stehen unterschiedliche Medien- und Rezeptionstypen zu dem Gedicht »Aus!« von Kurt Tucholsky. Die vier unterschiedlich interpretierten Rezitationen wurden auf Grundlage ausführlicher Regieanweisungen von professionellen Schauspielern eigens für diese Studie eingesprochen bzw. mit professioneller Improvisationsmusik unterlegt, so dass die stimmliche und klangliche Qualität vergleichbar ist. Auf dieser Basis erfolgte eine differenzierte Untersuchung, der die Daten von ingesamt 763 Lehramtsstudierenden an einer deutschen Universität zugrunde liegen.

Die zentralen Forschungsfragen der Untersuchungen lauteten:

1. Verstärkt sich das emotionale Erleben eines literarischen Textes durch die Aktivierung auditiver Wahrnehmung?
2. In welcher Weise wird durch auditiv gestütztes literarisches Erleben das literarische Textverstehen verändert?
3. Welchen Einfluss hat die Reihenfolge der medialen Darbietung auf das Erleben und Verstehen des literarischen Textes?
4. Inwieweit beeinflussen das Interesse an Literatur bzw. Musik und das damit verbundene literarische bzw. musische Selbstkonzept die Wahrnehmung emotionaler Facetten?

19.2.1 Erhebungsdesign und Fragebogenaufbau

Für die Operationalisierung der Fragestellungen wurde ein dreiteiliger Fragebogen entwickelt. Im ersten Teil wurden Eingangsvoraussetzungen der befragten Lehramtsstudierenden, der sprachliche, familiäre und sozioökonomische Hintergrund, habituelle Empathie (vgl. Paulus, 2004), habituelle Lesemotivation (Henschel, 2013), literarische Lesemotivation (Henschel, 2013), das Leseselbstkonzept (Möller & Bonerad, 2007) und das musische Selbstkonzept (Spychiger, 2010 sowie selbstentwickelte Skalen) erhoben. Die Ratings erfolgen dabei auf vierstufigen Likert-Skalen mit den Polen ›trifft nicht zu‹ (1), ›trifft eher nicht zu‹ (2), ›trifft eher zu‹ (3) und ›trifft zu‹ (4). Der zweite Teil des Fragebogens erfasst die Wirkung von vier verschiedenen Medientypen auf das Textverstehen. Dabei dient das Gedicht »Aus!« von Kurt Tucholsky als Vorlage, weil es bereits in anderen empirischen Studien (LUK, ÄSKIL, LISE) Gegenstand war und deshalb Vergleichswerte vorliegen. Im dritten Teil des Fragebogens wurden potenzielle Schlussfolgerungen der Lehramtsstudierenden aus den gemachten ästhetischen Erfahrungen für unterrichtliche Prozesse erfragt.

Um die ästhetische Wirkung vergleichen zu können, muss jeder Medien- bzw. Rezeptionstyp einmal die Position der Erstrezeption innehaben. Aus diesem Grund sind für die Studie vier Erhebungsbedingungen mit jeweils einer Stichprobe von N > 134 (vgl. statistische Erläuterungen zur Stichprobengröße, ▶ Kap. 19.2.2) erforderlich. Nach der Erstrezeption werden die übrigen Medien- bzw. Rezeptionstypen in einer vorab zufällig ermittelten Reihenfolge dargeboten und mit entsprechenden Items im Fragebogen flankiert (▶ Tab. 19.1). Erst die intraindividuelle Konfrontation mit möglichst vielen unterschiedlichen Lesehaltungen erlaubt Rückschlüsse auf die literarische Ambiguitätstoleranz der Testpersonen.

Tab. 19.1: Vier Operationalisierungen der unabhängigen Variable Medientyp (Reihung 1)

Medientyp	Interpretation der Sprechstimme	Rezeptionstyp
1. Printtext	/	Lesen
2. Hörtext mit textnaher Interpretation	nüchtern, sachlich	Hören
3. Hörtext mit weiterführender Interpretation	a) schmerzerfüllt b) schadenfroh	Hören
4. Hörtext mit textnaher Interpretation u. Musik	empathisch-betroffen mit Musik	Hören

Anmerkungen. Für Medientyp 3 kamen zwei Versionen zum Einsatz, um weiterführende Interpretationen mit kontrastiver Lesehaltung vergleichen zu können. Alle Interpretationen wurden durch ausführliche Regieanweisungen operationalisiert und für diese Studie eigens von professionellen Schauspielern eingesprochen bzw. mit professioneller Improvisationsmusik unterlegt, so dass die stimmliche und klangliche Qualität vergleichbar ist.

19.2.2 Stichprobe

Diesem Beitrag liegen Daten von 273 der insgesamt 763 Lehramtsstudierenden der Friedrich-Alexander-Universität Erlangen-Nürnberg zugrunde, die von Oktober 2018 bis Mai 2019 erhoben und ausgewertet worden sind (WS 18/19 mit N = 158 für Bedingung 1; SoSe 19 mit N = 115 für Bedingung 2). Die Rekrutierung der Studierenden gelang vorwiegend über Basismodule der Deutschdidaktik, vereinzelt über Aufbau- und Vertiefungsseminare. In der Regel erfolgte die 90-minütige Erhebung im Beisein der jeweiligen Dozent*innen der Veranstaltung. Für den Vergleich eines Mittelwertes mit einer Konstanten sind 134 Befragte notwendig, um eine Effektgröße von d = .30 mit p < .01 und einer Teststärke von .80 statistisch abzusichern. Diese Angaben wurden mit dem Testplanungsprogramm G-Power (Erdfelder, Faul, Lang & Buchner, 2007) berechnet.

19.3 Ausgewählte Forschungsfragen und Ergebnisse

19.3.1 Welche Gründe geben Lehramtsstudierende in den ersten Semestern für die Wahl des Studiengangs Deutschdidaktik an?

Im Rahmen der von mir durchgeführten Untersuchungen wurden personale, emotionale und motivationale Präferenzen von Studienanfänger*innen erhoben (▶ Tab. 19.2). Sie sind einerseits als unabhängige Variablen innerhalb des Fragebogens relevant, andererseits beleuchten sie die personal-emotionale Seite fachlich literarischer Bildung (vgl. Frederking & Bayrhuber, 2020).

Tab. 19.2: Grund für die Studienwahl (vierstufige Skala: ›trifft nicht zu‹ (1) bis ›trifft zu‹ (4) und Korrelationen zum Lieblingsfach (Lf.) Deutsch (0 = ›Nein‹, 1 = ›Ja‹) in der Schule.

	Mw.	Std.-Abw.	r Lieblingsfach Deutsch	r gute Deutsch-Leistungen
Persönliches Interesse an Literatur	2,7	0,96	.49**	.34**
Persönliches Interesse an Sprache(n)	2,98	0,98	.36**	.32**
Persönlicher schulischer Erfolg	2,47	1,00	.51**	.52**
Freude, Deutsch zu unterrichten	2,99	0,88	.47**	.32**
Fehlende Alternative	2,14	1,16	-.42**	-.16**
Einfaches Studium	1,32	0,57	-.17**	-.02
Positives Lehrer-Vorbild	2,78	1,11	.25**	.14*
Negatives Lehrer-Vorbild	1,79	1,00	-.14*	-.05
Gesellschaftliche Bedeutung des Fachs	2,42	1,09	.11*	.03

Anmerkungen. N = 237. Die Korrelationen »Lieblingsfach Deutsch« ist mit **$p < .01$ (1-seitig), *$p < .05$ signifikant. Die Korrelation zwischen intrinsischen Interessen für die Studienwahl und guten bzw. sehr guten Leistungen (gute Lg.) ist mit ** $< .01$ (1-seitig), *$p < .05$ signifikant.

Zunächst ist interessant, dass nur 41 % der Befragten das Fach Deutsch als Lieblingsfach nennen – ein Sachverhalt, der sich u. a. dadurch erklären lässt, dass in Bayern alle Lehramtsstudierenden zumindest in basaler Form – als sogenanntes Drittelfach – Deutsch und Mathematik belegen müssen, so dass an der Erhebung sowohl Lehramtsstudierende mit dem Unterrichtsfach Deutsch als auch solche, die es nur als Drittelfach belegen, teilgenommen haben. Im Hinblick auf die

Berufs- und Studienwahl sind zudem schulische Leistungen (und damit das fachspezifische schulische Selbstkonzept) von Belang (vgl. Ratschinsky, 2009, S. 53 ff.). Hier gaben 48 % der Befragten für das Unterrichtsfach Deutsch gute bzw. sehr gute Schulnoten an. Dabei sind für das Fach Deutsch hochsignifikante Zusammenhänge zwischen intrinsischen Interessen für die Studienwahl und guten oder sehr guten schulischen Noten auffällig, während Gründe wie »fehlende Alternative« und »einfaches Studium« mit schlechten selbstberichteten schulischen Leistungen korrelieren.

Zusammengefasst lässt sich feststellen: 41 % der befragten Studierenden der Deutschdidaktik bewerteten ihr fachliches Interesse im schulischen Kontext als hoch, gleichzeitig erzielten sie mindestens gute Noten im Fach Deutsch. Studiengründe wie »fehlende Alternative« oder »einfaches Studium« spielten für die Wahl des Studienfachs Deutsch bei diesen Studierenden hingegen eine untergeordnete Rolle. Stattdessen stehen den Angaben zufolge Sprach- und Unterrichtsinteresse im Vordergrund. Für die Erhebung der Medien- bzw. Rezeptionstypen sind diese Befunde deshalb von Bedeutung, weil die ermittelten intrinsischen fachspezifischen Interessen im Zusammenhang mit Studienwahl, Literatur und Sprache einerseits die relativ hohe Affinität der Befragten gegenüber den fachlichen Gegenständen zeigen und sich damit ein positives fachliches Selbstkonzept andeutet. Andererseits ist zu prüfen, inwiefern sich hier Zusammenhänge zum emotionalen Erleben literarischer Texte feststellen lassen.

19.3.2 Korreliert das Interesse an Literatur mit dem Interesse an Musik?

Um die Wirkung der medialen Präsentation bzw. Rezeption von Literatur erfassen zu können, ist es erforderlich, den Zusammenhang zwischen dem Interesse an Literatur und dem an Musik zu kennen. Die Auswertung darauf bezogener Fragebogenitems erfolgt über reliable Skalen zum literarischen Interesse (Cronbachs α = .58, vier Items), zum musischen Interesse (Cronbachs α = .62, vier Items) sowie zur literarischen Empathie (Cronbachs α = .84, drei Items). Als Ergebnis zeigt sich eine Korrelation zwischen literarischem und musischem Interesse von .17 ($p < .01$, $N = 273$). Diese Korrelation ist als klein einzuschätzen, so dass hier also eher *zwei unterschiedliche Konstrukte* vorzuliegen scheinen, die getrennt voneinander betrachtet werden müssen. Dieses Ergebnis legt die Vermutung nahe, dass das emotionale Erleben von Printtexten bzw. von Hörtexten je nach literarischem und/oder musischem Interesse unterschiedlich ausfallen könnte.

19.3.3 Welchen Einfluss hat das Interesse an Literatur und Musik auf literarische Empathie?

Empirische Studien zeigen, dass Empathie sowohl für emotionales Erleben beim Musikhören (vgl. Egermann & Kreutz, 2018, S. 627) als auch für das literarische Textverstehen und für verschiedene Motivationsaspekte zum literarischen Leser-

(vgl. Henschel, 2013) von Bedeutung ist. In Henschels (2013, S. 262) umfangreichen Untersuchungen zum Zusammenhang von Empathie und literarischem Textverstehen hat sich vor allem die Skala zur Fantasie-Empathie als aussagekräftig erwiesen. Entsprechend beziehen sich alle hier besprochenen Angaben auf Berechnungen zur literarischen Fantasie-Empathie. Dabei zeigt sich eine eher kleine Korrelation zwischen dem Interesse an Literatur und Fantasie-Empathie von .15 ($p < .05$, $N = 273$). Eindeutiger sind die Zusammenhänge ($r = .30$, $p < .01$, $N = 273$) zwischen literarischem Interesse und der physiologischen Reaktion auf Literatur (Bsp.: »Wenn ich lese, muss ich manchmal weinen.«) sowie dem musischen Interesse und der entsprechenden physiologischen Reaktion während des Musikhörens ($r = .26$, $p < .01$, $N = 273$). Die im Vergleich zum musischen Interesse tendenziell höhere Korrelation zwischen literarischem Interesse und physiologischen Reaktionen sowie literarischer Empathie (*fantasy*) erweist sich im Korrelationsdifferenzentest (vgl. Döring & Bortz, 2016, S. 854) allerdings als nicht signifikant. Gleichwohl ist es notwendig, die Empathiefähigkeit als Trait-Empathie (d. h. als Eingangsvoraussetzung bzw. Persönlichkeitsmerkmal) zu erfassen und wiederum von anderen Persönlichkeitsmerkmalen abzugrenzen, um die emotionale Wirkung der Hörtexte und des Printtextes differenziert betrachten zu können. Schlussendlich weisen auch diese Daten auf eine *relative Unabhängigkeit* literarischer und musischer Aspekte hin.

19.3.4 Lässt sich das emotionale Erleben durch auditive Wahrnehmung und den Einsatz von Musik verstärken?

Dieser Frage liegt die Annahme zugrunde, dass textseitig intendierte und präsentierte Emotionalität durch Prosodie und/oder Musik intensiviert bzw. unterschiedlich erlebt wird. Darüber hinaus wirkt sich das Angebot verschiedener stimmlicher Interpretationen womöglich auch auf kognitive Bewertungen aus, indem Wahrnehmungsweisen hinterfragt werden. Aus diesem Grund wird die Wirkung der Medientypen einzeln sowie innerhalb einer bestimmten Reihenfolge untersucht. Wegen der gegenwärtig noch unzulänglichen Stichprobengröße $N < 139$ in Reihung 2 können allerdings nur für Reihung 1 empirisch abgesicherte Befunde vorgestellt werden.

In Reihung 1 sollten zunächst alle Testpersonen über eine Likert-Skala (1 = trifft nicht zu, 2 = trifft weniger zu, 3 = trifft eher zu, 4 = trifft zu) Bewertungen zur subjektiven, emotionalen und kognitiven Aktivierung durch die jeweiligen Medientypen vornehmen. Diese wurden in der Reihenfolge Printtext, Hörtext 1 (textnah), Hörtext 2 (weiterführend), Hörtext 3 (weiterführend), Hörtext 4 (textnah mit Musik) präsentiert (▶ Abb. 19.1).

IV Emotionen mit Blick auf (angehende) Lehrende

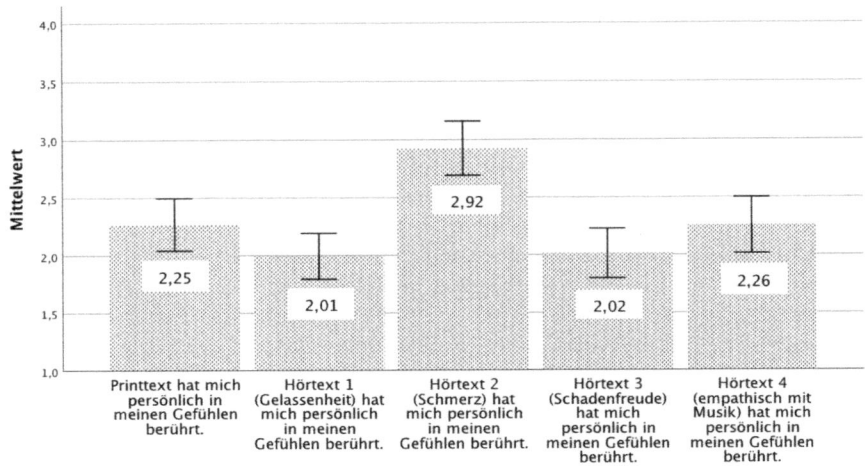

Abb. 19.1: Emotionale Aktivierung durch den Medientyp (Erhebungsbedingung 1)
Anmerkung. Die Grafik bezieht sich auf die Erhebungsbedingung 1 mit der Reihenfolge: Printtext, Hörtext 1 (textnah), Hörtext 2 (weiterführend), Hörtext 3 (weiterführend), Hörtext 4 (textnah mit Musik). Gefragt wurde nach dem Subitem: »Der Printtext/Hörtext hat mich persönlich in meinen Gefühlen berührt.« Die Skala ist mit Cronbachs α von .58 bei N = 157 reliabel.

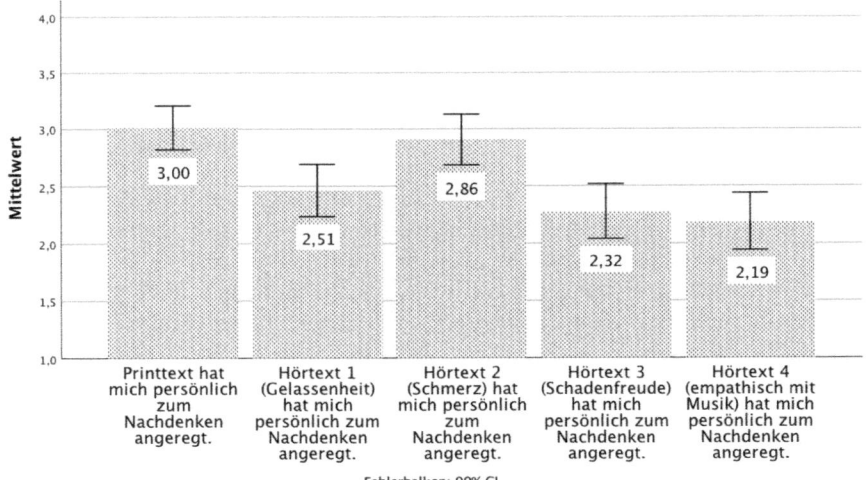

Abb. 19.2: Kognitive Aktivierung durch den Medientyp (Erhebungsbedingung 1)
Anmerkung. Die Grafik bezieht sich auf die Erhebungsbedingung 1 zum Subitem: »Der Printtext/Hörtext hat mich persönlich zum Nachdenken angeregt.« Die Skala ist mit Cronbachs α von .88 bei N = 157 reliabel.

Drei Ergebnisse sind besonders interessant:

1. Die Mittelwerte zu *Hörtext 2* (schmerzhafte Lesart) in Abbildung 19.1 liegen mit 2,92 *signifikant* über dem erwarteten Mittelwert von 2,5 (Cohens d = .50), der die Grenze zwischen Ablehnung und Zustimmung zu einer Aussage bildet. Der Printtext führt hingegen offenbar eher nicht zu einer *emotionalen Aktivierung*, der Mittelwert in Abbildung 19.1 liegt mit 2,25 unter dem Cut Off-Wert von 2,5 (Cohens d = -.10).
2. Der *Printtext* wird hingegen in Bezug auf die *kognitive Aktivierung* mit einem Mittelwert von 3,0 am höchsten eingestuft (▶ Abb. 19.2). Er übertrifft alle anderen Bedingungen (Cohens d = .55) deutlich, allerdings wird auch Hörtext 2 (schmerzhafte Lesart, Cohens d = .38) mit einem Mittelwert von 2,86 als kognitiv aktivierend eingeschätzt (▶ Abb. 19.2).
3. Hörtext 4 (empathisch mit Musik) bewirkte im Rahmen der ersten Erhebungsbedingung mit einem MW von 1.91 die geringste Intensität des emotionalen Erlebens. Allerdings zeichnen sich in ersten Auswertungen zu Erhebungsbedingung 2 für Hörtext 4 höhere Bewertungen ab, wie Abbildung 19.3 verdeutlicht.

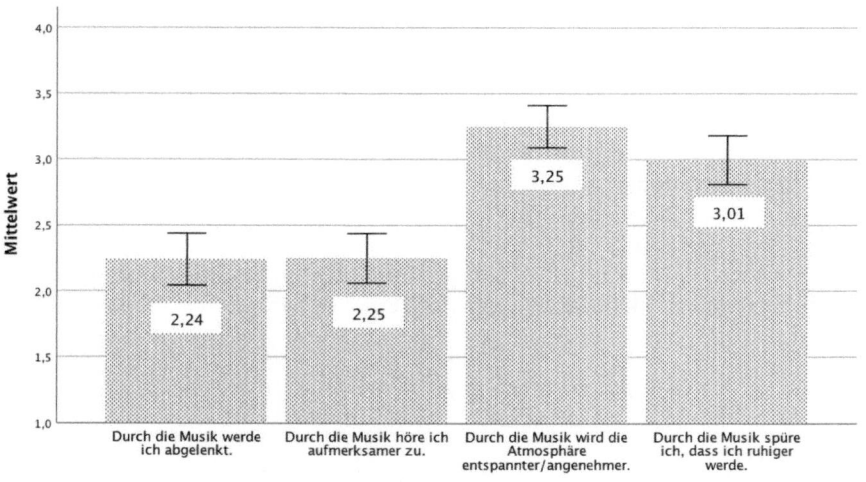

Abb. 19.3: Wirkung der Musik in Hörtext 4
Anmerkung. Die Grafik bezieht sich auf Erhebungsbedingung 1 (N= 158) und 2 (N=115) zu ausgewählten Subitems: »Hörtext 4 wird von Musik begleitet. Bewerten Sie bitte die Wirkung der Musik auf Sie persönlich.« Die Skala ist mit Cronbachs α von .62 bei N=273 reliabel.

Das in Grafik 3 abgebildete Ergebnis zeigt, dass die Hintergrundmusik in Hörtext 4 im Rahmen der Erhebung für die Atmosphäre mit einem Mittelwert von 3,25 als sehr viel angenehmer bewertet (Cohens d = .90) und als sehr beruhigend empfunden wird (MW = 3,01; Cohens d = .74), während die Konfidenzintervalle der Subitems zur Ablenkung und Aufmerksamkeit den Cut Off-Wert von 2,5 (Cohens d = -.10) unterschreiten. Dieser Befund ist interessant, da jede Lehr-Lernsituation von einer positiven Lernatmosphäre und konzentrierten Arbeitsbedingungen profitiert. Zu einer abschließenden Bewertung müssen allerdings alle Daten vorliegen.

19.4 Diskussion der Ergebnisse

Mit Blick auf die bisherigen Daten sind aus deutschdidaktischer Sicht mehrere Ergebnisse interessant. Zunächst ist festzustellen: Trotz aller Gemeinsamkeiten zwischen Literatur und Musik stellen das literarische und das musische Interesse für das emotionale Erleben offenbar unterschiedliche Konstrukte dar. Dabei hängt das literarische Interesse – wenn auch nur mit kleinem Effekt – mit Empathie zusammen. Dies legt die Vermutung nahe, dass empathiefördernde Maßnahmen sinnvoll sind, um das Interesse an Literatur zu erhöhen, wobei sich die Kombination mit Musik potenziell positiv auswirken könnte. Überdies zeigen die bislang ausgewerteten Daten, dass eine emotionale Aktivierung eher durch einen emotional interpretierten Hörtext ausgelöst wird, während eine kognitive Aktivierung stärker durch den Printtext zu gelingen scheint. Dies könnte einerseits ein erster Hinweis darauf sein, in der Deutschdidaktik bei Studierenden verstärkt emotional aktivierende Hörtexte einzusetzen, um das literarische Interesse anzuregen (insbesondere bei wenig intrinsisch motivierten Studierenden). Gleichzeitig könnte die Förderung literarischer Verstehensleistungen durch die Erstrezeption der Printversion profitieren. Abzuwarten bleibt, ob auf Basis aller vorliegenden Daten die in Kapitel 19.3.4 zu Abbildung 19.3 besprochene Bewertung der Hintergrundmusik für das literarische Textverstehen positive Effekte zeigt.

Literatur

Behrens, U. & Weirich, S. (2019): stim-mig: Assessing prosodic comprehension in primary school. In Kaldahl, A.-G., Bachinger, A. & Rijlaarsdam, G. (Hrsg.), Special issue on Assessing Oracy, L1-Educational Studies in Language and Literature, 19, 1–26. Online: https://11.publication-archive.com/download/1/6073.
Brüggemann, J. & Frederking, V. (2017, September). Die Bedeutung literarisch evozierter Emotionen für die Förderung literarischer Verstehenskompetenz. Vortrag auf dem Kongress der Arbeitsgemeinschaft empirische Bildungsforschung, Tübingen.
Döring, N. & Bortz, J. (2016). Forschungsmethoden und Evaluation in den Sozialwissenschaften. Berlin: Springer.
Egermann, H. & Kreuz, G. (2018). Emotionen und ästhetische Gefühle. In A. Lehmann & R. Kopiez (Hrsg.), Handbuch Musikpsychologie (S. 617–641). Bern: Hogrefe.

Erdfelder, E., Faul, F., Lang, A. & Buchner, A. (2007). G*Power 3: A flexible statistical power analysis program for the social, behavioral, and biomedical sciences. Behavior Research Methods, 39, S. 175–191.

Frederking, V. (2013). Symmedialer Literaturunterricht. In V. Frederking, A. Krommer & C. Meier (Hrsg.), Taschenbuch des Deutschunterrichts. Bd. 2: Literatur- und Mediendidaktik (2., neu bearb. u. erw. Aufl.) (S. 535–567). Baltmannsweiler: Schneider.

Frederking, V. & Albrecht C. (2016). Ästhetische Kommunikation im Literaturunterricht. Theoretische Modellierung und empirische Erforschung unter besonderer Berücksichtigung ›emotionaler Aktivierung‹. In M. Krelle & W. Senn (Hrsg), Qualitäten von Deutschunterricht (S. 57–81). Stuttgart: Filibach b. Klett.

Frederking, V. & Bayrhuber, H. (2020). Fachdidaktisches Wissen und fachliche Bildung. Ein Klärungsversuch im Horizont der Allgemeinen Fachdidaktik. In D. Scholl, S. Wernke & D. Behrens (Hrsg.): Allgemeine Didaktik und Fachdidaktik. Jahrbuch für Allgemeine Didaktik 2019 (S. 10–29). Baltmannsweiler: Schneider.

Frederking, V., Brüggemann, J., Albrecht, Ch., Henschel, S. & Gölitz, D. (2015). Emotionale Facetten literarischen Verstehens und ästhetischer Erfahrung. Empirische Befunde literaturdidaktischer Grundlagen- und Anwendungsforschung. In J. Brüggemann, M.-G. Dehrmann & J. Standke (Hrsg.), Literarizität. Herausforderungen für Literaturdidaktik und Literaturwissenschaft (S. 87–132). Baltmannsweiler: Schneider.

Frederking, V., Brüggemann, J., Gölitz, D., Hasenstab, S. & Stark, T. (2017). Literarisch evozierte Emotionen und ihre Bedeutung für die Entwicklung von Empathie und literarischer Textverstehenskompetenz. In S. Konietzko, S. Kuschel & V. Reinwand-Weiss (Hrsg.), Von Mythen zu Erkenntnissen? Empirische Forschung in der Kulturellen Bildung (S. 171–187). München: Kopaed.

Frederking, V., Brüggemann, J. & Hirsch, M. (2016): Das Fünfdimensionale Literary Literacy-Modell und seine interdisziplinären Implikationen am Beispiel der Geschichtsdidaktik. In K. Lehmann, M. Werner & S. Zabold (Hrsg.), Historisches Denken jetzt und in Zukunft (S. 211–234). Münster u. a.: LIT.

Gess, N. & Honold, A. (2017). Einleitung. In N. Gess & A. Honold (Hrsg), Handbuch Literatur & Musik. Handbücher zur kulturwissenschaftlichen Philologie, Bd. 2 (S. 1–39). Berlin/Boston: de Gruyter.

Henschel, S. (2013). Effekte motivationaler und affektiver Merkmale auf das Verstehen literarischer und faktualer Texte. Berlin: Freie Universität Berlin.

Meier, C., Roick, Th., Henschel, S., Brüggemann, J., Frederking, V., Rieder, A., Gerner, V. & Stanat, P. (2017). An Extended Model of Literary Literacy. In D. Leutner, J. Fleischer, J. Grünkorn & E. Klieme (Hrsg.): Competence Assessment in Education (p. 55–74). Springer International Publishing.

Menninghaus, W., Wagner, V., Knoop, C. A. & Scharinger, M. (2018). Poetic Speech Melody: A Crucial Link Between Music and Language. Online: https://doi.org/10.1371/journal.pone.0205980.

Möller, J. & Bonerad, E.-M. (2007). Fragebogen zur habituellen Lesemotivation. Psychologie in Erziehung und Unterricht, 54, 259–267.

Neubauer, J. (1997). »Tales of Hoffmann and Others on Narrativization of Instrumental Music«. In Interart Poetics: Essays on the Interrelations of the Arts and Media (S. 117). Amsterdam i. a.: Rodopi.

Paulus, Ch. (2004). Saarbrücker Persönlichkeits-Fragebogen (SPF). Saarbrücken: Universität des Saarlandes. Online: http://bildungswissenschaften.uni-saarland.de/personal/paulus/empathy/SPF(IRI)_V5.8.pdf.

Schmidt, M. (2018). Literatur in (Instrumental-)Musik. In N. Gess & A. Honold (Hrsg.), Handbuch Literatur & Musik (S. 114). Berlin, Boston: De Gruyter.

Spychiger, M. (2010). Das musikalische Selbstkonzept. Konzeption des Konstrukts als mehrdimensionale Domäne und Entwicklung eines Messverfahrens. Schlussbericht an den Schweizerischen Nationalfonds zur Förderung der Wissenschaften, Frankfurt a. M.

Winko, S. (2003). Über Regeln emotionaler Bedeutung in und von literarischen Texten. In F. Jannidis, G. Lauer, M. Martínez & S. Winko (Hrsg.), Regeln der Bedeutung (S. 329–348). Berlin, New York: de Gruyter.

20 Emotionale und kognitive Aktivierung durch literarische und faktuale Texte als Ansatzpunkt für demokratische Grundwertebildung im Deutschunterricht

Tabea Kretschmann & Dietmar Gölitz

> **Kurzzusammenfassung**
>
> In diesem Beitrag werden die Ergebnisse einer empirischen Pilot-Erhebung mit Lehramtsstudierenden der Deutschdidaktik aus dem Sommer 2020 vorgestellt. Im Fokus der Studie mit quantitativen und qualitativen Anteilen stand die Erhebung von Selbstauskünften und Ratings der emotionalen und kognitiven Aktivierung durch narrative Texte (kürzeren Auszügen aus Romanen und einer journalistischen Reportage), die die Missachtung von gegenwärtig in Deutschland geltenden Grundrechten und -werten thematisieren, und den Effekten auf die Reflexion von Grundrechten und -werten. Nachfolgend wird zunächst knapp der theoretische Hintergrund erläutert, anschließend wird das Erhebungsdesign skizziert. Auf dieser Basis werden ausgewählte Ergebnisse vorgestellt und Schlussfolgerungen formuliert. Insgesamt deuten sich spezifische Potenziale der literarischen Aktivierung von Mitgefühl, Empörung, Wut und Schmerz im Zusammenhang mit demokratischer Grundwertebildung im Deutschunterricht an.
>
> Schlagwörter: *Emotionen und demokratische Grundrechte/-werte; Demokratiebildung mit narrativen Texten; empirische literaturdidaktische Emotionsforschung*

Der Unterricht in allen Fächern, Jahrgangsstufen und Schularten soll einen Beitrag zur demokratischen Grundwertebildung leisten. Dies ist die übereinstimmende Vorgabe der KMK-Bildungsstandards für Lehrerbildung, der Landesverfassungen, der Lehrerdienstordnungen sowie der Rahmen- und Fachlehrpläne (vgl. Kretschmann, 2021). Die Schüler*innen sollen lernen, Urteils- und Handlungsfähigkeiten mit Blick auf die im Grundgesetz formulierten Grundrechte wie die Achtung der Menschenwürde (Art. 1 GG), die Gleichberechtigung von Männern und Frauen (Art. 3 GG) oder das Recht auf freie Entfaltung der Persönlichkeit (Art. 2 GG) sowie auf die diesen zugrunde liegenden Wertvorstellungen zu entwickeln.

Dem Deutschunterricht werden dabei in Lehrplänen wie in deutschdidaktischen Theoriebildungen hohe Potenziale zugeschrieben (vgl. Kretschmann, 2021). Empirisch untersucht wurden diese bislang allerdings noch nicht. Damit ist ein Desiderat benannt, zu dessen Behebung eine von uns im Sommer 2019 begonnene Studie einen Beitrag leisten soll. In dieser ist die Hypothese leitend, dass demokratische Grundwertebildung im Deutschunterricht vor allem über literarische Texte, Sachtexte und/oder andere mediale Texte (z. B. Filme, Hörtexte, Theaterstücke) möglich ist, auch weil diese in besonderer Weise Emotionen evozieren und dadurch die textbezogene Reflexion von demokratischen Grundrechten und -werten aktivieren können.

20.1 Theoretische Grundlagen und Fragestellung

In der Fachliteratur zur schulischen Wertebildung, zur demokratischen Grundwertebildung und zur ›Holocaust Education‹ wird verschiedentlich auf die Bedeutung von Emotionen für die Prozesse der Wertebildung hingewiesen (u. a. Standop, 2005; Ballis, 2012; Schiele, 2013; Ministerium für Kultus, Jugend, Sport Baden-Württemberg, 2019). Gleichzeitig besteht für den Zusammenhang von emotionaler Aktivierung der Schüler*innen und den Effekten für die demokratische Grundwertebildung noch erheblicher wissenschaftlicher Klärungsbedarf (Schiele, 2013, S. 19):

> Beim Thema Werte wird man nicht zum Ziel kommen, wenn man die Bedeutung emotionaler Vorgänge nicht beachtet. Ohne Zweifel gebührt der »Rationalität als Ziel politischer Bildung« der Spitzenplatz. Dennoch wissen wir, dass Kenntnisse und verstandesmäßige Durchdringung von demokratischen Theorien allein nicht ausreichen, um Menschen an demokratische Werte heranzuführen. [...] Freilich ist es nicht einfach, die Frage zu beantworten, in welcher Weise Gefühle in die politische Bildung einbezogen werden können und sollen. Die Vernetzung von Rationalität und Emotionalität müsste auch wissenschaftlich noch mehr unter die Lupe genommen werden.

Gleichzeitig ist evident, dass Emotionen im Zusammenhang mit demokratischer Grundwertebildung nicht in manipulativer Absicht genutzt bzw. mit dem Effekt der Überwältigung instrumentalisiert werden dürfen. Dazu das Ministerium für Kultus, Jugend, Sport Baden-Württemberg (2019, S. 16, S. 21):

> Affekte und Emotionen sind kein Selbstzweck von Demokratiebildung, sondern stehen in einem Wirkungszusammenhang zur Aneignung von Wissen und Kompetenzen. Sie stärken die Offenheit und Bereitschaft, sich mit den Themen [...] auseinanderzusetzen und die Motivation, sich aktiv in Lernprozesse und Aktivitäten einzubringen. [...] Emotionale Aktivierung ist von emotionaler Überwältigung sorgsam abzugrenzen. Lehrkräfte müssen z. B. eine mögliche kontraproduktive Wirkung von emotional überwältigenden Fotos und Darstellungen sorgfältig bedenken und Medien und Materialien entsprechend sensibel, alters- und entwicklungsgemäß einsetzen. [...] Solche Effekte wären nicht nur im Sinne der Fürsorgepflicht unverantwortlich, sondern auch kontraproduktiv, da sie eine Distanzierung vom Geschehenen befördern und die Ausbildung von Empathie verhindern können.

Diese Leitgedanken und Differenzierungen liegen auch der in diesem Beitrag in ersten Konturen vorgestellten Studie zugrunde: Textlich evozierte Emotionen und das Textinteresse wecken die Bereitschaft, sich an der Reflexion über Grundrechte und -werte im Unterricht zu beteiligen; textlich evozierte Emotionen dürfen die Reflexion jedoch nicht blockieren bzw. als Selbstzweck fungieren.

Vorarbeiten zur emotionalen Aktivierung durch literarische Texte stammen insbesondere vom Forscherteam um Volker Frederking. Im Rahmen des DFG-Projekts zur literarischen Urteils- und Verstehenskompetenz (LUK) konnten auf Basis der von Umberto Eco getroffenen Unterscheidung zwischen *intentio auctoris* (Autorintention) *intentio operis* (Textintention) und *intentio lectoris* (Leserintention) Grundtypen literarisch kodierter Emotionen identifiziert werden (vgl. Frederking & Brüggemann, 2012; Frederking, Brüggemann, Albrecht, Henschel & Gölitz, 2015). In diesem Sinne können die vom Text evozierten Emotionen von textseitig thematisierten bzw. intendierten Emotionen theoretisch wie empirisch unterschieden werden. Evozierte Emotionen und das Verstehen intendierter Emotionen korrelieren allerdings miteinander (r = .69). Das bedeutet, dass die interindividuellen Unterschiede im selbstberichteten emotionalen Erleben der Schüler*innen mit den interindividuellen Unterschieden ihres Verstehens von intendierten Emotionen in einem engen Zusammenhang stehen (vgl. Brüggemann, Frederking, Henschel & Gölitz, 2016). Ausgewählte literarische Texte, die textseitig intendierte Emotionen aufweisen, besitzen demnach das Potenzial, Emotionen auszulösen, die im Rahmen fachlichen Lehrens und Lernens im Fach Deutsch bewusst integriert und thematisiert werden können (vgl. Frederking, Brüggemann, Henschel, Burgschweiger, Stark, Roick, Gölitz & Hasenstab, 2017).

Diese und andere Forschungsergebnisse bilden sowohl in theoretischer Hinsicht als auch mit Blick auf die Operationalisierung bei der Fragebogenmethode (Döring & Bortz, 2016) und das Erhebungsdesign wichtige Grundlagen für die hier vorgestellte Vorstudie. Neu ist der Fokus auf die deutschdidaktischen Potenziale für die demokratische Grundwertebildung. Die Leitfrage der Erhebung ist, in welcher Intensität und in welcher Art thematisch auf Grundrechte und -werte bezogene Texte – hier: zwei Romanauszüge und ein Auszug aus einer Reportage – Emotionen bei den Leser*innen evozieren. Zudem wird untersucht, in welchem Zusammenhang die Intensität der evozierten Emotionen mit der Reflexion von Grundrechten und -werten steht.

20.2 Erhebungsdesign

In der quasi-experimentellen Querschnitt-Studie wurden mit freiwilligen Studierenden der Deutschdidaktik der Universität Erlangen-Nürnberg mittels standardisierter Online-Fragebögen Prä- und Post-Messungen vor und nach der Textlektüre durchgeführt und im Mixed Methods-Design mit quantitativen und qualitativen Fragestellungen erhoben. Die Ergebnisse wurden durch das universitätsintern von allen Studierenden und Lehrenden genutzte StudOn-System gespeichert und automatisch anonymisiert. Die Erhebungen selbst wurden im Sinne forschenden Lernens nachbesprochen, die eingesetzten Texte (s. u.) wurden vorab einem Expertenrating unterzogen.

Stichprobe: Die Teilnehmer*innen der Vorstudie – dies ergab sich aus organisatorischen Gründen – waren Studierende für das Grundschullehramt im Fach Deutsch im fortgeschrittenen Studienverlauf, die freiwillig teilnahmen. Die Stichprobe umfasst 71 Lehramtsstudierende. Für statistische Analysen stehen 65 vollständige Datensätze zur Verfügung. Diese verteilen sich auf drei Fragebögen zu den drei unterschiedlichen Texten (s. u.): ›Romanauszug zur Gleichberechtigung‹ (N = 27), ›Reportage zur Gleichberechtigung‹ (N = 19) und ›Romanauszug zur Menschenwürde‹ (N = 19). Auf Basis der Ergebnisse der Vorstudie wurden die Fragebögen optimiert, um sie anschließend in einer Haupterhebung mit Lehramtsstudierenden für das Fach Deutsch aller Schularten in einer größeren Stichprobe 2020 und 2021 einzusetzen.

Die meisten geschlossenen Items basierten auf einer elfstufigen Zustimmungsskala mit den Polen 0 % (z. B. »stimme überhaupt nicht zu«) und 100 % (»stimme völlig zu«). Sie wurden im Ergebnisteil auf einer Skala von 1 bis 11 abgebildet. Die offenen Fragen waren mit einem Freitext mit begrenzter Zeichenzahl zu beantworten.

Aufbau des Fragebogens: Im ersten Teil des Fragebogens wurden u. a. grundlegendes Wissen zu demokratischen Grundrechten erfasst sowie Grundüberzeugungen zur Thematisierbarkeit von Grundrechten und -werten im Deutschunterricht und weitere subjektive Einstellungen zu Grundrechten und -werten.

Anschließend folgte in jedem Fragebogen die Präsentation eines der drei nachfolgend genannten Texte:

1. ›Roman zur Gleichberechtigung‹: Auszug aus dem in Afghanistan spielenden Roman *Tausend strahlende Sonnen* von Khaled Husseini (Husseini, 2015), in dem beschrieben wird, wie ein Ehemann seiner wesentlich jüngeren, zwangsverheirateten Ehefrau Gewalt antut: Da ihm das von ihr gekochte Essen nicht schmeckt, zwingt er sie, Kieselsteine in den Mund zu nehmen und auf diese zu beißen, so dass schließlich Backenzähne brechen, die sie blutend ausspuckt.
2. ›Reportage zur Gleichberechtigung‹: Auszug aus einer *Stern*-Reportage (Breng, 2018) über eine Frau in Indien, die nur Mädchen geboren hat und die – in einer von ›normaler‹ Gewalt gegen Frauen geprägten Gesellschaft, wie der Text herausstellt – deswegen zusammen mit ihren Töchtern Opfer eines Säure-Attentats durch ihren (alkoholabhängigen) Ehemann wird.
3. ›Roman zur Menschenwürde‹: Auszug aus dem auf historischen Tatsachen beruhenden Roman *Die Erfindung der Flügel* von Sue Monk Kidd (Monk Kidd, 2016), in dem die gewaltsame Bestrafung einer Sklavin zur Zeit der Sklavenhaltung auf Baumwollplantagen in Amerika beschrieben wird.

Allen drei Textauszügen ist gemeinsam, dass sie anschaulich ›Verstöße‹ gegen heute in Deutschland geltende Grundrechte aufzeigen, so besonders gegen die Gleichberechtigung von Männern und Frauen, die Achtung der Menschenwürde und das Recht auf körperliche Unversehrtheit. Diese ›Verstöße‹ geschehen zu anderen Zeiten bzw. in anderen Ländern, in denen diese Grundrechte und damit verbundene Wertvorstellungen gesellschaftlich und juristisch nicht verankert waren/sind.

Direkt nach der Textlektüre wurden Intensität und Art der Emotionen abgefragt (»Evozierte Emotionen«). Hierfür war eine Auswahl an Emotionen vorgegeben, die durch maximal drei weitere Emotionen selbst ergänzt werden konnten. Zudem gab es die Möglichkeit, in einem Freitext die »Kognitive Reaktion« auf den Text zu formulieren: »Was denken Sie über den Textausschnitt? Notieren Sie Ihre Gedanken.« Weiterhin wurden global über je ein Item »Textschwierigkeit und -interesse« (»Wie schwierig war der Text für Sie zu verstehen?«; »Ich fand den Textauszug interessant zu lesen.«) sowie »Empathie« für Hauptpersonen erhoben. Anschließend wurde die Reflexion über das zentral durch den Text berührte Grundrecht in sechs Aussagen erfasst (»Reflexion Grundrechte«, für *Tausend strahlende Sonnen* z. B.: »1. Ich gehe davon aus, dass die Behandlung Mariams damit zu tun hat, dass die Gleichberechtigung von Männern und Frauen in Afghanistan zum Zeitpunkt der Handlung juristisch und gesellschaftlich nicht verankert war.«, »2. Der Romanauszug regt mich dazu an, über die Gleichberechtigung von Männern und Frauen nachzudenken«; »3. Der Romanauszug macht mir deutlich, was es bedeutet, wenn die Gleichberechtigung von Männern und Frauen nicht gilt.«; »4. Der Romanauszug macht mir deutlich, wie wichtig es ist, dass in Deutschland heute die Gleichberechtigung von Männern und Frauen gilt [Art. 3 (2) GG].«) Am Ende wurden ähnlich wie zu Beginn des Fragebogens nochmals Einstellungen bezüglich der primär thematisierten Grundrechte erfragt (z. B. »Ich halte es für wichtig, dass die Menschen in Deutschland nach der Wertvorstellung der Gleichberechtigung von Männern und Frauen leben.«, »Ich gehe davon aus, dass SchülerInnen durch die Beschäftigung mit dem Thema Gleichberechtigung von Männern und Frauen im Unterricht besser verstehen, warum es wichtig ist, dass die Gleichberechtigung von Männern und Frauen als Grundrecht garantiert ist.«).

Textmerkmale: Zu den Textmerkmalen, die Emotionen evozieren, gehören bei den eingesetzten Texten u. a.:

- Die explizite Darstellung von einseitiger Gewalt und der gravierenden, schmerzhaften Folgen für die Betroffenen; dabei u. a. bildhafte Wortwahl und anschauliche Darstellung.
- Die Erwähnung struktureller Gewalt gegen ›unterlegene‹ Gruppen wie Frauen (z. B.: »Dass in Indien Ehefrauen von ihren Männern geschlagen werden, ist nichts Ungewöhnliches.«) sowie abwertender Einstellungen gegenüber diesen (»Frauen gelten in dieser archaischen Welt als minderwertig.«).
- Die Unmittelbarkeit der Darstellung des Geschehens durch direkte Rede und durch die Schilderung mit einem Fokus auf der Opferperspektive.
- Eine narrative Erzähl- und Darstellungsweise, die eine identifikatorische Rezeption ermöglicht.

Nach Experteneinschätzung weisen die drei eingesetzten Texte hinsichtlich Art und Intensität der evozierten Emotionen jeweils ähnlich hohe Potenziale auf.

20.3 Ergebnisse

Für die drei Texte sind in der folgenden Abbildung (▶ Abb. 20.1) die mittleren Einschätzungen der Intensität der verschiedenen evozierten Emotionen aus einer vorgegebenen Liste durch die an der Vorstudie teilnehmenden Lehramtsstudierenden des Faches Deutsch zu sehen:

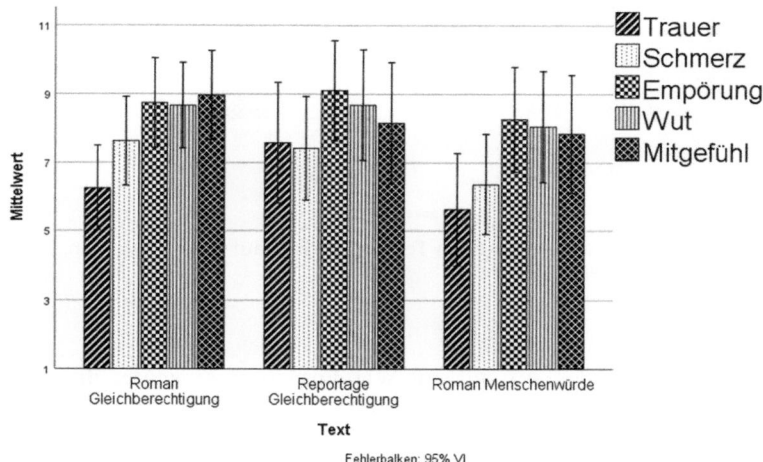

Abb. 20.1: Einschätzung der Intensität von fünf vorgegebenen Emotionen auf einer Skala von 1 (geringste Intensität = 0 %) bis 11 (höchste Intensität = 100 %)

Die Intensität und Art der verschiedenen evozierten Emotionen wurden für alle drei Texte sehr ähnlich eingeschätzt: *Empörung, Wut, Mitgefühl* und *Schmerz* waren die am höchsten bewerteten Emotionen; *Freude, Schadenfreude* und *Hoffnung* wurden am niedrigsten bewertet. Dies entspricht überwiegend den durch Experten eingeschätzten textlich intendierten und nicht intendierten Emotionen.

In der folgenden Abbildung (▶ Abb. 20.2) sind Einschätzungen der allgemeinen Intensität der emotionalen Aktivierung, der Textschwierigkeit und des Textinteresses dargestellt: Die Gesamteinschätzung der Intensität der evozierten Emotionen ist als sehr hoch anzusehen, die Textschwierigkeit wurde überwiegend als recht niedrig bewertet, das Textinteresse lag im höheren Bereich. Je zwei Personen gaben an, den jeweiligen Text gekannt zu haben.

Im Freitext zur kognitiven Reaktion auf die Texte wurden vielfach nochmals Emotionen zur Lektüre geäußert, insbesondere *Wut* und *Trauer*; es wurde zudem die starke Intensität der Emotionen betont. Diese Selbstaussagen unterstreichen die hohe emotionale Wirkung der Texte, die auch die quantitativen Ergebnisse zeigen. In vielen Fällen wurden die in den Texten geschilderten Szenen stark negativ bewertet (z. B. »Der Inhalt der Geschichte ist schlimm, dramatisch, wider-

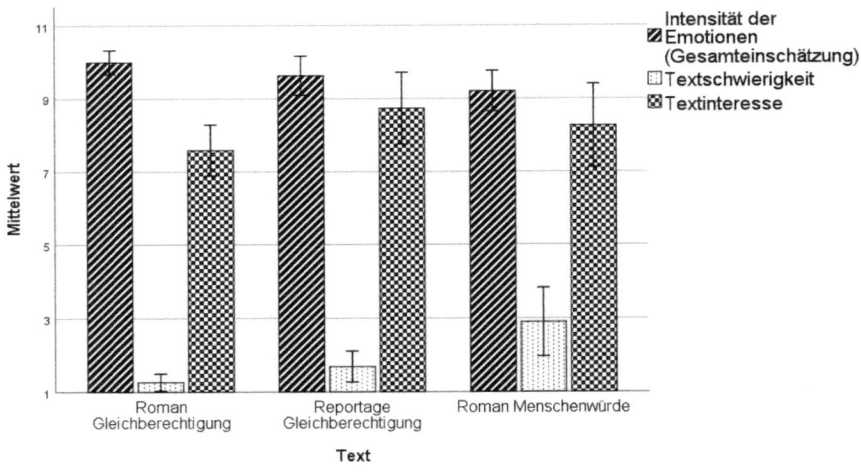

Abb. 20.2: Einschätzung von subjektiven Textmerkmalen auf einer Skala von 1 (= 0 %) bis 11 (= 100 %)

wärtig, ungerecht, brutal.«), was auf eine Werteinstellung hindeutet, die derartige Gewalttaten verurteilt bzw. als nicht legitim beurteilt. Mitunter fand auch eine Reflexion über Darstellungsstrategien des Textes und deren Wirkung statt. So wurde mehrfach geschrieben, dass die Romane erfunden seien, deren Handlung aber der Realität entspreche, was die emotionale Wirkung verstärke. Die Darstellung sei »anschaulich«, »bildlich und direkt« und »schildert die Tat knapp[,] aber treffend«. Es wurden auf den konkreten Fall bezogene wie generelle Schlussfolgerungen (z. B. Wunsch nach Rache am Täter; Verbot der Zwangsheirat) formuliert. Acht Mal wurde auf Grundrechte verwiesen, v. a. auf ihr Nichtvorhandensein in den Zeiten/Ländern der Handlung als Ursache der Gewaltanwendung.

Insgesamt verdeutlicht die bisherige Ergebnisdarstellung, dass die Intensität der evozierten Emotionen als hoch einzuschätzen ist (z. B. *Empörung, Wut, Mitgefühl, Schmerz*) und dass für alle drei Texte jeweils mehrere unterschiedliche Emotionen in hoher Intensität evoziert wurden.

Zur Klärung der zentralen Fragestellung hinsichtlich der Effekte von Emotionen auf die Reflexion von Grundrechten und -werten wurde aus den sechs Items für diesen Bereich eine Mittelwertskala aus fünf Items – ohne Item Nr. 1 – gebildet (Cronbachs Alpha = .86). Anschließend wurden die Korrelationen der Items mit dieser Mittelwertskala berechnet (▶ Tab. 20.1 im Anhang). Dabei wiesen die Items zur Einschätzung der Potenziale des Deutschunterrichts für eine demokratische Grundwertebildung, die Gesamteinschätzung der Intensität der evozierten Emotionen, die Intensität der Einzelemotionen *Empörung, Wut, Mitgefühl* und *Schmerz* und das globale Textinteresse positive signifikante Korrelationen auf, während sich für die Einzelemotionen *Überraschung* und *Hoffnung* negative signifikante Korrelationen ergaben.

In einer anschließenden linearen Regressionsanalyse klärten diese Prädiktoren 45 % der interindividuellen Unterschiede in der Reflexion von Grundrechten auf. Signifikant waren in der Regressionsanalyse nur die Skepsis gegenüber den Potenzialen des Deutschunterrichts für demokratische Grundwertebildung (beta = .32) und das Textinteresse (beta = .36). Dies bedeutet, dass eine eher skeptische Grundhaltung gegenüber den Potenzialen des Deutschunterrichts für die demokratische Grundwertebildung sowie ein höheres Interesse an den vorgelegten Texten im Durchschnitt mit einer eher stärkeren Reflexion von Grundrechten und -werten zusammenhängen und dass im Vergleich zu diesen beiden stärksten Prädiktoren die evozierten Emotionen eine geringere Rolle spielen. Die Intensität der evozierten Einzelemotionen *Schmerz* (beta = .10) und *Überraschung* (beta = -.17) sind von der Größe der standardisierten Regressionskoeffizienten her die wichtigsten Einzelemotionen, weisen allerdings keinen signifikanten Effekt auf. Die kleinen und gegenläufigen Effekte der Einzelemotionen *Schmerz* und *Überraschung* wurden in dieser Analyse aufgrund der geringen Personenzahl nicht signifikant. Sie deuten allerdings an, dass für den Zusammenhang von evozierten Emotionen und Reflexion von Grundrechten und -werten in größeren Stichproben differenzielle Effekte erwartet werden dürfen.

20.4 Ausblick

Die Hauptergebnisse der Vorstudie lassen sich folgendermaßen zusammenfassen:

1. Alle drei Texte weisen sehr ähnliche ›Emotionsprofile‹ auf, sowohl hinsichtlich der Art als auch hinsichtlich der Intensität der evozierten Emotionen. Insbesondere lässt sich, wie von den Expert*innen erwartet, eine hohe Intensität der evozierten negativen Emotionen (*Empörung, Wut, Schmerz*) sowie der positiven Emotion *Mitgefühl* feststellen. Dies trifft auch auf die Reportage zu, womit sich andeutet, dass auch für einen (entsprechend ausgewählten) Sachtext hohe Potenziale zur emotionalen Aktivierung bestehen können.
2. Für die Lehrer*innenbildung ist relevant, dass Lehramtskandidat*innen selbst relativ stark emotional auf die vorgelegten Texte reagieren. Inwieweit die eigene emotionale Kompetenz eine Voraussetzung für eine spätere Auswahl von Texten für den Unterricht bzw. eine angemessene Thematisierung von Emotionen als Reaktion auf diese sein könnte, ist eine praxisrelevante Frage im Sinne der fachspezifischen Lehrer*innenkompetenzen, die künftig empirisch untersucht werden sollte.
3. Zu den Grenzen der Verallgemeinerbarkeit der berichteten Befunde sind eine Reihe von Punkten zu nennen, die den vorläufigen Charakter der vorgestellten Ergebnisse deutlich machen. So beruht der Zusammenhang zwischen der Reflexion der Grundrechte und den Überzeugungen über mögliche Potenziale des Deutschunterrichts für die Grundwertebildung nur auf einem Einzelitem.

Überdies handelt es sich um einen wenig erforschten Bereich, d. h. es stand keine reliable Skala aus mehreren Items zur Verfügung. Dieses Problem ist für das Item zum globalen Textinteresse weniger virulent, da es sich bei Textinteresse um ein schon breiter untersuchtes Konstrukt handelt.

4. Inwieweit sich mit Selbsteinschätzungen reliabel Emotionen erfassen lassen, wird kontrovers diskutiert. Mit der Neuentwicklung einer Skala zur Reflexion von Grundrechten ist dagegen ein befriedigend reliables Verfahren entstanden, mit dem sich ein kognitiver Aspekt des Erlebens von Texten untersuchen lässt. Für die Zusammensetzung der Stichprobe und die Auswahl der Texte ist zu beachten: Während die Teilnehmer*innen dieser Vorstudie ausschließlich Studierende für das Lehramt Grundschule waren, sind die vorgelegten Texte in der Sekundarstufe (frühestens) ab der neunten Klasse geeignet. Daher ist es wichtig, dass bei der Hauptuntersuchung mit der Beteiligung von Lehramtsstudierenden aller Schularten das bisherige Ergebnis überprüft wird.

5. Für weitere Erhebungen wäre überdies von Interesse, vergleichend einen Sachtext in neutraler Sprache oder Statistiken zu ›Verstößen‹ gegen Grundrechte einzusetzen, die auf dieser Basis evozierten Emotionen zu erheben und auf differenzielle textsortenbedingte Effekte zu prüfen. Weitere Studien wären auch zu den evozierten Emotionen durch Filme (Spielfilme, Reportagen) im Vergleich zu literarischen und pragmatischen Texten interessant.

6. Eine Übertragbarkeit der mit Studierenden gewonnenen Ergebnisse auf Schüler*innen der Sekundarstufe (ab Klasse 9) ist nicht einfach anzunehmen. So könnte die möglicherweise höhere Varianz der subjektiven Einschätzung der Textschwierigkeit in dieser Altersgruppe – die heterogener als bei den Studierenden ausfallen dürfte – Auswirkungen auf das emotionale Erleben haben.

7. Für die Gruppe der Studierenden deutet sich allerdings an, dass textlich evozierte Emotionen im Sinne der eingangs genannten zentralen Zitate kein Selbstzweck von Demokratiebildung sind, sondern im Zusammenhang mit der Aneignung von Wissen und Kompetenzen stehen. Gleichzeitig müssen Lehrkräfte eine mögliche kontraproduktive Wirkung von emotional überwältigenden Darstellungen bedenken, da sie eine Distanzierung vom Geschehen befördern können. Inwieweit der im eingangs angeführten Zitat postulierte Kausalzusammenhang zwischen Demokratie- bzw. Wertebildung und Emotion besteht, lässt sich im Rahmen der hier dargestellten querschnittlichen Daten und Zusammenhänge nicht klären.

Literatur

Ballis, A. (2012). Holocaust – Literatur – Didaktik. Koordinaten für interdisziplinäres Lernen. Würzburg: Ergon.
Breng, J. (2018). »Papa, bin ich schön?«. In Stern, 20.05.2018. Online: https://www.stern.de/panorama/weltgeschehen/indien–er-veraetzte-das-gesicht-von-frau-und-tochter-mit-saeure–die-familie-bleibt-dennoch-bei-ihm-7988740.html.
Brüggemann, J., Frederking, V., Henschel, S. & Gölitz, D. (2016). Emotionale Aspekte literarischer Textverstehenskompetenz: Theoretische Annahmen und empirische Befunde. In Mitteilungen des Deutschen Germanistenverbandes, 63(2), 105–118.
Döring, N. & Bortz, J. (2016). Forschungsmethoden und Evaluation in den Sozial- und Humanwissenschaften (5. Aufl.). Heidelberg: Springer.
Frederking, V. & Brüggemann, J. (2012). Literarisch kodierte, intendierte bzw. evozierte Emotionen und literarästhetische Verstehenskompetenz. In D. Frickel, C. Kammler & G. Rupp (Hrsg.), Literaturdidaktik im Zeichen von Kompetenzorientierung und Empirie. Perspektiven und Probleme (S. 15–41). Freiburg: Fillibach.
Frederking, V., Brüggemann, J., Albrecht, C., Henschel, S. & Gölitz, D. (2015). Emotionale Facetten literarischen Verstehens und ästhetischer Erfahrung. Empirische Befunde literaturdidaktischer Grundlagen- und Anwendungsforschung. In J. Brüggemann, M.-G. Dehrmann & J. Standke (Hrsg.), Literarizität. Herausforderungen für Theoriebildung, empirische Forschung und Vermittlung. Fachdidaktische und literaturwissenschaftliche Perspektiven (S. 87–132). Baltmannsweiler: Schneider.
Frederking, V., Brüggemann, J., Henschel, S., Burgschweiger, C., Stark, T., Roick, T., Gölitz, D. & Hasenstab, S. (2017), Erleben und Verstehen. Das emotionale Potenzial literarischer Texte. In Rat für Kulturelle Bildung (Hrsg.), Wenn. Dann. Befunde zu den Wirkungen kultureller Bildung (S. 42–53). O. O.
Husseini, K. (2015). Tausend strahlende Sonnen. Frankfurt a. M.: Fischer.
Kretschmann, T. (2021). Demokratische Grundwertebildung im Deutschunterricht. Theoretische Grundlagen und Konzepte für die Unterrichtspraxis (Sekundarstufe). Baltmannsweiler: Schneider.
Ministerium für Kultus, Jugend, Sport Baden-Württemberg (2019). Demokratiebildung: Schule für Demokratie, Demokratie für Schule. Online: https://www.schule-bw.de/themen-und-impulse/uebergreifende-erziehung/demokratieerziehung/leitfaden-demokratiebildung/leitfaden-demokratiebildung-19-07-2019.pdf (Zugriff am 14.08.2020).
Monk Kidd, S. (2017). Die Erfindung der Flügel. München: btb.
Schiele, S. (2013). »Gibt es noch Werte?«. In Aus Politik und Zeitgeschichte (APuZ) 34–36: Politische Grundwerte (S. 15–19). Online: https://www.bpb.de/apuz/166638/politische-grundwerte (Zugriff am 01.08.2020).
Standop, J. (2005). Werte-Erziehung. Einführung in die wichtigsten Konzepte der Werteerziehung. Weinheim, Basel: Beltz.

Anhang

Tab. 20.1: Einschätzung der Intensität von 15 vorgegebenen Emotionen auf einer Skala von 1 (geringste Intensität = 0 %) bis 11 (höchste Intensität = 100 %) und 95-prozentige Vertrauensintervalle, N = 65

Emotion	Text	Mittelwert	Std.-Abw.	Std.-Fehler	VI 95 % oben	VI 95 % unten
Gleichgültigkeit	Roman Gleichberechtigung	1,56	1,93	0,37	0,79	2,32
	Reportage Gleichberechtigung	1,37	1,38	0,32	0,70	2,03
	Roman Menschenwürde	3,05	3,52	0,81	1,36	4,75
Mitgefühl	Roman Gleichberechtigung	8,96	3,28	0,63	7,67	10,26
	Reportage Gleichberechtigung	8,16	3,66	0,84	6,40	9,92
	Roman Menschenwürde	7,84	3,56	0,82	6,12	9,56
Angst	Roman Gleichberechtigung	4,81	2,95	0,57	3,65	5,98
	Reportage Gleichberechtigung	3,42	2,50	0,57	2,22	4,63
	Roman Menschenwürde	6,05	3,49	0,80	4,37	7,73
Trauer	Roman Gleichberechtigung	6,26	3,13	0,60	5,02	7,50
	Reportage Gleichberechtigung	7,58	3,64	0,84	5,82	9,33
	Roman Menschenwürde	5,63	3,42	0,78	3,98	7,28
Wut	Roman Gleichberechtigung	8,67	3,15	0,61	7,42	9,91
	Reportage Gleichberechtigung	8,68	3,33	0,76	7,08	10,29

Tab. 20.1: Einschätzung der Intensität von 15 vorgegebenen Emotionen auf einer Skala von 1 (geringste Intensität = 0 %) bis 11 (höchste Intensität = 100 %) und 95-prozentige Vertrauensintervalle, N = 65 – Fortsetzung

Emotion	Text	Mittelwert	Std.-Abw.	Std.-Fehler	VI 95 % oben	VI 95 % unten
Empörung	Roman Menschenwürde	8,05	3,36	0,77	6,43	9,67
	Roman Gleichberechtigung	8,74	3,29	0,63	7,44	10,04
	Reportage Gleichberechtigung	9,11	3,02	0,69	7,65	10,56
Ekel	Roman Menschenwürde	8,26	3,16	0,72	6,74	9,79
	Roman Gleichberechtigung	6,11	3,47	0,67	4,74	7,48
	Reportage Gleichberechtigung	5,16	3,22	0,74	3,61	6,71
Ohnmacht	Roman Menschenwürde	4,79	3,46	0,79	3,12	6,46
	Roman Gleichberechtigung	4,00	3,06	0,59	2,79	5,21
	Reportage Gleichberechtigung	3,37	2,50	0,57	2,16	4,57
Rachegefühle	Roman Menschenwürde	5,11	3,73	0,85	3,31	6,90
	Roman Gleichberechtigung	5,00	4,10	0,79	3,38	6,62
	Reportage Gleichberechtigung	3,95	2,76	0,63	2,62	5,28
Überraschung	Roman Menschenwürde	4,37	3,35	0,77	2,75	5,98
	Roman Gleichberechtigung	4,11	3,18	0,61	2,85	5,37
	Reportage Gleichberechtigung	3,84	3,56	0,82	2,12	5,56
Hoffnung	Roman Menschenwürde	2,53	2,76	0,63	1,20	3,85
	Roman Gleichberechtigung	2,07	2,46	0,47	1,10	3,05
	Reportage Gleichberechtigung	2,53	2,84	0,65	1,16	3,89

Tab. 20.1: Einschätzung der Intensität von 15 vorgegebenen Emotionen auf einer Skala von 1 (geringste Intensität = 0 %) bis 11 (höchste Intensität = 100 %) und 95-prozentige Vertrauensintervalle, N = 65 – Fortsetzung

Emotion	Text	Mittelwert	Std.-Abw.	Std.-Fehler	VI 95 % oben	VI 95 % unten
	Roman Menschenwürde	4,26	3,56	0,82	2,55	5,98
Schmerz	Roman Gleichberechtigung	7,63	3,26	0,63	6,34	8,92
	Reportage Gleichberechtigung	7,42	3,13	0,72	5,91	8,93
	Roman Menschenwürde	6,37	3,04	0,70	4,90	7,83
	Roman Gleichberechtigung	1,00	0,00	0,00	1,00	1,00
Freude	Reportage Gleichberechtigung	1,00	0,00	0,00	1,00	1,00
	Roman Menschenwürde	2,11	2,69	0,62	0,81	3,40
	Roman Gleichberechtigung	1,00	0,00	0,00	1,00	1,00
Schadenfreude	Reportage Gleichberechtigung	1,00	0,00	0,00	1,00	1,00
	Roman Menschenwürde	1,68	2,11	0,48	0,67	2,70
	Roman Gleichberechtigung	6,59	3,63	0,70	5,16	8,03
Verzweiflung	Reportage Gleichberechtigung	6,21	3,61	0,83	4,47	7,95
	Roman Menschenwürde	5,53	3,44	0,79	3,87	7,18
Intensität der Emotionen (Gesamteinschätzung)	Roman Gleichberechtigung	10,00	1,00	0,19	9,60	10,40
	Reportage Gleichberechtigung	9,63	1,34	0,31	8,98	10,28
	Roman Menschenwürde	9,21	1,40	0,32	8,54	9,88
Textschwierigkeit	Roman Gleichberechtigung	1,26	0,71	0,14	0,98	1,54
	Reportage Gleichberechtigung	1,68	1,06	0,24	1,17	2,19

Tab. 20.1: Einschätzung der Intensität von 15 vorgegebenen Emotionen auf einer Skala von 1 (geringste Intensität = 0 %) bis 11 (höchste Intensität = 100 %) und 95-prozentige Vertrauensintervalle, N = 65 – Fortsetzung

Emotion	Text	Mittelwert	Std.-Abw.	Std.-Fehler	VI 95 % oben	VI 95 % unten
	Roman Menschenwürde	2,89	2,35	0,54	1,76	4,03
	Roman Gleichberechtigung	7,59	2,14	0,41	6,75	8,44
Textinteresse	Reportage Gleichberechtigung	8,74	2,47	0,57	7,55	9,93
	Roman Menschenwürde	8,26	2,86	0,66	6,88	9,64

Autor*innenverzeichnis

Ahns, Mareike Susanne, Dr., Paris Lodron Universität Salzburg, interfakultärer Fachbereich Sport- und Bewegungswissenschaft, Senior-Wissenschaftlerin. Forschungsschwerpunkte: Professionalisierungsforschung von Sportlehrenden; Emotionen im Sportunterricht und in der Sportlehrerbildung.
E-Mail: mareikesusanne.ahns@sbg.ac.at

Albrecht, Christian, Friedrich-Alexander-Universität Erlangen-Nürnberg, Department Fachdidaktiken, wissenschaftlicher Mitarbeiter am Lehrstuhl für Didaktik der deutschen Sprache und Literatur. Forschungsschwerpunkte: Literatur- und Mediendidaktik, insbesondere ästhetische Kommunikation im Literaturunterricht; Filmdidaktik; digitale Bildung und empirische deutschdidaktische Unterrichtsforschung.
E-Mail: christian.albrecht@fau.de

Amesberger, Günter, Prof. Dr., Paris Lodron Universität Salzburg, interfakultärer Fachbereich Sport- und Bewegungswissenschaft. Forschungsschwerpunkte: Kompetenzorientierter Unterricht und Lehrplanentwicklung; Emotionen in Bewegung und Sport; handlungsorientiertes Lernen; exekutive Funktionen und körperliche, sportliche Leistung; Selbstkonzept (im Alter); Psychophysiologie und Biofeedback.
E-Mail: guenter.amesberger@sbg.ac.at

Blum, Clarissa, Friedrich-Alexander-Universität Erlangen-Nürnberg, Department Fachdidaktiken, wissenschaftliche Mitarbeiterin am Lehrstuhl für Fremdsprachendidaktik mit Schwerpunkt Didaktik des Englischen. Forschungsschwerpunkte: Erst- und Zweitsprache.
E-Mail: clarissa.blum@gmx.de

Bohnet, Nastasja, M. A., M. Ed., Pädagogische Hochschule Ludwigsburg, Frankfurter Technologiezentrum Medien (FTzM), Akademische Mitarbeiterin im Projekt Forschungswerkstatt Medienpädagogik. Forschungsschwerpunkte: Medienpädagogik; Emotionen in der Medienbildung.
E-Mail: info@ftzm.fra-uas.de

Brauer, Juliane, Prof. Dr., Stiftung Universität Hildesheim, Fachbereich Erziehungs- und Sozialwissenschaften, Institut für Geschichte, Didaktik der Geschichte. Forschungsschwerpunkte: Emotionen, Geschichte und historisches Lernen; historische Imagination und digitales Lernen; Heimatgefühle und Geschichtskultur; geschichtsdidaktische Theoriebildung.
E-Mail: brauer@uni-hildesheim.de

Frederking, Volker, Prof. Dr., Friedrich-Alexander-Universität Erlangen-Nürnberg, Department Fachdidaktiken, Lehrstuhl für Didaktik der deutschen Sprache und Literatur. Forschungsschwerpunkte: Ästhetische Bildung; subjektive, emotionale und kognitive Aktivierung im Deutschunterricht; Digitalisierung und digitale Medien im Deutschunterricht; empirische deutschdidaktische Kompetenz- und Unterrichtsforschung; Theorie fachlicher Bildung und fachdidaktischer Bildungsforschung; Theorie der Allgemeinen Fachdidaktik.
E-Mail: volker.frederking@fau.de

Fuchs, Katharina, M. A., Friedrich-Alexander-Universität Erlangen-Nürnberg, Department Pädagogik, Institut für Erziehungswissenschaft, wissenschaftliche Mitarbeiterin am Lehrstuhl für Schulpädagogik mit Schwerpunkt empirische Unterrichtsforschung. Forschungsschwerpunkte: Emotionen, Motivation und Wohlbefinden in Schule und Hochschule; Schul- und Unterrichtsklima; Schulabbruch.
E-Mail: katharina.fuchs@fau.de

Gläser-Zikuda, Michaela, Prof. Dr., Friedrich-Alexander-Universität Erlangen-Nürnberg, Department Pädagogik, Institut für Erziehungswissenschaft, Lehrstuhl für Schulpädagogik mit Schwerpunkt empirische Unterrichtsforschung. Forschungsschwerpunkte: Emotionen, Wohlbefinden und Selbstregulation in Schule, Hochschule und Lehrer*innenbildung; empirische Unterrichtsforschung; Schulentwicklung; Mixed Methods.
E-Mail: michaela.glaeser-zikuda@fau.de

Gölitz, Dietmar, Dr., Friedrich-Alexander-Universität Erlangen-Nürnberg, Department Fachdidaktiken, wissenschaftlicher Mitarbeiter am Lehrstuhl für Didaktik der deutschen Sprache und Literatur sowie am Lehrstuhl für Geographiedidaktik; Forschungsschwerpunkte: interindividuelle Differenzen in emotionalen, kognitiven und leistungsbezogenen Veränderungen und fachdidaktische Lerndesigns.
E-Mail: dietmar.goelitz@fau.de

Hagenauer, Gerda, Prof. Dr., Paris Lodron Universität Salzburg, School of Education, Abteilung Bildungswissenschaft, Schulforschung und Schulpraxis. Forschungsschwerpunkte: Emotionen, Motivation und Sozialbeziehungen in Schule, Hochschule und Lehrer*innenbildung; Mixed Methods.
E-Mail: gerda.hagenauer@sbg.ac.at

Hascher, Tina, Prof. Dr., Universität Bern, Institut für Erziehungswissenschaft, Abteilung Schul- und Unterrichtsforschung. Forschungsschwerpunkte: Empirische Schul- und Unterrichtsforschung; Emotionen, Motivation und Lernen; Lehrer*innenbildung.
E-Mail: tina.hascher@edu.unibe.ch

Hasenstab, Silvia, Friedrich-Alexander-Universität Erlangen-Nürnberg, Department Fachdidaktiken, wissenschaftliche Mitarbeiterin am Lehrstuhl für Didaktik der deutschen Sprache und Literatur. Forschungsschwerpunkte: Empirische deutschdidaktische Kompetenz- und Unterrichtsforschung; ästhetische Bildung; identitätsorientierter Deutschunterricht; Medien/Symmedien im Deutschunterricht.
E-Mail: silvia.hasenstab@fau.de

Hofmann, Florian, Dr., Friedrich-Alexander-Universität Erlangen-Nürnberg, Department Pädagogik, Institut für Erziehungswissenschaft, Akademischer Oberrat am Lehrstuhl für Schulpädagogik mit Schwerpunkt empirische Unterrichtsforschung. Forschungsschwerpunkte: Förderorientierte, kompetenzorientierte und alternative Leistungsmessungen; Emotionen und Wohlbefinden in Schule und Hochschule.
E-Mail: florian.hofmann@fau.de

Hofmann, Romy, Dr., Friedrich-Alexander-Universität Erlangen-Nürnberg, Department Fachdidaktiken, wissenschaftliche Mitarbeiterin am Lehrstuhl für Didaktik der Geographie. Forschungsschwerpunkte: Raumverständnis und Raumkonstruktionen; digitale Geomedien; künstlerisch-ästhetische Ansätze in der Geographie.
E-Mail: romy.hofmann@fau.de

Jacob, Barbara, Dr., Friedrich-Alexander-Universität Erlangen-Nürnberg, Department Pädagogik, Institut für Erziehungswissenschaft, wissenschaftliche Mitarbeiterin am Lehrstuhl für Schulpädagogik mit dem Schwerpunkt Schulentwicklungsforschung und Experiential Learning. Forschungsschwerpunkte: Ursachen und Wirkungen von Leistungsemotionen; Motivation, Zielsetzungen und Selbstwirksamkeitserwartungen in der Schule.
E-Mail: barbara.jacob@fau.de

Kleinknecht, Marc, Prof. Dr., Leuphana Universität Lüneburg, Institut für Bildungswissenschaft, Schulpädagogik und Schulentwicklung, Leiter des Kompetenzzentrums für Lehrkräftefortbildung. Forschungsschwerpunkte: videobasierte Professionalisierungs- und Unterrichtsforschung.
E-Mail: marc.kleinknecht@leuphana.de

Knaus, Thomas, Prof. Dr., Pädagogische Hochschule Ludwigsburg, Institut für Erziehungswissenschaft, Abteilung Medienpädagogik, Leiter der Abteilung Medienpädagogik, wissenschaftlicher Direktor des FTzM u. Honorarprofessor für Informatik und Ingenieurwissenschaften der Frankfurt UAS. Forschungsschwer-

punkte: Ansätze und Methoden medienpädagogischer Forschung; Schul- und Medienbildungsentwicklung; Text und Bild in digitaler Kommunikation; Bildungsinformatik.
E-Mail: thomas.knaus@ph-ludwigsburg.de

Kretschmann, Tabea, Dr., Friedrich-Alexander-Universität Erlangen-Nürnberg, Department Fachdidaktiken, Akademische Rätin am Lehrstuhl für Didaktik der deutschen Sprache und Literatur. Forschungsschwerpunkte: Demokratische Grundwertebildung; ethische Bildung im Deutschunterricht.
E-Mail: tabea.kretschmann@fau.de

Lohrmann, Katrin, Prof. Dr., Ludwig-Maximilians-Universität München, Department Pädagogik und Rehabilitation, Lehrstuhl für Grundschulpädagogik und Grundschuldidaktik. Forschungsschwerpunkte: Unterrichtsqualität; Lernemotionen; Lehren und Lernen im Sachunterricht der Grundschule.
E-Mail: katrin.lohrmann@lmu.de

Lücke, Martin, Prof. Dr., Freie Universität Berlin, Friedrich-Meinecke-Institut, Professur für Didaktik der Geschichte. Forschungsschwerpunkte: Historische Diversitätsforschung, Geschlechter- und Sexualitätengeschichte, Public History, Shoah und historisches Lernen, empirische Geschichtskulturforschung, Theoriedebatten in der Geschichtsdidaktik.
E-Mail: martin.luecke@fu-berlin.de

Markus, Stefan, Dr., Bergische Universität Wuppertal, Institut für Bildungsforschung in der School of Education, wissenschaftlicher Mitarbeiter am Arbeitsbereich Lehr-, Lern- und Unterrichtsforschung. Forschungsschwerpunkte: Emotionen; Autonomieunterstützung; pädagogische Beziehungen in Schule und Unterricht.
E-Mail: markus@uni-wuppertal.de

Meyer, Simon, M. A., Friedrich-Alexander-Universität Erlangen-Nürnberg, Department Pädagogik, Institut für Erziehungswissenschaft, wissenschaftlicher Mitarbeiter am Lehrstuhl für Schulpädagogik mit Schwerpunkt empirische Unterrichtsforschung. Forschungsschwerpunkte: Lern- und Leistungsemotionen; Übergang von der Grundschule in die Sekundarstufe I; Heterogenität und Diversität.
E-Mail: simon.meyer@fau.de

Obermeier, Ramona, Dr., Johannes Kepler Universität Linz, Linz School of Education, Abteilung für Bildungsforschung, Universitätsassistentin. Forschungsschwerpunkte: Emotionen, Wohlbefinden und soziale Beziehungen in schulischen und familiären Lernumwelten; Familie, Erziehung und Schulpartizipation.
E-Mail: ramona.obermeier@jku.at

Pirner, Manfred L., Prof. Dr., Friedrich-Alexander-Universität Erlangen-Nürnberg, Department Fachdidaktiken, Lehrstuhl für Religionspädagogik und Didaktik des Evangelischen Religionsunterrichts. Direktor der Forschungsstelle für Öffentliche Religionspädagogik (RUPRE). Forschungsschwerpunkte: Populäre Medienkultur und religiöse Bildung; Öffentliche Theologie und Öffentliche Religionspädagogik; Menschenrechte, Bildung und Religion; Religiosität und Lehrerprofessionalität; Schulentwicklung und -evaluation an Schulen in christlicher Trägerschaft; bilingualer Religionsunterricht.
E-Mail: manfred.pirner@fau.de

Piske, Thorsten, Prof. Dr., Friedrich-Alexander-Universität Erlangen-Nürnberg, Department Fachdidaktiken, Lehrstuhl für Fremdsprachendidaktik mit Schwerpunkt Didaktik des Englischen. Forschungsschwerpunkte: Erst- und Zweitspracherwerb; bilingualer Unterricht und bilinguale Betreuung; Umgang mit Heterogenität im Fremdsprachenunterricht.
E-Mail: thorsten.piske@fau.de

Randler, Christoph, Prof. Dr., Eberhard Karls Universität Tübingen; Fachbereich Biologie, Institut Didaktik der Biologie. Forschungsschwerpunkte: Empirische Biologiedidaktik; Freilandbiologie; Experimente und lebende Tiere im Biologieunterricht.
E-Mail: christoph.randler@uni-tuebingen.de

Schmidt, Philipp, Universität Bielefeld, Fakultät für Erziehungswissenschaft, wissenschaftlicher Mitarbeiter in der Arbeitsgemeinschaft Schulentwicklung und Schulforschung. Forschungsschwerpunkte: Erschwerte Lern- und Entwicklungsbedingungen; Entwicklung und Lernen von gesellschaftlichem Zusammenhang in der Schule.
E-Mail: philipp.schmidt2@uni-bielefeld.de

Schubert, Jan Christoph, Prof. Dr., Friedrich-Alexander-Universität Erlangen-Nürnberg, Department Fachdidaktiken, Lehrstuhl für Didaktik der Geographie. Forschungsschwerpunkte: Lernvoraussetzungen von Schüler*innen; naturwissenschaftliche Grundbildung; digitale Geomedien; Professionalisierung von Geographielehrpersonen.
E-Mail: jan.christoph.schubert@fau.de

Sutter, Claudia C., Dr., University of Central Florida; Department of Learning Sciences and Educational Research, Postdoktorandin. Forschungsschwerpunkte: Motivation, emotionales und psychisches Erleben in Schule und Unterricht.
E-Mail: claudia.sutter@ucf.edu

Stephan, Melanie, Dr., Friedrich-Alexander-Universität Erlangen-Nürnberg, Department Pädagogik, Institut für Erziehungswissenschaft, wissenschaftliche Mitarbeiterin am Lehrstuhl für Pädagogik mit dem Schwerpunkt Medienpädagogik. Forschungsschwerpunkte: Medienpädagogik und -didaktik; Entwicklung innova-

tiver Lernumgebungen; Schulentwicklung; Emotionen und Wohlbefinden in Schule, Hochschule und Lehrer*innenbildung.
E-Mail: melanie.stephan@fau.de

Zurbriggen, Carmen, Prof. Dr., Universität Bielefeld; Fakultät für Erziehungswissenschaft, Arbeitsgemeinschaft 4 Schulentwicklung und Schulforschung, Schwerpunkt erschwerte Lern- und Entwicklungsbedingungen. Forschungsschwerpunkte: Soziale Partizipation, Motivation und emotionales Erleben im Kontext schulischer Inklusion, (sonder-)pädagogische Diagnostik im Bereich emotionale und soziale Entwicklung.
E-Mail: carmen.zurbriggen@uni-bielefeld.de